KB178651

HANGIL
GREAT BOOKS
118

차라투스트라는 이렇게 말했다

프리드리히 니체 | 강대석 옮김

한길사

HANGIL
GREAT BOOKS
118

Friedrich Nietzsche
Also Sprach Zarathustra

Translated by Kang, Dae-Suk

Published by Hangilsa Publishing Co., Ltd., Korea, 2011

표범을 타고 있는 디오니소스
니체는 한 시대의 정신문화가 디오니소스적인 것이 주도할 때 발전하고
아폴로적인 것이 주도할 때 쇠퇴한다고 보았다. 니체의 모든 철학은
이 원리를 조명하는 데 집중되었다.

아르투르 쇼펜하우어(Arthur Schopenhauer, 1788~1860)
쇼펜하우어의 허무주의가 소극적 허무주의라면 삶의 무가치성을 부정하고
허무주의를 극복하려는 니체의 철학은 적극적인 허무주의이다.

리하르트 바그너(Richard Wagner, 1813~83)

니체는 그리스 비극에서 발견한 예술원리가 철학과 음악에서 부활하고 있음을
목격하고 감동했는데, 바로 쇼펜하우어의 철학과 바그너의 음악에서였다.

로베르트 캉팽, 「예수 탄생」(1420)

니체는 자신의 철학을 총괄하는 자전적 에세이 『이 사람을 보라』에서
디오니소스와 십자가에 못 박힌 예수를 대치시킨다. 디오니소스적인 것이
니체 철학을 주도하는 원리라면 이에 상반되는 예수는
니체가 벗어나려는 부정적인 것을 의미한다.

HANGIL GREAT BOOKS 118

차라투스트라는 이렇게 말했다

프리드리히 니체 | 강대석 옮김

한길사

차라투스트라는 이렇게 말했다

· 차례

마지막 제4부

니체의 초인철학

강대석 전 대구효성여대 교수 · 철학

1. 니체의 정신적 발전

19세기 독일의 철학자 프리드리히 빌헬름 니체(Friedrich Wilhelm Nietzsche, 1844~1900)는 라이프치히의 근처에 있는 뢰켄(Röcken)이라는 작은 마을에서 목사의 아들로 태어났다. 니체의 아버지는 개신교 목사였으며 니체의 할아버지와 외할아버지도 다 같이 목사였다. 니체가 다섯 살이 되던 해에 아버지는 뇌연화증으로 사망했다. 니체는 할머니, 어머니, 두 고모, 여동생, 하녀 등 여섯 명의 여인들에 둘러싸여 유년시절을 보냈다. 나움부르크에서 인문고등학교를 졸업한 니체는 본 대학에 입학했다. 신학을 공부해서 목사가 되기를 바란 어머니의 소원과 달리 니체는 고전문헌학을 전공했고 지도교수 리철을 따라 1년 후에 라이프치히 대학으로 옮겼다.

이 시기까지 니체의 정신적 호기심을 사로잡은 것은 고대 그리스 문학이었다. 니체는 그리스의 신화와 비극에 특별한 관심을 가졌다. 이 시절의 연구결과가 훗날의 처녀작 『비극의 탄생』의 모태가 되었다. 고대 그리스 문화를 포괄적으로 연구하면서 니체가 얻은 가장 중요한 결과는 고대 그리스인들의 예술과 삶 속에 '아폴로적인 것'과 '디오니소스적인 것'이라 불리는 두 원리가 작용하고 있다는 사실이었다. 아폴로는 가상, 조형, 절제, 겸손, 이성 등을 상징하는 신이고 디오니소스는 정열, 도취, 오만, 불손, 반항 등을 상징하는 술의 신이므로 이 두 원리도 각각 그러한 특성을 지니고 있었다. 이 두 원리는 그리스인의 예술뿐만 아니라 삶을 포괄적으로 지배하며, 이 두 원리의 상호작용에 의해 그리스의 문화발전이 이루어졌다고 니체는 확신했다. 더 나아가 니체는 한 시대의 정신문화가 디오니소스적인 것이 주도할 때에 발전하고 아폴로적인 것이 주도할 때에 쇠퇴한다는 결론에 도달했다. 이러한 확신이 차후 니체의 정신적 발전을 이끌어가는 기초가 되었다. 니체의 모든 철학은 이 원리를 조명하는 데 집중되었다.

예술과 삶의 발전원리를 발견한 니체는 그것을 서구 현대문명의 비판에 적용했다. 이제 니체의 과제는 어떻게 그리스 비극에서 정점을 이룬 디오니소스적 세계관이 소크라테스의 등장과 함께 파멸하기 시작하여 현대에 이르렀는가를 밝히는 것이었다. 그것이 바로 니체 철학을 특징짓는 일곱 가지 비판의 내용을 만들어준다.

그러나 철학자로서의 니체는 비판에만 머물지 않았다. 비판은 새로운 이상과 과제를 제시하기 위한 준비작업이었다. 니체가 제시한 이상이 바로 초인이었다.

2. 쇼펜하우어와 바그너

니체는 그리스 비극에서 스스로 발견한 예술원리가 철학과 음악에서도 부활하고 있음을 목격하고 감동했는데, 바로 쇼펜하우어의 철학과 바그너의 음악에서였다. 여기서 다시 디오니소스적인 것이 그 가치를 인정받고 있는 셈이다. 니체는 쇼펜하우어의 철학에 나타나는 세계본질로서의 맹목적 의지와 바그너의 가극에서 나타나는 저돌적인 투쟁의지를 디오니소스적인 것과 연관시켜 파악하려 했다. 스스로 발견한 원리가 정당하다는 것을 이 두 사람을 통해 확인하려 한 것이다. 물론 훗날 니체는 이들의 약점을 간파하고 스스로의 길을 걸어간다. 그러나 그때까지 쇼펜하우어와 바그너는 니체의 정신적인 지주와 스승의 역할을 했다.

3. 니체 철학이 지니는 일곱 가지 특징

니체 철학에는 많은 모순이 들어 있다. 그러나 전반적으로 그의 철학을 특징짓는 일이 불가능하지도 않다. 니체는 스스로 발견한 예술원리를 밑받침 삼아 이전의 모든 서구사상을 분석하고 비판해간다. 그는 말한다. "나는 인간이 아니고 다이너마이트이다"(『이 사람을 보라!』). 그는 『우상의 황혼』의 부제로 '망치를 들고 철학하는 법'을 달아놓았다. 그 자신이 '망치를 든 철학자' 역할을 한 것이다. 그는 2000년에 걸쳐서 통용되어온 서구의 모든 가치(예술, 종교, 도덕, 철학 등의)를 가차 없이 부숴버리려 한다. 그는 모든 가치를 변혁하려는 엄청나고 대담한 시도를 감행한다. 그의 시도가 실패했든 성공했든 간에 그러한 시도는 매우 엄청난 것이었다. 이제 독일의 철학자 한스 파이힝거(Hans Vaihinger)의 시도에 따라* 파괴적인 측면에서 본 니체의 일곱 가지 철학적 특징을 살펴보자.

1) 반주지주의
주지주의(Intellektualismus)란 삶의 가치를 지식에 두는 철학사조이다. 주지주의는 소크라테스의 철학에서 절정을 이룬다. 소크라테스

---

* Hans Vaihinger, *Nietzsche als Philosoph*, 3. Auflage, Berlin, 1905.

의 주지주의는 '지=덕=행복'이라는 정식으로 요약될 수 있다. 인식만 덕이 있는 인간을 만든다. 덕이 있는 인간만 행복할 수 있다. 옳은 것을 알면서 불의를 행할 수 없고 불의를 행한다면 참으로 옳게 알았다고 말할 수 없다. 덕이란 바로 선을 인식하는 것이다. 인식은 사물에 대한 지식뿐만 아니라 무지의 자각이나 선에 대한 통찰을 포함한다. 옳은 인식은 감정이나 충동을 벗어나 이성적으로 통찰하는 데 있다. 결국 주지주의는 이성이 근거가 되는 지식 중심의 철학이다.

니체에 의하면 소크라테스의 주지주의 철학은 제자들을 망쳤을 뿐만 아니라 2000년에 걸쳐 내려오는 서구 허무주의의 온상이 되기도 했다. 또한 소크라테스의 변증법은 타인을 설득하려는 것이 아니라 복수하는 천한 방법이며, 낙천주의는 그리스의 심오한 인생관을 파괴했다. 창백한 이성 중심의 서구 철학은 결국 허무주의를 조장했고 니체는 이러한 서구의 병든 역사를 다시 건전한 방향으로 되돌리려 한다.(『비극의 탄생』 참조)

2) 반도덕주의

니체는 도덕을 '군주도덕'(Herrenmoral)과 '노예도덕'(Sklaven-moral)으로 구분한다. 군주는 고귀하고 힘센 인간 혹은 집단을 대표하는 자로서, 이러한 강자들은 항상 스스로와 합치되는 것을 '좋은 것'으로 보고 그들보다 약하고 못한 사람들의 도덕을 '나쁜 것'으로 보았다. 그러므로 군주도덕에는 '좋다'와 '나쁘다'의 구분은 있지만 '선'과 '악'의 구분은 없다. 선이란 군주도덕에서는 정신적, 육체적으로 강인하고 고귀함을 나타내는 특성이다. 이에 반하여 허약, 비겁, 공포, 아부, 저속, 위선 등은 약한 자의 덕이다. 니체는 일반적으로 칭찬받아온 동정이나 헌신 같은 덕을 약한 자의 덕으로 조소한다. 힘과 용기를 앞으로 내세우는 군주도덕은 결국 귀족적인 도덕이라 할 수 있다. 그러나 이때 약자들의 반란이 일어났고 약자들은 군주도덕을 노예도덕으로 바꾸어 버렸다. 노예도덕은 강한 자와 풍요로운 삶에 대한 본능적인 증오감에서 발생했다. 군주도덕의 '좋은 것'이 노예도덕에서 악으로 변하면서 강한 것, 고귀한 것, 잔인한 것 등이 악으로 낙인찍히게 되었다. 군주도덕에서 '나쁜 것' 혹은 '열등한 것'으로 생각되었던 동정, 인내, 겸양 등이 노예도덕에서는 선으로 뒤바뀌었다. 니체는 성직자를 예로 들어 노예도덕이 발생하게 되는 과정을 설명하고 있다. 성직자들은 병든 자의 욕구를 이해하기 위해 스스로 병들지 않으면 안 되었다. 고통받는 자들의 신뢰를 얻기 위해서 스스로 지배력을 무력화하지 않으면 안 되었다. 무력하고 약한 자의 보호자가 되어 무력한 무리들을 강자로부터 보호하는 것이 그들의 과제였다. 주인과 강자는 이제 이들에게 불구대천의 원수가 되었고, 이러한 적을 무찌르기 위해서 그는 약자의 모든 무기, 곧 간계와 속임수를 동원하지 않을 수 없었다. 더 나아가 성직자들은 대중들이 스스로 명령과 지배에 잘 복종할 수 있도록 교묘한 수단을 만들어낸다. 성직자들은 현실을 왜곡하고 내세에서의 처벌이라는 공포를 만들어냈다. 이러한 성직자풍의 기질이 가장 발달한 민족이 니체의 생각으로는 유대인이었으며 가장 어려운 생존조건 속에서 삶의 강인성이 끈질기게 유지된 유대인에게 노예도덕이 가장 잘 발달되었다.

니체는 모든 도덕을 거부하고 비판하는 반도덕주의자가 아니라 종래의 노예도덕을 다시 군주도덕으로 복귀시키려는 도덕혁명가였다.(『선악의 피안』『도덕계보학』참조)

3) 반기독교주의
니체는 모든 종교, 특히 기독교에 대하여 삶을 약화시키는 이들의 허무주의적 기능 때문에 가차 없는 비판을 가한다. 기독교의 신은 고통받는 자들의 신이며 이들은 삶을 기쁜 마음으로 긍정하는 것이 아니라 삶에 대한 부정을 내세에서 승화한다. 내세란 형이상학자들이 주장하는 참된 세계처럼 모든 실제적인 내용이 결핍된 언어에 불과하다. 기독교의 신은 삶의 부정에 대한 상징이다. '신' 개념은 삶에 대한 상반된 개념으로 고안된 것이다. 신을 추구하는 의지는 무를 쫓으려는 의지에 불과하다. 신앙이란 철학자들의 신념과 마찬가지로 삶으로부터 오류와 현혹을 제거하고 그들이 고안한 가치를 실현하려는 시도이다. 그러나 삶은 이러한 오류나 현혹과 항상 결부되어 있기 때문에 그것은 불가능한 이상에 불과하다. 현세의 삶을 그 자체로 인정하지 않고 그것을 반쪽 내려 한다든가 내세의 삶을 가정하는 사람들은 인류를 무의 심연으로 몰아넣으려는 허무주의자에 불과하고, 그러므로 모든 종교는 결국 허무주의로 나아가지 않을 수 없다는 것이 니체의 결론이다.

니체가 기독교를 비판하는 또 다른 이유의 하나는 바로 기독교의 원죄설 때문이다. 니체에 의하면 삶은 그 자체로 신성한 것이다. 원죄설은 삶의 신성함과 기쁨을 앗아가 버린다. 그것은 염세주의와 연관되어 삶의 의지를 약화시킨다.

니체는 그의 철학을 총괄하는 자전적인 에세이 『이 사람을 보라』에서 결론적으로 디오니소스와 십자가에 못 박힌 예수를 대치시킨다. 디오니소스적인 것이 니체 철학을 주도하는 원리라면 이에 상반되는 예수는 니체가 벗어나려는 부정적인 것을 의미한다.(『안티크리스트』 참조)

4) 반염세주의

주지주의, 노예도덕, 기독교 등이 결탁한 서구사상은 결국 현세적인 삶을 무화하고 서구문화를 병들게 만들었으며 그 결과로 나타난 것이 허무주의이다. 쇼펜하우어에서는 세계의 본질이 맹목적 의지이고 그러한 의지에 따라 꼭두각시처럼 살아가는 인간의 삶은 비극이다. 삶은 결코 살 만한 가치가 없다. 태어나지 않는 것이 제일 좋고 그 다음으로 좋은 것은 빨리 죽는 것이다. 그러므로 인간은 모든 본능적인 욕망을 억누르는 금욕을 통해 해탈의 길을 찾아야 한다.

니체는 이러한 철학을 허무주의적인 철학이라 일컫는다. 니체는 두 가지의 허무주의를 구분한다. 삶의 비참함에서 도피하려는 쇼펜하우어의 허무주의가 소극적 허무주의라면 삶의 무가치성을 부정하고 허무주의를 극복하려는 스스로의 철학은 적극적인 허무주의이다. 니체는 철저하게 현세의 삶을 긍정하려 한다. 그 자신이 "나는 삶에 대한 사랑으로부터 철학을 시작했다"(『이 사람을 보라!』)고 말한다. 그는 삶의 비극으로부터 도피하여 해탈이나 구원을 찾는 철학이나 종교를 비판하면서 어떠한 경우에도 삶을 긍정하려 한다. 그것이 니체의 유명한 '운명애'(amor fati)이고 그것은 "그것이 삶이었더냐? 좋다! 다시 한 번!"(『차라투스트라』, 「환상과 수수께끼」 1)이라는 형식으로 표현된다.

니체가 세계의 본질로 내세우는 권력의지는 스스로 강화되어가는 권력에의 의지이다. 그러므로 삶의 목적도 스스로 강화되어가는 데 있다. 삶의 의미는 이러한 의지와 더불어 존재한다. 니체는 사람이 얼마나 고통을 감수할 수 있느냐에 따라 그 위대성이 결정된다고 말하면서 고통과 불행을 삶의 중요한 요인으로 설정하려 한다. 그는 "나를 죽이지 못하는 것은 나를 강하게 만든다"(『우상의 황혼』, Nr.8)고 말한다.

5) 반여성주의

니체의 여성관도 권력의지와 연관된다. 인류는 종래의 전도된 가치를 가차 없이 변혁하면서 스스로 강화해야 한다. 이렇게 가치를 변혁하면서 강화된 인간이 이른바 '지배적 종족'이고, 니체는 구체적으로 그 이상을 게르만족에서, 그리고 추상적으로 초인에서 찾았다. 이러한 '지상의 주인'들은 아이들의 양육에서 실현되어야 하며 양육을 맡은 것은 주로 여자이다. 결국 여자의 가장 큰 역할은 새로운 '지상의 주인'을 출산하고 양육하는 데 있다. 아이들은 어머니를 필요로 하며 어머니는 남자를 필요로 한다.

약자의 천한 도덕인 복수심에 불타 있는 여자들은 이기적이고 폭군적이며 교묘하고 잔꾀를 발휘하여 강한 남자를 유혹하므로 여성적인 것이 우세할 때 인류는 점차 허무주의에 빠져 퇴폐의 길을 걷지 않을 수 없기 때문에 강인한 의지를 가진 남자들은 여성들을 무자비하게 다루어 부엌일이나 시키면서 남자에게 봉사하도록 만들어야 한다는 것이 니체의 이상이라고 말할 수 있다. 다시 말하면 여자에게 완전한 자유를 허용하여 남녀평등을 인정하는 대신 여자를 남자의 소유물로 생각하고 지배해야 한다는 아시아적인 여성관이다. 『차라투스트라는 이렇게 말했다』(이하 『차라투스트라』)에 나오는 "여자에게 가려느냐? 채찍을 잊지 말라!"라는 말에 니체의 여성관이 잘 요약되어 있다.

6) 반민주주의

니체는 초인을 인간의 이상으로 제시한다. 초인은 보통사람이 아니다. 니체는 보통사람을 '어중이떠중이'라 부르며 모멸했다. 인류는 강인한 지배자에 의하여 초인의 단계로 나아가야 한다. 모든 인간이 평등하게 되면 인류는 개미처럼 되어 퇴화된다. 그러므로 니체는 '평등'이라는 말을 '동정'이라는 말과 함께 너무 싫어했다. 니체가 체험한 시민 민주주의는 정치적 평등을 내세운다. 1789년의 프랑스 대혁명의 기치인 자유, 평등, 박애에서 그 이념이 잘 드러난다. 소수의 인간이 특권을 갖는 봉건주의의 잔재를 무너뜨리고 법 앞에 모든 인간이 평등해야 된다고 주장한다. 니체의 이상은 귀족주의이다. 그것은 적자생존의 원칙을 기저로 한다. 생존경쟁에서 강한 자가 약한 자에 대하여 승리한다. 강한 자가 약한 자를 지배해야 한다. 이런 의미에서 니체는 혁명 이전의 프랑스 절대주의를 찬양한다. 자기의 조상이 폴란드 귀족임을 자랑한다. 니체는 귀족 신문을 즐겨 읽었다. 만인에게 평등한 권리를 인정하는 사회는 천박해진다. 인간은 원래 불평등하고 불평등해야 인간다워지고 인류가 더 발전해간다. 민주주의는 인간의 본성을 불평등하게 만든 자연에 어긋난다. 자연 자체가 인간에게 서열을 만들어놓았다. 고귀하고 힘있는 자들은 주인으로 태어나고 천하고 약한 자들은 지배받도록 태어난다. 의지가 약한 어중이떠중이들은 강한 의지를 가진 소수의 엘리트에게 봉사해야 한다.

니체의 반민주주의는 반상을 구별하는 조선시대의 인간관이나 흑백을 구분하는 미국의 인종주의를 연상시킨다. 실제로 미국의 실용주의 철학은 많은 부분 니체 철학을 답습하고 있다.

7) 반사회주의

니체가 활동하던 무렵에 독일에서는 사회주의의 이념을 제시하는 철학이 발전했다. 마르크스(K. Marx, 1818~83)와 엥겔스(F. Engels, 1820~95)의 철학이 그 대표적인 예이다. 니체는 이들의 철학을 깊이 연구하지 않았다. 그러나 전혀 몰랐다고는 말할 수 없다.

시민민주주의가 정치적 평등을 목표로 했다면 사회주의는 여기에 경제적 평등까지 덧붙이려 한다. 아니 오히려 경제적 평등을 기초로 하여 민주주의의 이상을 실현시키려 한다. 사회주의는 사회와 역사의 주체를 노동계급에서 찾으려 한다. "인간은 평등하지 않다고 정의는 말한다"라고 말하며 니체는 사회주의를 시민민주주의와 함께 혐오했다. 니체는 말한다. "유럽의 노동자들은 너무도 좋은 생활을 하기 때문에 점차 문제를 잡아가는 대신 터무니없는 것을 요구한다. 그들은 결국 많은 자를 자기편으로 하고 있다. 여기서 겸양한 자족적인 인간, 곧 중국인과 같은 전형이 하나의 신분으로 성장할 수 있는 희망이 완전히 사라졌다. 그것은 이성이 가져온 필연적인 결과일지도 모른다. 사람들은 어떻게 했던가? 노동자가 겸양한 신분으로 자라날 수 있는 본능을 없애기 위해 모든 짓을 다했다…… . 사람들은 노동자들에게 전투 능력을 부여했으며 단결권과 참정권을 주었다…… . 노예가 바람직하다면 노동자들을 교육시켜 주인이 되게 하는 것은 바보짓이다"(『우상의 황혼』). 노동자들을 중국인처럼 잘 복종하고 굽실거리는 노예 상태로 가두어놓아야 안전하다는 니체의 귀족주의는 노동자가 역사의 주인이 되어야 한다는 사회주의 이념과 얼마나 상반되는가!

4. 『차라투스트라』의 성립과정

4부로 구성된 『차라투스트라』는 1883년에서 1885년 사이에 성립했다. 1883년 1월 말에 니체는 이탈리아의 작은 마을 라팔로(Rapallo)에서 차라투스트라에 대한 영감을 얻었다고 말한다. 최초의 원고는 10일 동안에 쓰였다. 니체 자신이 이 책을 "10일간의 작품"이라고 말한다. 2월 13일 "바그너가 죽은 바로 그 성스러운 순간"에 이 원고를 끝마쳤다고 니체는 말한다. 바그너의 죽음과 함께 '초인'이 탄생한 것이다. 다음날 그는 이 원고를 헴니츠(Chemnitz)에 있는 슈마이츠너(Schmeitzner) 출판사에 보냈다. 편집을 맡은 토이프너(Teubner)는 3월 말까지 출간하겠다고 약속했으나 그 약속은 지키지 못했다. 1883년에 이 지방에 새로운 찬송가가 도입되었고 이 출판사가 부활절까지 50만 권의 찬송가집을 찍어내야 했기 때문이다. 3월 20일에 니체는 출판사에 경고 편지를 보냈다. 그 결과 4월 26일에 인쇄에 들어갔다. 니체의 친구 가스트(Gast)가 교정을 보았다. 그러나 출간이 계속 미루어졌다. 6월 초에야 니체는 최초의 인쇄본을 로마에서 받아볼 수 있었다. 그 사이에 니체는 계속하여 『차라투스트라』를 써나갔다. 그해 6월 17일과 7월 6일 사이에 질스-마리아(Sils-Maria)라는 아름다운 스위스 호숫가에서 제2부가 쓰였다. 1884년 1월 말에 니차(Nizza)에서 제3부가 쓰였고 니체는 제3부와 더불어 이 책을 끝마치려 했다. 1884년 2월 1일에 그는 "나의 차라투스트라가 끝났다, 완전히 끝났다"라고 썼다. 그러나 그해 9월에 이미 그는 다시 이 책을 계속 쓰고 싶은 생각에 사로잡혔다. 그해 가을에 제4부를 시작했고 독감 때문에 중단하다가 1885년 1월에 끝마쳤다. 니체는 제4부를 다른 출판사에서 단행본으로 출간하려 했다. 제목을 '정오와 영원'으로, 부제를 '차라투스트라의 시도'로 정했다. 그러나 그는 출판사를 찾지 못했다. 결국 나우만(Naumann) 출판사에서 자비로 40여 권을 찍어냈다. 1885년 4월 중순경이었다. 이 책에는 '일반용이 아니고 친구들만을 위한 것임'이라는 표지가 붙어 있었다. 겨우 20여 권을 친구들 앞으로 보냈다. 1888년 12월에 니체는 갑자기 이렇게 보낸 책자들을 다시 거두어들이고 싶은 생각이 떠올랐다. 아직 이 책을 이해할 수 있는 적합한 시대가 아니라고 생각했기 때문이다. 1892년 3월에야 비로소 제4부의 재판이 발행되어 일반에게 공개되었고 1892년 7월에 전부분이 포함된 『차라투스트라』가 최초로 출간되었다. 1893년 이후 계속 증판되었다. 오늘날에는 세계 각국어로 번역되었고 독일문학에서뿐만 아니라 세계문학에서도 중요한 자리를 차지하고 있다. 러시아에서 이 책이 처음 번역되었을 때 '신에 대한 모독'이라는 이유로 검열대상이 되었으나 결국 허용되었다.

5. 『차라투스트라』의 특징

니체는 이 작품을 자신이 쓴 것이 아니라 이 작품이 자신을 덮쳤다고 말한다. 다시 말하면 계시받은 작품이라는 것이다. 그리고 독자들에게도 차라투스트라를 읽는 대신 체험하라고 권한다. 그는 이 작품에 대하여 대단한 자부심을 갖고 있었다. 이 책을 '삶에 대한 찬가'로 부르기까지 했다. 니체는『이 사람을 보라!』등에서 다음같이 말한다.

　"이 책은 독일어로 쓰인 가장 심오하고 가장 완전한 작품이다."

　"이 책은 읽어서는 안 되고 함께 체험해야 된다."

　"이 책과 더불어 나는 인류에게 가장 큰 선물을 했다."

　"나는 기독교인에 의해서 가장 잘 이해될 수 있다."

　"이 책은 주석이 먼저 쓰이고 난 후에 쓰인 텍스트이다."

　"거의 모든 단어 뒤에는 개인적인 체험이 깃들어 있다."

　"차라투스트라는 나 이외의 어떤 살아 있는 인간도 만들 수 없는 어떤 것이다."

　"어떤 사람도 함께할 수 없는 순수한 체험으로 귀결되기 때문에 차라투스트라는 나의 가장 이해될 수 없는 책이다."

　『차라투스트라』가 부분적으로 출간되었을 당시 세상 사람의 반응은 전무 상태였다. 이 책을 읽는 사람은 거의 없었고 이해는 물론 아무도 이 책을 신중하게 대하지 않았다. 아직 때가 오지 않았다고 니체는 자위했다.

　1888년에 비로소 이 책을 세상에 알리는 계기가 나타났다. 덴마크의 독문학 교수인 브란데스(G. Brandes)가 이 책에 대한 강의를 시작한 것이다. 그후 계속하여 니체 붐이 일어나고 니체의 숭배는 히틀러가 정권을 잡던 1930년대에 절정을 이루었다. 군국주의적인 나치 이념에 니체 철학이 부응했기 때문이다. 전후에는 다시 니체를 재건하려는 움직임이 일어났다. 나치 이념으로부터 정화된 니체의 모습을 새로이 만들어내는 데 서구의 많은 철학자들이 심혈을 기울였다. 카를 야스퍼스, 마르틴 하이데거, 카를 뢰비트(Karl Löwith), 오이겐 핑크(Eugen Fink) 등이 그 대표적인 예이다.

6. 『차라투스트라』의 핵심사상

모든 사람이 읽어야 되고 그러나 아무도 이해할 수 없는, 아름다운 문체와 모순으로 가득 찬 이 책이 제시하는 핵심사상은 무엇인가?

우리는 그것을 권력의지, 초인, 영겁회귀라는 개념으로 요약할 수 있다. 이러한 이상은 니체가 망치를 들고 종래의 가치를 모조리 파괴한 후에 내세우는 긍정적인 것들이다.

『차라투스트라』는 서설 이외에 4부로 구성되어 있다. 오이겐 핑크*에 의하면 각 부분의 중심사상은 다음과 같다.

제1부 신의 죽음과 초인
제2부 권력의지
제3부 영겁회귀
제4부 더 높은 인간(이전의 여러 사상들이 형상화된다)

다음에서는 이들 핵심사상에 대하여 간단히 설명해보기로 한다.

1) 권력의지

『차라투스트라』뿐만 아니라 니체의 모든 저술에서 핵심이 되는 개념이다. 권력의지는 권력을 지향하는 의지이며 쇼펜하우어의 '맹목적 의지'와 연관해서 이해해야 한다. 쇼펜하우어에서 세계의 본질은 이성이나 이성적인 것이 아니라 의지였다. 그러나 이 의지는 맹목적이기 때문에 이러한 의지에 따라 움직이고 있는 세계나 인간의 삶은 비극이다. 고통으로 가득 차 있다. 니체도 세계의 본질이 이성이 아니라 의지라는

---

* Eugen Fink, *Nietzsches Philosophie*, Stuttgart, 1968, S.64~118.

점에서 쇼펜하우어에 공감한다. 그러나 이 의지는 맹목적인 의지가 아니라 스스로를 강화해가는 권력의지이다. 그것은 억센 삶에 대한 긍정이기도 하다. 니체는 찰스 다윈의 진화론에 영향을 받고 적자생존이라는 생물학적 원리를 형이상학적인 원리로 승화한다. 그것이 바로 권력의지이다. 권력의지는 비유기적인 물질 속에도 존재한다. 권력을 증가하려는 모든 의지가 우주에 산재해 있다. 세계의 모든 것은 권력이라는 중심에 의해서 지탱되고 있으며 삶은 권력의지의 한 표현이다. 니체는 삶의 본질을 권력의지와 연관해서 규명함으로써 약한 자를 짓밟고 살아가는 강한 귀족들의 삶을 이론적으로 정당화한다. "삶 자체는 근본적으로 낯설고 약한 것들을 동화, 손상, 강탈하는 것이며…… 자기 자신의 형식을 강요하는 것이고 흡수이며 착취이다."(『선악의 피안』)

2) 신의 죽음과 초인

권력의지를 철저하게 실현하는 인간이 '초인'(Übermensch)이다. 니체의 초인이 무엇인가에 대한 많은 논쟁이 있었고 지금도 계속되고 있다. 그러나 권력의지를 떠나서 초인은 생각할 수 없다. 초인은 권력의지를 실현하기 위해서는 종래의 모든 가치를 변혁할 수 있어야 한다. 종래의 모든 가치들, 특히 종교적이고 초월적인 가치들을 파괴한다는 의미에서 니체는 "신은 죽었다"라고 선언한다. 차라투스트라는 스스로 무신론자라고 공언한다. 신의 죽음을 선포한다. 신은 자연사한 것이 아니고 살해되었다. 초인은 종교의 주장이 모두 거짓이라는 것을 적극적으로 파헤치고 실현해야 한다는 의미를 담고 있다.

니체는 신의 죽음과 더불어 초인의 탄생을 예고했고 초인을 '대지의 의미'라 불렀다. 내세나 초월적인 것과 상반되는 현실세계가 바로 대지이다. 니체가 이상으로 삼은 초인은 그러므로 종교적이고 초월적인 도덕을 거부하는 현세 중심적인 인간의 상징이다. 물론 초인은 보통 인간과는 다른 고귀하고 강인한 인간이다. 권력의지의 철학으로 무장한 인간이다. 세계의 고뇌를 인식하고 그러한 고뇌를 벗어나기 위해 스스로의 의지를 억누르는 허무주의적 인간과 달리 초인은 스스로 의지를 아무런 제한 없이 관철해간다. 초인은 일반 민중의 희생 대가로 살아가며 아무런 책임도 느끼지 않고 자기의 의지를 실현해간다. 초인은 인류를 위한 가치의 창조자이다. 초인은 모든 것의 속박에서 벗어나 완전히 자유롭게, 다시 말하면 선악의 피안에서 가치를 창조하는 사람이다. 초인은 도덕과 진리를 창조하는 사람이다. 초인은 동정을 싫어한다. 강인한 의지로 인간을 지배해간다. 인간에 대한 동정 때문에 신은 죽었지만 초인은 동정의 유혹을 벗어난다. 기독교인의 사랑은 동정과 결부된 사랑이다. 니체는 그러한 사랑 대신에 넘쳐나서 선물하는 사랑을 구가한다. 이웃사랑보다도 먼 것에 대한 사랑을 구가한다. 그것이 초인의 덕이다.

3) 영겁회귀

『차라투스트라』에서 나타나는 중요한 개념 하나가 영겁회귀이다. 초인은 한편으로 종래의 모든 가치를 변혁하면서 세계의 본질인 권력의지를 터득하고 실현하는 인간이며, 다른 한편으로 영겁회귀사상을 신봉하는 인간이다.

영겁회귀란 모든 것이 동일하게 되돌아온다는 것을 의미한다. 지금 존재하는 것이 이미 과거에 존재했으며 과거에 있었던 것은 미래에 다시 되돌아온다. 이 사상은 두 측면을 지니고 있다. 부정적인 측면과 긍정적인 측면이다. 니체 철학이 매력과 위험을 동시에 포함하고 있는 것과 비슷하다.

모든 것이 다시 되돌아온다면 변화도 없고 생성도 불가능하다. 그것은 니체의 권력의지나 '변화의 무죄'와도 모순된다. 과거에 존재하지 않은 초인도 새롭게 나타날 수 없다. 니체 자신도 그것을 알고 있다. 영겁회귀가 맞다면 말인이나 천민도 영원히 되돌아오기 때문이다. 이것이 이 사상의 단점이며 모순이다.

그러나 이 사상의 장점으로 운명애를 들 수 있다. 니체도 그것을 언급한다. 다시 말하면 모든 순간이 영원히 되돌아오며 회전하므로 순간을 영원의 일부로 생각하고 성실하게 살아야 한다는 의미이다. 물론 이 운명애는 염세주의를 극복하고 현실을 충실하게 살아가는 데서 긍정적인 역할을 할 수도 있다. 그러나 운명애도 부정적인 모습을 지닐 수 있다. 제2차 세계대전 당시 독일병사들이 『차라투스트라』를 배낭에 넣고 다니며 읽은 것처럼 무조건 운명에 순종하는 부정적인 측면이다. 불의의 세력에 항거하지 못하게 하는 체념을 만들어준다. 영겁회귀사상에 따르면 자연과 사회의 진보란 하나의 환상에 불과하다. 왜냐하면 모든 것은 다시 제자리로 돌아오기 때문이다. 세계의 발전은 그러므로 그것이 지향하는 목적이나 의도가 있을 수 없다. 모든 움직임은 목표나 의도도 없기 때문에 진보적인 운동이 아니라 제자리로 돌아오는 원형의 운동이다. 변화의 물결이 어떤 한계에 도달하면 출발점으로 되돌아온다. 이러한 운명애는 매우 잘못된 것이다. 건전한 운명애와 잘못된 운명애를 갈라줄 수 있는 시금석은 역사의식이다. 건전한 역사의식을 갖고 불의의 세력에 이용당하지 않을 때에만 운명애는 인간의 삶을 가치있게 만들어주는 원동력이 된다.

영겁회귀는 니체가 체계적으로 생각해낸 사상이 아니고 산책길에 번개처럼 떠오른 사상이다. 그렇기 때문에 더욱더 신비적인 색채를 띠고 있다. 니체 자신이 차라투스트라에 관하여 말한다. "나는 이제 『차라투스트라』의 이야기를 하겠다. 이 작품의 근본 개념, 영겁회귀사상, 아마도 도달할 수 있는 한에 있어서 최고의 긍정 형식—그것은 1881년 8월과 연관된다. 그것은 한 장의 종이에 '인간과 시간의 저편 6000피트'라는 단어와 함께 메모되었다. 나는 그날 질바플라나(Silvaplana)의 호수를 따라 숲속을 거닐고 있었다. 주를라이(Surlei)에서 멀지 않은 곳에 있는 한 개의 거대한 피라미드 모양으로 솟아 있는 바위 옆에서 나는 멈췄다. 그때 나에게 이 사상이 떠올랐던 것이다."(『이 사람을 보라!』).

어떤 니체 해석자들은 영겁회귀사상을 니체 철학에서 하나의 에피소드처럼 다루거나 전혀 언급하지 않는다. 대표적인 사람이 파이힝거로, 그는 니체 철학을 주로 가치의 변혁이라는 문제에 집중해서 특징지은 후에 마지막으로 간단하게 영겁회귀사상을 언급할 뿐이다. 또 프랑스의 유명한 니체 연구가인 리시탕베르제(Lichtenberger)는 니체의 여동생과 함께 저술한 『니체와 그의 저서』(*Nietsche und sein Werk*)라는 책에서 니체 철학으로 초인과 권력의지만을 다루고 있다. 이에 반하여 '권력의지'와 '영겁회귀'를 니체 철학의 두 근본 요소로서 아무런 모순 없이 조화시키려는 해석자가 있고, 아니면 영겁회귀사상만이 니체의 참된 철학이라고 주장하는 사람도 있다. 대표적인 사람이 카를 뢰비트로, 그는 『동일한 것의 영원회귀에 관한 니체 철학』(*Nietzsches Philosophie der ewigen Wiederkehr des Gleichen*)에서 권력의지보다도 오히려 영겁회귀를 핵심적으로 다루고 있다.

니체의 '권력의지'와 '영겁회귀'는 서로 모순 없이 조화될 수 없다. 권력의지는 가차 없이 세계를 변혁하면서 새로운 세계를 만들어간다. '영겁회귀'는 모든 것이 영원히 반복되므로 새로운 것이 나타나지 않는다고 주장한다. 니체는 '영겁회귀'와 더불어 이전에 그가 바그너를 비난한 것처럼 스스로의 강인한 사상에 겁먹고 도피하려 한다. 현존하는 세계에 무릎을 꿇으려 한다. 현재와 화해하려 한다. 의지가 이미 지나간 과거까지 지배하고 명령하려 하면서 미래지향적이 아니라 과거지향적이 되어버린다. 그러나 그것은 니체 자신이 『차라투스트라』 제2부 「구제」에서 암시하는 것처럼 본래적인 권력의지와 모순된다. "권력의지는 화해보다 높은 것을 원해야 한다." 과거로의 복귀는 니체답지 않은 연약한 시도였다. 그러므로 니체 연구가인 차이틀러(J. Zeitler)는 말한다. "'영겁회귀' 속에서 니체는 소화할 수 없는 어떤 것을 삼켜버렸다."[*] 차이틀러에 의하면 '영겁회귀'가 산책길에서 번개처럼 떠올랐다는 니체의 말도 사실이 아니다. 이미 서구에 이러한 사상이 존재했으며 니체도 그것을 알고 있었음이 틀림없다. 예컨대 니체는 『비시대적 고찰』에서 그리스 철학자 피타고라스의 영혼윤회설에 관해서 언급하고 있다. 여하튼 회귀와 상승이란 결코 조화될 수 없는 상반적인 것이다.

7. 인간유형의 발전단계

『차라투스트라』에는 초인을 목표로 발전해가는 인간의 전형들이 나타난다. 제일 낮은 부류의 인간은 '어긋난 자들' '어중이떠중이' '양떼' 등으로 지칭되는 천민들이다. 니체는 노동자들도 이 부류에 포함시킨다. 다음은 '말인'으로서 자기를 넘어 창조하는 것을 포기하고 현실에 만족하는 배부른 인간들이다. 그 다음이 '더 높은 인간'인데 여기에 속하는 유형으로 니체는 왕, 늙은 마법사, 실직한 교황, 자진해 거지가 된 자, 그림자, 정신의 양심을 지닌 사람, 슬픔에 찬 예언자, 가장 추악한 인간 등을 제시한다. 이들은 모두 초인이 될 수 있는 가능성을 갖고 있지만 차라투스트라의 동굴에 모여 만찬을 하면서 보여주는 것처럼 다시 말인으로 되돌아가려는 성향도 갖고 있다.

니체는 전체적으로 인간의 정신은 낙타의 단계에서 사자의 단계로 그리고 마지막으로 어린아이의 단계로 발전한다고 말한다. 낙타는 복종과 순종을, 사자는 반항과 파괴를, 어린아이는 진리를 깨달은 초인을 상징한다.

---

[*] J. Zeitler, *Nietzsches sthetik*, Leipzig, 1900, S.242.

8. 맺는말

눈에 보이지 않는 신보다도 보이는 어떤 것을 신뢰하라는 이야기가 『차라투스트라』에도 등장한다. 『차라투스트라』에 나타나는 신비적이고 상징적인 개념보다는 구체적인 내용에 관심을 두면서 니체의 『차라투스트라』를 이해하는 것이 더 효과적이다. 그러므로 이 책의 독자들은 니체 철학이 지닌 일곱 가지 특성을 항상 염두에 두면서 어떤 부분이 이들과 연관되는가를 음미해보면 좋을 것 같다.

니체 철학에는 많은 매력과 위험이 동시에 들어 있다. 니체의 저술을 읽는 독자들은 이 점도 염두에 두면서 수용과 비판을 게을리해서는 안 된다. 니체가 제시하는 초인의 철학이 우리의 현실과 어떤 연관이 있으며 어떤 도움을 주고 어떤 해를 끼치는가도 항상 스스로 판단해야 한다. 니체 자신이 차라투스트라의 입을 빌려 누구나 타인을 교조적으로 추종하지 말고 자기 자신의 길을 가야 한다고 강조하고 있지 않는가?

일러두기

1. 이 책은 Nietzsches Werke. Erste Abtheilung, Band VI, *Also sprach Zarathustra*, Leipzig, 1899(Kleinoktavausgabe)를 우리말로 완역한 것이다.
2. 원본에서 글자 간 간격을 달리하여 강조한 단어나 표현은 고딕체로 표기했다.
3. 원본에서 사용된 일부 밑바꿈표(─) 등은 시를 제외하고는 대부분 생략했다. 그침표(:)와 머무름표(;)는 우리의 국어문법에 맞게 고쳤으며, 인용부호가 생략된 부분은 삽입했다.
4. 모든 각주는 옮긴이 주이다. ＊ ＊＊ ＊＊＊ … 은 내용에 관한 것이고, 1) 2) 3) … 은 옮긴이가 간단하게 각 절을 해설한 것이다.

제1부

차라투스트라의 서설

1

차라투스트라가 서른 살이 되었을 때, 그는 고향과 고향의 호수를 떠나 산속으로 들어갔다. 여기서 그는 자신의 정신과 고독을 즐기면서 10년 동안 아무런 지루함도 느끼지 않았다.* 그러나 마침내 그의 마음이 변했으니— 어느 날 아침 그는 동이 트면서 일어났고, 태양 앞으로 걸어나와 태양을 향해 말했다.

"너 위대한 천체여! 너에게 만일 너의 햇살을 비춰줄 상대가 없다면, 너의 행복이 무엇이겠는가!

10년 동안 너는 이곳 나의 동굴 위로 떠올라왔다. 그러나 나와 나의 독수리와 나의 뱀이 없다면 너는 자신의 빛과 자신의 가는 길에 싫증이 났으리라.

그러나 우리는 아침마다 너를 기다려, 너로부터 넘쳐나는 것을 취하고, 그 때문에 너를 축복했다.

---

* 40일 동안 광야에서 시험받은 예수와 비교하여 차라투스트라가 훨씬 더 많은 고행을 했다는 의미를 지닌다.

보라! 나는 지나치게 많은 꿀을 모은 벌처럼 나의 지혜에 싫증이 났다. 이제 나는 그것을 얻으려고 내미는 손이 필요하다.

나는 나의 지혜를 선물로 나누어주고 싶나니, 사람들 가운데에서 현명한 자들이 다시 한 번 자신들의 어리석음을, 가난한 자들이 다시 한 번 자신들의 풍요로움을 즐길 때까지.

그것을 위해 나는 저 아래로 내려가야만 한다. 저녁때면 네가 바다 아래로 내려가 하계를 비춰주듯이, 너 풍요로운 천체여!

이제 나는 너와 마찬가지로 하강하지* 않으면 안 된다. 내가 가려고 하는 인간들이 그렇게 부르듯.

그러므로 나를 축복해다오, 가장 큰 행복까지도 시기심 없이 바라볼 수 있는 너 고요한 눈이여!

축복해다오, 넘쳐 흘러내리는 이 잔을. 그로부터 황금빛 물이 흘러나와 네 기쁨의 광채를 온 세상 방방곡곡으로 실어 나르도록.

보라! 이 잔은 다시 비워지고자 하고, 차라투스트라는 다시 인간이 되고자 한다."

이렇게 차라투스트라의 하강은 시작되었다.

2

차라투스트라는 홀로 산을 내려갔고 아무도 그와 마주치지 않았다. 그러나 숲속으로 들어섰을 때 돌연 한 백발 노인이 그 앞에 나타났다.

---

* 'untergehen'이라는 독일어는 '하강하다' '하산하다' '몰락하다' 등의 의미를 지니고 있다. 여기에는 세 가지 의미가 다 포함되어 있다. 차라투스트라를 잘 알지 못하는 일반 사람들은 진리의 전파를 위해 내려가는 차라투스트라의 하강을 몰락으로 이해한다.

숲속에서 약초를 구하려고 자신의 신성한 암자를 떠난 노인이었다. 그런데 그 노인이 차라투스트라에게 이렇게 말했다.

"이 나그네는 낯설지 않구나. 여러 해 전에 그가 이곳을 지나친 적이 있으니. 차라투스트라라 불렸지. 헌데 그 모습이 변했구나.

그때 그대는 자신의 재를 산속으로 메고 갔는데, 오늘 그대는 자신의 불을 골짜기 아래로 나르려 하는가? 방화범의 형벌이 무섭지 않은가?

그래, 차라투스트라가 분명하다. 그의 눈은 맑게 빛나고, 그의 입가에는 아무런 구역질도 들어 있지 않다. 그는 춤추는 사람처럼 걸어가지 않는가?

차라투스트라는 변했다. 차라투스트라는 어린아이가 되었다. 차라투스트라는 깨달음의 눈을 떴다. 그런데 이제 그대는 잠들어 있는 사람들 곁에서 무엇을 하려는가?

바다 속에서 살듯 그대는 고독 속에서 살았고, 그 바다는 그대를 품어주었다. 슬프도다, 그대는 육지로 올라가려 하는가? 슬프도다, 그대는 스스로 다시 그대의 육신을 끌고 다니려 하는가?"

차라투스트라는 대답했다. "나는 인간을 사랑하오."

성자가 말했다. "무엇 때문에 내가 숲과 황야로 들어갔겠는가? 내가 인간을 너무도 사랑했기 때문이 아니었는가?

지금 나는 신을 사랑하지, 인간을 사랑하지는 않는다. 내게 인간은 너무도 불완전한 존재이다. 인간을 향한 사랑이 나를 파멸시켜버릴 것 같구나."

차라투스트라가 대답했다. "나는 사랑에 관해 말하지 않았소! 나는 인간들에게 선물을 주려 할 뿐이오!"

"그들에게 아무것도 주지 마라." 성자가 말했다. "차라리 그들에게서 뭔가를 빼앗아 그들과 함께 나누어 져라. 그것이 그들에게 가장 즐거운 일이 될 테니까. 그것이 그대에게도 즐거움이 된다면!

그리고 인간들에게 무엇인가 주고자 한다면 적선 이상을 하지 마라. 그것도 그들로 하여금 구걸하게 하라!"

차라투스트라가 대답했다. "아니오. 나는 적선은 하지 않소, 나는 그렇게 가난하지는 않소."

성자는 차라투스트라를 비웃으며 이렇게 말했다. "그러면 그들이 그대의 보물을 받는지 시험해보라. 그들은 은둔자들을 불신하며, 우리가 선물을 주러 왔다는 것을 믿지 않는다.

거리를 지나쳐가는 우리의 발걸음 소리가 그들에게는 너무나 쓸쓸하게 들릴 것이다. 그리고 해뜨기 오래전 한밤중 잠자리에서 사람이 지나가는 소리를 들었을 때처럼 그들은 아마 스스로에게 물어볼 것이다. 저 도둑이 어디로 가려는 걸까?

인간들에게 가지 말고 숲속에 머물러 있어라! 차라리 짐승들에게 가는 편이 더 낫다! 어째서 그대는 나처럼 곰들 중의 한 마리 곰, 새들 중의 한 마리 새가 되려 하지 않는가?"

"그러면 성자는 숲속에서 무얼 하시오?" 차라투스트라는 물었다.

성자가 대답했다. "나는 노래를 지어 부르고 노래를 만들면서 웃고 울고 중얼거린다. 그렇게 나는 신을 찬미한다.

노래하고 울고 웃고 중얼거림으로써 나는 나의 신을 찬미한다. 그런데 그대는 우리에게 줄 선물로 무엇을 가져왔는가?"

이 말을 듣자 차라투스트라는 성자에게 인사를 하고서 말했다. "당신들에게 줄 무엇이 내게 있겠소! 그러니 내가 당신들에게서 아무것도 빼앗아가지 않도록 나를 어서 보내주시오!" 이렇게 하여 백발의 노인과 사내는 소년처럼 웃으면서 헤어졌다.

그러나 혼자가 되자 차라투스트라는 마음속으로 이렇게 말했다. "도대체 이럴 수가 있을까! 저 늙은 성자는 자신의 숲속에만 살면서 신이 죽었다는 이야기를 아직 듣지 못했구나!"

3

차라투스트라가 숲가에 있는 가장 가까운 도시에 이르러 보니, 바로 그곳 장터에 많은 사람들이 모여 있었다. 한 줄광대가 나오기로 약속되어 있었던 것이다. 그래서 차라투스트라는 군중을 향해 이렇게 말했다.

나는 그대들에게 **초인**을 가르치노라. 인간은 극복되어야 할 그 무엇이다. 그대들은 인간을 극복하기 위하여 무엇을 했는가?

이제까지 모든 존재는 자신을 넘어서는 그 무엇인가를 창조해왔다. 너희는 그 위대한 조수의 썰물이 되기를 원하며, 인간을 극복하기보다 오히려 짐승으로 되돌아가려 하는가?

인간에게 원숭이란 무엇인가? 하나의 웃음거리 혹은 괴로운 수치이다. 그리고 초인에게는 인간 또한 그럴 것이다.* 하나의 웃음거리 혹은 괴로운 수치일 것이다.

그대들은 벌레로부터 인간으로 이르는 길을 걸어왔지만, 아직도 그대들 내부의 많은 것들이 벌레이다. 예전에 그대들은 원숭이였고 지금도 인간은 여전히 어느 원숭이보다 더 원숭이인 것이다.

그리고 그대들 중 가장 현명한 자도 식물과 유령 사이의 잡종에 지나지 않는다. 그러나 내가 그대들에게 식물과 유령이 되라고 명령하겠는가?

보라, 나는 그대들에게 초인을 가르치노라!

초인은 대지의 의미이다.** 그대들이 의지를 가지고 말하게 하라! 초인이란 대지의 의미**여야** 한다고!

형제들이여! 그대들에게 간청하노니 **대지에 충실하라.** 그리고 그대들

---

* 여기에 원숭이-인간-초인으로 나아가는 진화론적인 사상이 엿보인다.
** 초인의 의미를 암시하는 가장 중요한 말이다. 대지는 여기서 내세나 초월적인 것에 상반되는 현세적인 것을 총체적으로 상징한다.

에게 천상의 희망을 말하는 자들을 믿지 마라! 의식적이든 무의식적이든 그들은 독을 뿌리는 자들이다.

그들은 삶의 경멸자들이고, 숨이 넘어가는 자들이며, 스스로 독을 먹은 자들이다. 그런 자들에게 대지는 지쳐버렸다. 그러므로 그들은 마땅히 사라져버려야 한다!

예전에는 신을 모독하는 것이 가장 큰 모독이었다. 그러나 신은 죽었다. 그와 더불어 이러한 모독자들도 죽었다. 대지를 모독하는 것이 지금은 가장 두려운 일이다. 불가사의한 것의 내장을 대지의 의미보다 더 높게 평가하는 것이 가장 두려운 일이다!

예전에는 영혼이 육체를 경멸의 눈초리로 바라보았다. 그리고 그때는 그러한 경멸이 최고의 선이었다. 영혼은 육체가 야위고 끔찍해지고 굶주리기를 바랐다. 그렇게 하여 영혼은 육체와 대지로부터 벗어날 수 있다고 생각했다.

그러나 오, 야위고 끔찍해지고 굶주리게 된 것은 바로 이 영혼이었다. 결국 잔인함이 영혼의 쾌락이었다!

그러나 형제들이여! 나에게 말해다오. 그대들의 육체는 그대들의 영혼에 대해 무어라고 말하는가? 그대들의 영혼은 가난이며 더러움이며 가련한 안락이 아니던가?

진실로 인간이란 하나의 더러운 강물이다. 스스로 더러워지지 않고 오염된 강물을 받아들일 수 있기 위해서 인간은 참으로 바다가 되어야 한다.

보라, 나는 그대들에게 초인을 가르치노라. 초인은 바다이고 그 속에서 그대들의 위대한 경멸이 가라앉을 수 있다.

그대들이 체험할 수 있는 가장 위대한 것은 무엇인가? 그것은 커다란 경멸의 시간이다. 그대들의 행복도, 그대들의 이성과 그대들의 덕도 구역질나는 시간이다.

그 시간에 그대들은 말하리라. "나의 행복이 무슨 소용인가? 그것은 가난이며 더러움이며 가련한 안락이다. 그러나 나의 행복은 삶 자체를 정당화하는 어떤 것이어야 한다!"

그 시간에 그대들은 말하리라. "나의 이성이 무슨 소용인가? 나의 이성은 사자가 먹이를 구하듯 지식을 갈구하는가? 나의 이성은 가난이며 더러움이며 가련한 안락이다!"

그 시간에 그대들은 말하리라. "나의 덕이 무슨 소용인가? 그것은 아직껏 나를 열광하게 만든 적이 없다. 나는 나의 선과 악에 얼마나 지쳐 있는지! 그 모두가 가난이며 더러움이며 가련한 안락이다!"

그 시간에 그대들은 말하리라. "나의 정의가 무슨 소용인가? 나는 내가 이글이글 타는 숯불이 아님을 알고 있다. 그러나 정의로운 인간은 이글이글 타는 숯불이다!"

그 시간에 그대들은 말하리라. "나의 동정이 무슨 소용인가? 동정이란 인간을 사랑하는 자가 못박히는 십자가가 아닌가? 그러나 나의 동정은 결코 십자가에 못박는 것이 아니다!"

그대들이 이렇게 말한 적이 있었던가? 그대들이 이렇게 외친 적이 있었던가? 아, 내가 그대들이 이렇게 외치는 것을 들었더라면!

하늘을 향해 외친 것은 그대들의 반역이 아니라 그대들의 자족이었다. 죄를 범하는 경우에서까지도 하늘을 향해 외치는 것은 그대들의 소심이었다!

혓바닥으로 그대들을 핥아줄 번개는 어디 있는가? 그대들에게 접종되어야 할 광기는 어디 있는가?

보라, 나는 그대들에게 초인을 가르치노라. 그가 바로 그 번개이며, 그가 바로 그 광기이다!

차라투스트라가 이렇게 말했을 때 사람들 중 하나가 소리 질렀다. "줄광대에 대해서는 이제 실컷 들었으니 이젠 그의 모습도 보여달라!"* 그러자 모든 사람들이 차라투스트라를 비웃었다. 그러나 줄을 타기로 되어 있던 광대는 그 말이 자기에게 해당되는 것으로 알고 줄 탈 준비를 시작했다.

4

그러나 차라투스트라는 군중을 바라보고 의아하게 생각했다. 그리하여 그는 이렇게 말했다.

인간은 동물과 초인 사이에 매어진 하나의 밧줄, 심연 위에 매어진 하나의 밧줄이다.

저쪽으로 건너가는 것도 위험하고, 가는 도중도 위험하고, 뒤돌아보는 것도 위험하고, 공포에 질린 채 그 자리에 머물러 있는 것도 위험하다.

인간의 위대성은 인간이 다리이지 목표가 아니라는 데에 있다. 인간이 사랑받을 수 있는 것은 인간이 하나의 **과도**(Übergang)이며 **몰락**(Untergang)이라는 데에 있다.

나는 몰락하는 자로서가 아니면 살 줄 모르는 사람을 사랑한다. 그들은 건너가는 자들이기 때문이다.

나는 위대한 경멸자를 사랑한다. 그들은 위대한 숭배자이며, 다른 쪽 강가를 동경하는 화살이기 때문이다.

나는 몰락하고 희생해야 할 까닭을 별들의 배후**에서 찾는 사람이 아니라 언젠가는 대지가 초인의 것이 되도록 대지에 몸을 바치는 자를 사랑한다.

나는 그것을 인식하기 위해 사는 사람을, 그것을 인식하려는 사람을

---

* 대중은 스스로 극복하고 뛰어넘으려는 초인을 줄광대로 오해하고 있다.
** 형이상학적 세계나 종교가 말하는 내세를 말한다.

사랑한다. 그와 더불어 초인이 살 수 있기 때문이다. 그렇게 하여 그 사람은 자신의 몰락을 원하는 것이다.

나는 초인을 위해 집을 지어주고 초인에게 대지와 동물과 식물을 마련해주기 위해 일하고 궁리해내는 자를 사랑한다. 그렇게 하여 그 사람은 자신의 몰락을 원하기 때문이다.

나는 자신의 덕을 사랑하는 사람을 사랑한다. 덕은 몰락을 지향하는 의지이며 동경의 화살이기 때문이다.

나는 자기 자신을 위해서는 한 방울의 정신도 아끼지 않고 고스란히 덕의 정신이 되고자 하는 사람을 사랑한다. 그렇게 하여 그는 정신으로서 다리를 건너가는 것이다.

나는 자신의 덕으로부터 자신의 성품과 운명을 창조해내는 사람을 사랑한다. 그렇게 하여 그는 자신의 덕을 위해 살고 자신의 덕을 위해 죽는 것이다.

나는 지나치게 많은 덕을 소유하려 하지 않는 사람을 사랑한다. 한 개의 덕은 두 개의 덕보다 더 낫다. 한 개의 덕은 운명이 매달릴 수 있는 더 좋은 매듭이기 때문이다.

나는 아낌없이 주는 영혼을 소유하고, 답례를 받거나 되돌려주려 하지 않는 사람을 사랑한다. 그는 항상 선물을 주되 간직하지는 않으려 하기 때문이다.

나는 주사위가 자기에게 행운을 가져다주었을 때 부끄러워하며 "난 도대체 사기 도박꾼인가?"라고 묻는 사람을 사랑한다. 그는 파멸을 바라고 있기 때문이다.

나는 행동하기 전에 황금과 같은 말을 던지고 항상 자신이 약속한 것보다 더 많은 것을 행하는 사람을 사랑한다. 그는 자신의 몰락을 바라고 있기 때문이다.

나는 미래의 사람들을 정당화하고 과거의 사람들을 구제하는 사람을 사랑한다. 그는 현재의 사람들과 더불어 파멸하고자 하기 때문이다.

나는 자기 신을 사랑하기 때문에 자기 신을 징벌하는 사람을 사랑한다. 그는 자기 신의 분노 때문에 파멸하지 않으면 안 되기 때문이다.

나는 상처를 받고서도 영혼이 깊은 사람을, 그리고 사소한 체험에서도 파멸될 수 있는 사람을 사랑한다. 그렇게 그는 기꺼이 다리를 건너는 것이다.

나는 자기 자신을 잊어버리고 모든 것이 자기 안에 들어올 정도로 영혼이 넘쳐나는 사람을 사랑한다. 그렇게 하여 모든 사물은 그가 몰락하게 하는 것이다.

나는 자유로운 정신과 자유로운 가슴을 지닌 사람을 사랑한다. 그렇게 하여 그의 머리는 가슴의 내장일 뿐이고, 그의 가슴이 그를 몰락으로 몰아가는 것이다.

나는 인류 위에 걸려 있는 검은 구름으로부터 하나씩 떨어지는 무거운 빗방울 같은 사람을 사랑한다. 그들은 번개가 칠 것을 예언하고, 예언자로서 멸망해가는 것이다.

보라, 나는 번개의 예언자이며, 먹구름으로부터 떨어져 내리는 무거운 빗방울이다. 그리고 이 번개는 초인이라 불린다.

5

이렇게 말하고 차라투스트라는 다시 군중을 바라보았다. 그리고 입을 다물어버렸다. 그는 마음속으로 말했다. "저기 저들이 서 있구나. 저기 저들이 웃고 있구나. 저들은 나를 이해하지 못하는구나. 나는 저들의 귀를 위한 입이 아니다.

눈으로 듣는 법을 배우도록 먼저 저들의 귀를 뚫어야 하지 않을까? 큰북이나 참회를 설교하는 사람들처럼 큰 소리로 떠들어야만 하는가?

아니면 저들은 더듬거리며 말하는 사람들만 믿는 것일까?

저들은 스스로 자랑스러워하는 것을 갖고 있다. 그런데 그러한 자랑거리를 저들은 무엇이라 부르는가? 그것을 저들은 교양이라 부르고, 그것이 저들을 양치기들과 구별해주는 것이다.

그러므로 저들은 자신들에 대하여 '경멸'이라는 말을 사용하는 것을 싫어한다. 그러므로 나는 저들의 긍지를 향해 말하리라.

그러므로 나는 저들에게 가장 경멸스러운 자에 대해 말하리라. 그것이 곧 말인*이다."

그리고 차라투스트라는 군중을 향해 이렇게 말했다.

지금이야말로 인간이 자신의 목표를 세워야 할 때이다. 지금이야말로 인간이 자신의 가장 큰 희망의 씨앗을 뿌려야 할 때이다.

인간의 땅은 아직 그럴 수 있을 만큼 충분히 비옥하다. 그러나 이 땅은 언젠가 메마르고 황폐해져 큰 나무가 더 이상 그곳에서 자라나지 못할 것이다.

안타깝구나! 사람이 더 이상 인간들을 넘어서는 동경의 화살을 쏘지 않으며, 활시위를 흔들리게 하는 법도 잊어버릴 때가 올 것이다!

그대들에게 말하노라. 인간은 춤추는 별을 탄생시킬 수 있기 위해 자신의 내부에 혼돈(Chaos)을 간직하고 있어야 한다. 그대들에게 말하노라. 그대들은 내부에 아직 혼돈을 간직하고 있다.

안타깝구나! 장차 인간이 아무런 별도 탄생시키지 못할 때가 오리라. 안타깝구나! 더 이상 자기 자신을 경멸할 수 없는 가장 경멸스러운 인간의 시대가 오리라.

---

* 말인(der letzte Mensch)은 더 이상 자신을 넘어서려 하지 않고 현실에 만족하는, 배부른 돼지 같은 인간말종이다. 니체는 초인의 전 단계인 '더 높은 인간'에 대비되는 말인을 매우 경멸한다. '마지막 인간' 혹은 '최후의 인간'으로 번역될 수도 있다.

보라! 내가 그대들에게 말인을 보여주리라.

"사랑이 무엇인가? 창조가 무엇인가? 동경이 무엇인가? 별이 무엇인가?" 말인은 그렇게 물으며 눈을 깜박거린다.

대지는 작아져버렸고 그 위에서 모든 것을 작아지게 만드는 말인이 뛰어다닌다. 이 종족은 벼룩과도 같아서 근절되지 않는다. 말인이 가장 오래 사는 것이다.

"우리는 행복을 발견했다!" 말인들은 이렇게 말하며 눈을 껌벅거린다.

그들은 살아가기 힘든 곳에서 떠나버린다. 그들에게는 온정이 필요하기 때문이다. 그들은 여전히 이웃을 사랑하고 이웃과 몸을 비벼댄다. 그들에게는 온정이 필요하기 때문이다.

아프거나 의심 품는 일을 그들은 죄를 짓는 것처럼 생각한다. 그래서 그들은 조심조심 걸어 다닌다. 돌이나 사람에 걸려 넘어지는 자는 바보이다!

때때로 약간의 독(毒)이 그들에게 안락한 꿈을 만들어준다. 그리고 마침내 많은 독을 마시고 그들은 안락한 죽음을 맞이한다.

그들은 아직도 일한다. 일은 오락이기 때문이다. 그러나 그들은 그 오락으로 몸이 망가지지 않도록 조심한다.

그들은 더 이상 가난해지지도 부유해지지도 않는다. 둘 다 너무 번거로운 일이다. 누가 아직도 지배하기를 원하는가? 누가 아직도 복종하는가? 둘 다 너무 번거로운 일이다.

목자는 없고 양떼뿐이다! 모두가 똑같은 것을 원하고 모두가 똑같이 된다. 다르게 생각하는 사람은 자진해서 정신병원으로 들어간다.

"전에는 온 세상이 다 미쳤다." 그중 총기 있는 자들은 이렇게 말하며 눈을 껌벅거린다.

그들은 영리하여 일어났던 모든 일들을 알고 있다. 그리하여 그들의 조소는 끝없이 계속된다. 그들은 싸우기도 하지만 곧 화해해버린다. 그렇지 않으면 위장이 상하기 때문이다.

그들은 낮에는 낮대로, 밤에는 밤대로 작은 쾌락을 즐긴다. 그러나 그들은 자신의 건강을 소중히 여긴다.

"우리는 행복을 발견했다."—최후의 인간들은 그렇게 말하며 눈을 껌벅거린다.

여기서 '서설'(Vorrede)이라 불리는 차라투스트라의 첫 번째 설교가 끝났다. 군중의 고함 소리와 환호가 그의 설교를 가로막았기 때문이다. 그들은 외쳤다. "오 차라투스트라여, 말인을 보여다오! 우리를 말인으로 만들어다오! 그러면 우리가 당신에게 초인을 선사해주겠다!" 군중들은 환호성을 지르며 혀를 날름거렸다. 차라투스트라는 그러나 슬퍼져서 마음속으로 중얼거렸다.

"저들은 나를 이해하지 못하는구나. 나는 저들의 귀를 위한 입이 아니다.

아마도 내가 너무도 오랫동안 산중에서 살았고, 시냇물과 나무에게 너무도 많이 귀를 기울였던 탓이겠지. 그래서 지금 나는 저들에게 양치기들에게 말하듯 이야기를 하고 있구나.

내 영혼은 조금도 흔들림 없고, 아침의 산처럼 또렷하다. 그러나 저들은 내가 냉혹하다고, 겁나는 농담을 하는 익살꾼이라고 생각한다.

저들은 지금 나를 바라보며 크게 웃고 있다. 웃으면서 나를 증오한다. 저들의 웃음 속엔 얼음이 들어 있다."

6

그때 모든 사람들의 입을 다물게 하고 모든 사람들의 시선을 쏠리게 만든 일이 벌어졌다. 줄광대*가 재주를 부리기 시작한 것이다. 조그만 문으로 걸어 나온 줄광대가 두 개의 탑 사이에 매어진, 사람들이 가득

한 장터 위에 걸린 줄 위로 걷는 것이었다. 줄광대가 막 한중간에 이르렀을 때, 아까의 그 작은 문이 다시 열리더니 알록달록한 옷을 입은, 어릿광대** 같은 녀석이 뛰어나와 빠른 걸음으로 앞선 광대를 쫓아갔다. "앞으로 나아 가, 절름발이야." 그는 무서운 소리로 외쳤다. "앞으로 나아 가, 게으름뱅이, 밀수꾼, 창백한 녀석아! 내 발꿈치에 걷어차이지 않도록 말이다! 여기 이 두 탑 사이에서 뭘 하고 있는 거냐? 너는 탑 속에나 있어야 어울려. 넌 탑 속에 갇혀 있어야만 하는 건데, 너보다 나은 자의 자유로운 앞길을 가로막다니!" 한 마디씩 할 때마다 그는 광대에게 점점 더 가까이 다가갔다. 그가 광대의 뒤에서 불과 한 발자국 가까이 다가갔을 때 모든 사람들의 입을 다물게 하고 모든 사람들의 시선을 쏠리게 하는 무서운 일이 벌어졌다. ―그는 악마처럼 고함 소리를 내지르며 길을 가로막고 있던 앞 사람을 훌쩍 뛰어넘어버린 것이다. 줄광대는 자신의 경쟁자가 승리한 것을 보자마자 정신을 잃고 중심을 잃어버렸다. 줄광대는 장대를 던져버리고, 다리와 팔이 소용돌이처럼 되어 장대보다 빨리 땅으로 떨어졌다. 장터와 거기 모인 사람들은 폭풍에 휘말린 바다와도 같았다. 모든 사람들이 뿔뿔이 혹은 서로 뒤범벅이 되어 도망을 갔다. 줄광대의 몸뚱이가 떨어진 곳에서는 특히 심했다.

그러나 차라투스트라는 그대로 서 있었다. 광대의 몸뚱이가 바로 그 옆에 떨어졌는데 심하게 다치고 부러졌지만 아직 죽지는 않았다. 잠시 후 의식이 되돌아오자 부상당한 사람은 자기 옆에 무릎을 꿇고 있는 차라투스트라를 보았다. 마침내 그는 말했다. "거기서 뭘 하고 있소? 악마가 발을 걸어 나를 넘어뜨리리라는 걸 오래전부터 알고 있었소.

---

* 위험을 무릅쓰고 줄을 건너가려는 광대 속에서 니체는 현실에 만족하지 않고 인간을 초극하려는 의지를 지닌 인간, 그러나 아직 초인의 사상을 깨닫지 못했기 때문에 대중의 선동에 의해 파멸되어가는 인간을 상징적으로 표현하려 했다.
** 깊이 없는 자유사상가나 선동가를 상징적으로 표현한 것이다.

이제 그 악마가 나를 지옥으로 끌고 가는 거요. 당신이 그 악마를 막아주겠소?"

차라투스트라가 대답했다. "내 명예를 걸고 말하건대 친구여, 당신이 말한 것들은 전혀 존재하지 않는다. 악마도 없고 지옥도 없다. 당신의 영혼이 당신의 육신보다 더 빨리 죽을 것이다.* 그러니 아무것도 더 이상 두려워하지 마라!"

사내는 믿을 수 없다는 듯이 올려다보았다. 사내가 이윽고 말했다. "당신의 말이 사실이라면 나는 죽는다 해도 아무것도 잃지 않을 것이오. 나는 매를 맞고 굶주려 가며 춤을 추도록 길들여진 한 마리의 짐승과 다를 바 없소."

차라투스트라가 말했다. "그렇지 않다. 당신은 위험을 자신의 천직으로 삼았는데 거기에는 경멸할 것이 아무것도 없다. 이제 당신은 당신의 천직 때문에 파멸하는 것이다. 그러니 내가 당신을 내 손으로 손수 묻어주겠다."

차라투스트라가 이렇게 말했을 때, 죽어가는 사람에게선 더 이상 대답이 없었다. 그러나 그는 고마움을 표시하기 위해 차라투스트라의 손을 잡으려는 듯 손을 움직였다.

7

그 사이에 저녁이 되어 장터는 어둠에 파묻혔다. 그러자 사람들은 흩어졌다. 호기심과 두려움마저도 시들었기 때문이다. 그러나 차라투스트라는 죽은 광대 옆 땅바닥에 앉아 깊은 생각에 잠겨 있었다. 그는 시

---

*니체는 무신론자이지만 유물론자는 아니다. 그러나 여기서 니체는 육체가 소멸하면 영혼은 더 이상 존재하지 않는다는 유물론적 견해를 발설하고 있다.

간을 잊고 있었다. 마침내 밤이 되어 싸늘한 바람이 고독한 자의 머리 위를 스쳐 지나갔다. 그러자 차라투스트라는 일어서면서 마음속으로 말했다.

"차라투스트라가 오늘 멋진 고기를 낚았구나! 인간은 낚지 못했지만 송장 하나를 낚았다.

인간이란 존재는 비참하고 무의미하구나! 어릿광대 하나까지도 인간의 운명을 좌우할 수 있다니.

나는 인간들에게 그들의 존재 의미를 가르쳐주고 싶다. 그것은 곧 초인, 검은 구름인 인간으로부터 번쩍이는 번개이다.

그러나 나는 여전히 인간들과 멀리 있고 나의 뜻은 그들의 생각에 미치지 못한다. 그들에게 나는 여전히 바보와 송장의 중간인 것이다.

밤은 어둡고 차라투스트라의 길도 어둡다. 가자, 싸늘하게 굳어버린 길동무여! 손수 너를 묻어줄 그곳까지 너를 메고 가리라."

8

마음속으로 이렇게 말한 후에 차라투스트라는 시체를 메고 길을 떠났다. 그가 백 걸음도 채 가기 전에 한 사람이 그에게로 살그머니 다가와 그의 귀에 속삭였다. ─보라! 이야기하는 자는 아까 탑에서 나온 어릿광대였다! 어릿광대가 말했다. "이 도시에서 떠나라, 오 차라투스트라여. 이곳에서는 너무나 많은 사람들이 당신을 미워한다. 착하고 의로운 자들이 당신을 미워하고 당신을 자기들의 적이며 경멸자라고 부른다. 참된 신앙을 가진 신도들도 당신을 미워하고 당신을 대중에게는 위험한 자로 부르고 있다. 그들이 당신을 비웃은 것이 당신에게는 차라리 행운이었다. 정말로 당신은 어릿광대처럼 말한 것이다. 당신이 죽은 개의 친구가 된 것이 당신에게는 차라리 행운이었다. 그렇게 스스로를 낮추었기 때문에 당신은 오늘 목숨을 부지할 수 있었다. 그러니 이 도시에서 떠나라. 그렇지 않으면 내일 내가 당신을 뛰어넘을 것이니, 그것은 곧 살아 있는 자가 죽은 자를 뛰어넘는 것이 되리라." 그렇게 말한 후 어릿광대는 사라졌다. 차라투스트라는 그러나 어두운 거리를 계속 걸어갔다.

도시의 성문에서 그는 무덤 파는 사람들을 만났다. 횃불로 그의 얼굴을 비춰본 그들은 그가 차라투스트라임을 알고 신랄하게 조롱했다. "차라투스트라가 죽은 개를 옮겨간다. 차라투스트라가 무덤 파는 자가 되었구나, 잘 됐어! 이런 고기를 만지기에는 우리의 손이 너무 깨끗하니까 말이야. 차라투스트라가 악마에게서 그 먹이를 훔쳐낼 셈인가? 좋다! 맛있게 먹어라! 그러나 악마가 차라투스트라보다 더 솜씨 좋은 도둑이라면 어찌하지! ──그렇다면 악마가 저 둘을 훔쳐 모두 먹어치울걸!" 그들은 큰 소리로 웃어대며 고개를 끄덕였다.

차라투스트라는 아무런 대꾸도 하지 않고 계속해서 걸어갔다. 숲과 늪을 지나 두 시간을 걸었을 때, 굶주린 늑대들의 울부짖는 소리가 여러 번 들렸고 그 자신도 시장기를 느꼈다. 그리하여 그는 불이 비치는 한 외딴집 앞에 멈춰 섰다.

차라투스트라가 말했다. "시장기가 나를 엄습하는구나, 마치 강도처럼. 숲과 늪 가운데에서 시장기가 나를 엄습하는구나, 그것도 깊은 밤중에.

나의 시장기는 참 변덕스럽다. 보통 식사시간이 지나면 찾아오는데 오늘은 하루 종일 찾아오질 않았어. 시장기가 어디 가 있었지?"

그런 생각을 하면서 차라투스트라는 그 집의 문을 두드렸다. 한 노인이 나타났다. 등불을 든 노인이 물었다. "누구이기에 내게 와서 잠을 깨우는가?"

차라투스트라가 말했다. "산 사람 하나와 죽은 사람 하나요. 먹을 것과 마실 것을 좀 주시오. 하루 종일 그걸 잊고 있었습니다. 굶주린 자에게 음식을 주는 자는 자신의 영혼을 맑게 한다는 현자의 말도 있지요."

노인은 사라졌다가 곧 되돌아와 차라투스트라에게 빵과 포도주를 내놓았다. 노인이 말했다. "배고픈 사람들에게 이곳은 좋지 않은 곳이지. 그 때문에 내가 여기서 살고 있지. 동물과 인간이 은자인 나를 찾아오지. 그런데 당신의 길동무에게도 먹고 마시도록 하게나. 그가 당신보다 더 지쳐 있군." 차라투스트라가 대답했다. "나의 길동무는 죽었소. 그러니 먹고 마시라 해도 소용이 없소." 노인이 퉁명스럽게 말했다. "그건 나와 상관없는 일이네. 내 집 문을 두드린 사람은 내가 주는 음식을 먹어야 한다네. 먹고서 잘들 가게나."

그후 차라투스트라는 길과 별빛을 따라 두 시간을 더 걸어갔다. 그는 밤길에 익숙해 있었고, 또 잠든 만물의 모습을 바라보기를 좋아했던 것이다. 그러나 먼동이 터올 때 차라투스트라는 깊은 숲속에 들어와 있었고 길이 더 이상 보이지 않았다. 그러자 그는 죽은 사람을 자기 머리맡의 텅 빈 나무 속에 눕히고서—시체를 늑대들로부터 보호하려 한 것이었다—자기 자신도 이끼가 덮인 땅 위에 누웠다. 그러자 그는 곧 잠이 들었다. 육신은 지쳐 있으되 영혼은 편안한 상태로.

9

차라투스트라는 오랫동안 잠을 잤다. 아침노을뿐만 아니라 오전이 그의 얼굴 위로 스쳐 지나갔다. 마침내 그는 눈을 떴다. 놀라서 차라투스트라는 숲과 정적을 바라보았고, 자기 자신의 내면을 들여다보았다. 그리고 나서는 갑자기 육지를 발견한 항해자처럼 급히 일어나 환성을 질렀다. 그는 새로운 진리를 발견한 것이다. 그리하여 그는 마음속으로 이렇게 말했다.

"내게 한 줄기 빛이 떠올랐다. 내게는 길동무가 필요하다. 가는 곳마다 메고 가야 하는 죽은 길동무나 시체가 아니라 살아 있는 길동무가.

그들 스스로 원해서 나를 따르며, 내가 가고자 하는 곳을 따라가는 살아 있는 길동무가 내게는 필요하다.

내게 한 줄기 빛이 떠올랐다. 차라투스트라는 군중이 아니라 길동무에게 말해야 한다! 차라투스트라는 무리들의 목자나 개가 되어서는 안 된다!

무리로부터 많은 사람을 끌어내기 위해서 내가 온 것이니 군중과 무리는 내게 화를 내리라. 목자들에게 차라투스트라는 강도라 불릴 것이다.

나는 그들을 목자라 부르지만 그들은 자신들을 선한 자, 의로운 자라 부른다. 나는 그들을 목자라 부르지만 그들은 자신들을 올바른 신앙을 가진 신도들이라 부른다.

선량하고 의로운 자들을 보라! 그들은 누구를 가장 증오하는가? 그들의 가치목록을 부수는 자, 파괴자, 범죄자이다. 그러나 이들이 바로 창조자인 것이다.

온갖 신앙을 가진 신도들을 보라! 그들은 누구를 가장 증오하는가? 그들의 가치목록을 부수는 자, 파괴자, 범죄자이다. 그러나 이들이 바로 창조자인 것이다.

창조자는 길동무를 찾는다. 시체나 무리나 신도들을 찾는 것이 아니다. 창조자는 함께 새로운 목록에 새로운 가치를 써넣을 창조자를 구한다.

창조자는 길동무인 동시에 함께 거두어들일 자를 찾는다. 모든 것이 무르익어 수확을 기다리고 있기 때문이다. 그러나 그는 백 자루의 낫이 없으므로 이삭을 훑으며 화를 내고 있는 것이다.

창조자는 길동무를 찾는다. 자신의 낫을 갈 줄 아는 길동무를 찾는다. 그러한 사람들은 파괴자, 선악을 경멸하는 자라 불릴 것이다. 그러나 그들은 거두어들이는 자들이며 즐기는 자들이다.

함께 창조하는 자를 차라투스트라는 찾는다. 함께 거두어들이는 자, 함께 즐길 자를 찾는다. 무리나 목자들이나 시체들과 그가 무슨 상관이 있단 말인가!

그대, 나의 최초의 길동무여, 잘 있거라! 나는 그대를 텅 빈 나무 속에 잘 묻어두었으며 늑대들의 눈에 띄지 않게 해놓았다.

이제 나는 그대와 작별하려 한다, 때가 되었다. 아침노을과 아침노을 사이에 새로운 진리가 내게 떠올랐다.

나는 목자나 무덤 파는 사람이 되지는 않으리라. 다시는 군중과 이야기하지 않으리라. 죽은 자와 이야기하는 것도 이것이 마지막이다.

나는 창조하는 자, 수확하는 자, 기뻐하는 자와 사귀리라. 그들에게 무지개와 초인에 이르는 계단을 모두 보여주리라.

혼자 있는 은둔자나 둘이 있는 은둔자에게 나는 나의 노래를 불러주리라. 그리고 이제까지 들어보지 못한 것에 귀를 기울이는 자들의 마음을 나의 행복으로 가득 채워주리라.

나는 나의 목적을 향하여 나의 길을 가리라. 주저하는 자들과 게으른 자들을 나는 뛰어넘으리라. 그리하여 나의 나아감이 그들의 몰락이 되게 하리라!"

10

차라투스트라가 마음속으로 이렇게 말했을 때 태양은 정오에 와 있었다. 그때 그는 이상하다는 듯이 하늘을 바라보았다. 머리 위에서 새 한 마리의 날카로운 울음소리가 들려왔던 것이다. 보라! 독수리가 커다란 원을 그리며 하늘을 날고 있었는데 그 독수리한테는 한 마리의 뱀이 먹이가 아니라 친구처럼 매달려 있었다. 뱀이 독수리의 목을 감고 의지해 있었던 것이다.

"나의 동물들이다!" 차라투스트라는 그렇게 말하며 마음속으로 기뻐했다.

"태양 아래 가장 자만스러운 동물과 태양 아래 가장 영리한 동물, 저것들이 나를 살피러 나온 것이다.

저들은 차라투스트라가 아직 살아 있는지 알아보려는 것이다. 진실로 나는 아직 살아 있는가?

나는 동물들 사이에서보다 인간들 사이에서 더욱 위험하다는 것을 깨달았다. 차라투스트라는 위험한 길을 가고 있다. 나의 동물들이 나를 인도해주기를!"

차라투스트라가 이렇게 말했을 때 숲속에서 만났던 성자의 말이 떠올라 한숨을 쉬며 마음속으로 이렇게 중얼거렸다.

"더 영리해지고 싶구나! 나의 뱀처럼 밑바닥에서부터 영리해지고 싶다.

그러나 불가능한 것을 나는 바라고 있다. 그러므로 나는 나의 긍지에게 부탁한다. 항상 나의 영리함과 동행하기를!

그리고 언젠가 나의 영리함이 나를 떠나버린다면—아, 영리함이란 달아나버리기를 좋아한다!—그때는 나의 긍지도 나의 우둔함과 함께 사라져버리기를!"

이렇게 차라투스트라의 하강은 시작되었다.

차라투스트라의 가르침

세 단계의 변화[1]

정신의 세 가지 변화에 관해서 그대들에게 설명하겠다. 정신이 어떻게 낙타가 되고, 낙타가 어떻게 사자가 되며, 마침내 사자가 어떻게 어린아이가 되는가를.

경외심으로 차 있으며 강하고 잘 견디는 정신 속에는 많은 무거운 짐들이 있다. 정신의 강함은 무거운 것을, 가장 무거운 짐을 갈망한다.

무엇이 무거운가? 잘 견디는 정신은 그렇게 묻고서 낙타처럼 무릎을 꿇고 짐을 듬뿍 짊어지려 한다.*

무엇이 가장 무거운가, 너희 영웅들이여. 잘 견디는 정신은 그렇게 묻는다. 나는 그것을 짊어지고 나의 강함을 즐기려 한다.

그것은 스스로 낮추면서 자신의 자존심에 상처를 주는 것, 자신의 어리석음을 내보이면서 자신의 지혜를 조소하는 것이 아닌가?

혹은 그것은 승리를 자축하는 일과 결별하고, 유혹자를 유혹하기 위

---

1) 낙타-사자-어린아이의 단계로 변하는 인간정신의 발전과정을 서술하고 있다.
* 권위에 대한 복종을 상징적으로 표현하고 있다.

해 높은 산으로 올라가는 것인가?

혹은 그것은 인식의 도토리와 풀을 먹으면서 진리를 위해 영혼의 굶주림을 겪는 것인가?

혹은 그것은 병들어 있으면서 위로하러 온 자들을 돌려보내고, 네가 원하는 것을 결코 듣지 못하는 귀머거리와 우정을 맺는 것인가?

혹은 그것은 진리의 물이라면 더러운 물속에도 들어가 차가운 개구리들과 뜨거운 두꺼비들을 마다하지 않는 것인가?

혹은 그것은 우리를 경멸하는 자들을 사랑하고, 유령이 우리를 놀라게 하려 할 때에 그에게 손을 내미는 것인가?

잘 견디는 정신은 가장 무거운 것들을 모두 짊어진다. 짐을 지고 사막으로 서둘러 가는 낙타처럼 자신의 사막으로 서둘러 간다.

그러나 가장 외로운 이 사막에서 두 번째의 변화가 일어난다. 여기에서 정신은 사자가 되고, 사자는 자유를 획득하려 하며, 자신의 사막에서 주인이 되려 한다.

여기에서 정신은 최후의 주인을 찾는다. 정신은 최후의 주인, 최후의 신에 대적하려 하며, 승리를 위해 거대한 용*과 싸우려 한다.

정신이 더 이상 주인이나 신으로 부르려 하지 않는 그 거대한 용이란 무엇인가? 거대한 용의 이름은 "너는 해야 한다"이다. 그러나 사자의 정신은 "나는 하겠다"라고 말한다.

"너는 해야만 한다"는 황금빛을 내면서 정신의 길을 막고 있다. 그것은 비늘 달린 하나의 짐승이며 그 비늘 하나하나에서 "너는 해야만 한다!"가 황금빛으로 반짝거린다.

천년 묵은 가치가 그 비늘들 위에서 반짝거리고, 모든 용 중에서 가장 힘센 용이 이렇게 말한다. "만물의 모든 가치, 그것이 내 몸에서 빛

---

* 독창적인 개인을 집어삼키려는 도덕을 상징한다.

난다."

"모든 가치는 이미 창조되었고, 창조된 모든 가치는 바로 나다. 진실로 '나는 하겠다'는 더 이상 용납되지 않을 것이다!" 용은 그렇게 말한다.

나의 형제들이여, 무엇을 위해 정신 속에 사자가 필요하겠는가? 왜 체념과 경외심으로 가득 찬 짐 싣는 짐승으로 만족하지 않는 것인가?

새로운 가치를 창조하는 것, 그것은 사자도 아직 할 수 없는 일이다. 그러나 새로운 창조를 위한 자유를 창출해내는 것, 그것은 사자의 힘이 할 수 있다.

자유를 창조하고 의무 앞에서도 신성한 부정을 말하는 것, 그것을 위해 형제들이여, 사자가 필요한 것이다.

새로운 가치에 대한 권리를 획득하는 것, 그것은 잘 견디고 경외심으로 가득 찬 정신에게 가장 두려운 획득이다. 그러한 정신에게 그것은 실로 약탈이며, 약탈하는 동물의 행위이다.

이 정신은 일찍이 '너는 해야 한다'를 자신의 가장 신성한 것으로서 사랑했다. 그러나 이제 이 정신은 가장 신성한 것 속에서도 환상과 자의를 발견하지 않으면 안 된다. 그리하여 자기가 사랑하는 것으로부터 자유를 약탈한다. 그러한 약탈을 위하여 사자가 필요한 것이다.

그러나 말해보라, 형제들이여. 사자도 할 수 없는 무엇을 어린아이가 할 수 있겠는가? 어째서 약탈하는 사자가 다시 어린아이가 되어야만 하는가?

어린아이는 천진난만이며 망각이다. 새로운 시작이며 유희이다. 스스로 굴러가는 바퀴이며 최초의 운동이고 하나의 신성한 긍정이다.

그렇다, 나의 형제들이여. 창조의 유희를 위해서는 신성한 긍정이 필요하다. 이제 정신은 자신의 의지를 원하고, 세계를 잃어버린 자는 자신의 세계를 얻는다.

나는 그대들에게 세 가지 변화에 관하여 설명했다. 정신이 어떻게 낙타가 되고, 낙타가 어떻게 사자가 되고, 사자가 마지막으로 어떻게 어린아이가 되는가를.

차라투스트라는 이렇게 말했다. 그리고 그는 당시 '얼룩소'라 불리는 도시에 머물렀다.

덕의 강좌[2]

차라투스트라는 잠과 덕에 대한 설교를 잘한다는 한 현자를 사람들이 칭찬하는 소리를 들었다. 그 현자는 그 때문에 많은 존경과 보수를 받았으며 모든 젊은이들이 그의 강단 앞에 앉는다는 것이다. 차라투스트라는 그에게로 가 젊은이들과 함께 그의 강단 앞에 앉았다. 그러자 현자는 이렇게 말했다.

잠에 대한 경외감과 겸손! 그것이 첫째이다! 그러므로 잠을 잘 자지 못하고 한밤중에도 깨어 있는 자들을 피하라!

도둑조차도 잠 앞에서는 부끄러워한다. 도둑은 밤새도록 항상 가만가만 돌아다닌다. 그러나 뻔뻔스러운 야경꾼은 부끄러움도 없이 호각을 갖고 다닌다.

잠자는 것은 결코 하찮은 기술이 아니다. 잠자기 위해서는 하루 종일 깨어 있어야만 하는 것이다.

그대들은 낮 동안 열 번 자기 자신을 극복해야만 한다. 그것이 나른한 피로를 만들어주며 영혼의 마취제인 것이다.

그대들은 열 번 자기 자신과 다시 화해해야 한다. 극복은 쓰라린 것이며 화해하지 않는 자는 잠을 잘 자지 못하기 때문이다.

---

2) 일상적인 도덕 속에서 무난히 살아가려는 사람들의 태도에 대한 비판이 담겨 있다.

그대는 낮 동안 열 개의 진리를 발견해야 한다. 그렇지 않으면 그대는 밤에도 진리를 찾아야 하고 그대의 영혼은 굶주릴 것이다.

그대는 낮에 열 번 웃고 명랑해야 한다. 그렇지 않으면 괴로움의 아버지인 위장이 밤에 그대를 괴롭힐 것이다.

이것을 아는 자가 별로 없구나. 그러나 잠을 잘 자기 위해 사람은 모든 덕을 갖고 있어야 한다. 내가 위증을 한다면? 내가 간음을 한다면?

내가 옆집 하녀를 탐하게 된다면? 이 모든 것이 좋은 잠과 어울리지 못한다.

그리고 모든 덕을 다 갖추었다고 하더라도 사람은 한 가지 더 알아야 한다. 이러한 덕까지도 적당한 때에 잠들게 해야 한다는 것을.

그것은 이러한 덕, 이 얌전한 여인들이 서로 다투지 않게 하기 위해서다! 그대를 놓고서 다투지 않도록, 그대 불행한 자여!

신과 이웃과 화목하라. 깊은 잠은 그것을 원한다. 그리고 이웃의 악마와도 화목하라! 그렇지 않으면 그 악마가 밤마다 네 곁에 나타난다.

관헌에 대한 존경과 복종을, 그릇된 관헌일지라도! 깊은 잠은 그것을 원한다. 권력이 굽은 다리로 걸어 다니기 좋아하는 것을 내가 어찌할 수 있겠는가?

나는 자기의 양을 푸른 초원으로 이끌고 가는 자를 가장 훌륭한 목자라 부르겠다. 그것은 좋은 잠과 어울린다.

나는 많은 명예도 큰 보물도 원치 않는다. 그것들은 쓸개에 염증을 일으킨다. 그러나 알맞은 명성과 적당한 재물이 없이는 깊이 잠들 수 없다.

나쁜 교제보다는 약간의 교제가 내게는 더 반갑다. 그러나 그 교제는 알맞은 때에 오가야만 한다. 그것은 좋은 잠과 어울린다.

내게는 마음이 가난한 자가 아주 마음에 든다. 그들은 잠을 촉진한다. 행복하여라, 마음이 가난한 자들은. 특히 그들이 옳다고 인정받을 때에는.

덕이 있는 자에게는 낮이 이렇게 지나간다. 그러고서 밤이 오면 나는 잠을 부르지 않도록 조심한다! 덕의 주인인 잠은 불리기를 원치 않는 것이다!

그 대신 나는 낮 동안 행한 일과 생각한 일을 음미한다. 한 마리의 암소처럼 참을성 있게 되새기면서 나는 스스로에게 묻는다. 너의 열 가지 극복은 무엇이었는가?

그리고 열 가지 화해, 열 가지 진리, 내 마음을 즐겁게 해준 열 가지 웃음은 무엇 무엇이었는가?

이런 것들을 헤아리면서 내가 마흔 가지 생각으로 흔들리고 있을 때, 덕의 주인이며 불리기를 싫어하는 잠이 갑자기 내게 덮친다.

잠이 내 눈을 두드린다. 그러면 눈이 무거워진다. 잠이 내 입을 만진다. 그러면 내 입은 열린다.

진실로 도둑 중의 가장 사랑스러운 도둑인 잠은 부드러운 발끝으로 내게 와서 나의 생각들을 훔쳐간다. 그때 나는 이 강단처럼 멍하게 서 있는다.

그러나 나는 더 오래 서 있지 못한다. 나는 이미 눕게 되는 것이다.

현자가 이렇게 말하는 것을 들었을 때 차라투스트라는 마음속으로 웃었다. 왜냐하면 그때 그에게 한 줄기 빛이 떠올랐기 때문이다. 그러고서 차라투스트라는 마음속으로 이렇게 말했다.

마흔 가지의 생각을 가진 이 현자는 내가 보기에는 바보이다. 그러나 잠에 대해서는 잘 알고 있구나.

이 현자와 가까이 사는 자는 이미 행복하다! 그러한 잠은 전염되는 것이다. 두꺼운 벽도 뚫고 전염되는 것이다.

그의 강단에까지도 마력이 깃들어 있다. 젊은이들이 이 덕의 설교자 앞에 앉아 있는 것이 쓸데없는 일만은 아니다.

그의 지혜는 말한다. 잠을 잘 자기 위해 깨어 있어라. 그리고 실제로 삶이 아무런 의미도 없으며 내가 무의미를 택할 수밖에 없다면, 잠은 내가 선택할 만한 가장 가치 있는 무의미가 될 것이다.

이제야 분명히 알겠다. 일찍이 사람들이 덕의 스승을 구할 때 그들이 제일 먼저 구하고자 한 것이 무엇인지를. 사람들은 좋은 잠과 그것을 위한 마취제와도 같은 덕을 구한 것이다!

사람들에게 찬양받는 강단의 현자들에게는 지혜란 꿈 없는 잠이었다. 그들은 삶의 더 깊은 의미를 알지 못했다.

그리고 오늘날에도 이 덕의 설교자 같은 사람들이 더러 있다. 더구나 그만큼도 정직하지는 못한 사람들이. 그러나 그들의 시대는 지났다. 그리고 그들은 더 오래는 서 있지 못할 것이다. 그들은 이미 누워 있는 것이다.

졸린 자들은 행복하여라, 그들은 곧 꾸벅꾸벅 졸 것이므로.

차라투스트라는 이렇게 말했다.

배후세계론자[3]

차라투스트라도 한때는 모든 배후세계론자들과 마찬가지로 자신의 망상을 인간의 피안으로 던졌다. 그때 세계는 괴로워하고 고통스러워하는 신의 작품으로 보였다.

세계는 그때 나에게 꿈으로, 신이 쓴 시로 보였다. 불만으로 가득 찬

---

3) 현실세계를 초월하여 어떤 내세를 가정하는 종교와 형이상학에 대한 비판이 담겨 있다. 병든 육체는 내세를 생각하나 참된 존재의 핵심은 육체가 중심이 되는 자아이며, 신과 내세는 결국 병든 인간들이 만들어낸 허구라는 이념이 담겨 있다.

신의 눈앞에 피어오르는 아롱한 연기로 보였다.

선과 악, 기쁨과 슬픔, 나와 너—그것들이 창조자의 눈앞에 피어오르는 아롱한 연기로 생각되었다. 창조자는 자기 자신을 벗어나려 했고, 그래서 세계를 창조해낸 것이다.

자신의 고뇌를 멀리하면서 자신을 망각하는 것은 고뇌하는 자에게는 도취의 쾌락이다. 일찍이 세계는 나에게 도취의 쾌락과 자기망각처럼 생각되었다.

영원히 불완전하고 영원한 모순과 불완전한 상으로 가득 찬 세계—그것은 불완전한 창조자에게 도취의 쾌락이었다. 일찍이 세계는 나에게 그렇게 생각되었다.

나도 한때는 모든 배후세계론자들과 마찬가지로 인간의 피안으로 망상을 던졌다. 그것은 정말로 인간의 피안이 아니었던가?

아, 형제들이여. 내가 창조한 이 신은 모든 신들과 마찬가지로 인간이 만들어낸 것이며 광기의 소산이었다!

그 신은 인간이었고, 인간과 자아의 초라한 단편에 불과했다. 이 유령은 나 자신의 재와 불길로부터 내게 왔던 것이다. 그것은 결코 피안으로부터 온 것이 아니었다!

어떻게 되었던가, 나의 형제들이여. 나는 고뇌하는 자아를 극복했고 자신의 재를 산중으로 갖고 가 한결 더 밝은 불꽃을 만들어냈다. 보라! 그때 그 유령은 나로부터 **도망쳐**버리지 않았는가!

이제 회복기에 접어든 나에게 그러한 유령을 믿는다는 것은 괴로움이며 고통이 될 것이다. 그것은 괴로움이며 굴욕이 될 것이다. 그러므로 나는 배후세계론자들에게 이렇게 말한다.

괴로움과 무능—그것이 모든 배후세계를 창조했으니. 그것은 가장 괴로워하는 자만이 체험하는 순간적인 행복의 광기였다.

단 한 번의 도약으로, 필사적인 도약으로 궁극적인 것에 이르기를 바라는 피로감, 더 이상 바라지도 않는 가련한 무지의 피로감, 그것이 모든 신들과 배후세계를 창조한 것이다.

내 말을 믿으라, 형제들이여! 육체에 절망한 것은 육체였으니, 그것은 혼미한 정신의 손가락으로 최후의 벽을 더듬었던 것이다.

내 말을 믿어라, 형제들이여! 대지에 절망한 것은 육체였으니, 그것은 존재의 복부가 속삭이는 말을 들었던 것이다.

그래서 육체는 머리로—머리로뿐만 아니라—최후의 벽을 통하여 '저 세상'으로 넘어가려 한 것이다.

그러나 '저 세상', 말하자면 천상의 무이며 인간이 없는 비인간적 세계는 인간 앞에 잘 감춰져 있다. 존재의 복부(腹部)는 인간으로서가 아니면 결코 인간에게 말하지 않는다.

실로 모든 존재는 증명하기 어렵고 존재가 스스로 말하게 하기도 어렵다. 말해다오, 형제들이여. 그러나 만물 가운데 가장 오묘한 것이 가장 잘 증명되어 있지 않은가?

그렇다. 이 자아, 자아의 모순과 혼란이 자기 존재에 대해 가장 정직하게 말한다. 창조하고 의욕하고 평가하는, 만물의 척도이며 가치인 자아가 그렇다.

또한 가장 정직한 존재인 자아는 육체에 관해 말한다. 그리고 그것은 시를 짓거나 몽상에 빠지거나 부러진 날개로 파닥거릴 때에도 육체를 원하는 것이다.

자아는 점점 더 정직하게 말하는 법을 배운다. 배우면 배울수록 자아는 육체와 대지를 찬미하는 말과 영예를 찾아낸다.

나의 자아는 나에게 새로운 긍지를 가르쳤고 나는 그것을 인간들에게 가르친다. 머리를 더 이상 천상적인 것들의 모래 속에 파묻지 말라. 지상의 의미를 창조해주는 지상의 머리를 자유롭게 유지하라!

나는 인간들에게 새로운 의지를 가르친다. 인간들이 맹목적으로 따라왔던 이 길을 스스로 원하고 그것을 선이라 부르며 병들어 죽어가는 자들처럼 그 길에서 슬그머니 도망치지 말 것을!

육체와 대지를 경멸하고, 천상적인 것들과 구원의 핏방울을 만들어 낸 것은 바로 병들어 죽어가는 자들이었다. 그러나 그들은 이 달콤하고 음침한 독까지도 육체와 대지로부터 취하지 않았던가!

그들은 자신들의 비참함에서 도망치려 했으나 별들은 그들에게 너무나 멀었다. 그리하여 그들은 한숨지었다. "오, 다른 존재와 행복으로 기어들 수 있는 천상의 길이 있다면!" 그리하여 그들은 그들이 기어들 샛길과 피의 음료를* 만들어냈던 것이다!

그리하여 이 배은망덕한 자들은 자신들의 육체와 대지로부터 벗어났다고 생각했다. 그러한 이탈의 발작과 희열은 누구의 덕택이었던가? 그들의 육체와 이 대지의 덕택이었던 것이다.

차라투스트라는 병든 자에게 너그럽다. 진실로 그는 그들의 위안방식과 배은망덕에 화를 내지 않는다. 그들이 회복되어가는 자가 되고 극복하는 자가 되어 더 고귀한 육체를 창조하기를 바랄 뿐!

또한 차라투스트라는 회복되어가는 자가 환상을 연연한 눈으로 바라보고 한밤중에 신의 무덤 주위를 헤맨다 할지라도 그에게 화내지 않는다. 하지만 그들의 눈물까지도 여전히 병과 병든 육체일 뿐이다.

허구를 만들어내고 신에 매달리는 자들 가운데는 항상 병든 사람들이 많았다. 그들은 인식하는 자와 성실이라 불리는 새로운 덕을 몹시 증오한다.

그들은 항상 어두운 시대를 되돌아본다. 그 시절에는 물론 환상과 믿음이 지금과 달랐다. 이성의 광란이 성스러운 것이었고, 회의가 죄였다.

나는 이처럼 신성한 자들을 너무나도 잘 알고 있다. 그들은 그들의

---

* 예수가 흘린 보혈을 의미한다.

말이 믿어지기를 원했고 회의가 죄이기를 바랐다. 나는 또한 그들 자신이 무엇을 가장 잘 믿는지도 알고 있다.

사실 그들이 믿는 것은 배후세계와 구원의 핏방울이 아니라 그들 자신의 육체이다. 그들의 육체가 그들에게 물자체*인 것이다.

그러나 육체는 그들에게 병적인 것이므로 그들은 당황한다. 그 때문에 그들은 죽음의 설교자들에게 귀를 기울이고, 그들 자신들도 배후세계를 설교하는 것이다.

형제들이여, 오히려 건강한 육체의 목소리에 귀를 기울여라. 그것이 더 정직하고 더 순수한 목소리이다.

건강한 육체, 완전하고 튼튼한 육체는 더 정직하고 더 순수하게 말한다. 그리하여 그것은 대지의 의미에 대하여 말하는 것이다.

차라투스트라는 이렇게 말했다.

육체의 경멸자[4]

나는 육체를 경멸하는 자들에게 말하려 한다. 그들로 하여금 다르게 배우고 다르게 가르치도록 하려는 것이 아니라 그들 자신의 육체에 작별을 고하여 입을 다물게 하려 함이다.

"나는 육체인 동시에 영혼이다." 어린아이는 그렇게 말한다. 그런데 어찌하여 인간은 어린아이처럼 말하면 안 된단 말인가?

---

* 물자체(Ding an sich)란 원래 칸트(Kant)의 철학에서 유래하는 말로서 모든 현상을 가능하게 하는 세계의 근거이다.

4) 앞 장에 이어 니체는 "육체는 영혼의 감옥이다"라고 말한 플라톤과 달리 육체를 '위대한 이성'으로 승화시킨다. 육체를 경멸하는 종교와 철학에 대한 비판이 담겨 있다.

그러나 깨닫는 자와 인식한 자는 말한다. "나는 고스란히 육이며 그 외에는 아무것도 아니다. 영혼이란 육체에 딸린 그 무엇을 나타내는 말일 뿐이다."

육체는 위대한 이성이고, 하나의 의미를 가진 복합체이며, 전쟁이고 평화이며, 양떼이고 목자이다.

형제여, 그대가 '정신'이라 부르는 작은 이성 역시 육체의 도구이다. 큰 이성의 작은 도구이며 장난감인 것이다.

그대는 '자아'(Ich)라 말하며 그 말을 자랑스러워한다. 그러나 더 위대한 것은—그대가 그것을 믿으려 하지 않지만—그대의 육체이며, 그 육체의 큰 이성이다. 그 큰 이성은 자아에 관하여 말하지 않고 자아를 실행하는 것이다.

감각은 느끼고 정신은 인식하나, 그것은 결코 그 자체에 목적이 있는 것이 아니다. 그러나 감각과 정신은 자신들이 모든 사물들의 목적이라고 그대를 설득하고 싶어한다. 감각과 정신은 그토록 허영심이 강한 것이다.

감각과 정신은 도구이며 장난감이다. 그 뒤에는 자체*가 버티고 있다. 자체도 감각의 눈으로 찾고, 정신의 귀로 귀를 기울인다.

자체는 항상 귀를 기울이고 찾는다. 자체는 비교하고 강요하고 정복하고 파괴한다. 자체는 지배하며, 자아의 지배자이기도 하다.

형제여, 그대의 사고와 감정 뒤에는 강력한 명령자, 알려지지 않은 현자가 있으니, 그것이 곧 자체라 불린다. 그대의 육체 속에 그것이 살고 있고, 그것이 곧 그대의 육체이다.

그대의 가장 훌륭한 지혜 속에보다도 그대의 육체 속에 더 많은 이성

---

* 자체(das Selbst)는 거대한 권력의지의 현상으로서 육체와 정신의 결합 속에 나타나는 주체이며 자아(das Ich)는 이성 속에서 추상화되는 정신적 주체이다.

이 들어 있다. 그런데도 무엇 때문에 그대의 육체가 바로 그대의 가장 훌륭한 지혜를 필요로 하는지 도대체 누가 알겠는가?

그대의 자체는 그대의 자아와 그 자아의 자만스러운 도약을 비웃는다. "사상의 도약과 비약이 내게 뭐란 말인가!" 이렇게 자체는 스스로 말한다. "그것은 나의 목적에 도달하는 하나의 우회로(Umweg)일 뿐이다. 나는 자아를 이끄는 끈이며 자아의 개념들을 알려주는 자이다."

자신은 자아에게 말한다. "이제 고통을 느껴라!" 그러면 그때 자아는 괴로워하고 어떻게 하면 더 이상 괴롭지 않을까 생각해본다. ——바로 그것 때문에 자아는 생각하게 되는 것이다.

자신은 자아에게 말한다. "이제 기쁨을 느껴라!" 그러면 자아는 즐거워하고 어떻게 하면 더 자주 기뻐하게 되는지를 생각해본다. ——바로 그것 때문에 자아는 생각하게 되는 것이다.

육체를 경멸하는 자들에게 나는 한마디하려 한다. 그들의 경멸도 곧 존중에서 나온 것이다. 존중과 경멸, 가치와 의지를 창조한 것은 무엇인가?

창조하는 자신이 존중과 경멸을, 기쁨과 슬픔을 만들어냈다. 창조하는 육체가 의지의 손 역할을 하는 정신을 창조해냈다.

그대 육체의 경멸자들이여, 어리석음과 경멸 속에서까지도 그대들은 그대들 자신에게 봉사하는 것이다. 그대들에게 말하노니, 그대들 자신은 죽기를 원하여 삶에 등 돌리고 있다.

그대들 자신은 가장 하고 싶어하는 일을, 자신을 뛰어넘어 창조하는 일을 더 이상 할 능력이 없다. 그것이 자신이 가장 하고 싶어하는 일이며 자신의 모든 열정임에도 불구하고.

그러나 그러기엔 이제 때가 너무 늦었다. 그래서 육체의 경멸자들이여, 그대들 자신은 몰락하기를 원하는 것이다.

그대들 자신은 몰락을 원하며, 그래서 그대들은 육체의 경멸자가 된 것이다! 그대들은 이제 더 이상 자신을 뛰어넘어 창조할 능력이 없기 때문이다.

바로 그 때문에 그대들은 지금 삶과 대지에 분노를 느끼고 있다. 그대들 경멸의 눈초리에는 무의식적인 질투가 들어 있다.

나는 그대들의 길을 가지 않는다. 육체를 경멸하는 자들이여! 그대들은 초인으로 건너가는 다리가 아니다!

차라투스트라는 이렇게 말했다.

환희와 정열[5]

형제여, 만일 그대가 하나의 덕을 갖고 있고 그것이 그대의 것이라면, 그대는 그 덕을 누구하고도 공유하는 것이 아니다.

그대는 분명 그 덕의 이름을 부르고 애무하고 싶어하리라. 그대는 그 덕의 귀를 잡아당기며 그 덕과 노닥거리고 싶어하리라.

그러나 보라! 그와 함께 그대는 이제 그 덕의 이름을 군중과 공유하게 되었으며 그 덕과 함께 군중이 되고 가축의 무리가 되었다!

그대는 이렇게 말해야 했을 것이다. "내 영혼에 고통과 달콤함을 만들어주며 내 내장의 배고픔이기도 한 그것은 말로 표현할 수도 없고 이름 지을 수도 없는 것이다."

그대의 덕은 이름 지을 수 없을 만큼 높은 것이어야 한다. 그리고 그대가 그 덕에 대해 말하지 않으면 안 될 때, 더듬거리는 것을 부끄러워하지 말라.

그리하여 더듬거리며 말하라. "그것은 나의 선이며, 그것을 나는 사랑

---

5) 도덕적인 개인주의에 대한 권장이 담겨 있다.

한다. 그것은 완전히 내 마음에 들고, 오직 나만이 그 선을 원한다.

그것을 나는 신의 율법으로도 원하는 것이 아니며, 인간의 규약 및 필요로서 원하는 것도 아니다. 그것은 내게 결코 지상을 초월하거나 낙원으로 가게 하는 이정표가 아니다.

내가 사랑하는 것은 지상적인 덕이다. 그 덕 속에는 영리함은 적으며 만인의 이성은 더욱 적게 들어 있다.

그런데 이 새가 내 집에 보금자리를 지었던 것이다. 그리하여 나는 그 새를 사랑하고 껴안은 것이니, 이제 그 새는 내 집에서 황금 알을 품고 있다."

이와 같이 더듬거리며 그대는 그대의 덕을 찬양해야 한다.

일찍이 그대는 정열을 갖고 있었으며 그것들을 악이라 불렀다. 그러나 이제 그대는 오직 그대의 덕만 갖고 있으니. 그 덕은 그대의 정열로부터 성장한 것이다.

그대는 이러한 정열의 심장부에 그대의 최고 목표를 두었다. 그래서 그 정열이 그대의 덕이 되고 그대의 즐거움이 되었다.

그대가 비록 광포한 자의 혈통을, 호색가의 혈통을, 광신자 혹은 복수심에 불타는 자의 혈통을 이어받았다고 하더라도.

결국 그대의 모든 정열은 덕이 되었고 그대의 모든 악마는 천사가 되었다.

일찍이 그대는 그대의 지하실에 들개들을 가두어두고 있었다. 그러나 그 들개들은 결국 새들로 변하고 노래하는 귀여운 여자들로 변했다.

그대는 그대의 독으로부터 스스로 향유를 빚어냈고, 그대의 암소인 고뇌로부터 젖을 짜냈고—지금 그대는 그 젖통에서 짜낸 달콤한 젖을 마신다.

그리하여 이후로는 덕의 갈등으로부터 생기는 악 이외에는 어떤 악도 그대로부터 생겨나지 않으리라.

형제여, 만일 그대가 운이 좋다면 그대는 하나의 덕을 가졌을 뿐, 그 이상은 갖지 않으리라. 그렇게 하여 그대는 더 수월하게 다리를 건너가리라.

많은 덕을 갖는다는 것은 훌륭한 일이지만 그러나 견디기 힘든 운명이다. 그리하여 많은 사람들이 덕의 싸움과 그 싸움터에 지쳐서 사막으로 가 스스로 목숨을 끊었다.

형제여, 전쟁과 싸움은 악인가? 그러나 그것은 필요악이며, 덕 사이의 시기와 불신과 비방은 불가피한 것이다.

보라, 그대의 덕이 저마다 최고의 자리를 열망하는 것을. 그대의 덕은 저마다 그대의 정신을 자기의 심부름꾼으로 삼으려고 그대의 온 정신을 원한다. 그대의 덕은 분노하고 증오하고 사랑하는 데서도 그대의 온 힘을 원한다.

모든 덕은 저마다 다른 덕을 질투한다. 질투란 무서운 것이다. 덕마저도 질투로 인해 파멸할 수 있는 것이다.

질투의 불길에 휩싸인 자는 마침내 전갈처럼 독침을 자기 자신에게로 돌리게 된다.

아, 나의 형제여. 그대는 덕이 자기 자신을 비난하며 스스로 찔러 죽이는 것을 여태껏 본 적이 없는가?

인간은 극복되어야만 할 그 무엇이다. 그 때문에 그대는 그대의 덕을 사랑해야만 한다. 그대는 그 덕으로 인하여 파멸하게 될 것이기 때문이다.

차라투스트라는 이렇게 말했다.

창백한 범죄자[6]

재판관들이여, 제물을 바치는 자들이여. 그대들은 제물로 바칠 동물이 고개를 떨구기 전에는 죽이려 하지 않는가? 보라, 창백한 범죄자는 고개를 떨구었고, 그의 눈에는 커다란 경멸이 엿보인다.*

"나의 자아는 극복되어야만 할 무엇이다. 나의 자아는 인간에 대한 커다란 경멸이다." 그의 눈은 이렇게 말한다.

그가 스스로 재판한 것—그것이 그의 최고의 순간이었다. 고매한 자를 다시 그의 저열함으로 되돌려 보내지 말라! 자기 자신으로 인하여 그렇게 괴로워하는 자에게는 빨리 죽는 것 이외에는 다른 구제의 길이 없다.

재판관들이여, 그대들이 그를 죽이는 것은 동정이어야 하며 복수여서는 안 된다. 그리고 그대들이 그를 죽일 때 그대들 자신이 삶**을 정당화하고 있다는 것을 깨달아라!

그대들이 죽이는 자와 화해하는 것으로는 충분하지 않다. 그대들의 슬픔이 초인에 대한 사랑이 되게 하라. 그렇게 하여 그대들은 미래의 삶을 정당화하는 것이다!

그대들은 '적'이라고 말해야지 '악인'이라고 말해서는 안 된다. 그대들은 '병자'라고 말해야지 '무뢰한'이라고 말해서는 안 된다. 그대들은

---

6) 매우 난해하면서 많은 논쟁과 비난을 불러일으키는 항목이다. 범죄는 도덕이 아니라 정열과 관계되는 일종의 질병이다. 인간을 위해 해로운 동물이 죽는 것처럼 초인이라는 고귀한 목적 실현에 유용하지 않는 범죄자는 희생되어야 한다. 범죄자는 이러한 사실을 인식하고 후회하지 않아야 하며 재판관은 미래를 위해 범죄자를 처형한다고 생각해야 한다는 내용이 담겨 있다.

* 가련한 이성에 압도되어 자신의 행위를 도덕적으로 판단하고 후회한다는 의미이다.

** 병자가 죽고 초인들이 주도하는 미래의 삶이다.

'어리석은 자'라고 말해야지 '죄인'이라고 말해서는 안 된다.[*]

그대, 붉은 법복을 걸친 재판관이여. 그대가 생각 속에서 행한 모든 일들을 큰 소리로 말한다면, 모든 사람들이 외칠 것이다. "이 더러운 자, 이 독벌레를 걷어치워라!"[**]

그러나 생각과 행위와 그 행위의 형상은 별개의 것이다. 이들 사이에서는 인과의 수레바퀴가 돌지 않는다.

그의 회상이 이 창백한 인간을 창백하게 만들었다. 행위를 했을 때 그는 그 행위를 감당할 수 있었다. 그러나 그 행위가 이루어진 후 그는 그 행위에 대한 회상을 감당하지 못했다.

그는 언제나 자신을 한 행위의 실행자로 간주했다. 나는 이것을 광기라 부른다. 예외가 원칙으로 뒤바뀐 것이다.

땅에 그려진 금이 암탉을 묶어놓는 것처럼 그가 행한 갑작스러운 우행(愚行)은 그의 불쌍한 이성을 묶어버렸다. 그것을 나는 행위 이후의 광기라고 부른다.

들어라, 재판관이여! 다른 광기가 또 하나 있으니, 그것은 행위 이전의 광기이다. 아, 그대들은 그 같은 영혼 속에 깊이 기어들어간 적이 없다!

붉은 법복의 재판관은 이렇게 말한다. "이 범죄자는 살인을 했단 말인가? 그는 도둑질하려 했는데." 그러나 나는 그대들에게 말하거니와 그의 영혼은 도둑질이 아니라 피를 원했다. 그는 칼자루의 행복에 목말랐던 것이다!

그러나 가련한 이성은 그러한 광기를 이해하지 못하고 범죄자를 설득했다. 그의 이성은 말했다. "피가 무슨 관계가 있는가! 적어도 무엇인

---

[*] 범죄를 도덕적으로가 아니라 생물학적으로 해석해야 한다는 의미이다.
[**] 재판관들도 생각에서는 종종 범죄를 저지른다.

가 도둑질하려 하지 않는가? 복수라도 하려 하지 않는가?"

그러자 그는 가련한 이성의 말에 귀를 기울였다. 이성의 말이 납덩어리처럼 그를 짓눌렀다—그리하여 그는 사람을 죽이면서 도둑질을 한 것이다. 그는 자신의 광기를 부끄럽게 생각하지 않으려 했다.

그리고 이제 다시 죄의식의 납덩어리가 그를 짓누르고 그의 가련한 이성은 경직되고 마비되고 무거워졌다.

그가 머리를 흔들 수만 있다면 그의 짐은 굴러 떨어졌으리라. 그러나 누가 그 머리를 흔들어주겠는가?

이 사람은 무엇인가? 정신을 통하여 세계 속으로 손을 뻗쳐 나오는 질병의 집합인 것이다. 여기서 이 질병들은 먹이를 잡으려 한다.

이 사람은 무엇인가? 서로 화목하게 지내지 못하는 사나운 뱀들의 엉킴이다. —그리하여 그 뱀들은 제각기 세상에 흩어져 먹이를 구한다.

이 가련한 육체를 보라! 이 육체가 괴로워하고 갈망한 것을 가련한 영혼은 멋대로 해석했으니. —그것을 살인의 쾌락과 칼자루의 행복에 대한 갈망으로 해석한 것이다.

병들어 있는 자를 오늘날 악으로 간주되는 악이 덮친다. 병들어 있는 자는 자신이 받는 고통을 남에게도 전해주려 한다. 그러나 그와는 다른 시대가 있었고 그와는 다른 선과 악이 있었다.

전에는 회의가 악이었으며, 자신을 향한 의지가 악이었다. 당시에는 병자가 이단자가 되고 마녀가 되었다. 병자는 이단자 혹은 마녀로서 괴로워했고 남에게 괴로움을 주려 했다.

그러나 이런 말은 그대들의 귀에 들어가지 않으리라. 그것은 그대들처럼 선한 자를 해친다고 말할 것이다. 그러나 그대들처럼 선한 자들이 내게 무슨 상관이 있는가!

그대들이 말하는 선한 자들이 내게 구토를 일으키는 것이며 그들의 악이 구토를 일으키는 것이 아니다. 그러나 나는 그들이 이 창백한 범죄자처럼 어느 정도 광기를 지니고 그로 인하여 파멸하기를 바란다!

나는 진실로 그들의 광기가 진리, 성실 또는 정의로 불리기를 바란다. 그러나 그들은 오래 살기 위해서, 가련한 안락 속에서 오래 살기 위해서 그들의 덕을 갖고 있는 것이다.

나는 강가의 난간이다. 나를 붙잡을 수 있는 사람은 붙잡아라! 그러나 나는 그대들의 지팡이가 아니다.*

차라투스트라는 이렇게 말했다.

독서와 저술[7]

쓰인 모든 것들 가운데에서 나는 피로 쓴 것만을 사랑한다. 피로 써라. 그러면 그대는 피가 곧 정신이라는 것을 알게 될 것이다.

타인의 피를 이해한다는 것은 쉬운 일이 아니다. 나는 한가한 독서가들을 증오한다.

독자를 아는 사람은 그를 위해 아무것도 하지 않을 것이다. 독자가 또 한 세기 동안 군림한다면——정신 자체가 악취를 풍길 것이다.

모든 사람들이 다 읽는 법을 배우게 된다면 결국 저술뿐만 아니라 사고까지 망쳐놓을 것이다.

일찍이 정신은 신이었고 그 다음에 정신은 인간이 되었고, 이제 그것은 천민으로까지 되었다.

피와 잠언으로 글을 쓰는 자는 읽히기를 바라는 것이 아니라 암송되

---

* 차라투스트라는 안일한 삶을 추구하는 말인들을 도와주는 지팡이가 아니라 정열의 소용돌이를 흘러가는 강한 인간들의 지탱점이 되고 싶다는 의미이다.
7) 스스로의 저술이 피로, 다시 말해 온몸으로 씌었음을 암시하면서 진지한 독서와 저술을 강조한다.

기를 바란다.

산과 산 사이에서 가장 가까운 길은 봉우리에서 봉우리에 이르는 길이다. 그러나 그러기 위해서 그대는 긴 다리를 갖고 있어야 한다. 잠언은 산봉우리여야 한다. 그리고 잠언을 들으려면 키가 크고 몸집이 거대해야 한다. 희박하고 맑은 공기, 가까이 있는 위험, 즐거운 악의로 가득찬 정신. 이들은 서로 잘 어울린다.

나는 내 주위에 요괴를 두고 싶다. 나는 용기가 있기 때문이다. 유령들을 쫓아버리는 용기는 스스로 요괴를 만들어낸다. 용기는 웃고 싶어하는 것이다.

나는 이제 더 이상 그대들이 느끼는 것처럼 느끼지 않는다. 내가 내려다보는 이 구름, 내가 조소하는 이 먹장구름——그것이 바로 그대들에게는 번개구름인 것이다.

높아지기를 갈망할 때 그대들은 위를 바라본다. 그러나 나는 높이 올라와 있기 때문에 내려다본다.

그대들 중에 누가 웃으면서 동시에 높아질 수 있겠는가?

가장 높은 산에 오르는 자는 모든 비극의 유희나 비극의 진지함을 비웃는 것이다.

지혜는 우리가 용기 있고 태연하고 조소하고 난폭하게 굴기를 원한다. 지혜는 여자로서 항상 투사만을 사랑하는 것이다.

그대들은 나에게 말한다. "삶은 견디기 힘들다." 그러나 그대들은 무엇 때문에 아침에는 긍지를 갖고 저녁에는 체념을 해야겠느냐?

삶은 견디기 힘들다. 그러나 그래도 그렇게 유약하게 굴지 말라! 우리는 모두 무거운 짐을 견뎌내는 훌륭한 수탕나귀이며 암탕나귀인 것이다.

제 몸에 이슬 한 방울만 붙어 있어도 흔들거리는 장미 꽃봉오리가 우리와 무슨 공통점을 갖고 있겠느냐?

진실로 우리가 삶을 사랑하는 것은 인생에 익숙해 있기 때문이 아니라 사랑에 익숙해 있기 때문이다.

사랑에는 언제나 어느 정도의 광기가 들어 있다. 그러나 광기에는 언제나 어느 정도의 이성이 들어 있는 것이다.

인생을 사랑하는 내게도 나비와 비눗방울들이 그리고 이것들과 유사한 인간들이 행복에 대해 가장 많이 알고 있는 것처럼 생각된다.

이 경박하고 어리석고 섬세하고 민첩한 작은 영혼들이 하늘거리는 것을 바라보노라면 차라투스트라는 눈물을 흘리고 노래를 부르지 않을 수 없게 된다.

내가 신을 믿게 된다면 춤출 줄 아는 신만을 믿으리라.

그리고 내가 나의 악마를 보았을 때 나는 그가 신중하고 철저하고 심오하고 엄숙하다는 것을 알았다. 그것은 무거운 정신이었고, 그로 인해 모든 것이 낙하하고 만다.

사람을 죽이는 것은 분노가 아니라 웃음이다. 자, 무거운 정신을 죽이도록 하자!

나는 걷는 법을 배웠다. 그때부터 나는 달렸다. 나는 나는 법을 배웠다. 그때부터 나는 움직이기 위해 누군가에 의해서 밀쳐지지 않아도 되었다.

이제 나는 가볍고, 이제 나는 날고 있다. 이제 나는 내 자신을 내려다본다. 이제 어떤 신이 나를 통해 춤을 추고 있다.

차라투스트라는 이렇게 말했다.

산 위의 나무[8]

차라투스트라는 한 젊은이가 자신을 피해가는 것을 본 적이 있다. 그러던 어느 날 저녁 그가 홀로 '얼룩소'라는 도시를 에워싼 산속을 걸어가고 있을 때 보라, 그는 그 젊은이가 한 나무에 기대앉아 피로한 눈으로 골짜기를 바라보고 있는 것을 발견했다. 차라투스트라는 젊은이가 앉아 있는 옆의 나무를 붙잡고서 이렇게 말했다.

"내가 이 나무를 내 손으로 흔들려 해도 나에게는 그럴 만한 힘이 없을 것이다.

그러나 우리가 보지 못하는 바람은 이 나무를 괴롭히고, 이 나무를 그것이 원하는 쪽으로 굽어지게 한다. 우리를 가장 심하게 구부러뜨리고 괴롭히는 것은 보이지 않는 손이다."

그러자 젊은이는 깜짝 놀라 일어서면서 말했다. "차라투스트라의 말이 들리는구나, 막 그를 생각하고 있었는데."

차라투스트라가 대답했다. "무엇 때문에 그렇게 놀라는가? 인간도 나무와 다를 것이 없다.

높고 밝은 곳으로 올라가려 하면 할수록 뿌리는 더욱더 강하게 땅 속으로, 밑으로, 어둠 속으로, 심연 속으로, 악 속으로 뻗어가는 것이다."

젊은이가 또다시 외쳤다. "그렇소, 악 속으로! 당신은 어떻게 내 영혼의 비밀을 알게 되었나요?"

차라투스트라는 미소를 지으며 말했다. "많은 영혼은 우리가 먼저 창조하지 않는 한 결코 벗겨지지 않는 것이다."

"그렇소, 악 속으로!" 젊은이가 또다시 외쳤다.

"차라투스트라여, 당신은 진리를 말했소. 높은 곳으로 오르려고 한 이후로 나는 나 자신을 믿을 수가 없었으며 다른 사람도 더 이상 나를 믿으려 하지 않소. 어떻게 그런 일이 일어났을까요?

---

8) 초인이 되려는 사람은 산 위의 나무처럼 깊이 뿌리박고 외로움을 견뎌야 한다는 것을 암시하고 있다.

나는 너무나 빨리 변하고 있소. 나의 오늘은 나의 어제를 반박하지요. 나는 올라갈 때 자주 계단을 뛰어넘는데, 어떤 계단도 그걸 용서해주지 않지요.

위에 올라와 있으면 나는 언제나 홀로이고, 내게 말을 거는 사람은 아무도 없고, 고독의 찬바람으로 나는 몸을 떨지요. 도대체 나는 높은 곳에서 무엇을 하려는 것일까요?

나의 경멸과 나의 동경은 함께 성장하지요. 나는 높이 오르면 오를수록 올라가는 나 자신을 더욱 경멸하지요. 높은 곳에서 무엇을 하려는 것일까요?

나는 올라가고 비틀거리는 내 자신이 몹시 부끄럽습니다! 심하게 숨을 헐떡이는 나 자신을 몹시 비웃습니다! 나는 날아다니는 자를 몹시 증오합니다. 나는 높은 곳에서 몹시 지쳐 있습니다!"

여기서 젊은이는 입을 다물었다. 그러자 차라투스트라는 자기들이 기대고 있는 나무를 바라보며 이렇게 말했다.

"이 나무는 여기 산 위에 외롭게 서 있다. 이 나무는 인간과 동물들 위로 높이 솟아 있다.

이 나무가 이야기를 하고 싶어한다 해도 그의 말을 이해해줄 사람은 아무도 없으리라. 그렇게 높이 이 나무는 성장한 것이다.

이제 이 나무는 기다리고 기다린다. 도대체 무엇을 기다리는 것일까? 이 나무는 구름과 아주 가까운 데서 살고 있다. 이 나무는 아마 최초의 번개를 기다리고 있겠지?"

차라투스트라가 이렇게 말했을 때, 젊은이는 격한 몸짓으로 외쳤다. "그렇소. 차라투스트라, 당신의 말은 진리요. 나는 높이 오르려 했을 때 자신의 몰락을 갈망했소. 당신은 내가 기다리고 있던 번개요! 보시오, 당신이 우리에게 나타난 이후 내가 어떻게 되었는가를! 나를 파멸시킨 것은 당신에 대한 **질투였소!**" 젊은이는 이렇게 말하고 비통하게 울었다. 그러자 차라투스트라는 그를 팔로 감싸안고 나란히 걷기 시작했다.

그들이 얼마동안 함께 걸어갔을 때 차라투스트라는 이렇게 말하기 시작했다.

내 가슴이 찢어지는구나. 그대의 말보다도 그대의 눈이 그대의 온갖 위험을 더 잘 말해주고 있다.

그대는 아직 자유롭지 않다. 그대는 아직도 자유를 찾고 있다. 그러한 노력이 그대를 잠 못 이루게 하고 긴장하게 만들었다.

그대는 높은 창공으로 가려 하며 그대의 영혼은 별들을 갈망한다. 그러나 그대의 저열한 충동들도 자유를 갈망한다.

그대의 사나운 개들은 자유를 원한다. 그대의 정신이 감옥을 모두 부수려 할 때 그 개들이 지하실에서 기뻐하며 짖어댄다.

그대는 아직도 자유를 꿈꾸고 있는 포로일 뿐이다. 아, 이러한 영혼을 가진 포로들은 현명해지지만, 또한 교활해지고 사악해지기도 한다.

정신의 자유를 얻은 자라고 할지라도 자신을 정화하지 않으면 안 된다. 그의 내부에는 아직도 많은 감옥과 부패물들이 남아 있다. 그들의 눈이 한층 더 맑아져야만 한다.

그렇다, 나는 그대의 위험을 안다. 그러나 나의 사랑과 희망으로 그대에게 간청하노니, 그대의 사랑과 희망을 버리지 말라!

그대는 아직도 자신이 고귀하다고 느끼고 있다. 그리고 그대를 싫어하고 그대를 악의에 찬 시선으로 바라보는 자들도 그대가 고귀하다고 느낀다. 그러나 고귀한 자는 모든 사람들에게 방해물이 된다는 것도 알아야 한다.

선한 사람들에게도 고귀한 자는 방해물이 된다. 그리고 선한 자들이 고귀한 자를 선한 자라고 부를 때에도 그들은 그렇게 부름으로써 고귀한 자를 제쳐버리려 하는 것이다.

고귀한 자는 새로운 것을, 새로운 덕을 창조하려 한다. 선한 자는 옛

것을 원하고 옛것이 계속 보존되기를 원한다.

그러나 고귀한 자의 위험은 그가 선한 자가 되는 데 있다기보다는 오히려 파렴치한 자, 조소하는 자, 파괴하는 자가 되는 데 있다.

아, 나는 자신의 최고 희망을 잃어버린 고귀한 자들을 알고 있다. 그리하여 그들은 모든 높은 희망을 비방했다.

그리하여 그들은 짧은 쾌락 속에서 파렴치하게 살았고, 그날을 넘어서는 어떤 목표도 세우지 않았다.

"정신도 역시 관능적 쾌락이다"라고 그들은 말했다. 그리하여 그들의 정신은 날개가 부러졌다. 이제 그들의 정신은 이리저리 기어다니며 주둥이를 대고 더럽힌다.

일찍이 그들은 영웅이 되려고 생각했다. 지금 그들은 탕아가 되었다. 그들에게는 영웅이 괴로움과 공포를 나타낼 뿐이다.

그러나 나는 나의 사랑과 희망으로 그대들에게 간청하노니, 그대 영혼 속의 영웅을 내몰지 말라! 그대의 최고 희망을 신성하게 간직하라!

차라투스트라는 이렇게 말했다.

죽음의 설교자[9]

죽음의 설교자들이 있다. 그리고 대지는 삶에 등 돌리라는 설교를 들어야 할 자들로 가득 차 있다.

대지는 쓸모없는 사람들로 가득 차 있고, 삶은 남아도는 자들로 인해 황폐되어 있다. '영생'에 홀려 그런 사람들은 지상의 삶으로부터 사라

---

9) 현세보다 내세를 더 귀중하게 여기는 종교인이나 현세의 삶을 모멸하는 염세주의자에 대한 비판이 담겨 있다.

져버리기를!

죽음의 설교자들은 '누런 자들' 혹은 '검은 자들'이라 불린다. 그러나 나는 그대들에게 그들을 또다른 색깔 속에서 보여주려 한다.

내부에 맹수를 지니고 다니는 무서운 자들이 있다. 그들에게는 쾌락과 자학 말고는 달리 아무런 방책도 없다. 그들에게는 쾌락조차도 자학인 것이다.

이 무서운 자들은 아직도 인간이 되지 못했다. 삶에 등 돌리라는 설교와 함께 그들 자신들마저 삶으로부터 떠나가기를!

영혼이 고갈되어가는 자들이 있다. 그들은 태어나자마자 죽어가기 시작하고, 피곤과 체념의 가르침을 동경한다.

그들은 죽은 상태에 있고 싶어하는데 우리는 그들의 이러한 소망을 허용해줘야 한다. 이 죽은 자들을 깨우지 않도록, 이 산송장들을 해치지 않도록 조심하자!

환자나 노인이나 시체를 만나면 그들은 곧바로 이렇게 말한다. "삶은 의미가 없어졌다!"

그러나 단지 그들 자신이 부정되었을 뿐이며, 삶의 한 면밖에 보지 못하는 그들의 안목이 부정되었을 뿐이다.

깊은 우울에 휩싸인 채 죽음을 가져다줄 사소한 우연을 갈망하면서 그들은 이를 악물고 기다린다.

혹은 그들은 달콤한 것에 손을 뻗치고 자신들의 유치한 행동을 비웃는다. 그들은 지푸라기 같은 자신들의 삶에 매달리면서 자신들이 아직도 지푸라기에 매달려 있음을 비웃는다.

그들의 지혜란 이런 것이다. "계속 살아가는 자는 바보이고, 우리는 그러한 바보들이다! 이것이야말로 바로 인생에서 가장 어리석은 짓이다!"

"삶은 괴로움일 뿐이다." 그들 중 다른 사람들은 그렇게 말하는데, 그들은 거짓말을 하는 것이 아니다. 그렇다면 **그대들의 삶이 끝나도록 하**

라! 그렇다면 괴로움일 뿐인 삶이 끝나도록 하라!

그리고 그대들의 덕에 대한 가르침은 이런 것이어야 한다. "그대는 자살해야만 한다! 스스로 목숨을 끊어야 한다!"

"육욕은 죄다."—죽음을 설교하는 어떤 자들은 그렇게 말한다—"그것을 비켜가기 위해 자식을 낳지 말자!"

"출산은 고생스러운 일이다."—또다른 사람들은 말한다—"무엇 때문에 자식을 낳는가? 불행한 자들을 낳을 뿐이다!" 이들 역시 죽음의 설교자들이다.

"동정이 필요하다."—세 번째 사람들은 이렇게 말한다—"내가 갖고 있는 것을 가져가라! 나를 나이게 하는 것을 가져가라! 그만큼 나는 삶의 구속으로부터 벗어날 것이다!"

그들이 진심으로 동정하는 자들이라면, 그들은 자기 이웃으로 하여금 삶을 혐오하도록 만들 것이다. 사악해지는 것, 그것이야말로 그들의 진정한 선일 것이다.

그러나 그들은 삶으로부터 도망치고 싶은 것이다. 그들이 쇠사슬과 선물로써 다른 사람들을 더욱더 단단하게 속박한다 하더라도 그것이 그들에게 무슨 상관이랴!

또한 인생은 험한 노동과 불안에 불과하다고 생각하는 그대들도 삶에 몹시 지쳐 있는 것이 아닌가? 그대들도 죽음의 설교에 몹시 성숙해 있지 않은가?

그대들은 모두 험한 노동과 빠른 것, 새로운 것, 낯선 것을 좋아하지만—그대들 자신을 잘 이겨내지 못한다. 그대들의 근면은 도피이며, 자신을 잊으려는 의지이다.

만일 그대들이 좀더 삶을 믿었더라면 그대들은 자신을 순간에 내맡기지 않았으리라. 그러나 그대들은 기다릴 만한 여유도 없고, 게으름을 부릴 만한 여유도 갖고 있지 않다!

죽음을 설교하는 자들의 목소리가 곳곳에서 울려온다. 그리고 대지는 죽음의 설교를 들어야 할 자들로 가득 차 있다.

아니면 '영생의 설교'를 하는 자들로 가득 차 있다 해도 내게는 마찬가지이다. 그들이 빨리 없어져버리기를!

차라투스트라는 이렇게 말했다.

전쟁과 전투족[10]

우리는 우리의 훌륭한 적들로부터 용서받기를 원하지 않으며, 또한 우리가 진심으로 사랑하는 사람들로부터도 용서받기를 원하지 않는다. 그러므로 나는 그대들에게 진실을 말하려 한다!

전쟁을 하고 있는 나의 형제들이여! 나는 그대들을 진심으로 사랑한다. 나는 그대들과 같았고 지금도 그렇다. 그리고 나는 또한 그대들의 가장 훌륭한 적이기도 하다. 그러므로 나는 그대들에게 진실을 말할까 한다!

나는 그대들의 가슴속에 들어 있는 증오와 질투를 알고 있다. 그대들은 증오와 질투를 모를 만큼 위대하지는 않다. 그러므로 그 증오와 질투를 부끄러워하지 않을 정도로 위대해져라!

그리고 그대들이 인식의 성자가 될 수 없다면 적어도 인식의 전사가 되어라. 인식의 전사는 이러한 성자의 반려이며 전신(前身)이다.

나는 많은 병사들을 본다. 그러나 나는 많은 전사들을 보고 싶다. 그들이 입고 있는 것은 '제복'이라 불린다. 그러나 그들이 제복으로 가리

---

10) 투쟁과 전쟁을 승화하는 니체 철학이 담겨 있는 곳으로, 이에 대한 형이상학적 해석뿐만 아니라 정치적인 해석도 가능하다.

고 있는 것마저 획일적인 것이 아니기를!

그대들은 항상 적을, **그대들의 적**을 찾는 사람이 되어야 한다. 그러면 그대들 중 어떤 사람의 경우에는 첫눈에 적의가 엿보인다.

그대들은 항상 그대들의 적을 찾아야 하고, 전쟁을 해야 하며, 그대들의 사상을 위해 싸워야 한다! 그대들의 사상이 패배할지라도 그대들의 성실성은 그것을 넘어 승리를 외쳐야 한다!

그대들은 평화를 새로운 전쟁을 위한 수단으로서 사랑해야 한다. 그것도 오래 계속되는 평화보다는 짧은 평화를!

나는 그대들에게 노동이 아니라 전투를 권한다. 나는 그대들에게 평화가 아니라 승리를 권한다. 그대들의 노동이 전투가 되고 그대들의 평화가 승리하도록 하라!

인간은 화살과 활을 갖고 있을 때 비로소 입을 다물고 가만히 앉아 있을 수 있다. 그렇지 않을 때 수다를 떨며 언쟁을 하게 된다. 그대의 평화가 승리하기를!

좋은 명분은 전쟁까지도 신성화한다고 그대들은 말하는가? 그러나 내가 그대들에게 말하노니, 좋은 전쟁은 모든 것을 신성화하는 것이다.

전쟁과 용기가 이웃 사랑보다 더 위대한 일을 해놓았다. 그대들의 동정이 아니라 그대들의 용기가 지금까지 조난자들을 구해온 것이다.

"선한 것이란 무엇인가?"라고 그대들은 묻는다. 용감해지는 것이 선이다. 소녀들이나 말하게 하라. "선이란 아름답고 감동적인 것이다."

사람들은 그대들을 비정하다고 말한다. 그러나 그대들의 마음은 진솔하다. 나는 그대들의 마음에서 우러나는 부끄러움을 사랑한다. 그대들은 그대들의 밀물을 부끄러워하고, 다른 사람들은 자신의 썰물을 부끄러워한다.

그대들은 추악한가? 그렇다면 형제들이여! 추악한 자의 외투인 숭고함을 그대들의 몸에 걸쳐라!

그대들의 영혼이 위대해지면 그대들은 오만해지고 그대들의 숭고함에는 악의가 깃든다. 나는 그대들을 알고 있다.

악의 속에서 오만한 자와 약한 자가 만나는데 그러나 그들은 서로를 알아보지 못한다. 나는 그대들을 알고 있다.

그대들은 증오할 적만 갖고 경멸할 적은 갖지 말아야 한다. 그대들은 그대들의 적에 긍지를 가져야 한다. 그러면 그대들 적의 성공은 또한 그대들의 성공이 될 것이다.

반항—그것은 노예의 고귀함이다. 그대들의 고귀함은 복종이어야 한다! 그대들의 명령까지도 복종이어야 한다!

훌륭한 전사에게는 "나는 하겠다"보다 "너는 해야 한다"가 더 기분 좋게 들린다. 그러므로 그대들은 그대들이 좋아하는 모든 것으로 하여금 먼저 명령을 따르도록 해야 한다.

삶에 대한 그대들의 사랑이 최고의 희망에 대한 사랑이 되게 하라. 그리고 그대들의 최고의 희망이 삶의 최고의 사상이 되게 하라!

나로 하여금 그대들에게 최고의 사상을 명하도록 하라. 그 사상이란 인간은 극복되어야 할 그 무엇이다.

그리하여 그대들은 복종하고 투쟁하는 삶을 살아가라! 오래 사는 것이 무슨 가치가 있는가! 어떤 전사가 용서받기를 원하겠는가!

나는 그대들을 용서하지 않는다. 나는 그대들을 진심으로 사랑한다, 전쟁을 마다하지 않는 형제들이여!

차라투스트라는 이렇게 말했다.

새로운 우상[11]

아직도 어딘가에 민족과 무리가 존재하지만 우리에게는 없다, 형제들이여. 여기에는 여러 국가가 있는 것이다.

국가? 그것이 무엇이냐고? 좋다! 이제 귀를 기울여라, 이제 내가 그대들에게 많은 민족의 죽음에 대해 말하려 한다.

국가란 모든 냉혹한 괴물 중에서 가장 냉혹한 괴물이다. 그것은 냉혹하게 거짓말도 한다. 다음 같은 거짓말이 그 입으로부터 새어나온다. "나 곧 국가가 민족이다."

그것은 거짓말이다! 민족을 창조하고 민족의 머리 위에 믿음과 사랑을 걸어놓은 것은 창조자들이었다. 그렇게 그들은 삶에 봉사했다.

많은 사람들을 향하여 덫을 설치해 놓고 그것을 국가라 부른 것은 파괴자들이다. 그들은 사람들의 머리 위에 한 자루의 칼과 백 가지의 욕망을 걸어놓았다.

아직 민족이 존재하는 곳에서는 그 민족은 국가를 이해하지 못하고, 국가를 악한 시선이나 습관과 법률에 대한 죄인인 것처럼 증오한다.

그 표시를 그대들에게 보여주겠다. 어느 민족이나 선과 악에 관해 자기의 언어로 이야기한다. 이웃 민족은 그 말을 이해하지 못한다. 각 민족은 습관과 법률 속에서 그들의 언어를 만들어낸 것이다.

그러나 국가는 선과 악에 대한 모든 언어를 동원하여 거짓말을 한다. 국가가 말하는 것은 거짓말이며, 국가가 소유하고 있는 것은 훔친 것이다.

국가의 모든 것이 가짜이다. 물어뜯기를 잘하는 국가는 훔쳐낸 이빨로 물어뜯는다. 국가의 내장까지도 가짜이다.

---

11) 니체는 현대적인 의미의 국가를 새로운 우상으로 낙인찍으며 비판하고 있다. 니체는 국가보다도 민족을 우위에 둔다. 실제로 니체는 비스마르크 치하의 독일 국가를 비판했는데, 그것은 이 국가가 엄격한 귀족적인 군국주의를 유지하지 않고 시민계급에 많은 참정권을 양보했기 때문이다. 니체의 이상은 독일 민족의 우위를 내세우는 군국주의 국가였다.

선과 악에 대한 언어의 혼란, 이 징표를 나는 그대들에게 국가의 징표로서 제시한다. 참으로 이 징표는 죽음에 대한 의지를 가리킨다! 참으로 이 징표는 죽음의 설교자들을 눈짓으로 부르고 있다!

세상에는 너무나 많은 자들이 태어났다. 이 잉여인간들을 위해 국가가 만들어진 것이다.

보라, 국가가 어떻게 그들을, 어중이떠중이들을 유인하는가를! 국가가 어떻게 그들을 삼키고, 씹고 또 씹는가를!

"지상에서 나보다 더 위대한 것은 없다. 나는 모든 것을 정리하는 신의 손가락이다." ──이 괴물은 이렇게 외친다. 그러면 긴 귀를 가진 자나 눈이 어두운 자만 그 앞에 무릎 꿇는 것이 아니다!

아, 그대 위대한 영혼들이여, 그대들의 귀에도 국가는 음침한 거짓말을 속삭인다! 아, 국가는 자신을 아끼지 않는 풍요로운 마음들을 쉽게 알아낸다!

그렇다, 그대 낡은 신을 이겨낸 자들이여. 국가는 그대들의 마음까지도 알아낸다! 그대들은 전쟁에 지쳤고 지친 나머지 이제 새로운 우상을 섬기는 것이다!

이 새로운 우상은 영웅과 영예로운 자들을 주위에 거느리고 싶어한다! 이 냉혹한 괴물은 양심의 햇빛을 쬐고 싶은 것이다!

그대들이 이 새로운 우상인 국가를 숭배하기만 한다면 국가는 그대들에게 모든 것을 주려 할 것이다. 그렇게 하여 국가는 그대들의 빛나는 덕과 자랑스러운 눈빛을 매수하는 것이다.

국가는 그대들을 이용하여 어중이떠중이들을 유혹하려 한다! 그렇다, 여기서 지옥의 요술이 고안되었으니 그것은 신성한 명예로 장식되어 방울소리를 내는 죽음의 말(馬)과 같다!

그렇다, 여기서 삶으로 찬미되는 만인을 위한 죽음이 고안되었으니. 그것은 진실로 모든 죽음의 설교자들에 대한 마음에서 우러나오는 봉사인 것이다!

선한 자나 악한 자 모두가 독을 마시게 되는 곳을 나는 국가라 부른다. 선한 자나 악한 자 모두가 자기 자신을 잃어버리는 곳을 나는 국가라 부른다. 모든 사람의 만성적인 자살이 '삶'이라고 불리는 곳을 나는 국가라 부른다!

보라, 이 잉여인간들을! 그들은 발명가들의 작품과 현자들의 보물을 훔쳐낸다. 그들은 자기들의 도둑질을 교양이라 부른다. 그리하여 모든 것이 그들에게는 병이 되고 재앙이 된다!

보라, 이 잉여인간들을! 그들은 항상 병들어 있고, 자기들의 담즙을 토해내며, 그것을 신문이라 부른다. 그들은 서로가 서로를 삼켜버리지만 소화하지 못한다.

보라, 이 잉여인간들을! 그들은 부를 손에 넣지만 그로 인해 더욱더 가난해진다. 그들은 권력을 원하며, 무엇보다도 권력의 지렛대인 많은 돈을 원한다. 이 무능한 자들은!

보라, 기어 올라가는 이 약삭빠른 원숭이들을! 그들은 서로가 서로를 기어오르며 싸우다 진흙과 심연 속으로 떨어져버린다.

그들 모두가 왕좌에 오르려 한다. 마치 행복이 왕좌 위에 앉아 있기라도 한 것처럼! 그것이 그들의 광기이다. 그러나 대부분 왕좌 위에는 진흙이 있고 또한 왕좌는 진흙 위에 있는 것이다.

그들은 모두가 미치광이들이며, 기어오르는 원숭이들이며, 열병환자들이다. 그들의 우상인 저 냉혹한 괴물은 악취를 풍기며 우상숭배자들 또한 모두 악취를 풍긴다.

형제들이여, 그대들은 저들의 입과 욕망이 풍기는 악취 속에서 질식하기를 원하는가? 차라리 창문을 깨고 바깥 공기 속으로 뛰어나가라!

악취를 피하라! 잉여인간들의 우상숭배를 멀리하라!

악취를 피하라! 사람을 제물로 만드는 독기를 벗어나라!

위대한 영혼들을 위해 아직도 대지는 열려 있다. 홀로 있는 자들과 둘이서 있는 자들을 위해 아직도 많은 빈자리가 남아 있고, 그 주위로 고요한 바다 냄새가 불어온다.

위대한 영혼들을 위해 아직도 자유로운 삶이 열려 있다. 진실로 적게 소유한 자는 그만큼 소유하는 것도 적다. 적당한 가난이여, 찬미받을지어다!

국가가 **끝나는** 곳, 그곳에서 비로소 잉여인간들이 아닌 인간이 시작된다. 그곳에서 비로소 없어서는 안 될 사람의 노래가, 독특하고 대치될 수 없는 가락이 시작된다.

국가가 **끝나는** 곳, 형제들이여, 그곳을 보라! 그대들에게는 보이지 않는가, 무지개와 초인으로 나아가는 다리가?

차라투스트라는 이렇게 말했다.

시장의 파리떼[12]

친구여, 그대의 고독 속으로 피하라! 나는 그대가 위인들의 소음으로 인해 귀머거리가 되었으며, 소인들의 가시에 마구 찔림을 보고 있다.

숲과 바위는 그대처럼 침묵을 지킬 줄 안다. 그대는 다시 그대가 사랑하는 무성한 나무처럼 되어라. 그 나무는 조용히 귀를 기울이며 바다 위로 뻗어 있다.

고독이 끝나는 곳, 그곳에서 시장이 시작된다. 그리고 시장이 시작되는 곳에서 위대한 배우들의 소음과 독파리들의 윙윙거림이 시작된다.

세상에서 가장 훌륭한 것일지라도 그것을 상연하는 사람이 없으면

---

12) 천민을 멸시하는 니체의 귀족주의 사상이 여기에 엿보인다.

아무런 소용도 없다. 민중은 이 상연자들을 '위인'이라 부른다.

민중은 위대한 것, 곧 창조에 대하여 거의 알지 못한다. 그러나 민중은 떠들썩한 것들을 상연하는 모든 자들과 그것을 연출하는 모든 배우들에 대해서 민감하다.

세계는 새로운 가치의 창조자들 주위를 회전한다. 눈에 띄지 않게 회전한다. 그러나 배우의 주위에서는 민중과 명성이 돌아가고 있다. 이것이 '세계의 운행'이다.

배우는 정신은 갖고 있으나 정신의 양심은 거의 갖고 있지 않다. 그는 항상 가장 강한 믿음을 불러일으키는 것, 곧 **스스로**에 대한 믿음을 불러일으키는 것을 믿고 있다.

내일 그는 새로운 믿음을 가질 것이고 모레는 그보다 더 새로운 믿음을 가질 것이다. 그는 민중과 마찬가지로 빠른 감수성과 변덕스러운 기질을 갖고 있다.

뒤집어엎는 것, 그것이 배우에게는 증명한다는 것을 의미한다. 광신으로 몰고 가는 것, 그것이 그에게는 확신시키는 것을 의미한다. 그리고 피가 그에게는 최상의 논거인 것이다.

예리한 귀에만 들리는 진리를 그는 거짓말 또는 헛소리라고 부른다. 실로 그는 세상에서 커다란 소음을 만들어내는 신들만 믿는 것이다!

시장은 위엄을 부리는 광대들로 가득 차 있으며, 군중은 그들의 위인들을 자랑으로 여긴다. 군중에게는 그들이 당대의 주인인 것이다.

그러나 시간은 그들을 다그친다. 그리하여 그들은 그대를 다그친다. 그리고 그들은 그대에게도 예냐 아니냐를 요구한다. 슬프도다, 그대는 찬성과 반대 사이에 자리잡으려 하는가?

그대 진리를 사랑하는 자여, 이들 완고하고도 강압적인 자들로 인해 시기하는 자가 되지 말라! 진리가 무조건적인 자의 팔에 매달린 적은 이제까지 한 번도 없다.

이 갑작스러운 자들을 피해 안전한 곳으로 돌아가라. 인간은 시장에서만 예냐 아니냐의 공격을 받는 것이다.

모든 깊은 샘은 체험이 느린 법이다. 무엇이 자기 밑바닥에 떨어졌는가를 알기까지 깊은 샘은 오랫동안 기다려야 하는 것이다.

모든 위대한 것들은 시장과 명성으로부터 멀리 떨어진 곳에서 생겨난다. 이제까지 새로운 가치의 창조자들은 시장과 명성으로부터 멀리 떨어진 곳에서 살아왔다.

나의 친구여, 그대의 고독 속으로 피하라! 나는 그대가 독파리에 쏘이는 것을 보고 있다. 피하라, 차갑고 거친 바람이 부는 곳으로!

그대의 고독 속으로 피하라! 그대는 소인이나 가련한 자들과 너무 가까이 살아왔다. 그들의 보이지 않는 복수로부터 도피하라! 그들이 그대에게 행하는 것은 복수에 불과할 뿐이다.

더 이상 그들에게 팔을 쳐들지 말라! 그들은 수도 없이 많으며, 파리채가 되는 것이 그대의 운명은 아니다.

소인들과 가련한 자들은 수없이 많다. 빗방울과 잡초들이 이미 많은 웅장한 건물들을 파괴했다.

그대는 돌이 아니지만, 이미 많은 빗방울로 구멍이 뚫렸다. 그대는 앞으로 수많은 빗방울에 의해 깨지고 갈라질 것이다.

나는 그대가 이미 파리떼로 인해 지쳐버린 것을 알고 있다. 나는 그대가 백 군데나 상처를 입고 피투성이가 된 것을 보고 있다. 그런데도 그대의 자존심은 화를 내려 하지 않는다.

그들은 아무런 가책도 없이 그대의 피만 원한다. 빈혈에 걸린 그들의 영혼은 피를 갈망한다. 그래서 그들은 그대를 마구 쏘아대는 것이다.

그러나 그대 심오한 자여, 그대는 작은 상처에도 매우 괴로워한다. 그런데 그대의 상처가 미처 아물기도 전에 똑같은 독벌레가 그대의 손등을 기어다니고 있다.

그대는 너무 자존심이 강하여 이 벌레들을 죽일 수 없다. 그러나 그들의 독(毒)이 담긴 불법을 참는 것이 그대의 숙명이 되지 않도록 조심하라!

그들은 그대를 칭찬하며 그대 주위를 윙윙 날아다닌다. 그들의 칭찬은 끈질기다. 그들은 그대의 살과 피에 붙으려 한다.

그들은 신이나 악마에게 하듯 그대에게 아첨한다. 그들은 신이나 악마 앞에서처럼 그대 앞에서 칭얼거린다. 그것이 무슨 상관인가! 그들은 아첨꾼이며 칭얼거리는 자들일 뿐이다.

그들은 때때로 그대에게 상냥한 얼굴로 나타나기도 한다. 그러나 그것은 언제나 비겁한 자들의 지혜이다. 그렇다, 비겁한 자들은 영리한 법이다!

그들은 편협한 영혼으로 그대에 대해 많은 것을 생각한다. 그대는 그들에게 항상 의혹의 대상인 것이다! 많이 생각되는 것은 모두 결국 의심스러워지게 마련이다.

그들은 그대의 온갖 덕 때문에 그대를 벌한다. 그들이 진심으로 용서하는 것은 그대의 과실뿐이다.

그대는 온화하고 마음이 올바르기 때문에 이렇게 말한다. "그들의 보잘것없는 삶은 죄가 되지 않는다." 그러나 그들의 편협한 영혼은 이렇게 말한다. "모든 위대한 삶은 죄이다."

그대가 그들을 온화하게 대할 때에도 그들은 멸시를 당했다고 생각한다. 그래서 그들은 그대의 친절에 대해 여러 가지 은밀한 악행으로 답한다.

그대의 말없는 긍지는 언제나 그들의 비위를 상하게 한다. 그대가 아무것도 아닐 만큼 겸손해지면 그들은 매우 기뻐할 것이다

우리가 한 인간의 내면을 인식하는 것이 그의 마음을 격분시키는 역할을 할 수도 있다. 그러므로 소인들을 조심하라!

그들은 그대 앞에서 왜소함을 느낀다. 그러나 그들의 저열함은 밖에서 보기에는 희미하지만, 그대를 향한 숨겨진 복수심 속에서 활활 타오른다.

그대가 그들에게 가까이 다가가면 그들은 자주 입을 다물고, 마치 꺼져가는 불에서 연기가 사라지는 것처럼 그들에게서 힘이 빠져나가는 것을 그대는 간파하지 못했는가?

그렇다, 친구여. 그대는 그대들의 이웃에게 양심의 가책이 된다. 그들은 그대에게 부끄러운 존재들이기 때문이다. 그래서 그들은 그대를 증오하고 그대의 피를 빨아먹으려 하는 것이다.

그대의 이웃들은 항상 독파리떼로 남아 있을 것이다. 그대에게서 위대한 것, 바로 그것이 그들을 더욱 독이 많은 자로 만들고 더욱 파리떼로 만들 것이다.

피하라, 친구여. 그대의 고독 속으로, 차갑고 거친 바람이 부는 곳으로! 파리채가 되는 것이 그대의 운명은 아니다.

차라투스트라는 이렇게 말했다.

순결[13]

나는 숲을 사랑한다. 도시는 살기에 적합한 곳이 아니다. 그곳에는 음탕한 자들이 너무 많다.

음탕한 여인의 꿈속으로 떨어지는 것보다 살인자의 손으로 떨어지는 것이 낫지 않은가?

---

13) 본능은 윤리적으로 무관하며 강요된 본능이나 강요된 순결은 악이 된다는 사실을 묘사하고 있다.

이 남자들을 보라, 그들의 눈은 이 세상에서 여자와 동침하는 것보다 더 좋은 것을 알지 못한다고 고백하고 있다.

그들의 영혼 밑바닥에는 흙탕물이 깔려 있다. 슬프도다! 이 흙탕물이 정신이라는 것을 갖고 있다니!

그대들이 최소한 동물로서라도 완전하다면! 그러나 동물들에게는 천진스러움이 있다.

내가 그대들에게 그대들의 관능을 죽이라고 권하는가? 나는 그대들에게 관능의 천진함을 권한다.

내가 그대들에게 순결을 권하는가? 순결은 소수의 사람들에게는 미덕이지만, 대부분의 사람들에게는 악덕에 가까운 것이다.

그들은 물론 금욕을 행한다. 그러나 그들의 일거일동에서는 육욕이라는 암캐의 질투에 찬 눈초리가 번득인다.

불만에 찬 이 짐승은 그들이 지닌 덕의 꼭대기까지, 그리고 그들의 싸늘한 영혼 깊은 곳까지 따라다닌다.

한 조각의 고깃덩이가 자기에게 주어지지 않을 때, 육욕이라는 암캐는 아첨하면서 한 조각의 정신을 구걸할 줄 안다.

그대들은 모든 비극과 가슴을 찢는 온갖 불행을 사랑하는가? 그러나 나는 그대들의 육욕이라는 암캐는 믿지 않는다.

그대들의 눈은 너무나 잔인하며, 괴로워하는 자들을 음탕한 눈으로 바라본다. 그대들의 육욕이 위장하여 동정으로 자칭하는 것이 아닌가?

나는 다음 같은 비유를 또한 그대들에게 말하려 한다. 자신의 악마를 내쫓으려 하다가 오히려 자신이 암돼지의 무리 속으로 들어간 자가 적지 않다.

순결을 지키기 어려운 사람에게는 순결을 단념하도록 권해야 한다. 순결을 지키는 일이 지옥, 곧 영혼의 흙탕물과 영혼의 음탕함에 이르는 길이 되지 않도록.

내가 불결한 일에 대하여 말하고 있다고 생각하는가? 그것은 나에게 그다지 혐오스러운 일은 아니다.

인식하는 자가 진리의 물속으로 들어가기를 싫어하는 것은 진리가 불결할 때가 아니라 얕을 때이다.

진실로 근본적으로 순결한 사람들이 있다. 그들은 그대들보다 마음이 온유하고 그대들보다 더 진심으로 자주 웃는다.

그들 또한 순결을 비웃으며 이렇게 묻는다. "순결이란 무엇인가!

순결이란 어리석음이 아닌가? 그러나 이 어리석음이 우리에게 온 것이지, 우리가 이 어리석음에게 간 것은 아니다.

우리는 이 손님에게 쉴 곳과 사랑을 제공했다. 이제 이 손님은 우리와 함께 살고 있다. 이 손님이 원할 때까지 머물러 있기를!"

차라투스트라는 이렇게 말했다.

우정[14]

"내 주위에는 항상 한 사람의 인간이 있다." 은둔자는 이렇게 말한다. "하나에 하나를 곱하면 언제나 하나이지만, 세월이 흐르면 둘이 된다!"

나는 항상 나 자신과의 대화에 지나치게 열중한다. 만일 내게 친구가 없다면, 그것을 어떻게 견뎌낼 수 있겠는가?

은둔자에게 친구는 항상 제3자이다. 제3자는 나와 나 자신과의 대화가 심연으로 빠지지 않도록 막아주는 코르크이다.

아, 모든 은둔자들에게는 너무나 많은 심연이 있다. 그들이 친구를

---

14) 고독한 자는 스스로 친구를 반려자로 삼아 대화하지 않으면 안 된다는 사실을 묘사하고 있다.

그리워하고 높은 세계를 그리워하는 것은 바로 그 때문이다.

그런 점에서 타인에 대한 우리의 믿음은 우리가 우리 자신을 믿고 싶어한다는 것을 폭로하는 것이다. 친구를 그리워하는 것은 우리 자신을 드러내고 싶다는 것이다.

우리는 종종 사랑으로써 질투를 극복하고자 한다. 그리고 공격받을 가능성이 있다는 사실을 감추기 위해 우리는 종종 공격을 가하여 적을 만드는 것이다.

"최소한 나의 적이라도 되어다오!" 감히 우정을 요구하지 못하는 참된 경건심은 이렇게 말한다.

만일 그대가 친구를 갖고자 한다면 그대 또한 그 친구를 위해 싸울 각오를 해야 한다. 싸우기 위해서는 적이 될 수 있어야 한다.

우리는 자신의 친구 속에 들어 있는 적까지도 존경해야 한다. 그대는 몸을 던지지 않고서도 그대의 친구에게 접근할 수 있는가?

우리는 자신의 친구 속에 최선의 적을 갖고 있어야 한다. 그대가 친구와 대적할 때에 그대의 마음은 그에게 가장 가까이 접근해 있어야 한다.

그대는 그대의 친구 앞에서 아무 옷도 입지 않기를 원하는가? 있는 그대로의 그대를 그대의 친구에게 보여주는 것이 그대의 친구에게 영예가 될까? 그러나 그대가 그렇게 하면, 그대의 친구는 그 때문에 그대를 악마에게 내주고 싶어할 것이다!

자기를 숨기지 않는 사람은 다른 사람을 화나게 한다. 이것이 곧 그대들이 벌거숭이가 되기를 두려워해야 할 이유인 것이다! 그렇다. 만일 그대들이 신이라면, 그대들은 그대들이 입고 있는 옷을 부끄러워해도 될 것이다!

그대는 그대의 친구를 위해 아무리 아름답게 치장을 해도 부족하다. 왜냐하면 그대는 그대의 친구에게 초인으로 향하는 화살이며 동경이어야 하기 때문이다.

그대는 그대의 친구가 어떤 모습을 하고 있는지 알기 위해 그가 잠들어 있는 것을 살펴본 적이 있는가? 친구의 얼굴은 도대체 무엇인가? 그것은 면이 고르지 못한 불완전한 거울에 비친 그대 자신의 모습이다.

그대는 그대의 친구가 잠들어 있는 것을 살펴본 적이 있는가? 친구가 그런 모습을 하고 있어 놀라지 않았는가? 오, 친구여. 인간은 극복되어야 할 그 무엇이다.

친구는 추측과 침묵의 대가여야 한다. 그대는 모든 것을 보려고 해서는 안 된다. 그대는 그대의 친구가 깨어 있을 때 하는 일을 그대의 꿈을 통해 알아내야 한다.

그대의 동정은 추측이어야 한다, 그대의 친구가 동정을 원하는지 아닌지를 우선 알아보기 위해서. 어쩌면 그가 사랑하는 것은 그대의 맑은 눈과 영원한 눈초리일지도 모른다.

친구에 대한 동정은 단단한 껍질 속에 숨겨져 있어야 한다. 그것을 깨뜨리려다 이빨 한 대쯤 부러져야 한다. 그렇게 하면 동정은 비로소 달콤한 맛이 날 것이다.

그대는 그대의 친구에 대하여 맑은 공기이며 고독이며 빵이며 약인가? 자기 자신의 쇠사슬은 풀지 못하면서 친구에게는 구제자인 사람들이 많이 있다.

그대는 노예인가? 그렇다면 그대는 친구가 될 수 없다. 그대는 폭군인가? 그렇다면 그대는 친구를 가질 수 없다.

여자 내부에는 너무나 오랫동안 노예와 폭군이 숨어 있었다. 그 때문에 여자는 우정을 맺을 수 없는 것이다. 여자는 사랑만 알고 있을 뿐이다.

여자의 사랑 속에는 자기가 사랑하지 않는 모든 것에 대한 불의와 무분별이 들어 있다. 심지어 여자의 지적인 사랑 속에도 빛과 함께 갑작스러운 공격과 번개와 밤이 들어 있다.

아직도 여자는 우정을 맺을 능력이 없다. 여자들은 여전히 고양이요, 새이다. 아니면 고작해야 암소이다.

아직도 여자는 우정을 맺을 능력이 없다. 그러나 말해보라, 그대 남자들이여. 그대들 가운데 누가 우정을 맺을 능력을 갖고 있는가?

오, 그대 남자들이여. 그대들의 영혼은 얼마나 가난하고 초라한가! 그대들이 그대들의 친구에게 주는 것만큼 나는 나의 적에게까지도 주려 한다. 그렇다고 해서 그 때문에 내가 더 가난해지지는 않을 것이다.

세상에는 동료의식이라는 게 있다. 그러나 우정이 있기를!

차라투스트라는 이렇게 말했다.

천 개의 목표와 한 개의 목표[15)

차라투스트라는 수많은 나라와 수많은 민족을 보아왔다. 그리하여 그는 수많은 민족에서 저마다 통용되는 선과 악을 발견했다. 차라투스트라는 지상에서 선과 악보다 더 강한 힘을 발견하지 못했다.

평가하지 않는 민족은 생존할 수 없을 것이다. 그러나 한 민족이 스스로 보존하려면, 이웃 민족이 평가하는 것과 똑같이 평가해서는 안 된다.

어떤 민족에게는 선으로 간주되는 많은 것들이 다른 민족에게는 조소와 비난의 대상이 되는 것을 나는 보았다. 어떤 곳에서는 악이라고 불리는 많은 것들이 다른 곳에서는 화려한 영예로 장식되어 있는 것을 나는 보았다.

---

15) 도덕은 종교적인 율법과 연관되지 않으며 타고난 능력도 아닌 인간의 창조물이다. 인류를 위한 하나의 통일적인 목표가 필요한데 그것이 바로 초인과 초인의 도덕이라는 것을 강조한다.

어떤 이웃도 다른 이웃을 이해한 적이 없다. 한 이웃의 영혼은 항상 다른 이웃의 광기와 악의에 놀란다.

각 민족의 머리 위에는 가치목록이 걸려 있다. 보라, 그것은 그 민족이 극복해온 목록인 것이다. 보라, 그것은 그 민족이 지닌 권력의지의 목소리인 것이다.

각 민족에게 어려운 일로 여겨지는 것은 찬양을 받는다. 꼭 필요하면서도 어려운 일이 선이라 불리고 가장 어려운 곤궁에 빠져 있는 사람들을 구제하는 것, 가장 희귀하고 어려운 것, 그것을 각 민족은 신성한 것으로 찬양한다.

각 민족으로 하여금 지배하게 하고 정복하게 하고 으스대게 하는 것, 그리하여 이웃 민족으로 하여금 공포와 질투를 느끼게 만드는 것, 그것이 그 민족에게는 가장 고귀한 것, 가장 으뜸이 되는 것, 모든 것의 척도, 그리고 모든 것의 의미가 되는 것이다.

형제여, 만일 그대가 어떤 민족의 곤경, 그들의 땅과 하늘, 그들의 이웃을 알기만 한다면, 그대는 분명 그 민족이 가지고 있는 극복 법칙을 짐작할 수 있을 것이며, 또 왜 그 민족이 그 사다리를 타고 희망을 향해 올라가는지를 짐작할 수 있을 것이다.

"그대는 언제나 첫째가 되어야 하며, 다른 사람들을 능가해야 한다. 시기심 많은 그대의 영혼은 그대의 친구 이외에 어느 누구도 사랑해서는 안 된다." 이것이 그리스인의 영혼을 뒤흔들었고 그리하여 그리스인은 그들의 위대한 길을 걸어갔다.

"진실을 말하라, 그리고 활과 화살을 다루는 방법을 배워라." 이것은 내 이름이 유래한 민족에게 사랑스러우면서도 어려운 일로 생각되었다. 이 이름은 나에게도 소중하면서 쉽지 않은 것이다.*

"부모를 공경하고 영혼의 뿌리까지 부모의 뜻에 따르라." 어떤 민족은 이러한 극복의 가치목록을 머리 위에 걸어놓았으며, 그로 인해 강대하고 영원한 민족이 되었다.**

"충성을 다하고 충성을 위해서는 악하고 위험한 일에서도 명예와 생명을 걸라." 어떤 민족은 이러한 가르침에 의해 다른 민족을 지배했고 이렇게 지배하면서 큰 희망을 잉태하고 비대해졌다.***

진실로 인간은 모든 선과 악을 자기 자신에게 부여했다. 진실로 인간은 자신의 선과 악을 누구로부터 얻은 것이 아니며, 발견해낸 것도 아니다. 그것이 하늘의 목소리로서 인간에게 떨어진 것도 아니다.

인간은 자신을 보존하기 위해 먼저 사물에 가치를 부여했다. 인간은 먼저 사물의 의미를, 인간의 의미를 창조했다! 그래서 인간은 스스로 '인간', 곧 '평가자'라 부르는 것이다.

평가하는 것은 창조하는 것이다. 들어라, 그대 창조하는 자들이여! 평가하는 것 그 자체가 모든 평가된 사물의 가치이며 재보인 것이다.

가치는 오직 평가를 통해서만 존재한다. 평가가 없다면 존재의 호두는 속이 텅 빌 것이다. 들어라, 그대 창조하는 자들이여!

가치의 변화—그것은 가치를 창조하는 자의 변화를 의미한다. 창조자가 되지 않을 수 없는 사람은 언제나 파괴한다.

처음에 창조자는 민족이었으며 나중에 비로소 개개인이 창조자가 되었다. 진실로 개개인 자체는 최근의 창조물이다.

일찍이 각 민족은 선의 목록을 자기 머리 위에 걸어놓았다. 지배하기를 원하는 사랑과 복종하기를 원하는 사랑이 함께 그런 목록을 만들어낸 것이다.

집단에 대한 애착이 자아에 대한 애착보다 먼저 생겨났다. 그리하여

---

* 차라투스트라가 페르시아의 종교창시자 조로아스터에서 유래하므로 여기서는 페르시아 민족을 지칭한다.
** 유대민족을 지칭한다.
*** 고대 독일민족인 게르만족을 지칭한다.

선량한 양심이 집단을 말하는 동안 사악한 양심만 자아를 말한다.

진실로 다수의 이익을 구실로 자신의 이익을 도모하려는 사랑이 없는 교활한 자아, 그것은 집단의 근원이 아니라 집단의 파괴인 것이다.

선과 악을 창조한 것은 언제나 사랑하는 자들이었으며 창조하는 자들이었다. 사랑의 불길과 분노의 불길이 모든 덕의 이름으로 활활 타오르고 있다.

차라투스트라는 수많은 국가와 수많은 민족을 보아왔다. 차라투스트라는 사랑하는 자들의 창조물보다 더 위대한 것을 이 지상에서 발견하지 못했으니 이 창조물의 이름이 '선'과 '악'이다.

진실로 이와 같이 칭찬하고 비난할 수 있는 힘은 하나의 괴물이다. 말해보라, 형제들이여. 누가 나를 위해 그 괴물을 정복하겠는가? 말해보라, 누가 천 개나 되는 이 짐승의 목에 멍에를 씌우겠는가?

지금까지 천 개의 목표가 있었다. 왜냐하면 천 개의 민족이 있었기 때문이다. 다만 천 개의 목에 씌울 멍에가 아직도 없는 것이다. 바로 그 목표 한 개가 아직도 없는 것이다. 아직 인류에게 목표가 없다.

그러나 말해보라, 형제들이여. 아직도 인류에게 목표가 결여되어 있다면, 인류 그 자체도 아직 존재하지 않는 것이 아닐까?

차라투스트라는 이렇게 말했다.

이웃사랑[16]

그대들은 이웃 사람들에게 몰려가며 그런 행위를 아름다운 말로 치

---

16) 이타주의는 이기주의의 변용이라는 사실을 강조하며 이기심에서 생겨나는 이웃사랑보다도 먼 것에 대한 사랑이 참된 사랑이라고 역설한다.

장한다. 그러나 그대들에게 말한다. 그대들의 이웃사랑은 그대들 자신에 대한 그릇된 사랑이다.

그대들은 그대들 자신에게서 이웃으로 도피하며, 그대들은 그것을 그대들의 미덕으로 삼고 싶어한다. 그러나 나는 그 같은 '몰아'(沒我)의 본질을 간파하고 있다.

'너'라는 호칭이 '나'라는 호칭보다 먼저 생겨났다. '너'라는 호칭은 신성시되고 있으나 '나'라는 호칭은 아직 그렇지 못하다. 그래서 사람들은 이웃으로 몰려가는 것이다.

내가 그대들에게 이웃사랑을 권하는가? 오히려 나는 그대들에게 이웃에 등 돌리고 가장 멀리 있는 자를 사랑하라고 권한다!

이웃에 대한 사랑보다는 가장 멀리 있는 자, 앞으로 다가올 자에 대한 사랑이 더 높은 사랑이며, 인간에 대한 사랑보다는 사물과 유령에 대한 사랑이 내게는 더 높은 사랑인 것이다.

형제여, 그대를 뒤따라 달려오는 이 유령은 그대보다 훌륭하다. 그대는 어찌하여 이 유령에게 그대의 살과 뼈를 주지 않는가? 그대는 두려워서 그대의 이웃에게로 달려간다.

그대들은 그대들 자신을 견디지 못하며, 그대들 자신을 충분히 사랑하지 않는다. 그래서 그대들은 그대들의 이웃을 사랑으로 유혹하고, 그들의 오류로써 그대들 자신을 미화하려 한다.

나는 그대들이 오히려 그대들의 모든 이웃과 이웃의 이웃들을 견뎌내지 못하기를 바란다. 그러면 그대들은 그대들 자신으로부터 그대들의 친구와 그들의 넘쳐나는 가슴을 창조하게 될 것이다.

그대들은 그대들 자신에 대해 좋게 말하려 할 때 증인을 끌어들인다. 그리고 그를 현혹시켜 그가 그대를 좋게 생각할 때 그대들도 자신이 좋다고 생각하는 것이다.

자신이 알고 있는 것과 반대로 말하는 사람만 거짓말을 하는 것은 아니다. 자신의 무지와 반대로 말하는 사람이야말로 더 큰 거짓말을 하는 것이다. 그런데 그대들은 다른 사람들과 교제할 때 그대들 자신에 대하여 그렇게 말하면서 그대들의 이웃과 그대들 자신을 속이는 것이다.

바보는 이렇게 말한다. "사람들과의 교제는 성격을 그르친다. 특히 자신이 아무런 성격도 갖고 있지 않을 때."

어떤 사람은 자신을 찾기 위해 이웃에게 달려가고, 또 어떤 사람은 자신을 잃기 위해 이웃에게 달려간다. 자신에 대한 그대들의 그릇된 사랑은 고독을 감옥으로 만든다.

이웃에 대한 그대들의 사랑에 대해 대가를 치르는 것은 멀리 있는 사람들이다. 그러므로 그대들 다섯 사람이 함께 있으면 여섯 번째 사람은 항상 매장될 수밖에 없는 것이다.

나는 그대들의 축제도 좋아하지 않는다. 나는 그대들의 축제에서 너무나 많은 광대들을 발견했으며, 또 구경꾼들도 광대처럼 행동했다.

나는 그대들에게 이웃이 아니라 친구를 갖도록 가르친다. 친구가 그대들에게 대지의 축제가 되어야 하며 초인을 예감하게 해야 한다.

나는 그대들에게 친구와 친구의 흘러넘치는 마음을 가르친다. 그러나 만일 그대가 흘러넘치는 마음으로부터 사랑을 받고 싶다면, 그대는 해면(海綿)이 될 줄 알아야 한다.

나는 그대들에게 선의 그릇이며 내부에 완성된 세계를 지니고 있는 친구에 대하여 가르친다, 다른 사람에게 줄 하나의 완성된 세계를 항상 지니고 있는 창조적인 친구를.

그리하여 일찍이 그에게서 세계가 흩어졌던 것처럼 세계는 다시 그에게로 둥근 고리가 되어 되돌아오는 것이다. 악을 통해 선이 생성되듯이, 우연으로부터 목적이 생성되듯이.

미래가, 그리고 가장 먼 것이 그대들에게 오늘의 본질이 되게 하라. 그대들은 그대들의 친구의 내부에 있는 초인을 그대들의 본질로서 사랑해야 한다.

형제들이여, 나는 그대들에게 이웃에 대한 사랑을 권하지 않는다. 나는 그대들에게 가장 멀리 있는 자에 대한 사랑을 권한다.

차라투스트라는 이렇게 말했다.

창조자의 길[17]

형제여, 그대는 고독의 길로 들어서려는가? 그대는 자신에 이르는 길을 찾으려는가? 잠시 멈추어 내 말을 들어다오.

"찾는 자 자신이 소멸되기 쉽다. 모든 고독은 죄이다." 군중은 이렇게 말한다. 그리고 그대는 오랫동안 군중에 속해 있었다.

군중의 목소리가 아직도 그대 안에서 울리고 있을 것이다. 그리하여 그대가 "나는 더 이상 당신들의 것과 같은 양심을 갖고 있지 않다"라고 말한다면, 그것은 탄식이 되고 고통이 될 것이다.

보라, 고통 자체도 그러한 양심이 낳은 것이다. 그리고 그 양심의 마지막 빛이 아직도 그대의 고통 위에서 빛나고 있다.

그럼에도 불구하고 그대는 그대 자신에 이르는 고통의 길을 가려 하는가? 그렇다면 그럴 수 있는 권리와 힘을 내게 보여다오!

그대는 새로운 힘이고 새로운 권리인가? 최초의 운동인가? 자기 힘으로 굴러가는 수레바퀴인가? 또한 그대는 별들이 그대의 주위를 돌게 할 수 있는가?

아, 높은 것을 향한 욕망이 너무나 많도다! 야심가들의 발작이 너무나 많도다! 그대가 욕망하는 자도 야심가도 아님을 나에게 보여다오!

---

17) 창조자의 길은 고독하고 험난한 길임을 예시한다.

아, 요란한 소리를 내는 풀무에 지나지 않는 위대한 사상이 너무나 많도다. 이 사상은 사람들을 부풀리게 하여 더욱 공허하게 만든다.

그대는 자신이 자유롭다고 말하는가? 내가 듣고 싶어하는 것은 그대가 멍에에서 벗어났다는 것이 아니라 그대의 주도적인 사상이다.

그대는 멍에로부터 벗어날 자격이 있는 자인가? 자신의 예속을 던져버릴 때 자신의 마지막 가치까지도 던져버린 자들이 수없이 많다.

무엇으로부터의 자유인가? 차라투스트라는 그런 것에 상관하지 않는다! 그러나 그대의 눈동자는 나에게 분명히 말해야 한다. 무엇을 향한 자유인가?

그대는 자신에게 그대 자신의 선과 악을 부여하고, 그대 자신의 의지를 그대의 머리 위에 율법으로서 걸어놓을 수 있는가? 그대는 그대 자신의 재판관이 되고 자기 율법의 수호자가 될 수 있는가?

자기 율법의 재판관인 동시에 수호자인 자신과 홀로 머물러 있다는 것은 무서운 일이다. 그것은 공간 속에, 고독의 차가운 숨결 속에 내던져진 별과 같은 것이다.

혼자 있는 그대여, 오늘도 그대는 많은 사람들 때문에 고통받고 있다. 아직 그대는 용기를 잃지 않고 희망을 갖고 있다.

그러나 언젠가는 고독이 그대를 지치게 할 것이다. 언젠가 그대의 긍지는 고개를 숙이고 그대의 용기는 꺾일 것이다. 그때 그대는 외칠 것이다. "나는 외롭다!"

언젠가 그대는 그대의 고귀함을 더 이상 보지 못하고 저속한 것을 가까이 보게 될 것이다. 그때 그대의 숭고함 자체가 마치 유령처럼 그대를 두렵게 만들 것이다. 그때 그대는 외칠 것이다. "모든 것은 거짓이다!"

고독한 사람들을 죽이려는 감정이 있다. 만일 그 감정이 고독한 사람들을 죽이지 못한다면, 그 감정이 죽어야 하는 것이다! 그러나 그대는 살해자가 될 수 있는가?

형제여, 그대는 '경멸'이라는 말을 알고 있는가? 그리고 그대를 경멸하는 자들을 정의롭게 대할 때 나타나는 정의의 괴로움을 알고 있는가?

그대는 많은 사람들에게 새로운 모습의 그대를 배우도록 강요한다. 그들은 그것에 대해 심한 앙심을 품는다. 그대는 그들에게 가까이 다가갔으나 그들을 그냥 지나쳐버린다. 그들은 그것을 결코 용서하지 않는다.

그대는 그들의 위로 넘어간다. 그러나 그대가 높이 오르면 오를수록 그들의 시기에 찬 눈은 그대를 더욱더 작게 본다. 무엇보다도 날으는 자가 가장 큰 미움을 산다.

"당신들이 어떻게 나에게 공정할 수 있겠는가! 나는 당신들의 공정하지 못함을 나의 몫으로 선택한다"고 그대는 말해야 한다.

그들은 고독한 자들에게 부당한 짓을 하며 오물을 끼얹는다. 그러나 형제여, 그대가 별이 되기를 원한다면, 그대는 그들이 그렇게 한다고 해서 그들을 희미하게 비춰주어서는 안 된다!

그리고 선한 자들과 의로운 자들을 조심하라! 그들은 자신의 덕을 창조하는 자들을 십자가에 못박으려 한다. 그들은 고독한 자들을 미워한다.

단순한 성스러움도 조심하라! 단순하지 않은 모든 것이 여기서는 성스럽지 못한 것이다. 이 단순함은 불장난을, 화형시키는 일을 좋아한다.

그대의 사랑이 갑자기 나타나지 않도록 조심하라! 고독한 자들은 그들이 만나는 사람 누구에게나 너무 쉽게 손을 내민다.

많은 사람들에게 그대는 손이 아니라 앞발만 내밀어야 한다. 그리고 나는 그대의 앞발이 맹수의 발톱을 갖고 있기를 원한다.

그러나 그대 자신이야말로 항상 그대가 만날 수 있는 가장 큰 적일 것이다. 그대 자신이 동굴과 숲속에 숨어서 그대를 엿보고 있으니.

고독한 자여, 그대는 그대 자신으로 가는 길을 가고 있다! 그리고 그

길은 그대 자신과 그대의 일곱 마리 악마의 곁을 거쳐 지나간다.

그대는 자신에게 이단자이고, 마녀이고, 예언자이고, 바보이고, 회의자이고, 경건하지 못한 자이며, 악한이 될 것이다.

그대는 그대 자신의 불길로 자신을 불살라야 한다. 먼저 재가 되지 않고서 어떻게 새로워질 수 있겠는가?

고독한 자여, 그대는 창조자의 길을 가고 있다. 그대는 그대의 일곱 악마로부터 하나의 신을 창조하려 한다!

고독한 자여, 그대는 사랑하는 자의 길을 가고 있다. 그대는 그대 자신을 사랑하며 그 때문에 사랑하는 자들만 그렇게 할 수 있는 것처럼 자신을 경멸한다.

사랑하는 자는 경멸하기 때문에 창조하려 한다! 자기가 사랑하는 것을 경멸한 적이 없는 자가 사랑에 대해 무엇을 알겠는가?

형제여, 사랑과 함께, 창조와 함께 그대의 고독으로 가라. 그러면 정의가 절름거리며 그대의 뒤를 따라갈 것이다.

형제여, 눈물과 함께 그대의 고독으로 가라. 자신을 뛰어넘어 창조하기를 원하며 그리하여 멸망해가는 자를 나는 사랑한다.

차라투스트라는 이렇게 말했다.

늙은 여자와 젊은 여자[18]

"차라투스트라여, 그대는 어찌하여 황혼 속을 그렇게 살금살금 걸어가는가? 그대는 외투 속에 무엇을 그렇게 조심스럽게 감추고 있는가?

---

18) 사랑과 감정에 휩쓸려 초인의 이상과 거리가 먼 여성의 심리를 묘사하고 있다. 니체의 반여성주의적 사고가 잘 드러난다.

누군가가 그대에게 선물한 보물인가? 아니면 그대에게 태어난 어린 아이인가? 아니면 그대 자신이 도둑질을 하러 가는 길인가, 그대 악한 자의 친구여."

그렇다, 형제여!—차라투스트라가 말했다—이것은 내가 선물로 받은 보물이다. 내가 가지고 다니는 작은 진리이다.

그러나 그것은 어린아이처럼 버릇이 없어 내가 그의 입을 막고 있지 않으면 시끄럽게 떠들어댄다.

오늘 나는 해질 무렵에 혼자 길을 가다가 늙은 여자 하나를 만났는데, 그 여자는 내 영혼에게 이렇게 말했다.

"차라투스트라는 이제까지 우리 여자들에게도 많은 이야기를 했지만 여자에 관해서는 한 번도 이야기한 일이 없소."

나는 그녀에게 대답했다. "여자에 관한 이야기는 남자에게만 해야 한다."

그녀는 말했다. "나에게도 여자에 관해 이야기해주시오. 나는 너무 늙었으므로 들은 이야기를 곧 잊어버릴 테니."

그래서 나는 이 늙은 여자의 청을 받아들여 그녀에게 이렇게 말했다.

여자에 관한 것은 모두가 수수께끼이다. 그리고 여자의 모든 것은 하나의 해결책을 갖고 있으니, 바로 임신이다.

여자에게는 남자가 하나의 수단이며, 그 목적은 언제나 아기이다. 그런데 남자에게는 여자가 무엇인가?

진정한 남자는 두 가지를 원한다. 위험과 유희이다. 그러므로 진정한 남자는 가장 위험한 장난감으로서 여자를 원한다.

남자는 전쟁을 위해 훈련을 받아야 하며, 여자는 전사의 휴식을 위해 훈련을 받아야 한다. 그 외의 것들은 모두 어리석은 짓이다.

전사는 지나치게 달콤한 과일은 좋아하지 않는다. 그러므로 전사는 여자를 좋아한다. 아무리 달콤한 여자라 할지라도 씁쓸하기 때문이다.

여자는 남자보다 어린아이들을 더 잘 이해한다. 그러나 남자는 여자보다 더 어린아이답다.

진정한 남자의 내부에는 어린아이가 숨어 있다. 놀이를 좋아하는 어린아이가. 그러나 여성들이여, 남자의 내부에 숨어 있는 어린아이를 찾아내라!

여자는 아직 존재하지 않는 세계의 덕으로 반짝이는 보석처럼 청순하고 우아한 장난감이어야 한다.

별빛이 그대들의 사랑 속에서 반짝이기를! "나는 초인을 낳고 싶다"가 그대들의 희망이 되기를!

그대들의 사랑 속에 용기가 들어 있기를! 그대들은 그대들에게 두려움을 주는 남자를 향해 사랑을 가지고 돌진해야 한다.

그대들의 사랑 속에 그대들의 명예가 들어 있기를! 여자는 그 외의 명예에 대해서는 거의 이해하지 못한다. 그러나 사랑을 받기보다는 항상 사랑을 하고, 사랑에서 결코 둘째가 되지 않는 것이 그대들의 명예가 되도록 하라.

여자가 사랑할 때 남자는 그녀를 두려워할지어다. 사랑할 때 여자는 모든 희생을 감수하며, 사랑 이외의 모든 것은 그녀에게 가치가 없기 때문이다.

여자가 증오할 때 남자는 그녀를 두려워할지어다. 남자는 영혼 밑바닥에서부터 악할 따름이지만, 여자는 영혼 밑바닥에서부터 저열하기 때문이다.

여자는 누구를 가장 증오하는가? ―쇠붙이가 자석에게 이렇게 말했다. "나는 너를 가장 증오한다, 왜냐하면 너는 끌어당기기는 하지만 끌어 붙일 만큼 강하지는 않기 때문이다."

남자의 행복은 스스로의 의지이지만 여자의 행복은 남자로부터 오는 명령이다.

"보라, 이제 세계는 완전해졌다!" 철저한 사랑으로 복종할 때, 여자는 누구나 이렇게 생각한다.

그러므로 여자는 복종해야 하며 또한 자신의 표면에 대응하는 깊이를 찾아내야 한다. 여자의 심성은 표면이며, 얕은 물 위에서 변하기 쉽고 요동치는 막이다.

그러나 남자의 심성은 깊으며, 그것은 지하 동굴에서 소리를 내며 흐른다. 여자는 그 힘을 예감하되 이해하지 못한다.

그러자 그 늙은 여자는 내게 대답했다. "차라투스트라는 훌륭한 이야기를 많이 들려주었소. 특히 젊은 여자들을 위한 훌륭한 이야기들을.

참으로 놀라운 일이군! 차라투스트라는 여자들에 대해 거의 알지 못하면서도 여자들에 대해 그토록 정확하게 말하다니! 그것은 여자들에게선 모든 것이 가능하기 때문이 아닐까?

자, 이제 감사의 표시로 작은 진리를 받으시오! 나는 그 진리를 알 만큼 나이가 먹었소!

그것을 덮어싸서 입을 막으시오. 그렇지 않으면 이 작은 진리는 시끄럽게 떠들어댈 것이오."

"그대의 작은 진리를 내게 다오, 여인이여!" 하고 나는 말했다. 그러자 그 늙은 여자는 이렇게 말했다.

"여자들에게 가려느냐? 채찍을 잊지 말라!"

차라투스트라는 이렇게 말했다.

독사에게 물림[19]

어느 날 차라투스트라는 더위를 피해 무화과나무 아래서 두 팔을 얼굴에 올려놓은 채 잠들어 있었다. 그때 독사 한 마리가 기어와서 그의 목을 물었다. 차라투스트라는 아픔에 못 이겨 비명을 질렀다. 그가 얼굴에서 팔을 내리고 뱀을 쳐다보자 그 뱀은 차라투스트라의 눈빛을 알아보고는 어색한 듯이 몸을 돌려 도망치려 했다. "괜찮다. 도망치지 말라." 차라투스트라가 말했다. "너는 아직 나의 감사를 받지 않았다! 너는 내가 깨어야 할 시각에 깨워주었구나. 나는 아직도 갈 길이 멀다." 독사가 슬픈 듯이 말했다. "당신의 길은 얼마 남지 않았소. 나의 독이 당신을 죽일 테니까요." 그러자 차라투스트라가 미소를 지으며 말했다. "일찍이 용이 뱀독으로 죽은 적이 있느냐? 너의 독을 다시 가져가거라! 너는 너의 독을 내게 줄 만큼 넉넉하지 못하다!" 그러자 그 독사는 다시 그의 목을 감고 상처를 핥았다.

차라투스트라가 언젠가 제자들에게 이 이야기를 했을 때, 제자들이 물었다. "오, 차라투스트라여. 당신의 이야기 속에 들어 있는 도덕적인 교훈은 무엇입니까?" 이에 대해 차라투스트라는 다음같이 대답했다.

선하고 의로운 자들은 나를 도덕의 파괴자라고 부르고 있다. 나의 이야기가 부도덕하다는 것이다.

그러나 그대들이 적을 가지고 있다면, 적의 악에 대해 선으로 보답하지 말라. 그것은 그대들의 적을 부끄럽게 만들기 때문이다. 오히려 그대들의 적이 그대들에게 선을 행했음을 입증하라.

그대들의 적에게 창피를 주기보다는 오히려 화를 내라! 그대들이 저주를 받고서도 축복하려 하는 것을 나는 좋아하지 않는다. 오히려 조금쯤은 같이 저주하라!

그대들에게 큰 불의 하나가 가해지면, 이에 대해 재빨리 다섯 개의 작은 불의로써 보복하라! 불의에 눌려 혼자서 괴로워하는 자는 보기만

---

19) 악을 선으로 보답하라는 예수의 산상설교가 복수심을 교묘하게 감추고 있다는 사실을 지적하면서 적을 부끄럽게 만들어서는 안 되고 당당하게 만들어야 된다는 주장이 담겨 있다.

해도 소름 끼친다.

그대들은 이런 말을 알고 있는가? 나누어 갖는 불의는 반쯤 정의이다. 그러므로 불의를 견뎌낼 수 있는 자는 스스로 그것을 받아들여야 한다.

전혀 복수를 하지 않는 것보다는 작은 복수라도 하는 것이 인간적이다. 징벌이 부정을 행한 죄인에게 정의와 명예가 되지 못한다면, 나는 그대들의 징벌을 좋아하지 않는다.

자신의 옳음을 고집하는 것보다 자신의 그릇됨을 인정하는 것이 더 고상한 일이다. 자신이 옳을 경우에는 더욱 그렇다. 다만 그렇게 할 수 있을 만큼 풍요로워져야 한다.

나는 그대들의 냉혹한 정의를 좋아하지 않는다. 그대 재판관의 눈에서는 항상 망나니의 냉혹한 칼이 번득이고 있다.

말해보라. 형안(炯眼)을 가진 사랑의 정의가 어디 있겠는가?

그러므로 모든 형벌뿐만 아니라 모든 죄까지도 견뎌내는 사랑을 만들어내라!

그러므로 재판관을 제외한 모든 사람들에게 무죄판결을 내리는 정의를 만들어내라!

들어보지 않겠는가? 철두철미하게 정의로워지기를 원하는 자에게는 거짓말까지도 호의가 되는 것이다.

그러나 내가 어찌 철두철미하게 정의로워질 수 있겠는가? 내가 어찌 각자에게 그들의 것을 줄 수 있겠는가? 나는 각자에게 나의 것을 주는 것으로 만족해야 한다.

끝으로 형제들이여, 어떤 은둔자에게도 불의를 행하지 않도록 조심하라! 은둔자가 어찌 잊을 수 있겠는가! 은둔자가 어찌 보복할 수 있겠는가!

은둔자는 깊은 샘과 같다. 그 속에 돌 하나를 던지는 것은 쉬운 일이다. 그러나 그 돌이 바닥까지 가라앉으면, 누가 그것을 다시 꺼낼 수 있겠는가?

은둔자를 모독하지 않도록 조심하라! 그대들이 은둔자를 모독하려 한다면 차라리 그를 죽여버려라!

차라투스트라는 이렇게 말했다.

자식과 결혼[20]

형제여, 나는 그대에게만 묻고 싶은 것이 하나 있다. 나는 그대의 영혼이 얼마나 깊은가를 알기 위해 이 질문을 추처럼 그대의 영혼 속으로 던진다.

그대는 젊고 결혼과 자식들을 원하고 있다. 그러나 나는 그대에게 묻고자 한다. 그대는 자식을 원해도 될 사람인가?

그대는 승리자이며, 자신의 정복자이며, 관능의 지배자이며, 덕의 주인인가? 나는 그대에게 이렇게 묻고자 한다.

아니면 동물의 욕구가 그대의 욕망 속에서 말하고 있는가? 아니면 고독감이? 아니면 자신에 대한 불만이?

나는 그대의 승리와 자유가 자식을 갈망하고자 한다. 그대는 그대의 승리와 해방을 위해 살아 있는 기념비를 세워야 한다.

그대는 자신을 초월하여 그것을 세워야 한다. 그러나 무엇보다도 먼저 그대는 자신의 육체와 영혼을 바로 세워야 한다.

그대는 앞을 향해서뿐만 아니라 위를 향해서도 후대를 만들어가야

---

20) 동물적인 번식욕이 결혼의 목표가 되어서는 안 되고 초인의 탄생이 결혼과 출산의 목표가 되어야 한다는 주장이 담겨 있다.

한다! 결혼의 정원이 그러한 일에 도움이 되기를!

그대는 더 높은 육체를, 최초의 운동을, 스스로 굴러가는 수레바퀴를 창조해야 한다. 그대는 한 사람의 창조자를 창조해야 한다.

결혼, 나는 그것을 창조하는 당사자보다 더 훌륭한 한 사람을 창조하고자 하는 두 사람의 의지라고 부른다. 이러한 의지를 표현하는 자들의 상호존경을 나는 결혼이라고 부른다.

이것이 결혼의 의미와 진리가 되도록 하라. 그러나 어중이떠중이들이 결혼이라고 부르는 것—아, 나는 그것을 무엇이라고 불러야 하는가?

아, 한 쌍의 영혼의 빈곤함이여! 아, 한 쌍의 영혼의 불결함이여! 아, 한 쌍의 영혼의 가련한 향락이여!

그들은 이 모든 것을 결혼이라고 부른다. 그리고 그들은 자기들의 결혼이 천국에서 맺어진 것이라고 말한다.

나는 잉여인간들의 천국을 좋아하지 않는다! 나는 천국의 그물에 잡힌 이 동물들을 조금도 좋아하지 않는다.

자기가 짝지어주지 않은 자들을 축복하기 위해 절룩거리며 다가오는 신도 내게서 멀리 떨어져 있기를!

이런 결혼들을 비웃지 말라! 자기의 부모로 인하여 울어야 할 이유를 갖고 있지 않은 어린아이가 어디 있겠는가?

어떤 남자는 기품이 있고, 또 대지의 의미를 알 만큼 성숙해 있는 것 같았다. 그러나 내가 그의 아내를 보았을 때, 대지는 어리석은 자들의 소굴로 생각되었다.

그렇다, 성자와 거위가 짝을 이룰 때, 대지가 경련을 일으켜 진동하기를 나는 바란다.

어떤 남자는 진리를 찾으려 영웅처럼 떠났으나, 결국 치장된 보잘것없는 거짓을 손에 넣었다. 그는 그것을 자기의 결혼이라고 부른다.

어떤 남자는 점잖게 교제하고 신중하게 선택했다. 그러나 그는 한순간에 그 교제를 영원히 망쳐버렸다. 그는 그것을 자기의 결혼이라고 부른다.

어떤 남자는 천사의 덕을 지닌 하녀를 찾았다. 그러나 그는 곧 그녀의 하인이 되었다. 이제 그도 천사가 되는 일만 남았다.

나는 모든 구매자들이 신중하다는 것을 알고 있다. 그들은 교활한 눈을 갖고 있다. 그러나 가장 교활한 자까지도 포장된 상태로 아내를 구입하는 것이다.

잠시 동안의 수많은 어리석음—그것이 그대들에게서 사랑이라 불린다. 그대들의 결혼은 잠시 동안의 많은 어리석음을 오래 계속될 한 가지의 우둔함으로써 끝내는 것이다.

여자에 대한 그대들의 사랑과 남자에 대한 여자의 사랑, 그것이 고뇌에 싸인 채 숨겨져 있는 신들에 대한 동정이 되었으면! 그러나 대개는 두 동물이 서로서로 알아볼 뿐이다.

그러나 그대들 최고의 사랑까지도 황홀의 비유이며, 고통으로 가득 찬 열정에 불과하다. 사랑은 그대들의 길을 비추어 그대들을 더 높은 길로 인도해야 할 횃불이다.

언젠가 그대들은 그대들 자신을 넘어 사랑해야 한다! 그러므로 먼저 사랑하는 법을 **배워라!** 그러기 위해 그대들은 사랑의 쓴 잔을 마셔야 했다.

가장 훌륭한 사랑의 잔에도 쓴맛이 들어 있다. 그러므로 사랑은 초인에 대한 동경을 불러일으켜 창조자인 그대들로 하여금 갈증을 느끼게 하는 것이다!

창조자의 갈증, 초인을 향한 화살과 동경. 말해보라, 나의 형제여. 이것이 결혼에 대한 그대의 의지인가?

나는 이런 의지와 이런 결혼을 신성하다고 말한다.

차라투스트라는 이렇게 말했다.

자유로운 죽음[21]

많은 사람들은 너무 늦게 죽고, 몇몇 사람들은 너무 일찍 죽는다. "적당한 때에 죽어라!"라는 가르침은 아직 생소하게 들릴 것이다.

적당한 때에 죽어라. 차라투스트라는 이렇게 가르친다.

그런데 적당한 때에 살지 못하는 자가 어떻게 적당한 때에 죽을 수 있겠는가! 그런 자는 애초에 세상에 태어나지 않는 편이 더 낫다! 나는 잉여인간들에게 이렇게 충고한다.

그러나 잉여인간들까지도 자기들의 죽음을 중대한 것으로 생각한다. 그렇다, 가장 속이 빈 호두일지라도 깨질 때는 소리를 내고 싶어한다.

누구나 죽음을 중대한 일로 취급한다. 그러나 죽음은 아직도 축제가 아니다. 사람들은 더 없이 아름다운 축제를 벌이는 법을 아직 배우지 못했다.

살아 있는 사람들에게 자극과 맹세가 되는 완전한 죽음을 나는 그대들에게 보여주려 한다.

자기를 완성하는 자는 희망에 차 맹세하는 자들에 둘러싸여 승리를 구가하며 자신의 죽음을 맞는다.

그러므로 인간은 죽는 법을 배워야 한다. 그리고 그렇게 죽어가는 자가 살아 있는 자들의 맹세를 더럽히는 축제가 되어서는 안 된다!

그렇게 죽는 것이 가장 훌륭한 죽음이다. 그리고 그 다음으로 훌륭한 죽음은 싸우다가 죽는 것, 위대한 영혼을 아낌없이 버리는 것이다.

---

21) "짧고 굵게 살아라!"는 말에 동의하면서 강인한 부정의 의지를 예찬하는 내용이 담겨 있다. 병들고 약한 자를 도태시켜야 한다는 비정한 내용도 들어 있다.

그러나 투사에게나 승리자에게나 한결같이 혐오스러운 것은 도둑처럼 기어들어 주인처럼 다가오는 히죽거리는 죽음이다.

나는 그대들에게 나의 죽음을 찬양한다. 그것은 내가 원하기 때문에 내게 오는 자유로운 죽음이다.

그런데 나는 언제 죽음을 원하게 되는가? 목표와 후계자를 가지고 있는 자는 그 목표와 후계자에게 알맞을 때 죽음을 원한다.

그리하여 목표와 후계자에 대한 경외심으로 그는 더 이상 삶의 성전에 시들어빠진 꽃다발을 걸어놓으려 하지 않을 것이다.

진실로 나는 줄 감는 자들처럼 되기를 원하지 않는다. 그들은 줄을 길게 늘어뜨리며 스스로 끊임없이 뒤로 물러난다.

자신의 진리와 승리를 획득하기에는 지나치게 늙어버린 사람들이 많다. 이빨이 빠진 입은 이미 어떠한 진리도 말할 권리를 갖고 있지 않은 것이다.

그리고 명예를 원하는 자는 누구나 적당한 때에 명예를 떠나야 하며, 적당한 때에 떠나는 어려운 기술을 익혀야 한다.

가장 훌륭한 맛이 날 때 이외에는 잡아먹히지 않도록 조심해야 한다. 오랫동안 사랑받기를 원하는 사람들은 그것을 알고 있다.

가을의 마지막 날까지 기다려야 하는 운명에 처한 신 사과들이 있다. 이 사과들은 익으면서 동시에 노랗게 되고 쭈글쭈글해진다.

어떤 사람들은 마음이 먼저 늙어가고, 어떤 사람들은 정신이 먼저 늙어간다. 또 어떤 사람들은 청년기에 이미 늙어버린다. 그러나 뒤늦게 젊음을 누리는 사람이 오랫동안 젊음을 간직한다.

많은 사람들이 인생에서 실패한다. 한 마리의 독벌레가 그의 가슴을 먹어 들어가고 있는 것이다. 그러므로 이러한 사람들은 자신의 죽음에서는 좀더 성공하도록 유의해야 한다.

제대로 잘 익는 사람들이 별로 없다. 그들은 여름에 이미 썩어버린다. 이런 사람들을 자신의 가지에 그대로 매달려 있게 하는 것은 비겁한 일이다.

세상에는 너무나 많은 사람들이 살아남아 너무 오랫동안 가지에 매달려 있다. 폭풍이 몰아쳐 이 썩은 자들을, 벌레 먹은 자들을 모조리 나무에서 떨어뜨리기를!

빨리 죽기를 설교하는 자들이 나타나기를! 그러한 설교자들이야말로 거센 폭풍일 것이며, 인생의 나무를 마구 흔들어댈 것이다! 그러나 내 귀에 들리는 것은 천천히 죽기를 권하는 설교와 모든 '지상적인 것'들을 참고 견디라고 권하는 설교뿐이다.

아, 그대들은 지상적인 것들을 참고 견디라고 설교하는가? 그대 험구자들이여, 오히려 지상적인 것들이 그대들을 너무 많이 참고 견디고 있다!

천천히 죽기를 설교하는 자들의 존경을 받았던 저 히브리인은 실로 일찍 죽었다. 그리고 그가 너무 일찍 죽은 것이 그후 많은 사람들에게 재앙이 되고 말았다.

그러나 히브리인 예수는 히브리인들의 눈물과 우울, 그리고 선하고 정의로운 자들의 증오밖에 알지 못했다. 그래서 그는 죽음에 대한 동경에 사로잡히게 된 것이다.

그가 황야에 머물러 선하고 의로운 자들로부터 떨어져 있었더라면 좋았을 것을! 그랬더라면 아마도 그는 삶을 배우고, 대지를 사랑하는 것을 배웠을 것이다. 그리고 웃음도!

내 말을 믿어라, 형제들이여! 그는 너무 일찍 죽었다. 만일 그가 내 나이만큼 살았더라면, 그는 자진하여 자신의 가르침을 철회했을 것이다! 그는 그것을 철회할 수 있을 만큼 고귀한 자였다!

그러나 그는 아직 성숙하지 못했다. 젊은이는 미숙하게 사랑하고 인간과 대지를 미숙하게 증오한다. 젊은이의 마음과 정신의 날개는 아직

얽매어 있으며 짓눌려 있다.

어른 안에는 젊은이 안보다 더 많은 어린아이가 들어 있으며, 그만큼 더 우울하지 않다. 어른은 삶과 죽음을 더 잘 이해하고 있다.

더 이상 긍정할 때가 아닐 때 부정하는 자는 성스러우며 죽음에 대해서나 죽음에 직면해 자유롭다. 그는 그렇게 삶과 죽음을 받아들이는 것이다.

친구들이여, 그대들의 죽음이 인간과 대지에 대한 모독이 되지 않도록 하라. 그것이 내가 그대들의 감미로운 영혼에 간청하는 것이다.

죽음에 처했을 때, 그대들의 정신과 덕은 대지를 에워싼 저녁노을처럼 타올라야 한다. 그렇지 않으면 그대들의 죽음은 실패한 것이다.

나의 친구인 그대들이 나로 인해 더욱 대지를 사랑하도록 나는 그렇게 죽기를 원한다. 그리하여 나는 나를 낳아준 대지의 품으로 돌아가 그렇게 평화를 누리고 싶다.

진실로 차라투스트라는 하나의 목표를 갖고 있었으며, 그는 자기의 공을 던졌다. 이제 그대들은 이 목표의 후계자가 되어라. 나는 그대들에게 황금의 공을 던진다.

친구들이여, 무엇보다도 나는 그대들 또한 황금의 공을 던지는 것을 보고 싶다! 그러므로 나는 좀더 지상에 머무르려 한다. 그것을 용서하라!

차라투스트라는 이렇게 말했다.

선물하는 덕[22]

1

차라투스트라가 정이 든 '얼룩소'라는 도시와 작별하게 되었을 때,

그의 제자라고 자칭하는 많은 사람들이 그를 따라나섰다. 그들이 교차로에 이르렀을 때, 차라투스트라는 그들에게 그곳에서부터 혼자 가겠다고 말했다. 그는 혼자 가는 것을 좋아했기 때문이다. 그러자 그의 제자들은 작별인사로 지팡이 하나를 주었는데, 황금으로 된 손잡이에는 뱀 한 마리가 태양을 휘감고 있는 모습이 새겨져 있었다. 차라투스트라는 그 지팡이를 받아들고 기뻐하며, 그 지팡이에 몸을 의지했다. 그러고는 제자들에게 이렇게 말했다.

말해보라. 어찌하여 황금이 최고의 가치를 지니게 되었는가? 그것은 희귀하고, 일상적으로 사용되지 않고, 반짝이면서도 그 빛이 부드럽기 때문이다. 그것은 언제나 자신을 나누어준다.

황금은 가장 높은 덕의 상징으로서만 최고의 가치를 지닌다. 나누어주는 자의 눈초리는 황금처럼 빛난다. 황금의 광채는 달과 태양 사이에 평화를 맺어준다.

최고의 덕은 희귀하고, 일상적으로 사용되지 않으며, 반짝이면서도 그 빛이 부드럽다. 선물하는 덕이 최고의 덕이다.

진실로 나는 그대들의 마음을 잘 알고 있다, 제자들이여. 그대들은 나와 마찬가지로 나누어주는 덕을 열망하고 있다. 어찌 그대들이 고양이나 늑대와 같을 수 있겠는가?

그대들은 스스로 희생물이 되고 선물이 되기를 갈망하고 있다. 그대들이 영혼 속에 온갖 부를 쌓기를 갈망하는 것은 그 때문이다.

그대들의 영혼은 보물과 보석을 한없이 열망하고 있다. 그대들의 덕은 선물하는 데서 지칠 줄 모르기 때문이다.

그대들은 일체의 사물이 그대들에게, 그대들의 내부로 흘러들어오기

---

22) 동정이나 의무감에서 나오는 덕이 아니라 넘쳐서 나누어주는 덕이 초인의 덕임을 강조하고 있다.

를 강요한다. 흘러들어온 모든 사물이 그대들의 사랑의 선물로서 그대들의 샘으로부터 다시 흘러나가게 하기 위해서이다.

진실로 나누어주는 사랑은 이처럼 모든 가치의 강탈자가 되어야 한다. 그러나 나는 이러한 탐욕을 건전하고 신성한 것이라 부른다.

또 하나의 다른 탐욕이 있다. 그것은 너무나 가난한 탐욕, 굶주려 있기 때문에 항상 훔치려 하는 탐욕, 병든 자들의 탐욕, 병든 탐욕이다.

이 탐욕은 모든 빛나는 것들을 도둑의 눈으로 바라본다. 이 탐욕은 먹을 것을 풍부하게 갖고 있는 자를 굶주림의 탐욕으로 헤아리고, 나누어주는 자들의 식탁 주위를 항상 어슬렁거린다.

이러한 탐욕은 질병과 눈에 보이지 않는 퇴화를 말해주는 것이다. 이 도둑 같은 탐욕은 육체가 병들어 있음을 말해주는 것이다.

말하라, 형제들이여. 우리가 나쁜 것, 가장 나쁜 것으로 간주하는 것은 무엇인가? 그것은 퇴화가 아닌가? 나누어주는 영혼이 없는 곳에서 우리는 항상 퇴화의 낌새를 알아차린다.

우리의 길은 위로 향하며, 종으로부터 그것을 넘어 더 높은 종으로 나아간다. 그러나 "모든 것은 나를 위해"라고 말하는 퇴영적인 마음은 우리를 두렵게 한다.

우리의 마음은 위를 향해 날아간다. 마음은 육체의 비유이며 상승의 비유이다. 모든 덕의 이름은 이러한 상승에 대한 비유이다.

그리하여 육체는 성장하고 투쟁하며 역사를 뚫고 나아간다. 그렇다면 정신은 육체에게 무엇인가? 정신은 육체의 투쟁과 승리의 전령이고 동료이며 반향인 것이다.

선과 악의 모든 이름은 비유이다. 그러한 이름들은 분명히 말하지 않고 다만 암시할 뿐이다. 그러한 이름에서 지식을 얻으려 하는 자는 바보이다.

그대들의 정신이 비유를 들어 이야기하려 할 때는 항상 주의를 기울여라. 거기에 바로 그대들의 덕의 근원이 있다.

그러면 그대들의 육체는 고양되고 소생할 것이다. 그대들의 육체는 자신의 기쁨으로 정신을 황홀케 할 것이다. 그리하여 그대들의 정신은 만물의 창조자, 평가자, 사랑하는 자, 은혜를 베푸는 자가 될 것이다.

그대들의 마음이 강물처럼 넓게넓게 흘러넘쳐 주위 사람들에게 축복이 되고 위험이 될 때, 거기에 바로 그대들의 덕의 근원이 있다.

그대들이 칭찬과 비난을 초월하고, 그대들의 의지가 사랑하는 자의 의지로서 일체의 사물을 명령하려 할 때, 거기에 바로 그대들의 덕의 근원이 있다.

그대들이 포근한 침대와 쾌적한 것을 경멸하고, 마음이 연약한 자들로부터 멀리 떨어져 잠잘 때, 거기에 바로 그대들의 덕의 근원이 있다.

그대들이 단 하나의 의지를 갖게 되고 모든 곤궁의 전환을 필연이라 부를 때, 거기에 바로 그대들의 덕의 근원이 있다.

진실로 그것은 새로운 선이며 새로운 악이다! 진실로 그것은 깊고 새로운 물소리이며 새로운 샘의 목소리이다!

이 새로운 덕이 바로 권력이다. 그것은 주도적인 사상이며, 지혜로운 영혼이 그 주위를 휘감고 있다. 그것은 황금 태양이며, 인식의 뱀이 그 주위를 휘감고 있다.

2

차라투스트라는 여기서 잠시 침묵을 지키고 사랑스러운 눈으로 제자들을 둘러보았다. 그러고 나서 그는 말을 계속했다. 그의 목소리는 변해 있었다.

형제들이여, 그대들 덕의 힘으로 대지에 충실하라! 그대들의 나누어 주는 사랑과 그대들의 인식이 대지의 의미에 봉사하기를! 나는 그대들에게 이렇게 간청한다.

그대들의 덕이 지상적인 것으로부터 날아가버리지 않도록, 그 날개가 영원의 벽에 부딪히지 않도록 하라! 아, 얼마나 많은 덕이 날아가버렸던가!

날아가버린 덕을 나처럼 다시 대지로 끌어들이라. 그렇다, 육체와 삶 속으로 다시 끌어들이라. 그리하여 그대들의 덕이 대지에 의미를 부여하도록 하라, 인간적인 의미를!

정신도 덕과 마찬가지로 지금까지 수백 번 대지를 떠나는 과오를 범했다. 아, 이 미망과 실책이 모두 아직도 우리 육체 속에 살고 있다. 거기서 그들은 육체와 의지가 되어버렸다.

정신도 덕과 마찬가지로 지금까지 수백 번이나 시험하면서 길을 잃었다. 그렇다, 인간은 하나의 시험이었다. 아, 얼마나 많은 무지와 미혹이 우리의 내부에서 육체가 되어버렸는가!

수천 년의 이성뿐만 아니라 수천 년의 광기도 우리의 내부에서 폭발한다. 후계자가 되는 것은 위험한 일이다.

아직도 우리는 한 걸음 한 걸음 우연이라는 거인과 싸워 나아가고 있다. 지금까지 무가치와 무의미가 전 인류를 지배해왔다.

형제들이여, 그대들의 정신과 그대들의 덕이 대지의 의미에 봉사하기를! 그리하여 일체의 사물 가치가 그대들에 의해 새롭게 확립되기를! 그러기 위해 그대들은 투쟁하는 자가 되어야 한다! 그러기 위해 그대들은 창조자가 되어야 한다!

육체는 인식을 통해 자신을 정화한다. 인식을 가지고 시험하면서 육체는 고양된다. 인식하는 자에게 모든 충동은 신성한 것이며, 고양된 자의 영혼은 환희에 차 있다.

의사여, 그대 자신을 도와라. 그러면 그대의 환자도 돕게 될 것이다. 스스로 고치는 자를 눈으로 보는 것이 환자에게 최고의 치료법이 되게 하라.

이제까지 사람이 가지 않는 오솔길이 천 곳이나 있다. 그리고 천 가지의 건강과 숨겨진 삶의 섬들이 있다. 인간과 인간의 대지는 아직도 그 정체가 완전히 밝혀지거나 해명되지 않았다.

깨어서 귀를 기울이라, 그대 고독한 자들이여! 미래로부터 바람이 살며시 날개를 치며 불어온다. 그리고 예민한 귀에는 좋은 소식이 들려온다.

그대 오늘의 고독한 자들이여, 그대 세상을 등진 자들이여, 그대들은 언젠가 한 민족이 될 것이다. 스스로 선택한 그대들에게서 선택된 한 민족이 생겨날 것이다. 그리고 그 선택된 민족에서 초인이 탄생할 것이다.

진실로 대지는 언젠가 치유의 장소가 될 것이다! 이미 대지의 주위에는 새로운 향기가 감돌고 있다. 건강을 가져다주는 향기가! 그리고 새로운 희망이!

3

차라투스트라는 여기까지 말하고는 마치 마지막 말을 하지 않은 사람처럼 말을 끊었다. 그는 오랫동안 지팡이를 손에 잡고 음미하다가 마침내 이렇게 말했다. ─그의 목소리는 변해 있었다.

제자들이여! 이제 나는 혼자서 가리라. 그대들도 이제 나를 떠나 혼자가 되어라! 나는 그것을 원한다.

진실로 나는 그대들에게 충고한다. 내게서 떠나라. 그리고 차라투스트라를 경계하라! 차라투스트라를 수치로 여기라! 그것이 더 바람직한 일이다. 그는 그대들을 기만했을지도 모른다.

인식한 자는 자기의 적을 사랑할 수 있을 뿐만 아니라 자기의 친구를 증오할 수도 있어야 한다.

언제까지나 제자로만 머물러 있는 것은 스승에 대한 올바른 보답이 아니다. 그대들은 어찌하여 나의 월계관을 빼앗으려 하지 않는가?

그대들은 나를 숭배한다. 그러나 언젠가 그대들의 존경이 무너지게 되면 그때는 어찌하려는가? 쓰러지는 입상에 깔려죽지 않도록 조심하라!

그대들은 이 차라투스트라를 믿는다고 말하는가? 그렇지만 차라투스트라가 무슨 소용 있는가? 그대들은 나를 믿는 자들이다. 그렇지만 믿는 자가 무슨 소용 있는가?

그대들이 나를 발견했을 때 그대들은 아직 그대들 자신을 찾지 못했다. 모든 신자들이 그렇다. 그러므로 모든 신앙은 매우 하찮은 것이다.

이제 나는 그대들에게 나를 버리고 자신을 찾으라고 말한다. 그리고 그대들이 모두 나를 부인했을 때, 비로소 나는 그대들에게 돌아오리라.

진실로 형제들이여, 그때 나는 다른 눈으로 나의 잃어버린 형제들을 찾으리라. 그때 나는 다른 사랑으로 그대들을 사랑하리라.

그리하여 그대들은 다시 나의 친구가 될 것이며, **똑같은** 희망의 아들이 될 것이다. 그때 나는 세 번째로 그대들과 함께 있을 것이다. 그대들과 함께 위대한 정오를 축하할 것이다.

위대한 정오란 인간이 동물과 초인의 중간 행로에 서서 저녁으로 향하는 자신의 여행을 최고의 희망으로 축복할 때이다. 그것은 새로운 아침으로 향하는 길이기 때문이다.

그때 몰락해가는 자는 자기 자신을 축복할 것이다. 그는 저편으로 건너가는 자이기 때문이다. 그리고 그의 인식의 태양은 정오에 머물러 있을 것이다.

모든 신들은 죽었다. 이제 우리는 초인이 살기를 원한다─이것이 어느 날 위대한 정오에 우리의 최후 의지가 되기를!

차라투스트라는 이렇게 말했다.

제2부

그대들이 모두 나를 부인했을 때,
비로소 나는 그대들에게 돌아오리라.
진실로 형제들이여, 그때 나는 다른 눈으로
나의 잃어버린 형제들을 찾으리라.
그때 나는 다른 사랑으로 그대들을 사랑하리라.
● 『차라투스트라는 이렇게 말했다』 제1부 「선물하는 덕」에서

거울을 가진 아이[23]

그후 차라투스트라는 다시 산 속으로 돌아갔고 동굴의 고독 속으로 들어가 사람들을 멀리했다. 그리고 씨앗을 뿌려놓은 사람처럼 기다리고 있었다. 그러나 그의 영혼은 초조했고 그가 사랑하는 사람들에 대한 동경으로 가득 차 있었다. 그는 아직도 그들에게 나누어줄 것이 많았기 때문이다. 사랑하는 까닭에 뻗쳤던 손길을 거두고서도 선물하는 자로서의 부끄러움을 잃지 않는다는 것은 실로 가장 어려운 일이다.

고독한 자에게 이와 같이 세월이 흘러갔다. 그러나 그의 지혜는 더욱 성장해 그 충만함이 그를 괴롭혔다.

어느 날 아침 동트기 전에 그는 잠에서 깨어나 잠자리에 누운 채 한동안 생각에 잠겨 있었다. 마침내 그는 마음속으로 이렇게 말했다.

"무엇 때문에 나는 꿈에서 그렇게 놀라 깨어났을까? 거울을 가진 아이 하나가 내게 다가오지 않았는가?

---

23) 다시 고독으로 돌아온 차라투스트라가 여론에 비친 스스로의 모습을 돌이켜 보면서 스스로의 결단을 차분하게 전달하고 있다.

'오, 차라투스트라여. 거울에 비친 당신 모습을 보시오!'라고 그 아이는 내게 말했다.

그래서 거울 속을 들여다보았을 때 나는 비명을 질렀다. 내 가슴은 떨고 있었다. 내가 거울 속에서 본 것은 내가 아니라 악마의 찌푸린 얼굴과 비웃음이었기 때문이다.

진실로 나는 그 꿈이 무엇을 예시하고 있으며 무엇을 경고하고 있는지 너무나 잘 알고 있다. 나의 **가르침**이 위험에 빠져 있으며, 잡초가 밀이라 불리기를 바라고 있는 것이다.

나의 적들이 강력해져 내 가르침의 의미를 뒤틀어놓은 것이다. 그리하여 내가 가장 사랑하는 자들까지도 내가 그들에게 준 선물을 부끄럽게 여기고 있는 것이다.

나는 친구들을 잃어버렸다. 잃어버린 자들을 찾을 때가 내게 왔다!"

차라투스트라는 말을 마치자마자 자리에서 벌떡 일어났다. 그 모습은 가슴이 답답하여 공기를 갈망하는 자가 아니라 마치 영감을 받은 예언자나 노래하는 자 같았다. 그의 독수리와 그의 뱀이 놀라 그를 바라보았다. 다가올 행복이 아침노을처럼 그의 얼굴에 감돌고 있었기 때문이다.

나의 동물들이여, 내게 무슨 일이 일어났는가? 차라투스트라는 말했다. 나는 변하지 않았는가? 최고의 행복이 폭풍처럼 내게 닥쳐오지 않았는가?

나의 행복은 어리석고 나의 행복은 어리석은 말들을 할 것이다. 나의 행복은 아직 너무 젊다. 그러므로 그대들은 나의 행복을 용서해주기 바란다!

나는 나의 행복 때문에 상처를 받았다. 괴로워하는 모든 자들이 나의 의사가 되어주기를!

나는 다시 나의 친구들에게 내려갈 수 있으며 또한 나의 적들에게로 내려갈 수 있다! 차라투스트라는 다시 이야기하고 나누어주며, 그가 사랑하는 사람들에게 가장 사랑스러운 일을 해줄 수 있다!

나의 성급한 사랑은 흘러넘쳐 격류가 되어 해 뜨는 곳과 해지는 곳을 향해 흘러내린다. 나의 영혼이 말 없는 산들과 고통의 뇌우로부터 골짜기로 흘러든다.

나는 너무 오랫동안 먼 곳을 동경하며 바라보고 있었다. 나는 너무 오랫동안 고독에 빠져 있었다. 그리하여 나는 침묵하는 법을 잊어버렸다.

나는 오로지 입이 되었고, 높은 바위에서 떨어지는 폭포 소리가 되었다. 나는 나의 말(言)을 골짜기 아래로 떨어뜨리고 싶다.

그리하여 내 사랑의 격류가 길이 없는 곳으로 떨어진다 해도 괜찮다! 물줄기가 결국은 바다로 흘러들어가지 않겠는가!

나의 내부에는 분명 하나의 호수가 있다. 은자 같은 자족한 호수가 있다. 그러나 내 사랑의 물줄기는 그 호수를 휩쓸어 내려간다, 바다까지!

새로운 길을 가는 나에게 새로운 말(言)이 떠오른다. 모든 창조자들과 마찬가지로 나는 낡은 말에 지쳐버렸다. 나의 정신은 더 이상 닳아빠진 구두를 신고 걸으려 하지 않는다.

모든 말이 내게는 너무 느리게 진행된다. 폭풍이여, 나는 너의 수레에 뛰어오르리라! 그리고 너까지도 나의 짓궂음으로 채찍질하리라!

고함을 치듯, 환성을 지르듯 나는 넓은 바다를 건너가리라. 나의 친구들이 기다리고 있는 행복한 섬들을 발견할 때까지.

그 친구들 속에는 나의 적들도 있다! 말을 걸 수만 있다면 나는 이제 그 누구든 얼마나 사랑하겠는가! 나의 적들 또한 나의 행복의 일부분이다.

내가 가장 사나운 나의 말(馬)에 올라타려 할 때, 나를 가장 많이 도와주는 것은 나의 창이다. 이 창은 언제라도 대기하고 있는 내 발의 하인이다.

내가 나의 적들을 향해 던지는 창이여! 내가 마침내 창을 던질 수 있게 된 것을 나의 적들에게 얼마나 감사해하는지 모른다!

나의 구름은 너무 팽팽해졌다. 나는 번개의 큰 웃음 사이로 우박을 아래로 쏟아 부으리라.

그때 나의 가슴은 힘차게 부풀어오르고, 자신의 폭풍을 산 너머로 힘차게 불어 보내리라. 그러면 나의 가슴은 후련해질 것이다.

진실로 나의 행복과 나의 자유는 폭풍처럼 다가온다! 그러나 나의 적들은 악마가 그들의 머리 위에서 미쳐 날뛴다고 생각할 것이다.

그렇다, 친구들이여. 그대들도 역시 나의 사나운 지혜를 두려워할 것이다. 그리하여 그대들은 나의 적들과 함께 나의 지혜로부터 도망칠 것이다.

아, 내가 목동의 피리로 그대들을 다시 불러들일 수만 있다면! 아, 나의 암사자인 지혜가 다정하게 울부짖을 줄만 안다면! 우리는 이미 많은 것들을 서로 함께 배웠다!

나의 사나운 지혜는 쓸쓸한 산 위에서 잉태를 하고 거친 바위 위에서 아기를 낳은 것이다. 막내둥이를.

이제 나의 지혜는 사막을 바보처럼 달리면서 부드러운 풀밭을 찾아 헤맨다—나의 늙고 사나운 지혜는!

친구들이여, 나의 사나운 지혜는 가장 사랑하는 자식을 부드러운 풀밭 같은 그대 가슴 위에, 그대들의 사랑 위에 눕히고 싶어한다!

차라투스트라는 이렇게 말했다.

행복한 섬[24]

무화과 열매들이 나무에서 떨어지고 있다. 그 열매들은 잘 익어 달콤하다. 나무에서 떨어질 때 열매의 빨간 껍질이 벗겨진다. 나는 익은 무화과 열매를 떨어뜨리는 북풍이다.

친구들이여, 무화과 열매처럼 나의 가르침이 그대들에게 떨어진다. 이제 그 즙을 마시고 달콤한 과육을 먹어라! 주위는 온통 가을이고 하늘이 맑은 오후이다.

보라, 우리의 주위는 얼마나 풍요로운가! 이 넘치는 풍요 속에서 멀리 바다를 바라보는 것은 즐거운 일이다.

일찍이 인간들은 멀리 바다를 바라볼 때 신을 들먹였다. 그러나 나는 그대들에게 초인을 말하도록 가르쳤다.

신은 하나의 가정(假定, Mutmaßung)이다. 그러나 나는 그대들의 가정이 그대들의 창조적 의지를 넘어서지 않기를 바란다.

그대들은 하나의 신을 **창조**할 수 있는가? 그러니 일체의 신들에 대해 침묵을 지켜야 한다! 그러나 그대들은 분명히 초인을 창조할 수 있을 것이다.

어쩌면 그대들 자신은 그렇게 할 수 없을지도 모른다, 형제들이여! 그러나 그대들은 자신을 초인의 조상이나 선조로 개조할 수 있을 것이다. 그것이 그대들의 가장 훌륭한 창조인 것이다!

신은 하나의 가정이다. 그러나 나는 그대들의 가정이 사유 가능한 범위 안에 한정되기를 바란다.

그대들은 신을 **생각**할 수 있는가? 모든 것을 인간이 생각할 수 있는 것, 인간이 볼 수 있는 것, 인간이 느낄 수 있는 것으로 변화시키는 것—그것이 그러나 그대들에게 진리에 대한 의지가 되어야 한다! 그대들은 자기의 느낌을 끝까지 사유해야 한다!

이제까지 그대들이 세계라고 불러온 것이 그대들에 의해 비로소 창

---

24) 고통을 피하지 않고 변화하는 현실을 긍정하는 창조자의 의지를 묘사한다.

조되어야 한다. 그대들의 이성과 그대들의 의지와 그대들의 사랑이 세계 그 자체가 되어야 한다!* 그것은 진실로 그대들의 행복을 위해서이다, 그대 인식하는 자들이여!

이러한 희망이 없다면 그대들은 어떻게 삶을 견딜 수 있겠는가, 그대 인식하는 자들이여. 이해할 수 없는 것이나 비이성적인 것 속에 그대들이 안주해서는 결코 안 된다.

친구들이여, 그대들에게 나의 마음을 완전히 털어놓는다. 만일 신들이 존재한다면, 내가 신이 되지 않고서 어떻게 견딜 수 있겠는가! 그러므로 신들은 존재하지 않는다.

이 결론을 내린 것은 분명히 나다. 그러나 이제는 이 결론이 나를 끌고 간다.

신은 하나의 가정이다. 그러나 이러한 가정으로부터 나오는 고뇌를 다 마시고도 죽지 않는 자가 어디 있겠는가? 창조자가 그의 신념을 빼앗기고, 독수리가 고공에서의 비상을 빼앗겨야 하겠는가?

신은 모든 곧은 것을 뒤틀리게 하고, 서 있는 모든 것을 어지럽게 만드는 하나의 이념이다. 뭐냐고? 시간은 지나가버리며, 따라서 모든 일시적인 것은 거짓에 지나지 않는다고?

이런 생각을 하는 것은 인간의 육체에게는 어지러운 소용돌이이며 위장에게는 구토이다. 진실로 그렇게 가정하는 것을 나는 어지럼증이라고 부른다.

유일한 것, 완전한 것, 확고한 것, 충족된 것, 영원한 것에 대한 이러한 모든 가르침을 나는 악하고 인간 적대적이라 부른다!

모든 영원한 것—그것은 다만 비유일 뿐이다! 시인들은 너무도 많은 거짓말을 한다.

---

* 세계가 인간의 주관에 의해 좌우된다는 주관적 관념론의 모습이 엿보인다.

그러나 가장 훌륭한 비유는 시간과 생성에 대해 이야기해야 한다. 그것은 모든 일시적인 것에 대한 찬미이며 변호여야 한다!

창조—그것은 고뇌로부터의 위대한 구제이며, 삶을 수월하게 만드는 것이다. 그러나 창조자가 존재하기 위해서는 그 자체로 고뇌와 많은 변화가 필요하다.

그렇다. 그대 창조자들이여, 그대들의 삶 속에는 많은 쓰라린 죽음이 있어야 한다! 그대들은 모든 일시적인 것들의 대변자이고 옹호자가 되어야 한다.

새로 태어난 어린아이가 되기 위해서는 창조자 자신 또한 어머니가 되어야 하며, 산모의 진통을 참아내야 한다.

진실로 나는 이제까지 백 개의 영혼과 백 개의 요람과 진통을 지나 나의 길을 걸어왔다. 나는 이별을 수많이 해왔고, 가슴이 찢어지는 듯한 마지막 순간들을 알고 있다.

그러나 나의 창조적인 의지, 나의 운명이 그것을 원하고 있다. 좀더 솔직하게 말한다면, 나의 의지가 바로 그러한 운명을 원하는 것이다.

나의 모든 감정이 나의 내부에서 괴로워하며 감옥에 갇혀 있다. 그러나 나의 의지는 항상 나를 해방시켜주고 내게 기쁨을 가져다준다.

의지는 자유롭게 해준다. 이것이야말로 의지와 자유에 관한 참된 가르침이다. 차라투스트라는 그대들에게 그렇게 가르친다.

더 이상 의욕하지 않고, 더 이상 평가하지 않고, 더 이상 창조하지 않는 것! 아, 이 커다란 권태가 항상 내게서 떠나 있기를!

인식하는 것에서도 나는 내 의지의 출산욕과 생성욕을 느낄 뿐이다. 나의 인식 속에 순수함이 있다면, 그것은 그 안에 출산에 대한 의지가 들어 있기 때문이다.

이 의지가 나를 신들에게서 떠나게 했다. 만일 신들이 존재한다면 창조할 무엇이 남아 있겠는가!

그러나 나의 타오르는 창조 의지는 나를 언제나 다시 인간으로 향하게 한다. 그것은 쇠망치를 돌로 향하게 하는 것이다.

아, 그대 인간들이여. 나는 돌 속에 잠들어 있는 하나의 상을 본다. 내가 생각하는 상들 중의 하나를! 아, 그것이 그토록 단단하고 못생긴 돌 속에서 잠자야 하다니!

이제 나의 쇠망치는 그 감옥을 부수기 위해 무섭게 날뛴다. 돌에서 파편이 튄다. 그것이 내게 무슨 상관이 있는가!

나는 이 상을 완성시키려 한다. 그림자 하나가 내게 다가왔기 때문이다. 일찍이 모든 사물 중에서 가장 말이 없고 가장 아름다운 것이 내게 다가왔던 것이다!

초인의 아름다움이 그림자처럼 내게 다가온 것이다. 아, 형제들이여! 이제 신들이 내게 무슨 소용이 있단 말인가!

차라투스트라는 이렇게 말했다.

동정하는 사람들[25]

친구들이여, 그대들에게 조롱하는 소리가 들려왔다. "차라투스트라를 보라! 그는 마치 짐승들 사이를 돌아다니듯 우리 사이를 돌아다니고 있지 않은가?"

그러나 다음같이 말하는 게 더 좋았을 것이다. "저 인식하는 자가 짐승들 사이에서처럼 인간들 사이를 돌아다니고 있다."

---

25) 독일어로 동정(Mitleiden)은 '함께'(mit) '괴로워한다'(leiden)는 의미를 갖고 있다. 동정은 그러나 초인에게 가장 큰 위험이다. 상대방의 자존심을 상하게 하고 부끄러움을 주는 동정 대신에 의지를 해방시켜주는 일이 더 중요하다는 내용이 담겨 있다.

인식하는 자에게는 그러나 인간 그 자체가 붉은 뺨을 가진 짐승이다.

어찌하여 인간은 붉은 뺨을 갖게 되었는가? 그것은 인간이 너무나 자주 부끄러움을 느껴야 했기 때문 아닌가?

오, 친구들이여! 인식하는 자는 이렇게 말한다. "수치, 수치, 수치— 이것이 인간의 역사이다!"

그러므로 고귀한 자는 남에게 수치를 주지 않도록 자제한다. 고귀한 자는 고뇌하는 자들 앞에서 스스로 수치를 느낀다.

진실로 나는 남을 동정함으로써 행복을 느끼는 인정 많은 자들을 좋아하지 않는다. 그들에게는 수치심이 너무나 결여되어 있다.

동정을 베풀어야 할 경우에도 나는 그렇게 불리기를 원치 않는다. 그러므로 동정을 베풀어야 할 경우 나는 멀리 떨어져서 베푼다.

나는 알려지기 전에 얼굴을 가리고 도망치기를 좋아한다. 그리하여 나는 그대들에게도 그렇게 하기를 명령한다, 친구들이여!

운명이 항상 내가 가는 길에서 그대들처럼 고뇌하지 않는 자들을 만나게 하고 또한 희망과 식사와 꿀을 함께 나눌 수 있는 자들을 만나게 해주기를!

진실로 나는 고뇌하고 있는 자들을 위해 많은 일을 했다. 그러나 나 자신이 즐거워할 줄 알게 되었을 때 나는 더 훌륭한 일을 한 것 같다.

인간이 존재한 이후로 인간은 너무도 즐거워할 줄 몰랐다. 형제들이여, 그것만이 우리의 원죄이다!

만일 우리가 더 즐거워할 줄 안다면, 우리는 남에게 괴로움을 주거나 괴로움을 주려고 획책하는 일을 가장 잘 잊어버릴 것이다.

그러므로 나는 괴로워하는 자를 도와준 나의 손을 깨끗이 씻고 또한 나의 영혼도 깨끗이 씻어낸다.

괴로워하는 자의 모습을 보았을 때 나는 그의 수치로 말미암아 수치를 느꼈으며, 그를 도와주었을 때 나는 그의 긍지에 심한 상처를 입혔기 때문이다.

큰 은혜는 감사하게 만드는 것이 아니라 오히려 복수심을 불러일으킨다. 또한 작은 친절이 잊히지 않을 때 거기서 갉아먹는 벌레가 생겨난다.

"받는 것을 삼가라! 받을 수 있을 만큼 훌륭해져라!" 나는 나누어줄 것이 아무것도 없는 자들에게 이렇게 충고한다.

그러나 나는 나누어주는 자이다. 나는 친구로서 친구들에게 기쁘게 나누어준다. 그러나 낯선 자들과 가난한 자들은 스스로 나의 나무에서 과일을 따먹어라. 그렇게 하는 것이 그들을 덜 부끄럽게 할 것이다.

그러나 거지들은 완전히 없어져야 한다! 진실로 거지들에게는 주는 것도 화나는 일이며, 주지 않는 것도 화나는 일이다.

또한 죄지은 자들과 그릇된 양심을 가진 자들도 마찬가지이다! 나를 믿으라, 친구들이여. 양심의 가책은 다른 사람을 물어뜯도록 부추긴다.

가장 나쁜 것은 자잘한 생각들이다. 진실로 자잘한 생각을 하는 것보다는 악을 행하는 것이 낫다!

그대들은 말하리라. "여러 가지 작은 악의에서 느끼는 쾌감이 우리에게 더 큰 악행을 저지르지 않게 해준다." 그러나 이런 것에서 절제를 하려 해서는 안 된다.

악행은 종기와 같다. 그것은 가렵고 쑤시며 곪아 터진다. 악행은 정직하게 말한다.

"보라, 나는 질병이다." 악행은 이렇게 말한다. 이것이 악행의 정직함이다.

그러나 자잘한 생각은 세균과 같다. 그것은 숨어서 기어다니며, 제 모습을 나타내려 하지 않는다. 그리하여 마침내 이 세균에 의해 몸 전체가 썩어 말라죽게 된다.

그러나 악마에게 사로잡힌 자의 귀에 나는 이렇게 말하리라. "그대의 악마를 키우는 편이 낫다! 그대에게도 위대함에 이르는 길이 남아 있다!"

아, 형제들이여. 우리는 다른 사람들에 대해 너무 많이 알고 있다! 그래서 우리는 많은 사람들을 꿰뚫어보지만, 그렇다고 이들이 완전히 이해된 것은 아니다.

사람들과 함께 산다는 것은 어려운 일이다. 왜냐하면 침묵을 지키는 것은 대단히 어려운 일이기 때문이다.

우리는 우리를 거역하는 자가 아니라 우리와 전혀 상관없는 자를 가장 부당하게 대하는 것이다.

그러나 그대에게 고뇌하는 친구가 있다면, 그의 고뇌를 위한 안식처가 되어라. 딱딱한 침대, 야전침대 같은 안식처가 되어라. 그것이 그대가 그를 위해 할 수 있는 가장 큰 봉사가 될 것이다.

친구가 그대에게 악을 행하는 경우에 이렇게 말하라. "나는 그대가 나에게 저지른 잘못을 용서하리라. 그러나 그대가 그대에게 저지른 잘못을 내가 어떻게 용서할 수 있겠는가!"

모든 위대한 사랑은 이렇게 말한다. "위대한 사랑은 용서와 동정까지도 극복한다."

자기 마음을 잘 단속해야 한다. 마음의 고삐가 풀어지면 자신의 머리도 곧 달아나버릴 것이다.

아, 세상에 동정심 많은 자들의 어리석음보다 더 큰 어리석음이 있겠는가? 그리고 세상에 동정심 많은 자들의 어리석음보다 더 큰 괴로움을 주는 것이 어디 있겠는가?

동정을 넘어서지 못하는 모든 사랑하는 자들에게 화 있으라!

일찍이 악마가 내게 이렇게 말했다. "신조차도 자신의 지옥을 갖고 있다. 그것은 인간들에 대한 사랑이다."

그리고 얼마 전에 나는 악마가 이렇게 말하는 것을 들었다. "신은 죽었다. 인간들에 대한 동정으로 인해 신은 죽었다."

그러므로 동정하지 않도록 조심하라. **그로부터** 무거운 구름이 인간에게 덮쳐오는 것이다! 진실로 나는 험악한 날씨의 징후를 잘 알고 있다!

그러나 이 말 또한 명심하라. 모든 위대한 사랑은 동정보다 높은 곳에 있다. 위대한 사랑은──사랑할 대상까지도 창조하기를 원하기 때문이다!

"나는 나 자신을 나의 사랑에 바친다. 그리고 나와 **함께** 이웃에게도." 모든 창조자들은 이렇게 말한다.

그러나 창조자들은 모두 강인하다.

차라투스트라는 이렇게 말했다.

성직자들[26]

언젠가 차라투스트라는 제자들에게 손짓을 해 보이며 이렇게 말했다.

"여기 성직자들이 있다. 비록 그들이 나의 적이라 하더라도 칼을 잠재운 채 조용히 그들의 옆을 지나쳐가라!

그들 중에도 영웅이 있다. 대부분 그들은 너무나 괴롭힘을 당해왔다. 그래서 그들은 남을 괴롭히고 싶어하는 것이다.

그들은 사악한 적들이다. 그들의 겸손보다 더 복수심에 차 있는 것은 없다. 그러므로 그들에게 손을 대는 자는 자신을 더럽히기 쉽다.

그러나 나의 피는 그들의 피와 연관되어 있다. 그러므로 나는 나의 피가 그들의 피 속에서도 존중받고 있는지 알고 싶다."

---

26) 성직자의 피를 물려받은 니체가 초인으로 가는 길을 동정과 사랑의 망상 속에서 가로막는 성직자와 예수를 비판하지 않을 수 없는 이유가 제시되고 있다.

그들이 지나가버리자 차라투스트라는 고통에 사로잡혔다. 그리하여 그는 잠시 자신의 고통을 겨우 가라앉힌 뒤 이렇게 말하기 시작했다.

나는 이 성직자들을 가엾게 생각한다. 그들은 나의 취미에 맞지 않는다. 그러나 그것은 내가 인간들 사이에 있어온 후 나에게 가장 사소한 일이다.

그러나 나는 그들과 고통을 함께 나누고 있으며, 또 함께 나누어왔다. 그들은 나에게 죄수이며 낙인찍힌 자이다. 그들이 구세주라고 부르는 자가 그들을 굴레 속에 가두어놓은 것이다.

그들은 그릇된 가치와 그릇된 언어의 굴레 속에 갇혀 있다! 아, 누군가가 그들을 그들의 구세주로부터 구해줄 수 있다면!

일찍이 바다에서 시달리고 있을 때 그들은 한 섬에 상륙했다고 믿었다. 그러나 보라, 그것은 잠들어 있는 괴물이다!

그릇된 가치와 망상적인 언어, 그것이야말로 언젠가는 죽어야 할 인간들에게 가장 사악한 괴물이다. 이 괴물들 속에서 재앙이 잠든 채 오랫동안 기다리고 있는 것이다.

그러나 마침내 그것은 잠깨어 자신 위에 오두막을 지은 자들을 삼켜버린다.

오, 성직자들이 지어놓은 이 오두막을 보라! 달콤한 냄새를 풍기는 그 동굴을 그들은 교회라 부른다.

오, 가장된 빛이여, 눅눅한 공기여! 여기서는 영혼이 높이 날아오를 수 없구나!

그들의 신앙은 오히려 이렇게 명령한다. "무릎을 꿇고 계단을 오르라, 너희 죄인들이여!"

진실로 나는 수치와 경건이 깃든 그들의 사팔뜨기 눈을 보기보다는 차라리 부끄러워할 줄 모르는 자들을 보고자 한다!

누가 그런 동굴과 속죄의 계단을 창조했는가? 자신을 숨기고 싶어한 자들, 맑은 하늘 앞에 부끄러움을 느낀 자들이 아닌가?

그리하여 맑은 하늘이 다시 허물어진 천장을 뚫고 새어 들어와 허물어져 내린 벽 위의 풀과 붉은 양귀비꽃을 내려다볼 때—그때 나는 나의 마음을 다시 이 신의 장소로 돌리리라.

그들은 자신과 모순되고 자신들에게 고통을 주는 존재를 신이라고 불렀다. 진실로 그들의 예배에는 영웅적인 것이 많이 들어 있다!

그들은 인간을 십자가에 못박는 것 이외에는 신을 사랑하는 방법을 알지 못했다!

그들은 시체로 살고자 했으며, 자신의 시체를 검은 옷으로 감쌌다. 나는 그들이 하는 말 속에서도 영안실의 불쾌한 냄새를 맡는다.

그들 가까이 사는 사람들은 검은 연못가에 살고 있는 것이다. 그곳에서 두꺼비의 달콤한 우수 어린 노래가 들려오는 것이다.

나에게 그들의 구세주를 믿게 하려면, 그들은 좀더 좋은 노래를 불러야 할 것이다. 이 구세주의 사도들이 좀더 구원받은 것처럼 보여야 할 것이다!

나는 그들의 벌거벗은 모습을 보고 싶다. 오직 아름다움만이 속죄를 설교해야 하기 때문이다. 그러나 이런 위장된 슬픔이 대체 누구를 설득할 수 있겠는가!

진실로 그들의 구세주 자신은 자유에서, 자유의 일곱 번째 천국에서 온 것이 아니다! 진실로 구세주 자신은 인식의 양탄자 위를 결코 걷지 못했다.

이 구세주의 정신은 많은 결함들로 이루어져 있다. 그들은 그 결함 안에 그들의 **망상**을, 그들이 신이라고 부르는 마개를 쑤셔넣었다.

그들의 정신은 그들의 동정 속에서 익사했다. 그리고 그들이 동정심으로 한껏 부풀어올라 넘쳐날 때, 그 위에서는 항상 큰 어리석음이 떠돌고 있었다.

144

그들은 열심히 소리를 지르며 그들의 가축들을 오솔길 위로 내몰았다. 마치 미래로 통하는 단 하나의 오솔길밖에 없다는 듯. 진실로 이들 목자들도 아직 양떼의 일부인 것이다!

이들 목자들은 협소한 정신과 광대한 영혼을 갖고 있었다. 그러나 형제들이여, 지금까지의 가장 광대한 영혼도 얼마나 작은 덩어리였던가!

그들은 자기들이 걸어온 길 위에 핏자국을 표시했으며, 그들의 어리석음은 진리가 피에 의해 증명된다고 가르쳤다.

그러나 피는 진리의 가장 나쁜 증인이다. 피는 가장 순수한 가르침까지도 독을 먹여 마음의 망상과 증오로 만들어버린다.

그리고 누군가가 자기의 가르침을 위해 불길 속을 지나간다 한들 그것이 무슨 증명이 되겠는가! 진실로 자신의 불길에서 자신의 가르침이 생겨나는 편이 더 낫다!

후덥지근한 가슴과 싸늘한 머리. 이 양자가 만나는 곳에서 광풍이, '구세주'라는 광풍이 생겨난다.

진실로 사람들이 구세주라고 부르는 저 매혹적인 광풍보다 더 위대한 자, 더 고귀하게 태어난 자들이 존재했다!

형제들이여, 만일 그대들이 자유에 이르는 길을 찾고자 한다면, 그대들은 이제까지 존재한 어떤 구세주보다도 더 위대한 사람에게 구원받아야 한다!

이제까지 초인은 존재한 적이 없다. 나는 가장 위대한 인간과 가장 보잘것없는 인간의 벌거벗은 모습을 다 보았다.

그들은 아직도 너무나 닮아 있다. 진실로 나는 발견했다. 가장 위대한 인간까지도—너무나 인간적이라는 것을!

차라투스트라는 이렇게 말했다.

덕 있는 자들[27]

느슨하고 휴면 상태의 의식을 가지고 있는 사람들에게는 우레와 하늘의 불꽃으로 말해야 한다.

그러나 아름다움의 목소리는 부드럽게 말한다. 아름다움의 목소리는 부드럽게 말하며 가장 잘 깨어 있는 영혼 속으로만 스며든다.

오늘 나의 방패는 조용히 떨며 나를 향해 웃었다. 그것은 아름다움의 신성한 웃음이며 떨림이었다.

덕 있는 자들이여, 오늘 나의 아름다움은 그대들을 향해 비웃는다. 그리고 그 웃음소리는 내게 이렇게 들렸다. "그들도 역시―대가를 받고 싶어한다!"

덕 있는 자들이여, 그대들도 역시 대가를 받고 싶어한다! 그대들은 덕의 대가로 포상을, 지상의 삶에 대한 대가로 천국을, 오늘의 대가로 영원을 얻고 싶어하는가?

포상을 줄 자도 없고 대가를 지불할 자도 없다는 나의 가르침에 대해서 그대들은 화를 내고 있는가? 진실로 나는 덕이 그 자체의 포상이라고 가르친 적이 없다.

아, 이것이 나의 슬픔이다. 포상과 형벌이 사물의 밑바닥에 깔려 있다. 이제 그대들 영혼의 밑바닥까지도 그것이 깔려 있다, 덕 있는 자들이여!

그러나 나의 말은 멧돼지의 코처럼 그대들 영혼의 밑바닥을 파헤칠 것이다. 나는 그대들에게 쟁기의 날로 불리기를 원한다.

나는 그대들의 마음속에 숨어 있는 모든 비밀을 파헤칠 것이다. 그리하여 그대들이 밝은 햇빛 속에 파헤쳐져 드러나게 되면, 그대들의 허위

---

27) 일상적이고 전통적인 덕에 대한 비판이 담겨 있다.

도 그대들의 진실에서 떨어져 나갈 것이다.

그대들의 진리는 다음과 같기 때문이다. 그대들은 너무나 순결하여 복수, 형벌, 보수, 보복 따위 같은 불결한 말에 어울리지 않는다.

그대들은 어머니가 자식을 사랑하는 것처럼 자신의 덕을 사랑한다. 그러나 어머니가 그 사랑의 대가를 원한다는 말을 들어본 적이 있는가?

그대들의 덕은 그대들이 가장 사랑하는 그대들 자신이다. 그대들의 내부에는 갈망의 고리가 있다. 자기 자신에 다시 이르기 위하여 모든 고리는 몸부림치며 돌아간다.

그대들의 덕이 하는 일은 모두 빛을 잃은 별과 같다. 그 빛은 영원히 떠돌아다니고 있다. 그 빛이 언제 떠돌아다니기를 멈출 것인가?

이와 같이 그대들 덕의 빛은 덕의 과업이 끝난 후에도 여전히 떠돌고 있다. 비록 그 과업이 잊혀 소멸한다고 하더라도 그 빛은 여전히 살아서 떠도는 것이다.

그대들의 덕은 그대들 자신이며, 외부에서 온 어떤 것, 피상적인 것 또는 가식이 아니다. 그대 덕 있는 자들이여, 이것이 그대들 영혼의 밑바닥에서 나오는 진리이다!

그러나 채찍 아래서의 몸부림을 덕이라고 부르는 사람들이 있다. 그대들은 그들의 비명 소리를 너무 많이 들어왔다!

또한 자신의 악덕이 게을러지는 것을 덕이라고 말하는 자들도 있다. 그들의 증오와 질투가 활기를 잃고 축 늘어지면, 그들의 '정의'가 활기를 찾고 졸린 눈을 비빈다.

또한 밑으로 끌려가는 자들도 있다. 그들의 악마가 그들을 끌어가는 것이다. 그러나 그들이 밑으로 가라앉을수록 그들의 눈은 더욱 반짝이며, 신에 대한 동경은 더욱 불타오른다.

그대 덕 있는 자들이여, 그들이 외치는 소리도 그대들의 귀에 들려오곤 했다. "내가 아닌 것, 그것이 나의 신이며 덕이다!"

돌을 싣고 언덕길을 내려오는 수레처럼 무거운 듯 삐걱삐걱 소리를 내며 다가오는 사람들도 있다. 그들은 품위와 덕에 대해 많은 말을 한다. 그들의 제동기를 그들은 덕이라 부른다!

또한 태엽시계 같은 자들도 있다. 그들은 똑딱똑딱 소리를 반복하며, 이 소리가 덕이라고 불리기를 바란다.

진실로 나는 이런 자들이 재미있다. 이런 시계들을 발견할 때마다 나는 장난삼아 태엽을 감아줄 것이다. 그러면 그들은 똑딱 소리뿐만 아니라 땡땡 울리기까지 할 것이다!

또 어떤 자들은 자신이 갖고 있는 한줌의 정의를 자랑하며, 그것을 구실로 온갖 불의를 행한다. 그리하여 세계가 불의의 수렁에 빠져 죽게 된다.

아, '덕'이라는 말이 이런 자들의 입에서 나오면 얼마나 불쾌하게 들리는가! 사실 그들이 "나는 정의롭다"라고 말할 때, "나는 복수심에 차 있다"라고 말하는 것처럼 들린다.*

그들은 그들의 덕으로 적의 눈을 도려내려 한다. 그리하여 그들은 오직 남을 낮추기 위해 자기를 높이는 것이다.

또한 자신의 진구렁 속에 앉아 갈대 사이로 이렇게 말하는 자들도 있다. "덕—그것은 묵묵히 진구렁 속에 앉아 있는 것을 의미한다.

우리는 아무도 물어뜯지 않으며, 또 물어뜯으려 하는 자를 멀리한다. 우리는 모든 일에서 우리에게 주어지는 의견을 참작한다."

또한 겉치레를 좋아하여 덕은 일종의 겉치레라고 생각하는 사람들이 있다.

그들은 언제나 무릎 꿇고 경배하며 그들의 손은 덕을 찬미하지만, 그

---

* 독일어 '정의롭다'(gerecht)와 '복수심에 차 있다'(gerächt)는 철자가 다를 뿐 발음이 같다.

들의 마음은 덕과 아무런 상관도 없다.

또한 "덕은 반드시 필요하다"라고 말하는 것을 덕으로 여기고 있는 사람들도 있다. 그러나 그들은 실제로 경찰은 반드시 필요하다고 믿을 뿐이다.

그리고 인간에게서 숭고한 점을 보지 못하는 많은 사람들은 인간의 저열함을 가장 가까이에서 보는 것을 덕이라 부른다. 그리하여 그들은 자신의 사악한 시선을 덕이라고 부른다.

어떤 사람들은 올바르게 교화되기를 원하며, 그것을 덕이라고 부른다. 그리고 또 어떤 사람들은 팽개쳐지기를 원하며─그것을 덕이라고 부른다.

이상과 같이 거의 모든 사람들이 자기는 덕을 갖고 있다고 굳게 믿고 있다. 그리고 적어도 자기는 '선'과 '악'에 정통해 있다고 주장한다.

그러나 차라투스트라는 이 모든 거짓말쟁이와 바보들에게 "도대체 **그대들**이 덕에 대해 무엇을 알고 있는가! 그대들이 덕에 대해 무엇을 알 수 있겠는가!"라고 말하기 위해 온 것은 아니다.

오히려 그대들로 하여금 바보와 거짓말쟁이들에게서 배운 낡은 말에 싫증을 느끼도록 하기 위해 온 것이다.

그대들로 하여금 '보수' '보복' '형벌' '정의로운 복수' 같은 말에 싫증을 느끼도록 하기 위해서이다.

그대들로 하여금 "하나의 행위는 이기적이 아닐 때 선이다"라는 말에 싫증을 느끼도록 하기 위해서이다.

아, 친구들이여! 어린아이 속에 어머니가 있는 것처럼 그대들의 행위 속에 **그대들** 자신이 들어 있다는 것, 그것이 덕에 대한 **그대들의** 금언이 되게 하라!

진실로 나는 그대들에게서 백 가지의 금언과 그대들 덕의 가장 사랑스러운 장난감들을 **빼앗아**갔다. 그래서 그대들은 마치 어린아이들이

화를 내듯이 내게 화를 내고 있다.

어린아이들이 바닷가에서 놀고 있었다. 그때 파도가 밀려와 그들의 장난감을 바다 속으로 빼앗아버렸다. 그래서 그들은 울고 있는 것이다.

그러나 장난감을 빼앗아간 그 파도가 새로운 장난감들을 갖다주고, 여러 가지 새롭고 아름다운 조개들을 그들 앞에 펼쳐놓을 것이다!

그러면 그들은 위로받을 것이다. 그리하여 친구들이여, 그대들도 그들처럼 위로받을 것이다. 그리고 새롭고 아름다운 조개들을 얻을 것이다!

차라투스트라는 이렇게 말했다.

천민[28]

인생은 기쁨의 샘이다. 그러나 천민도 함께 마시는 곳에는 모든 샘이 독으로 가득 차 있다.

나는 깨끗한 모든 것을 좋아한다. 그러나 나는 이빨을 드러내고 웃는 자들의 주둥이와 불결한 자들의 갈증을 보고 싶지 않다.

그들은 샘물 속으로 시선을 던진다. 그러면 그들의 혐오스러운 웃음이 샘물로부터 번들거려 나온다.

그들은 그들의 탐욕으로 신성한 샘물에 독을 뿌렸다. 그리고 그들이 자기들의 더러운 꿈을 쾌락이라고 불렀을 때, 그들은 언어에까지 독을 뿌린 것이다.

그들이 그들의 축축한 심장을 불에 갖다 대면 불길은 타려 하지 않는다. 천민이 불 가까이 접근하면 정신 그 자체까지도 푸시식거리며 연기

---

28) 저속한 사람들과 구분되는 고귀한 정신의 소유자를 기리는 니체의 반민주적 사상을 잘 드러내준다.

를 낸다.

그들의 손에서 과일은 달짝지근하게 물러터지고, 그들이 바라보면 과일 나무는 안정을 잃고 그 꼭대기는 시들어버린다.

그리하여 삶을 등진 많은 사람들은 다만 천민에게 등 돌렸을 뿐이다. 그들은 샘물과 불길과 과일을 천민과 함께 나누기를 원하지 않았던 것이다.

또한 사막에 가서 맹수들과 함께 갈증을 견딘 사람들은 불결한 낙타 타는 사람들과 함께 물통 곁에 앉기를 원하지 않은 것뿐이다.

또한 파괴자나 곡식밭에 내리는 우박처럼 다가온 많은 사람들은 그들의 발을 천민의 입 속에 집어넣어 그들의 목구멍을 막으려 한 것뿐이다.

삶 자체가 적의와 죽음과 순교를 필요로 한다는 것을 아는 것, 그것이 내가 가장 삼키기 어려운 음식은 아니었다.

나는 일찍이 다음처럼 묻고, 그 물음 때문에 거의 숨막힐 지경이었다. 뭐라고? 삶에 천민도 **필요**하다고?

독이 들어 있는 샘, 악취를 내뿜는 불길, 더러운 꿈, 생명의 빵에 숨어 있는 구더기도 필요하단 말인가?

나의 증오가 아니라, 나의 구토가 굶주린 듯 나의 생명을 먹어치웠다! 아, 천민도 정신을 부여받았다는 것을 알고 나는 때때로 정신에 대해 혐오를 느끼게 되었다!

그리고 지배자들이 오늘날 무엇을 지배라고 부르고 있는지를 알고 나는 그들에게 등 돌렸다. 그들이 말하는 지배란 권력을 위해 천민과 흥정하고 거래하는 것이 아닌가!

낯선 말을 하는 민중 사이에서 나는 귀를 막고 살아왔다. 권력을 위한 그들의 흥정과 거래의 말들이 나에게 낯선 채로 남아 있도록.

나는 코를 막고 모든 어제와 오늘을 불쾌한 마음으로 걸어왔다. 진실로 모든 어제와 오늘은 글 쓰는 천민의 악취를 풍기기 때문이다!

나는 오랫동안 귀먹고 눈멀고 벙어리가 된 불구자처럼 살아왔다. 그 것은 권력의 천민, 문필의 천민, 쾌락의 천민과 함께 살지 않기 위해서 이다.

나의 정신은 기진맥진하여 조심스럽게 계단을 올라갔다. 기쁨의 적 선이 내 정신의 청량제였다. 지팡이에 의지하여 눈먼 자의 삶은 겨우겨 우 발을 옮겨 나갔다.

도대체 내게 무슨 일이 일어났는가? 나는 어떻게 나 자신을 구토에서 해방시켰는가? 누가 내 눈을 다시 뜨게 했는가? 천민이 더 이상 샘물가 에 앉아 있지 않는 높은 곳으로 나는 어떻게 날아올랐는가?

나의 구토 자체가 내게 날개를 주고 샘물을 알아내는 능력을 창조해 준 것일까? 진실로 나는 기쁨의 샘을 다시 찾아내기 위해 가장 높은 곳 으로 날아 올라가야만 했다!

오, 형제들이여. 나는 그곳을 찾아냈다! 가장 높은 이곳에서 내게 기 쁨의 샘이 용솟음치고 있다! 이곳에는 결코 천민이 나와 함께 마실 수 없는 삶이 있다!

기쁨의 샘이여, 너는 너무 격렬하게 용솟음친다. 그리고 너는 잔을 채우고자 때때로 잔을 다시 비운다!

그러나 나는 아직도 더욱 겸손하게 네게 접근하는 법을 배우지 않으 면 안 된다. 나의 마음은 아직도 너무 격렬하게 너를 향해 흘러가고 있 기 때문이다.

나의 마음 위에서 나의 여름이 불타오른다. 짧고 뜨겁고 우울하고, 그러면서도 기쁨에 넘친 여름이. 내 여름의 마음은 너의 냉기를 얼마나 갈망하고 있는가!

머뭇거리던 내 봄의 괴로움은 사라졌다! 6월에 내리는 내 눈송이의 악의는 사라졌다! 나는 완전히 여름이 되었고 여름의 한낮이 되었다!

차가운 샘물과 행복의 정적이 깃든 가장 높은 곳에서의 여름. 오, 친구들이여. 이곳으로 오라, 이 정적이 더욱 행복해지도록!

이곳이야말로 우리의 창공이며, 우리의 고향인 것이다. 우리는 이곳에서 너무나 고귀하고 대담하게 살기 때문에 모든 불결한 자들과 그들의 갈증이 미치지 못한다.

그대들의 맑은 눈길을 내 기쁨의 샘에 던져라, 친구들이여! 그렇게 한다고 해서 어찌 샘이 흐려지겠는가! 샘은 그대들에게 자신의 맑은 웃음을 던질 것이다.

우리는 미래의 나무 위에 둥지를 튼다. 독수리가 고독한 자들인 우리에게 음식을 물어다줄 것이다!

진실로 불결한 자들이 결코 우리와 함께 나누지 못할 음식을! 그들은 자기들이 불을 먹는 줄로 착각하며, 주둥이를 델 것이다!

진실로 우리는 불결한 자들을 위한 집을 이곳에 마련하지 않는다! 그들의 육체와 정신은 우리의 행복을 얼음동굴이라고 부를 것이다!

그러므로 우리는 강풍처럼 그들의 머리 위에서 살도록 하자. 독수리의 이웃으로서, 눈(雪)의 이웃으로서, 태양의 이웃으로서. 강풍은 그렇게 살아간다.

나는 언젠가 바람처럼 그들 사이에 몰아치며 나의 정신으로 그들 정신의 숨결을 빼앗으리라. 나의 미래는 그것을 원한다.

진실로 차라투스트라는 모든 낮은 지대로 불어오는 강풍이다. 그리고 그는 그의 적들과 침을 뱉는 모든 자들에게 이렇게 충고한다. "바람에 거슬러서 침을 뱉지 않도록 조심하라!"

차라투스트라는 이렇게 말했다.

독거미들[29]

보라, 이것이 독거미(Tarantel)의 굴이다! 그대 자신이 이 독거미를 보고 싶은가? 여기에 이 독거미의 거미줄이 걸려 있다. 이 거미줄을 건드려 흔들어보라.

거기 독거미가 서서히 기어나오고 있다. 어서 오너라, 독거미여! 너의 등에는 검은 삼각형 표시가 있다. 그리고 나는 너의 영혼에 무엇이 숨어 있는지도 알고 있다.

너의 영혼에는 복수심이 자리잡고 있다. 네가 깨무는 곳마다 검은 부스럼이 생긴다. 너의 독은 복수심으로 영혼을 어지럽힌다!

영혼을 어지럽게 만드는 그대들에게 나는 비유로써 이렇게 말한다, 그대 **평등**을 설교하는 자들이여! 그대들은 독거미이며, 은밀하게 복수하는 자들이다!

그러나 나는 곧 그대들이 숨어 있는 곳을 환하게 밝히리라. 그러므로 나는 그대들의 얼굴을 향해 큰 소리로 웃는다.

그대들의 분노가 그대들을 유혹하여 거짓의 동굴로부터 나오도록, 그대들의 복수가 그대들이 말하는 '정의'의 뒤에서 튀어나오도록 나는 그대들의 거미줄을 찢어버린다.

왜냐하면 인간이 복수의 굴레로부터 해방되는 것, 이것이야말로 최고의 희망에 이르는 다리이며 오랜 폭풍우 뒤에 나타나는 무지개이기 때문이다.

그러나 물론 독거미들은 이와는 다른 것을 원한다. "세계가 복수의 폭풍우로 가득 차는 것, 그것이야말로 우리의 정의여야 한다."—그들

---

29) 평등을 주장하는 사람들을 독거미에 비유하여 이들은 무력한 자들이며 이들 속에는 은밀한 복수심이 들어 있다고 비판하는 내용이 담겨 있다.

은 서로 이렇게 말한다.

"우리는 우리와 같지 않은 모든 사람들에게 복수를 하고 모욕을 줄 것이다."—독거미의 마음을 가진 자들은 이렇게 다짐한다.

"그리고 '평등에 대한 의지'—바로 그것이 이후로는 덕의 명칭이 되어야 한다. 우리는 권력을 가진 모든 자들에 대항하여 목청을 높일 것이다!"

그대 평등을 설교하는 자들이여, 무력함에서 나오는 폭군적 광기가 그대들의 내부에서 이렇게 '평등'을 호소하는 것이다. 그대들의 가장 은밀한 폭군적 욕망은 이와 같이 덕담으로 가장하는 것이다!

비통한 자만심, 억제된 질투, 조상으로부터 물려받았는지도 모르는 자만과 질투, 이것들이 복수의 불길과 복수의 광기로서 그대들 속에서 폭발해 나오는 것이다.

아버지가 침묵을 지키고 있던 것을 아들이 말하는 법이다. 그러므로 나는 아들이 아버지의 노출된 비밀이라는 것을 때때로 발견했다.

그들은 열광하는 자들과 흡사하다. 그러나 그들을 열광하게 하는 것은 마음이 아니라—복수심이다. 그리고 그들이 섬세해지고 냉정해졌을 때, 그들을 섬세하고 냉정하게 만든 것은 정신이 아니라 질투심인 것이다.

그들의 질투심은 그들을 사상가의 길로 인도한다. 질투심의 특징은 항상 지나치게 멀리 간다는 것이다. 지친 나머지 결국 그들은 눈(雪) 위에서도 잠들어버린다.

그들의 모든 불평 속에서는 복수의 소리가 울려퍼지고, 그들의 모든 찬사 속에는 악의가 들어 있다. 그리하여 그들은 재판관이 되는 것을 최고의 행복으로 생각한다.

그러나 친구들이여, 나는 그대들에게 이렇게 충고한다. 처벌하려는 충동이 강한 자들을 믿지 말라!

그들은 나쁜 종족이며 나쁜 혈통을 이어받은 자들이다. 그들의 얼굴에서는 사형집행인과 경찰견의 눈빛이 번득인다.

자신의 정의에 대해 말이 많은 자들을 믿지 말라! 진실로 그들의 영혼에 부족한 것은 꿀만 아니다.

그들이 자신을 '선하고 의로운 자'라고 말할 때, 그들이 바리새인이 되기에 부족한 것은— 오직 권력뿐이라는 것을 잊지 말라!

친구들이여, 나는 다른 사람과 뒤섞이거나 뒤바뀌고 싶지 않다.

삶에 대한 나의 가르침을 설교하는 자들이 있다. 그러나 동시에 그들은 평등을 설교하는 자들, 곧 독거미들인 것이다.

이 독거미들이 그들의 동굴 속에 앉아 삶에 등 돌리면서도 삶을 찬미하는 것은 바로 삶을 해치려는 것 때문이다.

그들은 지금 권력을 가진 자들을 해치고자 한다. 아직도 그들은 죽음의 설교에 가장 익숙해 있기 때문이다.

만약 그렇지 않다면 독거미들은 다른 것을 가르쳤을 것이다. 일찍이 세계를 가장 모독하고 이교도들을 화형에 처한 자들은 바로 그들이다.

나는 이 평등을 설교하는 자들과 뒤섞이거나 뒤바뀌고 싶지 않다. 정의가 내게 "인간들은 평등하지 않다"라고 말하기 때문이다.

또한 인간들은 평등해져도 안 된다! 만일 내가 달리 말한다면, 초인에 대한 나의 사랑은 어떻게 되겠는가?

인간들은 천 개의 다리와 통로를 지나 미래를 향해 나아가야 하며, 더 많은 전쟁과 더 많은 불평등이 인간들 사이에 존재해야 한다. 나의 위대한 사랑은 나로 하여금 이렇게 말하게 한다!

인간들은 적들 속에서 형상과 유령을 만들어내야 하며, 그 형상과 유령을 사용하여 서로 가장 치열한 전쟁을 해야 한다!

선악, 빈부, 귀천 그리고 덕의 모든 명칭들. 그것들이 무기가 되어야 하며, 삶은 스스로 수없이 극복해야 한다는 것을 일깨워주는 뚜렷한 표지가 되어야 한다!

삶 자체가 기둥과 계단으로써 스스로 높이 세우려 한다. 삶은 먼 곳을 바라보며 행복한 아름다움을 찾아나서려 한다. 그 때문에 삶은 높이를 필요로 한다.

높이가 필요하기 때문에 삶은 계단과 그 계단을 올라가는 자들 사이의 투쟁을 필요로 한다! 삶은 올라가고자 하며, 올라가면서 스스로 극복하고자 한다.

보라, 친구들이여! 여기 독거미의 동굴이 있는 곳에 낡은 사원의 폐허가 솟아 있다. 밝은 눈으로 그것을 바라보라!

진실로 일찍이 이곳에 자기의 사상을 돌로 만들어 높이 쌓아올린 자는 최고의 현자처럼 인생의 모든 비밀을 알고 있었던 것이다!

아름다움 속에조차도 투쟁과 불평등이 있으며, 권력과 지배를 위한 싸움이 있다는 것. 그것을 그는 여기서 가장 명백한 비유로 우리에게 가르치고 있다.

여기서는 둥근 천장과 아치(Bogen)가 얼마나 거룩하게 서로 엇물려 싸우고 있는가, 빛과 그림자를 앞세워 얼마나 잘 싸우고 있는가, 이 거룩한 투사들이.

친구들이여, 우리도 이들처럼 아름답고 당당한 적이 되자! 우리 서로 대항하여 거룩하게 싸우자!

아! 이제 나의 숙적인 독거미가 나를 물었다! 거룩할 정도로 아름답고 당당하게 내 손가락을 물었다!

"형벌이 있어야 하며 그것이 정의이다. 그가 여기서 적의를 찬미하는 노래를 부르도록 그냥 두어서는 안 된다!" 독거미는 그렇게 생각한다.

그렇다. 독거미는 복수를 한 것이다! 아, 이제 독거미는 복수로써 나의 영혼도 어지럽게 만들 것이다!

친구들이여, 그러나 내가 현기증을 일으키지 **않도록** 나를 이 기둥에 단단히 묶어다오! 나는 복수의 소용돌이가 되기보다는 차라리 기둥에 묶인 성자가 되고 싶다.

진실로 차라투스트라는 회오리바람이 아니다. 비록 춤추는 자이기는 하지만 그는 결코 독거미 춤을 추는 자가 아니다!

차라투스트라는 이렇게 말했다.

유명한 현자들[30]

그대 유명한 현자들이여! 그대들은 모두 민중과 민중의 미신에 봉사해왔으며—진리에 봉사한 것이 아니다! 바로 그 때문에 사람들은 그대들에게 경의를 표한 것이다

그대들의 무신앙을 참아준 것 또한 그 때문이다. 왜냐하면 무신앙은 민중으로 나아가는 익살이며 우회로였기 때문이다. 이와 같이 주인은 노예들이 하고 싶은 대로 내버려두고, 노예들의 오만함을 즐기기까지 하는 것이다.

그러나 개들에게 미움 받고 있는 늑대처럼 민중에게 미움 받고 있는 자는 자유로운 정신이며, 속박에 대적하는 자이며, 아무것도 숭배하지 않는 자이며, 숲속에 사는 자이다.

이런 자를 그가 숨어 있는 곳에서 몰아내는 것, 그것을 민중은 언제나 '정의감'이라고 불렀다. 민중은 항상 가장 날카로운 이빨을 가진 개들로 하여금 그런 자에게 덤벼들게 한다.

"왜냐하면 태초부터 민중이 있는 곳에 진리가 있다! 아직도 그것을

---

30) 대학강단에 서 있는 민중과 친숙한 철학자들을 자유로운 창조정신과 대비해 비판하는 내용이 담겨 있다.

찾아다니는 자에게 화 있으라!"라고 예로부터 일컬어왔기 때문이다.

그대 유명한 현자들이여! 그대들은 민중의 존경을 받으며 민중을 정당화하려 했다. 그리고 그대들은 그것을 '진리에 대한 의지'라고 불렀다.

그대들의 마음은 항상 자신에게 "나는 민중에게서 왔다, 신의 목소리도 민중으로부터 들려왔다"라고 말하곤 했다.

그대들은 항상 민중의 대변자로서 당나귀처럼 고집이 세고 교활했다.

그리고 민중과 사이좋게 지내기를 원한 많은 권력자들은 자기의 말 (馬)들 앞에 한 마리의 조그만 당나귀를, 유명한 현자 하나를 매어두었다.

그대 유명한 현자들이여, 이제 나는 그대들이 즉시 스스로 사자의 가죽을 벗어 던지기를 바란다!

맹수의 얼룩무늬 가죽을, 그리고 연구하는 자, 탐구하는 자, 정복하는 자의 텁수룩한 변발을!

아, 내가 그대들의 '참됨'을 믿게 하려면 그대들은 우선 자신들의 숭배의지를 부숴버려야 할 것이다.

참되다! 신이 없는 사막으로 들어가 숭배하는 마음을 부숴버린 자를 나는 그렇게 부른다.

그는 황갈색 모래 속에서 태양에 타면서 울창한 나무 아래 생명체들이 쉬고 있는 샘물 가득한 섬들을 목마르게 곁눈질하리라.

그러나 그의 갈증까지도 그를 안락한 무리처럼 되라고 설득하지는 못한다. 오아시스가 있는 곳에는 또한 우상도 있기 때문이다.

굶주린 자, 난폭한 자, 고독한 자, 신이 없는 자—사자의 의지는 그런 자가 되기를 원하는 것이다.

노예의 행복으로부터 해방되고, 신들과 신에 대한 숭배로부터 벗어나고, 대담하면서 위압적이고, 위대하면서 고독하게 되는 것. 그것이 참된 자의 의지인 것이다.

참된 자들, 자유로운 정신을 가진 자들은 사막의 주인으로서 항상 사막에서 살아왔다. 그러나 도시에는 배부르게 먹는 유명한 현자들이 살고 있다—수레를 끄는 동물들이.

그들은 당나귀가 되어 수레를 끄는 것이다—민중의 수레를!

그 때문에 내가 화를 내는 것은 아니다. 그러나 그들이 비록 황금 마구로 빛날지라도 그들은 여전히 노예이며, 마구를 쓴 짐승인 것이다.

그들은 때로 선량한 하인이며 제 몫을 다하는 인간이었다. 왜냐하면 그들의 덕이 이렇게 말하고 있기 때문이다. "그대가 하인이 되어야 한다면, 그대가 가장 훌륭하게 봉사할 수 있는 주인을 찾아라!

그대가 지니고 있는 주인의 정신과 덕은 그대가 그의 하인이 됨으로써 성장해야 한다. 그러면 그대 자신이 그의 정신이나 덕과 함께 성장할 것이다!"

진실로 유명한 현자들이여, 민중의 하인들이여! 그대들은 민중의 정신 및 덕과 함께 성장해왔으며—또한 민중은 그대들을 통해 성장해왔다! 나는 그대들의 명예를 향해 이 말을 한다!

그러나 그대들은 그대들의 덕에서까지도 여전히 민중이다, 정신이 무엇인지 모르는 멍청한 눈을 가진 민중인 것이다!

정신이란 스스로 자신 속에 파고드는 삶이다. 정신은 자신의 고통을 통해 자신의 인식을 증대한다. 그대들은 이것을 알고 있었는가?

정신의 행복이란 이것이다. 향유를 바르고 눈물로 정화되어 희생양이 되는 것—그대들은 이것을 알고 있었는가?

장님이 눈멀어 지팡이에 의지해 찾아다니는 것은 그가 보았던 태양의 위력을 증명하는 것이 아닌가? 그대들은 이것을 알고 있었는가?

인식한 자는 산(山)을 헐어 집을 짓는 방법을 배워야 한다! 산을 옮기는 것은 정신에게는 사소한 일이다. 그대들은 이것을 알고 있었는가?

그대들은 정신의 불티만을 알고 있을 뿐이다. 그대들은 정신의 실체인 모루를 보지 못하며 또한 쇠망치의 잔혹함도 보지 못하는 것이다!

진실로 그대들은 정신의 긍지를 알지 못한다! 만일 정신의 겸손함이 입을 연다고 해도 그대들은 그 겸손함을 더욱 견디지 못할 것이다!

이제까지 그대들은 그대들의 정신을 눈구덩이에 내던진 적이 한 번도 없다. 그대들은 그럴 정도로 뜨겁지 않은 것이다! 그러므로 그대들은 눈의 차가운 황홀함도 알지 못한다.

그럼에도 그대들은 모든 일에서 정신과 친숙한 듯이 행동하고 있다. 그대들은 자주 지혜를 졸렬한 시인들을 위한 구호소와 병원으로 만들었다.

그대들은 결코 독수리가 아니다. 그러므로 그대들은 공포 속에 깃든 정신의 기쁨도 알지 못한다. 새가 아닌 자는 심연 위에 자기의 보금자리를 지어서는 안 된다.

그대들은 미지근한 자들이다. 그러나 모든 깊은 인식은 차갑게 흐르는 것이다. 정신의 가장 깊은 샘물은 얼음처럼 차다. 그것은 뜨거운 손과 열정의 행동가에게 청량제이다.

그대, 유명한 현자들이여! 그대들은 점잖게, 뻣뻣하게 그리고 꼿꼿하게 그곳에 서 있다. 아무리 강한 바람이나 의지도 그대들을 내쫓지 못한다.

그대들은 바람의 격렬함으로 둥글게 부풀어오른 채 떨며 바다를 건너가는 돛단배를 본 적이 없는가?

이 돛단배처럼 나의 지혜는 정신의 횡포에 떨며 바다를 건너간다, 나의 거친 지혜는!

그러나 그대 민중의 하인들이여, 유명한 현자들이여. 그대들이 어찌 나와 동행할 수 있겠는가!

차라투스트라는 이렇게 말했다.

밤의 노래[31]

밤이다. 솟아오르는 샘물은 이제 더욱 큰 소리로 말한다. 나의 영혼도 솟아오르는 샘물이다.

밤이다. 사랑하는 자들의 모든 노래가 이제 밤에서 깨어난다. 나의 영혼 또한 사랑하는 자의 노래이다.

나의 내부에는 진정되지 않는, 진정시킬 수 없는 그 무엇이 있다. 그것이 소리를 지르려 한다. 나의 내부에는 사랑에 대한 열망이 있고, 이 열망은 사랑의 말을 속삭인다.

나는 빛이다. 아, 내가 밤이라면! 내가 빛에 둘러싸여 있다는 것, 그것이 나의 고독이다.

아, 내가 어둠이고 밤이라면! 그러면 나는 얼마나 빛의 젖가슴을 빨았을 것인가!

그러면 나는 그대들을 축복했을 것이다. 반짝이는 작은 별들이여, 하늘의 반딧불들이여! 그리고 나는 그대들이 주는 빛의 선물로 행복했을 것이다.

그러나 나는 나 자신의 빛 속에 살고 있고, 나는 나 자신으로부터 터져나오는 불길을 되마신다.

나는 받는 자의 행복을 알지 못한다. 그리고 나는 때때로 훔치는 것이 받는 것보다 더욱 행복할 것이라는 꿈을 꾸었다.

나의 손이 잠시도 쉬지 않고 나누어주는 것, 그것이 나의 가난이다.

---

31) 대중을 모멸하면서도 대중을 필요로 하는 천재들의 고독한 심경을 묘사하고 있다. 밤은 빛을 필요로 하지만 빛(선각자)에게는 그것을 비추어줄 다른 빛이 없다.

기대에 찬 눈과 환한 동경의 밤들을 보는 것, 그것이 나의 질투이다.

오, 나누어주는 자들의 불행이여! 오, 내 태양이 만들어내는 일식이여! 오, 욕망을 향한 열망이여! 오, 포만 속의 굶주림이여!

그들은 내게서 받는다. 그러나 나는 과연 그들의 영혼을 건드리는가? 주는 것과 받는 것 사이에는 간격이 있다. 그리고 가장 작은 간격은 맨 마지막으로 연결되는 것이다.

나의 아름다움으로부터 배고픔이 자란다. 나는 내가 비추어준 자들에게 고통을 주고 싶고 나누어준 자들로부터 빼앗고 싶다. 이와 같이 나는 악의에 굶주려 있다.

어떤 사람이 내게 손을 내밀 때, 나는 나의 손을 거두어들인다. 세차게 떨어지면서도 망설이는 폭포수처럼 나는 망설인다. 이와 같이 나는 악의에 굶주려 있다.

나의 풍족함은 이와 같은 복수를 만들어낸다. 이와 같은 간계가 나의 고독으로부터 솟아난다.

나눔 속에 있는 나의 기쁨은 나눔 속에서 죽었으며, 나의 덕은 그 풍족함으로 인해 스스로 지쳐버렸다!

항상 나누어주는 자에게는 자신의 수치심을 잃어버릴지도 모른다는 위험이 있다. 항상 나누어주는 자는 나누어주는 일로 인해 손과 마음이 굳어져버린다.

나의 눈은 간청하는 자들의 수치심을 생각하며 더 이상 눈물을 흘리지 않는다. 가득 찬 손의 떨림을 느끼기에 나의 손은 이미 너무 굳어 있다.

내 눈의 눈물과 내 가슴의 솜털은 어디로 사라졌는가? 오, 나누어주는 자들의 고독이여! 오, 빛을 주는 자들의 침묵이여!

많은 태양들이 황량한 공간을 운행하고 있다. 그 태양들은 일체의 어두운 것들에게 빛을 주면서 이야기하지만 내게는 침묵을 지킨다.

오, 이것이야말로 빛을 나누어주는 자를 향한 빛의 적의인 것이다.

냉혹한 빛은 자신의 길을 간다.

빛을 나누어주는 자에게는 심히 못마땅해하면서 다른 태양들에게는 냉혹하게—그렇게 모든 천체는 자신의 궤도를 운행한다.

모든 태양은 폭풍처럼 자기의 궤도를 달려간다. 이것이 그들의 운행이다. 그들은 자신들의 불굴의 의지를 따른다. 이것이 그들의 냉혹함이다.

오, 그대 어둡고 밤 같은 자들이여. 빛을 나누어주는 자들로부터 따스함을 얻어내는 것은 그대들뿐이다! 오, 그대들만이 빛의 젖가슴으로부터 젖과 청량제를 마시는 것이다!

아, 얼음이 내 주위를 둘러싸고 있다. 나의 손은 얼음에 화상을 입는다! 아, 나의 내부에는 갈증이 있으며, 그 갈증은 그대들의 갈증을 동경하고 있다!

밤이다. 아, 내가 빛이어야 하다니! 밤인 것들에 대한 갈증이여! 그리고 고독이여!

밤이다. 나의 동경이 이제 샘물처럼 나의 내부로부터 솟아난다. 나는 말하기를 갈망한다.

밤이다. 솟아오르는 모든 샘물은 이제 더욱 큰 소리로 이야기한다. 나의 영혼 또한 솟아오르는 샘물이다.

밤이다. 사랑하는 자들의 모든 노래는 이제 잠에서 깨어난다. 나의 영혼 또한 사랑하는 자의 노래이다.

차라투스트라는 이렇게 말했다.

춤의 노래[32]

어느 날 저녁 차라투스트라는 제자들과 함께 숲속을 걷고 있었다. 그가 샘물을 찾고 있을 때, 보라, 그는 나무들과 숲으로 둘러싸인 조용한 푸른 초원에 이르렀다. 그 초원에서는 소녀들이 함께 어울려 춤추고 있었다. 소녀들은 차라투스트라를 알아보고는 곧 춤추는 것을 멈추었다. 그러자 차라투스트라는 소녀들에게 다정하게 다가가서 이렇게 말했다.

"춤추는 것을 멈추지 말라, 귀여운 소녀들이여! 너희를 찾아온 이 사람은 사악한 눈을 가진 훼방꾼이 아니며, 소녀들의 적이 아니다.

나는 악마 앞에서 신을 옹호하는 자이다. 그런데 그 악마는 무거운 정신(Geist der Schwere)이다. 그대 경쾌한 자들이여, 내가 어찌 성스러운 춤의 적이 될 수 있으며, 아름다운 발목을 가진 소녀들의 적이 될 수 있겠는가?

나는 분명 숲이며 어두운 나무들의 밤이다. 나의 어둠을 두려워하지 않는 자는 나의 실측백나무 밑에 있는 장미의 언덕을 또한 발견할 것이다.

그리고 분명 소녀들이 가장 사랑하는 어린 신도 발견할 것이다. 그 신은 눈을 감은 채 조용히 샘물 옆에 누워 있다.

참으로 그는 환한 대낮에 잠들어 있는 것이다, 이 게으름뱅이는! 나비를 너무 쫓아다녔기 때문일까?

아름다운 무희들이여, 내가 이 어린 신을 좀 혼내주더라도 내게 화를 내지 말아다오! 아마 그는 소리를 지르며 울음을 터뜨릴 것이다. 그러나 그는 울고 있을 때에도 웃음을 자아낸다!

눈에 눈물을 가득 담은 채 그는 그대들에게 춤을 청할 것이다. 그러면 나는 그의 춤에 맞춰 노래를 부르리라.

---

32) 차라투스트라는 사랑하는 두 여인이 있다. 삶과 지혜이다. 둘은 서로 닮았으며 서로 질투한다. 이들은 다 같이 의무나 전통으로 살아가는 '무거운 정신'과 상반된다. 신비적인 삶과 이성적인 인식 사이에서 고뇌하는 차라투스트라의 모습이 엿보인다.

사람들이 '지상의 주인'이라고 부르는 최고, 최강의 악마이자 무거운 정신을 조롱하는 춤의 노래를."

큐피드와 소녀들이 함께 어울려 춤출 때 차라투스트라가 부른 노래는 이렇다.

오, 삶이여! 나는 얼마 전에 그대의 눈을 들여다보았다. 그때 나는 깊이를 알 수 없는 심연으로 가라앉는 것 같았다.

그러나 그대는 황금 낚싯줄로 나를 끌어올렸다. 내가 그대를 가리켜 깊이를 알 수 없다고 말했을 때, 그대는 나를 비웃었다.

그대는 말했다. "그것은 모든 물고기들이 하는 말투이다. 물고기들은 자기들이 측정할 수 없는 것은 모두 깊이를 알 수 없다고 말한다.

그러나 나는 변하기 쉽고, 사납고, 모든 일에 있어서 여자이며, 조금도 덕스럽지 못한 존재일 뿐이다.

비록 그대 남자들이 나를 '심오한 자' '성실한 자' '영원한 자' '신비스러운 자'라 부를지라도.

그러나 그대 남자들은 항상 스스로 덕을 우리에게 나누어준다. 아, 그대 덕 있는 자들이여!"

이 믿을 수 없는 여자*는 이렇게 말하며 큰 소리로 웃었다. 그러나 나는 그녀가 자기 자신에 대하여 나쁘게 말할 때, 그녀와 그녀의 웃음을 결코 믿지 않는다.

내가 나의 야성적인 지혜와 은밀하게 이야기하자 이 지혜는 내게 화를 내며 이렇게 말했다. "그대는 원하고, 그대는 갈망하며, 그대는 사랑한다, 바로 그 때문에 그대는 삶을 찬미하는 것이다!"

그때 나는 하마터면 화를 내고 있는 지혜에게 심술이 나서 진실을 이

---

* 여기서 여자는 '삶'을 비유하고 있다.

야기할 뻔했다. 인간은 자신의 지혜에게 '진실을 이야기하는 것' 이상으로 더 나쁘게 답할 수는 없다.

말하자면 우리 셋 사이는 이렇다. 내가 진심으로 사랑하는 것은 오직 삶뿐이다. 그리고 진실로 삶을 미워할 때도 나는 삶을 가장 사랑한다!

그러나 나는 지혜를 좋아하며, 때로는 너무나 좋아한다. 지혜는 내게 삶을 너무 많이 상기시켜주기 때문이다!

지혜는 눈과 웃음을 가지고 있으며 황금 낚싯대까지도 가지고 있다. 지혜와 삶, 이 둘이 그렇게도 닮은 것을 내가 어찌하겠는가?

언젠가 삶이 내게 "도대체 누구인가, 저 지혜는?" 하고 물었을 때— 나는 열심히 대답했다. "아 그렇다, 지혜여!

사람들은 그녀를 갈망하며 만족을 모른다. 사람들은 휘장을 통해 그녀를 바라보며, 그물로 그녀를 낚으려 한다.

그녀는 아름다운가? 나는 모른다! 그러나 가장 노회한 잉어들도 그녀의 미끼에 걸려든다.

그녀는 변덕스럽고 반항적이다. 나는 때때로 그녀가 입술을 깨물고 머리를 뒤로 빗어 내리는 것을 보곤 했다.

어쩌면 그녀는 악하고 거짓투성이이며 기껏해야 하나의 계집일 것이다. 그러나 자신에 대해 나쁘게 말할 때야말로 그녀는 가장 매력적이다."

내가 삶에게 이렇게 말하자 삶은 악의에 찬 미소를 지으며 눈을 감았다. 삶이 물었다. "그대는 누구에 대한 이야기를 하고 있는가? 나에 대한 이야기가 아니냐?

그대의 말이 옳다 하더라도—그것을 나에게 정면으로 말하다니! 그러나 이제 그대의 지혜에 대해서도 말해다오!"

아, 이제 다시 눈을 떴구나. 오, 사랑스러운 삶이여! 그러자 나는 또다시 깊이를 알 수 없는 심연 속으로 빠져 들어가는 것 같았다.

차라투스트라는 이렇게 노래했다. 그러나 춤이 끝나고 소녀들이 가버리자 그는 서글퍼졌다.

마침내 그는 말했다. "해는 이미 오래전에 기울었구나. 초원은 축축하고 숲으로부터 냉기가 밀려오고 있구나.

무언가 알 수 없는 것이 내 주위에서 유심히 바라보고 있구나.

웬일인가! 차라투스트라여, 그대는 아직도 살아 있는가?

어찌하여? 무엇 때문에? 무엇으로? 어디를 향해? 어디서? 어떻게 해서? 아직 살아 있는 것은 어리석은 일이 아닌가?

아, 친구들이여, 나의 내부에서 이렇게 묻는 것은 황혼이다. 용서해다오, 나의 슬픔을!

저녁이 되었다. 용서해다오, 저녁이 된 것을!"

차라투스트라는 이렇게 말했다.

무덤의 노래[33]

"저기 무덤의 섬, 침묵의 섬이 있다. 거기에는 내 청춘의 무덤들도 있다. 나는 그쪽으로 항상 삶의 푸르른 꽃다발을 가져가리라."

나는 마음속으로 이렇게 결심하고 바다를 건너갔다.

오, 내 청춘의 모습과 환영들이여! 오, 사랑의 시선들이여, 성스러운 순간들이여! 어찌하여 그대들은 그토록 빨리 죽어갔는가! 나는 오늘 죽은 친구들을 생각하듯이 그대들을 생각한다.

내가 너무나 사랑한 고인들이여. 그대들로부터 달콤한 향기가 풍겨

---

[33] 슬픈 노래가 아니라 무덤을 딛고 부활하려는 강인한 노래이다. 청춘의 이상이 사라졌지만 그것은 적들의 악의에 의한 것이므로 절망하지 않고 새로운 것을 창조하기 위해 계속 나아가는 불굴의 의지에 대한 찬양이 중심을 이룬다.

나온다, 마음을 흔들며 눈물을 자아내는 향기가. 진실로 이 향기는 고독한 항해자의 마음을 움직여 흔드는구나.

나는 아직도 가장 부유한 자이며, 가장 선망을 받는 자이다. 가장 고독한 자인 나! 그것은 내가 그대들을 소유했고, 그대들은 아직도 나를 소유하고 있기 때문이다. 말해보라, 이러한 장밋빛 사과가 나 말고 누구에게 떨어진 적이 있는가?

아직도 나는 항상 그대들의 사랑을 물려받은 유산이며 그대들의 화려한 야생의 덕을 피우고 있는 땅이다. 오, 너무나도 사랑하는 자들이여!

아, 우리는 서로 가까이 지내도록 운명지어졌다. 그대 사랑스럽고 이국적인 경이(Wunder)들이여. 그대들은 겁 많은 새처럼 나의 동경을 찾아온 것은 아니다——오히려 신뢰하는 자로서 신뢰하는 자를 찾아온 것이다!

그렇다, 그대들은 나와 마찬가지로 신의(信義)와 다감한 영원을 위해 만들어졌다. 성스러운 시선과 순간들이여, 이제 나는 그대들을 신의 없는 자라고 부를 수밖에 없다. 나는 아직 그 외의 다른 이름을 배운 적이 없기 때문이다.

진실로 그대들은 너무도 일찍 죽어갔다, 그대 도망자들이여. 그러나 그대들은 나를 피해 도망친 것이 아니며, 내가 그대들을 피해 도망친 것도 아니다. 우리의 신의 없음은 우리 서로의 잘못이 아니다.

나의 희망을 노래하던 새들이여, 사람들은 나를 죽이기 위해 그대들의 목을 졸랐다! 그렇다, 더 없이 사랑스러운 자들이여. 나의 심장을 꿰뚫기 위해 악의의 화살이 그대들에게 날아갔다!

결국 그대들은 맞고 말았다! 그대들은 언제나 나의 가장 소중한 것, 나의 소유, 나의 열광이었다. **그러므로** 그대들은 젊어서 죽을 수밖에 없었다. 너무나 일찍!

사람들은 나의 소유물 중 가장 상처받기 쉬운 것을 향해 활을 쏘았다. 피부가 새의 솜털 같고 한 번만 힐끗 보아도 죽어버리는 미소 같은 그대들에게!

그러나 나는 나의 적들에게 이렇게 말하려 한다. 어떠한 살인도 그대들이 내게 한 짓에 비하면 아무것도 아니다!

그대들은 그 어떤 살인보다도 나쁜 짓을 내게 저질렀다. 그대들은 내게서 되찾을 수 없는 것을 빼앗아갔다. 나는 그대들에게 이렇게 말한다, 나의 적들이여!

그대들은 내 청춘의 모습과 더 없이 사랑스러운 경이를 죽였다! 그대들은 행복한 정령들인 나의 소꿉친구들을 내게서 빼앗아갔다! 나는 그들을 추모하면서 이 꽃다발과 이 저주를 놓아둔다.

나의 적들이여, 나는 이 저주를 그대들에게 퍼붓는다! 추운 밤에 노랫소리가 부서지듯 그대들로 인해 나의 영원은 망가져버렸다! 영원은 겨우 성스러운 눈의 반짝임으로 내게 왔을 뿐이다. 순간으로서!

일찍이 내가 행복한 때에 나의 순결은 이렇게 말했다. "모든 존재가 성스러워질 것이다."

그때 그대들은 악취를 풍기는 유령들을 거느리고 나를 습격했다. 아, 이제 그 행복한 때는 어디로 도망가버렸는가!

"내게는 모든 날들이 거룩해질 것이다." 일찍이 내 청춘의 지혜는 이렇게 말했다. 그것은 진실로 기쁨에 넘치는 지혜의 말이었다!

그러나 나의 적들이여, 그대들은 그때 나의 밤들을 훔쳐내 불면의 고뇌에게 팔아넘겼다. 아, 그 기쁨에 넘친 지혜는 어디로 도망가버렸는가?

일찍이 나는 새들의 행복한 길조를 동경했다. 그때 그대들은 올빼미 유령*에게 나의 길을 가로질러 날아가게 했다, 불길한 징조로. 아, 그때

---

* 니체의 『비극의 탄생』을 비판한 고전문헌학자 빌라모비츠(Wilamowitz)를 암시한다.

사랑스러운 나의 동경은 어디로 도망가버렸는가?

일찍이 나는 모든 혐오를 거부하기로 맹세했다. 그때 그대들은 나의 혈연과 이웃들을 종양으로 변화시켰다. 아, 그때 가장 고귀한 나의 맹세는 어디로 도망가버렸는가?

일찍이 나는 장님으로서 행복한 길을 걸어갔다. 그때 그대들은 이 장님이 가는 길 위에 오물을 집어던졌다. 그리하여 이제 나는 장님이 걷던 이전의 길에서 구토를 느낀다.

그리고 내가 가장 어려운 일을 성취하고 내가 성취한 극복의 승리를 자축하고 있을 때, 그대들은 나를 사랑한 사람들로 하여금 내가 그들을 사정없이 해친다고 외치게 했다.

진실로 이 모든 것은 그대들의 소행이었다. 그대들은 나의 가장 맛있는 꿀과 나의 가장 훌륭한 꿀벌의 부지런함을 쓰고 부질없는 것으로 만들어버렸다.

그대들은 항상 가장 뻔뻔스러운 거지들을 보내 나의 자비를 구했다. 항상 내 동정심의 주위로 구제불능의 몰염치한 자들을 몰려들게 했다. 그리하여 그대들은 내 덕의 신념에 상처를 입혔다.

그리고 내가 나의 가장 신성한 것을 제물로 내놓았을 때, 그대들의 '신앙심'은 재빨리 그곳에 더 기름진 선물을 갖다놓았다. 그리하여 나의 가장 신성한 것은 그대들의 기름진 제물의 냄새에 질식해버렸다.

일찍이 나는 그때까지 추어보지 못한 춤을 추려 했다. 나는 하늘을 뛰어넘어 춤추려 했다. 그러자 그대들은 내가 가장 사랑하는 가수*를 꼬드겼다.

그리하여 그 가수는 장엄하고 슬픈 노래**를 부르기 시작했다. 아, 그

---

* 기독교에 굴복하기 시작한 바그너를 암시하고 있다.
** 금욕적이고 기독교적인 바그너의 가극 「파르지팔」을 암시하고 있다.

의 노래는 음울한 호른처럼 나의 귀를 자극했다!

살인적인 가수여, 악의에 찬 도구여, 가장 천진난만한 자여! 나는 이미 가장 멋진 춤을 출 준비를 마치고 서 있었다. 그때 그대는 그대의 가락으로 나의 황홀경을 살해해버렸다!

나는 오직 춤으로써만 최고의 사물들의 비유를 말할 수 있다. 이제 나의 가장 위대한 비유는 언급되지 못한 채 나의 사지에 남게 되었다.

최고의 희망은 언급되지도 못한 채, 이루어지지도 못한 채 그대로 내게 남아 있구나! 그리하여 내 청춘의 모든 모습과 위안이 죽어갔구나!

나는 어떻게 그것을 견뎌냈던가? 그러한 상처들로부터 내가 어떻게 회복되었으며, 그 상처들을 어떻게 극복했던가? 나의 영혼은 이들 무덤들로부터 어떻게 되살아났던가?

그렇다. 나의 내부에는 상처를 입힐 수 없고 매장할 수 없는 그 무엇이 존재하며, 바위라도 뚫고 나오는 그 무엇이 존재한다. 나의 의지가 바로 그것이다. 그것은 말없이 걸어가며 변함없이 세월을 뚫고 간다.

나의 친숙한 의지는 자기 발로 자신의 길을 걸어가려 한다. 마음이 굳고 상처를 입지 않는 것, 그것이 내 의지의 본성이다.

나는 발뒤꿈치에만 상처를 입지 않는다. 그대 가장 참을성이 많은 자여, 그대는 아직 그곳에 살고 있으며 항상 변함이 없다! 그대는 항상 모든 무덤들을 깨고 나왔다!

그대의 내부에는 아직도 이루어지지 않은 내 청춘의 실마리가 살고 있다. 그리고 그대는 이곳 누런 무덤의 폐허 위에 생명으로서 그리고 청춘으로서 희망에 가득 차 앉아 있다.

그렇다, 그대는 아직도 모든 무덤들을 파괴하는 자이다. 만세, 나의 의지여! 무덤이 있는 곳에만 부활은 존재하는 것이다.

차라투스트라는 이렇게 노래했다.

자기극복[34)

그대들 가장 현명한 자들이여, 그대들을 다그치고 그대들의 열정을 불러일으키는 것을 그대들은 '진리에 대한 의지'라고 부르는가?

존재하는 모든 것을 사유 가능한 것으로 만들려는 의지. 나는 그대들의 의지를 그렇게 부른다!

그대들은 먼저 존재하는 모든 것을 사유 가능한 것으로 만들려 한다. 왜냐하면 그대들의 불신이 적절할지도 모르지만 그대들은 모든 것이 정말로 사유 가능한지 의심하기 때문이다.

그러나 모든 것은 그대들에게 복종하고 순응하지 않으면 안 된다! 그대들의 의지는 그렇게 되기를 바라고 있다. 모든 것은 매끈해지고 정신의 거울과 반영으로서 정신에 종속되어야 하는 것이다.

가장 현명한 자들이여, 그것이 권력의지로서 나타나는 그대들의 전체 의지이다. 그대들이 선과 악에 대해 그리고 가치평가에 대해 이야기할 때조차도 그렇다.

그대들은 그 앞에 그대들이 무릎 꿇을 수 있는 세계를 창조하고자 한다. 그것이 그대들 최후의 희망이며 도취이다.

물론 현명하지 못한 민중이란—한 척의 배가 떠다니는 강과 같다. 그 배에는 가면을 쓴 가치평가들이 근엄하게 앉아 있다.

그대들은 그대들의 의지와 그대들의 가치를 생성이라는 강물 위에 띄워놓았다. 민중이 선과 악으로 믿는 것들이 이전부터 존재하는 권력의지임을 그대들은 내게 폭로하고 있다.

가장 현명한 자들이여, 이 배에 그러한 승객들을 태우고 그들에게 화

---

34) 논리적인 존재원리가 아니라 생성원리가 삶을 지배하고 있으므로 삶은 '권력의지'나 '변화의 무죄'와 연결된다는 내용을 담고 있다.

려하고도 자랑스러운 이름을 붙여준 것은 그대들이다. 그대들과 그대들의 지배의지였던 것이다!

이제 강은 그대들의 배를 운반해 간다. 운반해 가지 않으면 안 된다. 부서지는 파도가 물거품을 일으키거나 노하여 용골에 대항하더라도 대수로운 일은 아니다!

그대들 가장 현명한 자들이여, 그대들의 위험은 강물이나 선과 악의 종말에 있는 것이 아니다. 그것은 오히려 의지 그 자체, 곧 권력의지에 있다. 그것은 끊임없이 생성하는 삶의 의지이다.

그러나 그대들이 선과 악에 대한 나의 가르침을 이해할 수 있도록 나는 삶에 대해 그리고 살아 있는 모든 것의 특성에 관해 이야기하려 한다.

나는 이제까지 살아 있는 자를 추적해왔다. 나는 그들의 특성을 이해하기 위해 가장 큰 길과 가장 작은 길을 걸었다.

그들이 입다물 때면 나는 백 배의 거울로 그의 시선을 붙잡았다. 그들의 눈이 말을 하도록. 그러면 그들의 눈은 내게 말해주었다.

먼저, 살아 있는 것들을 발견하는 곳에서 나는 복종에 대해 말하는 소리를 들었다. 살아 있는 모든 것은 복종하는 것들이다.

그리고 두 번째 것은 이렇다. 스스로 복종할 수 없는 자는 명령을 받게 된다. 이것이 살아 있는 것들의 특성이다.

그러나 내가 들은 세 번째 것은 명령하는 것이 복종하는 것보다 더 어렵다. 명령하는 자는 복종하는 자들의 무거운 짐을 져야 하고 이 무거운 짐이 그를 누르기 때문만은 아니다.

모든 명령 속에는 시험과 모험이 들어 있는 것 같다. 살아 있는 존재는 명령할 때 항상 자기 자신을 거는 것이다.

그렇다. 자기 자신을 명령할 때조차도 그는 자기의 명령에 대해 보상해야만 한다. 그는 자기 법의 재판관이 되어야 하며, 수호자가 되어야 하며, 희생자가 되어야 하는 것이다.

어찌하여 이런 일이 일어나는가? 나는 나 자신에게 이렇게 물었다. 살아 있는 것으로 하여금 복종하게 하고 명령하게 하고 심지어 명령하면서도 복종하게 하는 것은 무엇일까?

그대들 가장 현명한 자들이여, 이제 나의 가르침에 귀를 기울이라! 내가 삶 그 자체의 심장 속으로 파고 들어갔는지 그리고 그 심장의 뿌리까지 파고 들어갔는지 진지하게 검토해보라!

살아 있는 것들을 발견할 때마다 나는 항상 권력의지를 발견했다. 심지어 노예의 의지에서조차도 나는 주인이 되려는 의지를 발견했다.

자기보다 약한 자의 주인이 되려는 약자의 의지는 약자를 설득하여 강자에게 봉사하게 한다. 약자도 이 쾌감만은 포기하려 하지 않는 것이다.

더 작은 자가 가장 작은 자를 지배하는 쾌감과 권력을 얻기 위해 스스로 더 큰 자에게 복종하는 것처럼 가장 큰 자 또한 복종하며 권력 때문에 생명을 거는 것이다.

가장 큰 자가 전념하는 것은 모험과 위험을 만나 죽음을 걸고 주사위 놀이를 하는 것이다.

희생과 봉사와 사랑의 눈길이 있는 곳, 그곳에 또한 주인이 되려는 의지가 있다. 그곳에서 더 약한 자는 비밀통로를 통해 더 강한 자의 성곽 속으로, 그리고 그의 심장 속으로까지 숨어 들어간다. 그리하여 그는 권력을 훔치는 것이다.

삶 자체가 내게 이러한 비밀을 말해주었다. 삶이 말했다. "보라, 나는 **스스로 항상 극복되지 않으면 안 되는 그 무엇이다.**

물론 그대들은 그것을 생식에 대한 의지 또는 목적을 향한 충동, 더 높은 것을 향한 충동, 더 먼 것을 향한 충동, 더 다양한 것을 향한 충동이라 부르고 있다. 그러나 이것들은 모두 **하나의 비밀로서 동일한 것이다.**

나는 이 한 가지를 포기하느니 차라리 몰락하리라. 보라, 진실로 몰락이 있는 곳, 낙엽이 떨어지는 곳에서 삶은 스스로를 희생한다. 권력을 위해!

나는 투쟁이어야 하며, 생성이어야 하며, 목적이어야 하며, 목적들 사이의 갈등이어야 한다. 아, 이러한 나의 의지를 추측할 수 있는 자는 나의 의지가 가야 할 길이 얼마나 **구부러진** 길인지도 추측할 수 있을 것이다!

내가 무엇을 창조하더라도, 내가 그것을 아무리 사랑하더라도 나는 곧 나의 창조물과 나의 사랑에 대항하지 않으면 안 된다. 나의 의지가 그것을 원하기 때문이다.

인식하는 자여, 그대 또한 내 의지의 통로이며 발자국에 지나지 않는다. 진실로 나의 권력의지는 그대의 진리에 대한 의지를 발 삼아 걷는다!

진리를 향해 '현존에 대한 의지'(Wille zum Dasein)라는 말의 화살을 쏜 자는 물론 진리를 맞히지 못했다. 그런 의지는—존재하지 않는다!

왜냐하면 존재하지 않는 것은 의욕할 수 없기 때문이다. 그런데 이미 현존하고 있는 것이 어떻게 또 존재하고자 할 수 있겠는가?

삶이 있는 곳에만 의지도 있다. 그러나 그것은 삶에 대한 의지가 아니라—나는 그대들에게 가르치노니—권력의지인 것이다.

살아 있는 자는 많은 것들을 삶 그 자체보다 더 높이 평가한다. 그러나 이러한 평가의 배후에 있는 것은 권력의지이다!"

일찍이 삶은 내게 이렇게 가르쳤다. 가장 현명한 자들이여, 그러므로 나는 그 가르침으로 그대들 마음의 수수께끼를 풀어주리라.

진실로 그대들에게 말하노라. 영원히 변치 않는 선과 악은 존재하지 않는다! 선과 악은 그 자체로부터 벗어나 끊임없이 반복하여 스스로 극복해야 하는 것이다.

가치평가자들이여, 그대들은 선과 악에 대한 그대들의 평가와 언어로써 완력을 행사한다. 그리고 그것이 그대들의 감춰진 사랑이며, 그대들 영혼의 광채이며 전율이며 흘러넘침이다.

그러나 더 강한 힘과 새로운 극복이 그대들의 가치를 뚫고 자라난다. 그것에 따라 알과 껍질은 깨어지는 것이다.

선과 악의 창조자가 되어야 하는 자는 진실로 먼저 파괴자가 되어야 하며 가치를 깨뜨려야 한다.

이렇게 최고의 악은 최고의 선과 연결되는 것이다. 그러나 최고의 선은 창조적인 선이다.

그대들 가장 현명한 자들이여, 이제 우리 총괄해서 **말하기로** 하자. 비록 말한다는 게 기분 나쁜 일일지라도. 침묵을 지키는 것은 더욱 나쁜 일이다. 입속에 가두어진 진리는 모두 독이 된다.

우리의 진리로 인해 파괴될 수 있는 것은 모조리 파괴되기를! 지어야 할 집이 아직도 많이 남아 있다!

차라투스트라는 이렇게 말했다.

고고한 자들[35]

나의 바다 밑은 고요하다. 나의 바다가 짓궂은 괴물들을 숨기고 있다는 것을 누가 상상이나 할 수 있겠는가!

나의 심연(深淵)은 흔들리지 않는다. 그것은 떠다니는 수수께끼들과 웃음으로 반짝인다.

나는 오늘 고고하고 근엄한, 정신의 참회자 한 사람을 보았다. 오, 나의 영혼은 그의 추함에 얼마나 웃었던가!

그 고고한 자는 가슴을 내밀며 숨을 들이켠 자세로 묵묵히 그곳에 서

---

35) 대지를 경멸하는 '정신의 참회자'는 진정으로 고귀한 자가 아니다. 스스로 의지를 인정하며 우아하고 명랑한 상태로 돌아가는 진리의 영웅을 찬양하는 내용이 담겨 있다.

있었다.

그는 사냥의 노획물인 추한 진리와 갈기갈기 찢긴 옷들을 더덕더덕 걸치고 있었다. 그의 몸에는 수많은 가시들도 붙어 있었다. 그러나 장미꽃은 하나도 보이지 않았다.

그는 아직 웃음과 아름다움을 배우지 못했다. 이 사냥꾼은 인식의 숲으로부터 침울한 얼굴로 돌아온 것이다.

그는 맹수들과 싸우다가 집으로 돌아왔다. 그러나 그의 심각함 속에서 아직도 한 마리의 맹수가 내다보고 있다. 극복되지 않은 맹수 한 마리가!

그는 덤벼들려는 호랑이처럼 그곳에 서 있다. 그러나 나는 이들 긴장한 영혼들을 좋아하지 않는다. 나의 입맛은 이렇게 움츠러든 자들을 싫어한다.

친구들이여, 그대들은 내게 맛과 맛보기에 대해 논쟁할 필요가 없다고 말하는가? 그러나 모든 삶은 맛과 맛보기를 둘러싼 싸움이다.

맛, 그것은 저울추인 동시에 저울의 눈금이며 저울이다. 저울추와 저울의 눈금과 저울을 둘러싼 싸움을 하지 않고 살고자 하는 모든 살아 있는 자들에게 화 있으라!

이 고고한 자가 자신의 고고함에 싫증을 느낄 때, 그때 비로소 그의 아름다움이 나타날 것이다. 그때 비로소 나는 그를 맛보고, 그가 맛있음을 발견하리라.

그가 자기 자신에게 등 돌릴 때, 그때 비로소 그는 자신의 그림자를 뛰어넘을 것이다. 그리하여 진실로 그는 **자기 자신**의 태양 속으로 뛰어들 것이다.

그는 너무 오랫동안 그림자 속에 앉아 있었다. 그리하여 이 정신의 참회자의 얼굴은 창백해졌으며, 그는 많은 기다림으로 인해 굶어죽을 지경에 이르렀다.

그의 눈에는 아직도 경멸로 가득 차 있으며, 그의 입가에는 아직도 구토가 숨겨져 있다. 그는 분명 지금 휴식을 취하고 있다. 그러나 이제 까지 그는 햇빛 속에 누워 휴식을 취한 적이 없다.

그는 황소처럼 행동해야 한다. 그리하여 그의 행복은 대지를 경멸할 것이 아니라 대지의 냄새를 풍겨야 한다.

나는 그가 흰 황소가 되어 입김을 내뿜고 울부짖으며 쟁기를 끌고 가는 것을 보고 싶다. 그리고 그의 울음소리는 지상의 모든 것을 찬미해야 한다!

그의 안색은 아직도 어둡다. 손 그림자가 그를 희롱하고 있기 때문이다. 그의 눈빛 또한 그늘져 있다.

그의 행동 자체가 아직 그를 덮고 있는 그림자인 것이다. 손이 행동하는 자를 어둡게 하고 있다. 그는 아직도 자기 행위를 극복하지 못한 것이다.

물론 나는 그의 황소 같은 목덜미를 사랑한다. 그러나 이제 나는 천사의 눈도 보고 싶다.

그는 스스로의 영웅심도 잊어버려야 한다. 그는 고고한 자(Erhabener) 뿐만 아니라 고양된 자(Gehobener)가 되어야 한다. 대기 자체가 의지 약한 자인 그를 고양시켜주어야 한다!

그는 괴물들을 길들여왔으며, 수수께끼를 풀어왔다. 그러나 그는 자신의 괴물과 수수께끼도 풀어야 하며, 자신의 괴물과 수수께끼를 천상의 어린아이들로 변화시켜야 한다.

그의 인식은 아직 미소 짓는 것과 질투 없이 사는 것을 배우지 못했다. 그의 넘쳐나는 정열이 아직 아름다움 속에서 진정되지 않았다.

진실로 그의 열망은 포만 속에서가 아니라 아름다움 속에서 침묵하고 침잠해야 한다! 위대한 자의 관용은 우아함을 포함해야 하는 것이다.

팔을 이마 위에 올려놓은 자세로 휴식을 취하는 것, 그것이 영웅이 취해야 할 태도이다. 그도 그렇게 휴식을 극복해야 한다.

그러나 영웅에게야말로 **아름다움**은 모든 것 중에서 가장 어려운 것이다. 아름다움은 성급한 의지가 획득할 수 없는 어떤 것이다.

약간의 초과, 약간의 부족. 바로 그것이 여기서는 많은 것이며, 가장 많은 것이다.

그대 고고한 자들이여! 이완된 근육의 긴장을 풀고 의지의 고삐를 놓은 채 서 있는 것, 그것이 그대들 모두에게 가장 어려운 일이다.

권력이 너그러워져 고개를 숙일 때, 나는 그러한 겸손을 아름다움이라 부른다.

그대, 권력을 가진 자여. 나는 누구에게도 그대에게서만큼 아름다움을 요구하지 않는다. 그대의 관용이 그대의 마지막 자기극복이기를.

나는 그대가 온갖 악을 저지를 수 있다고 생각한다. 그러므로 나는 그대에게 선을 요구한다.

진실로 나는 자신의 발톱이 무뎌졌기 때문에 자신을 선한 자라고 생각하는 허약한 자들을 비웃곤 했다!

그대는 기둥의 덕을 소유하기 위해 노력해야 한다. 기둥은 높이 올라가면 올라갈수록 더욱 아름답고 우아해지지만, 그 내부는 더욱 견고하고 더욱 많은 무게를 견뎌낼 수 있어야 하는 것이다.

그렇다, 그대 고고한 자여. 언젠가는 그대 또한 아름다워져야 하며, 그대 자신의 아름다움을 거울에 비춰보아야 한다.

그때 그대의 영혼은 성스러운 욕망으로 부르르 떨게 되리라. 그리고 그대의 자만심 속에도 숭배하는 마음이 깃들 것이다!

진실로 영혼의 비밀은 이렇다. 영웅이 영혼을 떠날 때 비로소 꿈속에서 영혼에게 다가가는 것이 있다. 초영웅(Über-Held)이.

차라투스트라는 이렇게 말했다.

교양의 나라[36]

나는 너무나 멀리 미래 속으로 날아 들어갔다. 공포가 나를 엄습했다.

내가 주위를 돌아보았을 때, 보라! 그곳에는 시간만이 나의 유한일 동료였다.

그리하여 나는 등 돌려 고향을 향해 달려왔다, 점점 더 빠르게. 그리하여 그대 현대인들이여, 나는 그대들에게로, 교양의 나라로 왔다.

처음으로 나는 그대들을 보고 싶은 눈과 진지한 소망을 가지고 왔다. 진실로 나는 마음속에 동경을 품고 왔다.

그러나 내게 어떤 일이 일어났던가? 나는 몹시 불안하기도 했지만— 웃지 않을 수 없었다! 나의 눈은 일찍이 이렇게 여러 가지 색깔로 얼룩진 것을 본 적이 없다!

발이 아직도 떨리고, 또 심장이 떨리는 가운데에도 나는 웃고 또 웃었다. "이곳은 모든 물감 단지의 본바닥이 틀림없다!"라고 나는 말했다.

그대들 현대인들이여, 놀랍게도 그대들은 얼굴과 손발에 오십 개나 되는 얼룩 반점을 칠한 채 그곳에 앉아 있었다!

그리고 그대들 주위에는 오십 개의 거울이 있어 그대들의 색깔 변화를 부추기며 흉내 내고 있었다.

진실로 그대들은 결코 그대들 자신의 얼굴보다 더 좋은 가면은 쓸 수 없을 것이다, 현대인들이여! 누가—그대들을 알아볼 수 있겠는가!

과거의 기호들을 온몸에 가득 써놓고, 그 기호들 위에 여러 가지 새로운 기호들을 덧칠함으로써 그대들은 모든 기호 해독자 앞에서 그대들 자신을 잘도 숨겨놓았다!

---

36) 이상과 미래에 대한 믿음이 없는 현실주의자들을 비판하는 내용을 담고 있다.

그러니 비록 신장(腎臟)을 검사하는 자라 할지라도 누가 그대들이 신장을 가졌다는 것을 믿겠는가! 그대들은 그림물감과 아교에 이긴 종이조각을 구워 만든 것처럼 보인다.

모든 시대와 민족이 그대들의 휘장을 통해 가지각색으로 내다보고 있다. 모든 관습과 신앙이 그대들의 몸짓을 통해 가지각색으로 말하고 있다.

그대들에게 휘장과 외투, 물감, 몸짓을 제거해버린다면 그대들에게는 새들을 놀라게 할 정도의 것밖에 남지 않을 것이다.

진실로 일찍이 나 자신이 색칠하지 않은 벌거벗은 그대들을 보고 놀란 새였다. 그리고 그 해골이 내게 추파를 던지자 나는 날아가버렸다.

나는 차라리 저승에서 이전 망령들의 날품팔이가 되리라! 저승에 사는 사람들까지도 그대들보다 더 살찌고 통통할 것이다!

그대 현대인들이여, 내가 그대들의 벌거벗은 모습뿐만 아니라 옷을 입고 있는 모습 또한 견딜 수 없는 것, 그것이야말로 나의 내장에 쓰라림을 준다.

미래의 모든 섬뜩한 것들, 새들을 소름 끼쳐 날아가게 한 모든 것들이 실로 그대들의 '현실'보다 더 친숙하고 더 정답다.

왜냐하면 그대들은 이렇게 말하기 때문이다. "우리는 완전히 현실주의자이다. 따라서 우리는 믿음도 미신도 갖고 있지 않다." 그대들은 이렇게 말하면서 가슴을 편다. 아, 가슴도 빈약하면서!

그렇다, 그대들이 어찌 믿음을 가질 수 있겠는가. 그대 얼룩진 무늬로 뒤덮인 자들이여! 그대들은 이전에 믿어온 모든 것들의 그림(Gemälde)인 것이다.

그대들은 믿음 그 자체의 살아 있는 반박이며 모든 사상의 분쇄이다. 그대 현실주의자들이여, 나는 그대들을 믿음을 가질 자격이 없는 자들이라고 부른다!

모든 시대가 그대들의 정신 속에서 서로 반박하며 떠들어대고 있다. 그리고 모든 시대의 꿈과 논란이 그대들의 각성상태보다 더 현실적이었다!

그대들은 열매를 맺지 못하는 자들이다. 그래서 그대들에게는 믿음이 결여되어 있는 것이다. 그러나 창조해야 하는 사람들은 항상 자신의 예언적인 꿈과 별점을 갖고 있으며 믿음을 신뢰했다!

그대들은 무덤 파는 자들이 기다리고 있는 반쯤 열린 문이다. "모든 것은 멸망할 가치가 있다." 이것이 바로 그대들의 현실인 것이다.

아, 그대들은 어떤 모습으로 내 앞에 서 있는가, 그대 열매를 맺지 못하는 자들이여. 그대들의 갈비뼈는 얼마나 여위어 있는가! 그리고 그대들 자신도 대부분 그것을 알고 있지 않는가.

그중 하나가 말했다. "어떤 신이 내가 잠들어 있는 동안 내게서 무엇인가를 은밀히 빼앗아간 것이 아닐까? 여자 하나를 만들 수 있을 만큼 충분한 것을!

놀랍구나, 내 갈비뼈의 빈약함은!" 많은 현대인들이 이렇게 말했다.

그렇다, 그대 현대인들이여. 그대들이 내게는 웃음거리에 지나지 않는다! 특히 그대들이 그대들 자신에게 놀랄 때는 더욱 그렇다!

내가 그대들이 놀라는 것을 비웃지 못하고, 그대들의 그릇에 담겨 있는 구역질 나는 모든 것들을 삼켜야만 한다면, 아 슬프다!

그러나 나는 무거운 짐을 짊어져야 하므로 그대들을 경시하리라. 풍뎅이나 잠자리가 내 짐 위에 올라앉은들 어떻겠는가!

진실로 그것들로 인해 내 짐이 더 무거워지지는 않으리라! 그대 현대인들이여, 그대들로 인해 내게 심한 피로가 오지는 않으리라.

아, 나는 이제 나의 동경을 안고 어디로 올라가야 하는가? 나는 모든 산봉우리에서 내려다보며 아버지 나라와 어머니 나라들을 찾는다.

그러나 나는 어디서도 고향을 찾을 수 없었다. 나는 어떤 도시에도 머물러 있지 못하고 성문을 떠나간다.

한때 나의 마음을 끌었던 현대인들이 내게는 이방인이며 웃음거리이다. 그리하여 나는 아버지 나라와 어머니 나라에서 추방되었다.

그러므로 이제 나는 **아이들 나라**만 사랑한다, 먼바다 위에 있는 아직 발견되지 않은 나라를. 나는 나의 배들에게 그것을 찾고 또 찾으라고 명령하련다.

내가 내 조상의 아이임에 대해 나의 아이들에게 보상하리라. 그리고 모든 미래에게 보상하리라, 이 현재를!

차라투스트라는 이렇게 말했다.

순수한 인식[37]

어제 달이 떠올랐을 때, 나는 달이 태양을 낳으려 한다고 생각했다. 그만큼 달은 둥그렇게 부풀어 만삭이 된 몸으로 지평선 위에 떠오르고 있었다.

그러나 달이 나를 속였고 임신은 거짓이었다. 나는 달이 여자라기보다 오히려 남자라고 믿고 싶다.

물론 이 겁 많은 밤의 친구는 그다지 남자답지는 못하다. 진실로 그는 양심의 가책을 느끼며 지붕 위를 돌아다닌다.

왜냐하면 달 속의 수도자는 욕정에 차 있고 질투심이 많으며 대지와 사랑하는 자들의 모든 기쁨을 탐하고 있기 때문이다.

그렇다, 나는 그를 좋아하지 않는다. 지붕 위의 이 수코양이를! 나는

---

37) 본능이나 의지의 문제를 벗어나 순수한 인식에 집중되고 있는 위선적인 철학을 비판하며 참다운 철학은 삶의 관조가 아니라 창조에 있다는 것을 달의 비유를 들어 아름답게 묘사하고 있다.

반쯤 닫힌 창가를 살금살금 기어다니는 모든 자들을 싫어한다!

경건하게 그리고 말없이 그는 별들의 카펫 위를 걸어간다. 그러나 발자국 소리도 내지 않고 살금살금 걸어 다니는 사내들의 발소리를 나는 좋아하지 않는다.

정직한 사람들의 발걸음은 소리를 낸다. 그러나 고양이는 마루 위를 몰래 지나간다. 보라, 달은 고양이처럼 정직하지 못하게 다가온다.

이 비유를 나는 그대들 감상적인 위선자들에게 들려주려 한다. 그대 순수한 인식자들에게! 나는 그대들을 욕정으로 가득 찬 자들이라고 부른다!

그대들 또한 대지와 지상의 것들을 사랑한다. 나는 그대들을 잘 알고 있다! 그대들의 사랑 속에는 수치심과 양심의 가책이 들어 있다. 그대들은 달과 같은 자들이다!

그대들의 정신은 지상적인 것들을 경멸하도록 설득당했지만, 그대들의 내장은 설득당하지 않았다. 이 내장이야말로 그대들의 가장 강한 부분인 것이다!

그리하여 이제 그대들의 정신은 그대들의 내장의 뜻에 따라야 하는 것을 부끄러워하고, 그 수치를 피하기 위해 샛길과 거짓의 길을 간다.

거짓말을 잘하는 그대들의 정신은 스스로 이렇게 말한다. "내게 최고의 것은 욕망 없이 개처럼 혓바닥을 늘어뜨리지도 않고 인생을 관조하는 것이다.

의지를 죽이고, 이기심의 지배와 탐욕에서 벗어나 온몸이 싸늘한 잿빛으로, 그러나 도취된 달의 눈으로 관조하면서 행복해지는 것이다!"

유혹된 자는 자신을 이렇게 유혹한다. "내게 가장 훌륭한 것은 달이 대지를 사랑하듯이 대지를 사랑하고, 오직 눈으로만 대지의 아름다움을 느끼는 것이다.

그리하여 백 개의 눈을 가진 거울처럼 온갖 사물 앞에 그냥 놓여 있을 뿐 아무것도 바라지 않는 것, 그것을 나는 순수한 인식이라고 부른다."

오, 그대 감상적인 위선자들이여, 그대 욕정으로 가득 찬 자들이여! 그대들의 욕망 속에는 순진함이 없다. 그러므로 그대들은 욕망을 비난하고 있는 것이다!

진실로 그대들은 창조하는 자, 산출하는 자, 생성을 기뻐하는 자로서 대지를 사랑하는 것이 아니다!

순수함은 어디 있는가? 그것은 산출에 대한 의지가 있는 곳에 있다. 자신을 초월하여 창조하고자 하는 자야말로 가장 순수한 의지의 소유자인 것이다.

아름다움은 어디 있는가? 그것은 내가 나의 모든 의지를 기울여 의욕하지 않을 수 없는 곳에 있다. 하나의 형상(Bild)이 단지 형상에 그치지 않게 하기 위해 내가 사랑하고 몰락하기를 바라는 데 있다.

사랑하는 것과 몰락하는 것은 먼 옛날부터 함께 어울려왔다. 사랑에 대한 의지, 그것은 또한 기꺼이 죽음을 원하는 것을 의미한다. 나는 그대 비겁한 자들에게 이렇게 말한다!

그런데 이제 거세된 그대들의 곁눈질은 관조라고 불리고자 한다! 그리고 비겁한 눈길이 닿도록 허락해주는 것들은 '아름다움'으로 불리려 한다. 오, 그대 고귀한 이름을 더럽히는 자들이여!

그러나 그대들 순결한 자들이여, 순수한 인식자들이여! 비록 그대들이 배가 불러올라 지평선 위에 누워 있을지라도 그대들은 결코 출산하지 못하리라는 것, 그것이 그대들의 저주가 될 것이다!

진실로 그대들은 그대들의 입을 고귀한 말들로 가득 채운다. 그렇다고 우리가 그대들의 가슴이 충만해 있다고 믿으리라고 생각하는가, 그대 거짓말쟁이들이여.

그러나 나의 말들은 빈약하고 비천하고 훌륭하지 못하다. 나는 그대들의 잔치 때 식탁 아래 떨어지는 찌꺼기들을 기꺼이 줍는다.

그러나 나는 그것들을 갖고서도 위선자들에게 진리를 말해줄 수 있다! 그렇다. 내가 주위 올린 생선뼈, 조개껍질, 가시 돋친 잎사귀가 위선자들의 코를 간질여줄 것이다!

그대들과 그대들의 잔치 주위에는 언제나 탁한 공기가 감돌고 있다. 그대들의 여러 가지 음탕한 생각, 그대들의 여러 가지 거짓말과 비밀이 그 공기 속에 깃들어 있기 때문이다!

먼저 그대들 자신을 믿을 수 있는 용기를 가져라. 그대들 자신과 그대들의 내장을! 자기 자신을 믿지 않는 자는 항상 거짓말한다.

그대들은 신의 가면을 쓰고 있다, 그대 '순수한 자들'이여. 그대들의 소름 끼치는 무서운 뱀이 그 신의 가면 속으로 기어들어 자리잡고 있다.

그대 '관조자들'이여, 진실로 그대들은 기만하고 있다! 일찍이 차라투스트라조차도 그대들의 성스러운 외모에 기만당했다. 차라투스트라는 그 속에 가득 찬 뱀의 똬리를 예측하지 못했다.

그대 순수한 인식자들이여, 전에 나는 그대들의 유희 속에 신의 영혼이 놀고 있다고 생각했다! 전에 나는 그대들의 예술보다 더 훌륭한 예술은 없다고 생각했다!

멀리 떨어져 있었기 때문에 뱀의 오물과 악취는 내게 숨겨져 있었다. 한 마리 도마뱀의 교활함이 음탕스럽게 그곳을 기어다니고 있는 것도.

그래서 나는 그대들에게 가까이 다가갔다. 그때 나를 위해 날이 밝아왔다. 이제 그대들을 위해 날이 밝아오고 있다. 달의 정사는 끝난 것이다!

보라! 현장이 발각된 달이 창백하게 질려 저기 서 있다. 아침노을 앞에!

이미 붉게 타오르는 태양이 솟아오르고 있기 때문이다. 대지에 대한 **태양**의 사랑이 다가오고 있기 때문이다! 태양의 모든 사랑은 순수하며 창조적인 욕망이다!

보라, 태양이 얼마나 성급하게 바다를 건너오고 있는가를! 그대들은 태양의 사랑의 갈증과 뜨거운 입김을 느끼지 못하는가?

태양은 바다를 빨아들이고 싶어하며, 바다의 심연을 자신의 높이까지 들이마시려 한다. 이제 바다의 욕망은 천 개의 유방으로 부풀어오른다.

바다는 태양이 목말라 입맞춤하고 자신을 빨고자 한다. 바다는 대기가 되고, 높이가 되고, 빛의 길이 되고, 빛 그 자체가 되고자 한다!

진실로 나는 태양처럼 삶과 모든 깊은 바다를 사랑한다.

그리고 나는 이러한 것을 인식이라고 부른다. 모든 깊은 것이 나의 높이까지 올라와야 하는 것을!

차라투스트라는 이렇게 말했다.

학자들[38]

내가 누워 잠들어 있을 때, 한 마리의 양이 내 머리 위의 담쟁이덩굴로 만든 화환을 먹어버리고 나서 이렇게 말했다. "차라투스트라는 이미 학자가 아니다."

이렇게 말하고 양은 우악스럽고 의기양양하게 사라졌다. 한 어린아이가 그것을 내게 말해주었다.

나는 이곳 어린아이들이 놀고 있는 무너진 담벽 옆의 엉겅퀴와 빨간 양귀비꽃 사이에 누워 있기를 좋아한다.

어린아이들과 엉겅퀴, 빨간 양귀비꽃들에게 나는 여전히 학자이다. 그들은 악의를 품고 있을 때조차도 천진난만하다.

그러나 양들에게 나는 이미 학자가 아니다. 나의 운명이 그것을 원한

---

38) 실증적이고 분석적인 지식에 만족하는 학자들, 특히 철학이 없는 문헌학자들을 비판하는 내용이 담겨 있다.

다. 나의 운명이 축복받기를!

사실은 이렇기 때문이다. 나는 학자들의 집에서 뛰쳐나왔으며, 문을 쾅 닫아버렸다.

나의 영혼은 배가 고파 너무 오랫동안 그들의 식탁에 앉아 있었다. 나는 그들과 다르니 마치 호두를 까는 것처럼 지식을 깨치는 일에는 익숙하지 못하다.

나는 자유를 사랑하고 대지의 맑은 공기를 사랑한다. 나는 학자들이 누리는 존엄과 존경 위에서 잠드느니보다 차라리 황소가죽 위에서 잠들고자 한다.

나는 스스로의 사상 때문에 뜨겁게 불타고 있다. 그 때문에 나는 자주 숨막힐 지경이다. 그러므로 나는 먼지 낀 방에서 밖으로 나가지 않을 수 없다.

그러나 학자들은 서늘한 그늘 속에서 시원하게 앉아 있다. 그들은 무슨 일에서나 오직 방관자가 되고자 하며, 태양이 내리쬐는 계단에 앉지 않도록 조심한다.

거리에 서서 오가는 사람들을 멍청히 바라보는 사람들처럼 그들은 기다리며 남들이 생각해낸 사상을 멍하니 바라보기만 한다.

손으로 그들을 붙잡으면, 그들은 밀가루 부대처럼 반사적으로 먼지를 일으킨다. 그러나 그들이 일으키는 먼지가 곡식에서, 그리고 여름 들판의 황금빛 환희에서 생겨난 것임을 누가 짐작할 수 있겠는가?

그들이 현자인 체할 때, 그들의 보잘것없는 잠언과 진리가 나를 오싹하게 만든다. 그들의 지혜는 마치 늪 속에서 나온 것처럼 악취를 풍긴다. 그리고 사실 나는 그들의 지혜 속에서 개구리 울음소리까지 들어왔다!

그들은 노련하며 재간 있는 손가락을 갖고 있다. 그들의 다양함에 나의 단순함이 대적할 수 있겠는가! 그들의 손가락은 꿰매는 방법과 뜨개질하는 방법, 짜는 방법을 잘 알고 있다. 그리하여 그들은 정신의 양말을 짜내는 것이다!

그들은 훌륭한 시계이다. 그들의 태엽을 정확하게 감아주는 것만 유념하라! 그러면 그들은 충실하게 시간을 가리키며 조심스러운 소리를 낼 것이다.

그들은 방아처럼 일하며 찧어 부순다. 그들에게 곡식을 집어넣기만 하라! 그들은 곡식을 빻아 흰 가루로 만드는 방법을 알고 있다.

그들은 서로 가까이서 감시하며 서로 완전히 신뢰하지 못한다. 하찮은 술책에서는 독창적인 그들이 절름발이 지식인을 기다리고 있다. 그들은 거미처럼 기다리고 있다.

나는 그들이 항상 조심스럽게 그들의 독을 만드는 것을 보아왔다. 그때마다 그들은 유리로 만든 장갑을 끼고 있었다.

그들은 주사위로 사기도박을 하는 방법도 알고 있다. 나는 그들이 땀을 뻘뻘 흘리며 그 도박에 열중하는 것을 보았다.

우리는 서로 낯선 사이이며, 그들의 덕은 그들의 거짓과 부정한 주사위보다도 내 입맛에 더 맞지 않는다.

그래서 그들 사이에서 살 때 나는 그들 위에서 살았다. 그 때문에 그들은 나를 미워하게 되었다.

그들은 누군가가 자기들 머리 위에서 걸어 다니고 있다는 것을 알려고 하지 않았다. 그래서 그들은 그들의 머리와 나 사이에 나무와 흙더미, 오물을 쌓아놓았다.

이와 같이 그들은 내 발자국 소리가 들리지 않게 했다. 그후 지금까지 가장 많이 배운 학자들이 내 말을 가장 잘 듣지 않았다.

그들은 그들과 나 사이에 인간의 모든 과오와 약점을 끼워놓았으며—그들은 그것을 그들의 집에서 '방음판'이라 부른다.

그럼에도 불구하고 나는 나의 사상으로 그들의 머리 위를 걸어 다닌다. 비록 내가 스스로의 잘못을 딛고 걸어 다닌다 하더라도 나는 그들

위에 그리고 그들의 머리 위에 있을 것이다.

왜냐하면 인간은 평등하지 않기 때문이다. 정의는 그렇게 말한다. 그러므로 내가 원하는 것을 그들은 감히 원하지 못할 것이다!

차라투스트라는 이렇게 말했다.

시인들[39)]

"육체에 대해 더 잘 알게 된 이후부터 내게 정신은 정신의 상징에 불과하며, 모든 '영원한 것' 역시 내게는 하나의 비유에 지나지 않게 되었다." 차라투스트라는 한 제자에게 이렇게 말했다.

그러자 그 제자가 대답했다. "언젠가 나는 당신이 그렇게 말하는 것을 들은 적이 있습니다. 그때 당신은 '그러나 시인들은 거짓말을 너무 많이 한다'고 덧붙였습니다. 당신은 왜 시인들이 거짓말을 너무 많이 한다고 말씀하셨습니까?"

"왜냐고?" 차라투스트라가 말했다. "그대는 왜냐고 묻는가? 나는 '왜'라는 질문을 받을 사람이 아니다.

나의 체험이 어제의 것이었는가? 내 견해의 근거를 체험한 것은 훨씬 이전의 일이다.

내가 나의 모든 근거들을 간직하려 한다면 나는 기억을 저장하는 통이 되어야 하지 않겠는가?

나의 견해들을 간직하고 있는 것만도 내게는 힘겨운 일이다. 그래서 날아가버린 새들도 적지 않다.

---

39) 스스로도 시인인 차라투스트라는 시인과 자기 자신을 비꼰다. 시인은 일반적으로 낭만에 사로잡혀 진지한 사상, 곧 초인의 이념을 갖지 못한다는 사실을 비판한다.

그리고 가끔 나는 나의 비둘기장 속에서 다른 데서 날아든 낯선 새를 발견하기도 하는데, 이 새는 내가 그 위에 손을 얹으면 몸을 떠는 것이다.

그런데 전에 차라투스트라가 그대에게 무슨 말을 했는가? 시인들은 거짓말을 너무 많이 한다고 했던가? 그러나 차라투스트라 또한 시인이다.

그대는 차라투스트라가 진실을 말했다고 믿는가? 어찌하여 그대는 그것을 믿고 있는가?"

제자가 대답했다. "나는 차라투스트라를 믿습니다." 그러나 차라투스트라는 고개를 가로저으며 미소를 지었다.

그는 말했다. 믿음은 나를 행복하게 하지 못한다. 특히 나에 대한 믿음은 더욱 그렇다.

그러나 누군가가 매우 진지하게 시인들은 거짓말을 너무 많이 한다고 했다면, 그의 말이 옳다. 우리는 거짓말을 너무 많이 한다.

사실 우리는 아는 것이 너무 적고, 배운 것도 부족하다. 이 때문에 우리는 거짓말을 하지 않을 수 없는 것이다.

우리 시인들 중에서 자기가 만든 포도주에 불순물을 타지 않는 자가 있겠는가? 우리의 창고에서 유독한 혼합주들이 많이 만들어져 왔으며, 그곳에서 형언할 수 없는 일들이 많이 행해져왔다.

그리고 우리는 아는 것이 거의 없고 그 때문에 정신이 가난한 자들은 우리의 마음을 기쁘게 한다. 그들이 젊은 여자들일 때는 더욱 그렇다.

그리고 늙은 여자들이 밤에 주고받는 이야기까지도 우리는 호기심을 느낀다. 우리는 그것을 우리 자신에 있는 '영원히 여성적인 것'이라고 부른다.

그리고 마치 뭔가를 배우는 사람들에게는 닫혀 있는, 지식으로 통하는 특별한 비밀통로가 있기라도 한 듯 우리는 민중과 민중의 '지혜'를 믿는다.

그러나 모든 시인들은 믿고 있다. 풀밭이나 한적한 언덕 위에 누워 귀를 기울이며 하늘과 땅 사이에 존재하는 여러 가지 사물에 대해 뭔가를 배울 수 있다고.

그리하여 시인들은 달콤한 감정에 사로잡히게 되면 자연 자체가 자기들을 연모하고 있다고 항상 생각하는 것이다.

그리고 그들은 자연이 자기들의 귀에 비밀과 사랑의 말들을 속삭인다고 생각하며, 모든 사람들 앞에서 그것을 떠벌리고 자랑한다!

아, 하늘과 땅 사이에 오직 시인들만 꿈꿀 수 있는 것들이 많기도 하다!

물론 하늘 위에도 그렇다. 왜냐하면 모든 신들은 시인들의 비유이며 시인들의 궤변이기 때문이다.

진실로 우리는 항상 위로 끌려간다, 구름의 나라로. 우리는 그 구름 위에 가지각색의 헛껍데기(Balg)들을 올려놓고 그것을 신이며 초인이라고 부르는 것이다.

그들은 바로 그런 공허한 자리에 앉기에 알맞을 만큼 가볍지 않은가! 이들 모든 신들과 초인들은.

아, 나는 사실로 간주되는 모든 허황한 일들에 얼마나 지쳐버렸는가! 아, 나는 시인들에게 얼마나 지쳐버렸는가!

차라투스트라가 이렇게 말했을 때 그의 제자는 화가 났지만 잠자코 있었다. 차라투스트라 또한 잠자코 있었다. 그의 눈은 마치 먼 곳을 바라보듯 내면을 향해 있었다. 마침내 그는 한숨을 내쉬다가 다시 숨을 크게 들이마셨다.

그는 말했다. 나는 오늘에 속해 있으며 또한 과거에 속해 있다. 나의 내부에는 그러나 내일과 모레, 미래에 속하는 그 무엇이 들어 있다.

나는 시인들에게 지쳐버렸다. 옛 시인이나 새로운 시인이나. 나에게 그들은 모두가 피상적인 인간들이며 얕은 바다이다.

그들은 충분하게 생각하지 않는다. 그래서 그들의 감정은 밑바닥까지 가라앉지 않았다.

얼마간의 음욕과 얼마간의 권태, 이것이 이제까지 그들이 생각하는 최상의 것이었다.

그들의 하프 켜는 소리는 나에게 유령들의 기침 소리나 숨소리로 들린다. 그들은 지금까지 음조의 열정에 대해 무엇을 알고 있었던가!

그들은 또한 깨끗하지도 않다. 그들은 모두 자기의 물이 깊게 보이도록 물을 흐려놓는다.

그들은 그런 식으로 자신들을 조정자로 자처하려 한다. 그러나 내가 보기에 그들은 중개자, 간섭자이며 어중간한 자들이고 불순한 자들일 뿐이다!

아, 진실로 나는 나의 그물을 그들의 바다 속에 던져넣고 훌륭한 고기를 잡으려 했지만. 그러나 나는 항상 낡은 신의 머리만 건져 올렸다.

이와 같이 바다는 굶주린 자에게 돌멩이를 주었다. 그렇다면 시인들 또한 바다에서 태어난 자들이 아닐까.

분명 그들에게서는 진주가 발견된다. 그들은 그만큼 딱딱한 조개를 닮은 것이다. 때때로 나는 그들에게서 영혼 대신에 짜디짠 점액을 발견했다.

그들은 또한 바다로부터 허영심도 배웠다. 바다는 공작 중의 공작이 아닌가?

바다는 가장 흉한 물소 앞에서까지도 꼬리를 펴 보인다. 바다는 은과 비단으로 수놓인 공작의 날개 같은 부채에 결코 싫증을 느끼지 않는다.

물소는 건방지게 그것을 바라본다. 물소의 영혼은 모래에 가깝고 덤불에 더 가까우며 늪에 가장 가깝다.

아름다움과 바다, 공작의 장식이 물소에게 무엇이란 말인가! 나는 이 비유를 시인들에게 말한다.

진실로 그들의 정신이야말로 공작 중의 공작이며 허영의 바다인 것이다!

시인의 정신은 관객을 원한다. 그 관객이 물소라 할지라도!

그러나 나는 시인의 정신에 지쳐버렸다. 그리고 나는 시인의 정신이 자기 자신에게 싫증을 느낄 때가 다가오고 있음을 보고 있다.

나는 이미 시인들이 변질한 것을 보았고 자기 자신에게 시선을 돌리는 것을 보았다.

나는 정신의 참회자들이 오는 것을 보았다. 그들은 시인들로부터 생겨난 것이다.

차라투스트라는 이렇게 말했다.

큰 사건들[40]

바다 속에 섬 하나가 있고—차라투스트라의 '행복한 섬'으로부터 그다지 멀지 않은 곳에—그 섬에는 화산 하나가 끊임없이 연기를 뿜어내고 있다. 사람들, 특히 늙은 여인들은 이 섬이 저승의 문 앞에 바위 덩어리처럼 놓여 있으며, 화산 속의 좁은 길이 아래로 통해 있어 그 길을 따라 내려가면 저승의 문에 이른다고 말한다.

차라투스트라가 '행복한 섬'에 머물고 있을 때, 연기를 내뿜는 산이 있는 그 섬에 한 척의 배가 닻을 내렸다. 그리고 그 배의 선원들은 토끼를 사냥하기 위해 상륙했다. 그런데 정오쯤 선장과 그 부하들이 다시 모였을 때, 그들은 갑자기 공중에서 한 사내가 그들을 향해 다가오는

---

40) 불개는 혁명적인 사회주의를 상징한다. 불개의 비유를 통해서 차라투스트라는 대중이 중심이 되는 교회와 국가 등을 배격하고 초인의 사상을 실현해가는 귀족주의를 예찬한다.

것을 보았다. 그리고 "때가 왔다! 지금이 바로 그때이다!"라는 목소리가 분명하게 들려왔다. 그러나 그들에게 가까이 접근했을 때 그 모습은 그림자처럼 재빨리 화산 쪽으로 사라져버렸다. 그들은 그가 차라투스트라임을 알고 깜짝 놀랐다. 선장을 제외한 그들 모두는 일찍이 차라투스트라를 만난 적이 있으며, 그들도 일반사람들처럼 사랑과 두려움으로 차라투스트라를 사랑했기 때문이다.

"보라! 저기 차라투스트라가 지옥으로 가고 있다!" 늙은 키잡이가 말했다.

선원들이 화산섬에 상륙한 것과 때를 같이해 차라투스트라가 모습을 감췄다는 소문이 퍼졌다. 그래서 사람들이 그의 친구들에게 물었더니, 그들은 그가 어디로 여행하겠다는 말도 없이 밤중에 배를 탔다고 말했다.

그리하여 그들 사이에 동요가 일어났으며, 사흘 뒤에는 이 동요에 선원들의 이야기가 덧붙여졌다. 그리하여 모든 사람들은 악마가 차라투스트라를 끌고 갔다고 말했다. 물론 차라투스트라의 제자들은 이 소문을 비웃었다. 제자들 중의 어떤 사람은 "오히려 나는 차라투스트라가 악마를 끌고 갔다고 생각한다"라고까지 말했다. 그러나 제자들은 저마다 영혼의 밑바닥까지 걱정과 그리움으로 가득 차 있었다. 그래서 차라투스트라가 다섯째 날 그들 사이에 나타났을 때, 그들은 크게 기뻐했다.

다음은 차라투스트라가 불개와 주고받은 대화의 내용이다.

차라투스트라는 말했다. 대지는 피부를 갖고 있으며, 그 피부는 여러 가지 병을 앓고 있다. 예컨대 이 병들 가운데 하나는 '인간'이라 불린다.

그리고 이 병들 가운데 다른 하나는 '불개'라 불리며, 이 불개에 대해 사람들은 많이 속이고 또 속아 넘어갔다.

이 비밀을 밝히기 위해 나는 바다를 건너갔다. 그리하여 나는 벌거벗은 진실을 보았다! 정말 발끝에서 목까지 벌거벗은 진실을.

이제 나는 불개에 대한 모든 것을 알고 있으며, 또한 늙은 여인들뿐만 아니라 모두 두려워하는 혁명적이면서도 파괴적인 모든 악마들에 대해서도 알고 있다.

나는 외쳤다. "불개여. 나오라, 그대의 심연으로부터! 그리고 그 심연이 얼마나 깊은지 고백하라! 그대가 뿜어내는 것은 어디서 오는가?

그대는 바닷물을 흠뻑 들이마신다. 소금 먹은 그대의 수다가 그것을 말해준다! 진실로 심연의 개인 그대는 옅은 것에서 너무 많은 영양을 섭취한다!

나는 그대를 기껏해야 대지의 복화술사(Bauchredner)로 생각한다. 그리고 파괴적이고도 혁명적인 악마들이 이야기하는 것을 들을 때마다 나는 항상 그들이 그대를 닮아 짜디짜고, 거짓말을 잘하고, 천박하다는 것을 발견했다.

그대는 울부짖는 방법을 알고 재를 뿌려 어둡게 하는 방법도 알고 있다! 그대는 최고의 허풍쟁이이며 진흙을 끓게 만드는 기술을 충분히 익혔다.

그대의 주위에는 항상 진흙이 있어야 하며, 또 해면체 같은 것, 속이 비어 있는 것, 강제로 속박된 것이 많이 있어야 한다. 그것은 자유로워지기를 원한다.

그대는 무엇보다도 즐거이 '자유'를 울부짖고자 한다. 그러나 수많은 울부짖음과 연기가 '큰 사건들'을 에워쌀 때마다 나는 그 사건에 대한 신뢰를 잃어버리곤 했다.

지옥의 소란 같은 친구여, 내가 하는 말만 믿어라! 최대의 사건들, 그것은 우리의 가장 소란스러운 때가 아니라 가장 조용한 때이다.

새로운 소란의 발명자가 아니라 새로운 가치의 창조자 주위를 세계는 회전한다. 세계는 소리 없이 회전한다.

고백하라! 그대의 소란과 연기가 사라졌을 때 아무 일도 일어나지 않았다는 것을. 도시가 미라가 되고, 입상이 진흙 속에 쓰러져 있은들 그것이 무슨 문제인가!

나는 입상을 뒤집어엎는 자들에게 이렇게 말한다. 소금을 바다에 던지고 입상을 진흙 속에 던지는 것은 가장 어리석은 짓이리라.

입상은 그대들이 경멸하는 진흙 속에 쓰러져 있다. 그러나 경멸 속에서 다시 생명과 생생한 아름다움이 생겨나는 것, 그것이야말로 입상의 법칙인 것이다!

이제 입상은 더욱 성스러운 얼굴을 하고 슬픔에 찬 매혹적인 모습으로 다시 일어선다. 그리고 진실로! 입상은 그대들이 자기를 뒤집어엎은 데 대해 그대들에게 감사해할 것이다. 그대 뒤집어엎은 자들이여!

그러나 나는 왕과 교회, 그리고 노쇠하여 덕이 쇠퇴한 모든 것들에게 이렇게 충고한다. 그대 자신들을 뒤집어엎어라! 그러면 그대들은 다시 생명을 얻게 되리라. 그리고 그대들에게 덕이 다시 찾아오리라!"*

나는 불개에게 이렇게 말했다. 그러자 불개는 뾰로통해서는 내 말을 가로막고 물었다. "교회라고? 그것은 무엇인가?"

나는 대답했다. "교회? 그것은 일종의 국가이다. 그것도 가장 기만적인 국가이다. 그러나 조용히 하라, 그대 위선적인 개여! 그대는 분명 그같은 속임수를 알고 있을 것이다!

국가는 그대와 마찬가지로 위선적인 개이다. 국가는 그대와 마찬가지로 연기와 울부짖음으로 말하기를 좋아한다. 그대와 마찬가지로 그것이 사물의 뱃속에서 우러나오는 말이라는 것을 믿게 하기 위해.

---

* 왕과 교회가 혁명에 의해서가 아니라 스스로의 모순으로 무너져야 한다는 의미이다.

왜냐하면 국가는 지상에서 가장 중요한 동물이기를 철저하게 원하기 때문이다. 그리고 사람들도 국가를 그런 것으로 믿고 있다."

내가 말을 마치자 불개는 질투에 못 이겨 미친 듯이 날뛰었다. 불개가 외쳤다. "뭣이라? 지상에서 가장 중요한 동물이라고? 그리고 사람들도 국가를 그런 것으로 믿고 있다고?" 그러면서 불개의 목구멍에서 많은 입김과 소름 끼치는 비명 소리가 터져나왔고 불개는 분노와 질투로 인해 금방이라도 질식해버릴 것 같았다.

마침내 그는 조용해졌으며 그의 헐떡임도 그쳤다. 그가 조용해지자 나는 웃으며 말했다.

"불개여, 화를 내고 있구나. 내 말이 옳지 않으냐.

내 말이 옳다는 것을 확인하기 위해 다른 불개에 관한 이야기를 들어보아라. 그 불개는 참으로 대지의 심장으로부터 말한다.

그의 입김은 황금과 황금의 비를 토해낸다. 그의 심장이 그것을 원한다. 재와 연기, 뜨거운 진흙이 그에게 무엇이란 말인가!

그에게서 너털웃음이 오색구름처럼 피어난다. 그는 그대의 어물거리는 소리와 구토, 내장의 고통을 역겨워한다!

그러나 황금과 웃음, 그것을 그는 대지의 심장으로부터 꺼낸다. 왜냐하면 대지의 **심장은 황금으로 되어** 있기 때문이다. 그대도 알고 있는 것처럼."

이렇게 되자 불개는 더 이상 내 말을 들을 수 없었다. 그는 부끄러워 꼬리를 감추고 작은 소리로 멍멍 짖어대면서 자기의 굴속으로 기어들어가 버렸다.

차라투스트라의 이야기는 이러했다. 그러나 그의 제자들은 그의 이야기에 거의 귀를 기울이지 않았다. 선원들과 토끼들, 하늘을 날아다니는 사내에 관해 이야기하고 싶은 욕망이 강했기 때문이다.

차라투스트라는 말했다. "그 일을 어떻게 생각해야 할까! 그렇다면 내가 유령이란 말인가?

그러나 그것은 나의 그림자였을 것이다. 그대들은 나그네와 그의 그림자에 관해 어떤 것을 들은 적이 있지 않은가?

그런데 이것만은 분명하다. 나는 그 그림자를 더 단단히 붙잡아두어야 한다——그렇지 않으면 그 그림자는 나의 명성을 더럽힐 것이다."

이렇게 말하고 나서 차라투스트라는 다시 한 번 머리를 좌우로 흔들며 의아하게 생각했다. "그것을 어떻게 생각해야 할까!" 그는 다시 말했다.

"도대체 그 유령은 왜 '때가 왔다! 지금이 바로 그때이다!'라고 외쳤을까?

도대체 무엇을 위한——최고의 때란 말인가?"

차라투스트라는 이렇게 말했다.

예언자[41]

"그리하여 나는 큰 슬픔이 인류에게 닥쳐오는 것을 보았다. 가장 훌륭한 사람들이 자기들의 일에 지쳐버렸다.

하나의 가르침이 퍼졌으며, 그와 함께 하나의 믿음이 퍼져나갔다. '모든 것이 공허하며, 모든 것이 동일하며, 모든 것이 지나가버린다!'

그리하여 모든 언덕에서 메아리친다. '모든 것이 공허하고, 모든 것이 동일하며, 모든 것이 지나가버린다!'

우리는 분명 수확을 했다. 그런데 어찌하여 우리의 열매는 모두 썩어 갈색으로 변해버렸는가? 어젯밤에 사악한 달에서 떨어진 것은 무엇

---

41) 예언자는 염세주의를 가르치는 철학자를 상징한다. 염세주의 철학자인 쇼펜하우어의 영향을 받은 니체는 그것을 극복하는 것이 가장 어렵고도 중요한 과제라고 생각한다.

인가?

우리의 모든 일은 공허한 것이 되었고, 우리의 포도주는 독약으로 변했으며, 사악한 눈빛이 우리의 들판과 심장을 노랗게 태워버렸다.

우리는 모두 말라버렸다. 그러므로 불덩이가 우리 위에 떨어지면 우리는 재처럼 흩어지리라. 그렇다, 우리는 불 자체까지 지치게 만들었다.

샘은 모두 말라버렸으며, 바다조차 뒤로 물러나고 말았다. 바닥이 모두 갈라지려 하지만 그 심연은 삼키려 하지 않는다!

'아, 사람이 빠져죽을 수 있는 바다가 아직도 남아 있는가?' 우리의 탄식 소리가 이렇게 울려퍼진다, 얕은 늪을 가로질러.

진실로 우리는 너무 지쳐버려 죽을 기력조차 없다. 그러니 우리는 정신을 차리고 계속해서 살아가도록 하자, 무덤 속에서라도!"

차라투스트라는 어떤 예언자가 이렇게 말하는 것을 들었다. 그 예언자의 말은 차라투스트라의 가슴에 와 닿았고 차라투스트라를 변화시켰다. 차라투스트라는 슬픔에 잠긴 채 지친 몸으로 이리저리 돌아다녔다. 결국 그는 예언자가 말한 사람들처럼 되어버렸다.

그는 제자들에게 말했다. 진실로 머지않아 긴 황혼이 우리 곁으로 다가온다. 아, 그러면 나는 어떻게 나의 빛을 보존해야 하는가!

나의 빛이 이 슬픔 속에서 질식하지 않기를! 그것은 더 먼 세계를 비추는, 가장 먼 밤을 비추는 빛이어야 한다!

차라투스트라는 마음속으로 이렇게 슬퍼하면서 돌아다녔다. 그는 사흘 동안 식음을 전폐하고, 휴식도 취하지 않고, 말도 잃어버렸다. 그러다가 마침내 그는 깊은 잠에 빠져버렸다. 그러자 그의 제자들은 긴 밤을 지새우면서 그의 주위에 앉아 그가 잠에서 깨어나 다시 말하고, 그 고뇌에서 벗어나기를 애타게 기다리고 있었다.

다음은 차라투스트라가 깨어났을 때 한 말이다. 그러나 제자들에게는 그 목소리가 매우 먼 데서 들려오는 것 같았다.

내가 꾼 꿈이야기를 들어보라, 친구들이여. 그리고 그 꿈의 해몽을 도와다오!

이 꿈은 나에게 아직도 하나의 수수께끼이다. 그 의미는 꿈속에 감추어져 있으며 갇혀 있어 아직 자유로운 날개를 펴고 그 위를 날지 못한다.

나는 모든 삶을 단념하는 꿈을 꾸었다. 나는 쓸쓸한 죽음의 산성(山城)에서 밤을 지키는 자, 무덤을 지키는 자였다.

그 산 위에서 나는 죽음의 관들을 지키고 있었다. 곰팡내 나는 둥근 천장들은 죽음의 승리를 나타내는 표지들로 가득했다. 유리관 속에서 극복된 삶이 나를 바라보고 있었다.

나는 먼지로 뒤덮인 영원의 향기를 맡고 있었다. 나의 영혼은 무더운 열기와 먼지에 뒤덮인 채 누워 있었다. 그런 곳에서 자기 영혼이 숨쉬게 할 수 있는 사람이 어디 있겠는가!

한밤중의 밝음이 나를 둘러싸고 있었으며, 그 옆에 고독이 웅크리고 앉아 있었다. 그리고 세 번째로 나의 가장 나쁜 친구인 죽음의 고요가 임종의 거친 숨소리를 내고 있었다.

나는 모든 열쇠 중에서 가장 녹슨 열쇠를 갖고 있었다. 그리고 나는 그 열쇠로 가장 삐걱거리는 문을 열 수 있었다.

문이 열렸을 때, 까마귀의 울음 같은 기분 나쁜 소리가 뒤로 뻗은 긴 복도에 울려퍼졌다. 그 새는 사납게 울어댔다. 그 새는 잠에서 깨어나기를 원치 않았던 것이다.

그러나 그 새가 다시 잠잠해져 주위가 조용해지고 내가 이 불길한 침묵 속에 혼자 앉아 있자 나는 더욱 무섭고 가슴이 조여들었다.

내게는 시간이 이렇게 지나갔으며 살금살금 도망쳐버렸다. 시간이라는 게 도대체 존재한다면 말이다. 그런데 내가 시간에 대해 무엇을 알겠는가! 그러나 마침내 나를 깨어나게 한 일이 일어났다.

우레 같은 문 두드리는 소리가 세 번 들려왔다. 둥근 천장이 울렸고 세 번이나 울부짖었다. 나는 문으로 다가갔다.

알파(Alpa)! 나는 외쳤다. 자신의 잿더미를 산으로 운반하는 자는 누구인가? 알파! 알파! 자신의 잿더미를 산으로 운반하는 자는 누구인가?

그리고 나는 열쇠를 돌리며 몸으로 힘껏 문을 밀었다. 그러나 문은 손가락만큼도 열리지 않았다.

그때 일진광풍이 문을 활짝 열어젖혔다. 광풍은 귀를 찢을 듯한 요란한 소리를 내며 검은 관 하나를 내게 집어던졌다.

광풍이 울부짖으며 요란한 소리를 내는 사이에 그 관은 산산이 부서져 천 개의 요란한 웃음소리를 토해냈다.

그러자 어린아이들, 천사들, 올빼미들, 바보들, 어린아이만큼 큰 나비들로 이루어진 천 개의 찡그린 얼굴이 큰 소리로 웃어대며 나를 조롱하고 나를 향해 울부짖었다.

그 때문에 나는 새파랗게 질려서 바닥에 넘어졌으며 겁에 질려 일찍이 없었던 큰 소리를 질렀다.

그러자 나는 나 자신의 고함 소리에 잠에서 깨어났다. 그리고 나는 정신을 되찾았다.

차라투스트라는 이렇게 자기의 꿈이야기를 하고 입다물었다. 그는 아직 그 꿈의 의미를 알 수 없었기 때문이다. 그런데 그의 가장 사랑하는 제자가 벌떡 일어나 차라투스트라의 손을 덥석 움켜잡으며 말했다.

"오, 차라투스트라여. 당신의 삶 자체가 그 꿈을 우리에게 설명해주고 있습니다!

당신 자신이야말로 요란한 소리를 내며 죽음의 성문을 활짝 열어젖힌 바람이 아닙니까?

당신 자신이야말로 삶의 다채로운 악의와 천사의 찌푸린 얼굴들로 가득 찬 관이 아닙니까?

진실로 차라투스트라는 어린아이들이 웃는 천 겹의 웃음소리처럼 모든 무덤 속으로 들어가고 있습니다. 밤을 지키는 자들과 무덤을 지키는 자들, 불길한 열쇠 꾸러미를 쩔렁거리는 자들을 비웃으면서.

당신은 당신의 웃음소리로 그들을 두려움에 떨게 하고 그들을 압도할 것입니다. 당신의 실신과 깨어남은 당신의 위력을 그들에게 증명할 것입니다.

삶의 대변자여, 긴 황혼과 죽음에 대한 권태가 찾아올지라도 당신은 결코 우리의 하늘에서 몰락하지 않을 것입니다!

당신은 이제까지 우리에게 새로운 별들과 새로운 밤의 영광을 보여 주었습니다. 진실로 당신은 마치 형형색색의 천막처럼 우리의 머리 위에 웃음을 펼쳐놓았습니다.

이제부터는 어린아이들의 웃음소리가 항상 관으로부터 흘러나올 것입니다. 이제부터는 강한 바람이 죽음의 권태를 향해 항상 도도하게 불어 닥칠 것입니다. 당신 자신이 그에 대한 보증이며 예언자입니다!

진실로 당신은 **그들을 꿈꾼** 것입니다, 당신 적들의 꿈을. 그것은 당신의 가장 힘든 꿈이었습니다.

그러나 당신이 그들의 꿈에서 깨어나 당신 자신으로 돌아온 것처럼 그들도 자신들의 미몽에서 깨어나 당신에게로 올 것입니다!"

그 제자는 이렇게 말했다. 그러자 다른 제자들도 모두 차라투스트라의 주위에 몰려들어 그의 양손을 붙잡고, 침상에서 일어나 슬픔을 떨쳐버리고 자기들에게 돌아오라고 설득하려 했다. 그러나 차라투스트라는 낯선 눈길로 자기의 침상 위에 똑바로 앉아 있었다. 그는 마치 낯선 곳에 오랫동안 머물러 있다가 고향으로 돌아온 사람처럼 제자들의 얼굴을 유심히 살펴보았지만 아직도 제자들을 알아보지 못했다. 그러나 그들이 그를 일으켜세웠을 때 보라, 그의 눈빛이 갑자기 변했다. 그는 이제까지 일어났던 모든 일들을 이해하고는 수염을 쓰다듬으며 힘찬 목소리로 말했다.

"자 이제 때가 되었다, 제자들이여. 좋은 향연을 베풀자, 어서! 그리하여 나는 악몽을 씻어버리려 한다!

나는 저 예언자로 하여금 내 곁에서 먹고 마시게 하리라. 그리하여 진실로 나는 그가 빠져죽을 수 있는 바다를 그에게 보여주리라!"

차라투스트라는 이렇게 말했다. 말을 마치고 나서 그는 꿈을 해몽한 제자의 얼굴을 한동안 유심히 들여다보면서 고개를 흔들었다.

구제[42]

차라투스트라가 어느 날 큰 다리를 건너갈 때 불구자인 거지들이 그를 에워쌌다. 그러자 한 꼽추가 그에게 이렇게 말했다.

"보라, 차라투스트라여! 민중도 당신에게 배우며 당신의 가르침에 대한 믿음을 갖고 있다. 그러나 민중으로 하여금 완전히 당신을 믿게 하기 위해서는 아직도 해야 할 일이 한 가지 남아 있다. 당신은 먼저 우리 불구자들을 설복해야 한다! 지금 이곳 당신 앞에는 선발된 훌륭한 무리가 있다. 당신은 놓쳐서는 안 될 좋은 기회를 잡은 것이다! 당신은 장님을 눈뜨게 할 수도 있고, 절름발이를 걷게 할 수도 있으며, 짐을 너무 많이 진 자의 짐을 덜어줄 수도 있을 것이다. 그것이야말로 불구자들로 하여금 차라투스트라를 믿게 하는 올바른 방법이다!"

---

42) 의지는 과거에 의해 제한받는다. 왜냐하면 과거는 의지에 의해 되돌릴 수 없기 때문이다. 이러한 제한으로부터 벗어날 수 있는 사상으로 차라투스트라는 영겁회귀를 생각한다. 그러나 그것은 논리적으로 가능한 사상이 아니고 꿈속에서 체험되는 신비적인 수수께끼이므로 그것을 암시하는 것으로 만족하는 내용이 담겨 있다.

그러자 차라투스트라는 이렇게 대답했다. 꼽추에게서 등의 혹을 떼어내는 것은 바로 그의 정신을 빼앗는 것이다. 민중은 이렇게 가르치고 있다. 만일 장님에게 눈을 돌려준다면 그는 지상의 나쁜 일들을 너무 많이 보게 되어 자기의 눈을 고쳐준 사람을 저주하게 될 것이다. 절름 발이를 걷게 하는 자는 그에게 가장 큰 해를 끼치는 자가 되는 것이다. 왜냐하면 걸어 다니게 되자마자 그의 악덕이 그를 동반할 것이기 때문이다. 민중은 불구자들에 대해 이렇게 가르치고 있다. 그리고 만일 민중이 차라투스트라로부터 배운다면, 어찌하여 차라투스트라가 민중으로부터 배워서는 안 되는가?

인간 사이에서 지낸 이후 내가 본 지극히 사소한 것들이 있다. "어떤 사람에게는 한쪽 눈이 없고, 어떤 사람에게는 한쪽 귀가 없고, 어떤 사람에게는 한쪽 다리가 없다. 또 혀나 코나 머리를 잃어버린 사람들도 있다."

나는 그보다 더 나쁜 일들을 보아왔으며, 지금도 보고 있다. 너무 끔찍스러워 하나하나 말하고 싶지 않으나 그들 중 일부에 관해서는 그냥 지나칠 수도 없다. 다시 말하면 한 가지만 지나치게 많이 가지고 있으며 그 밖의 것들은 하나도 갖고 있지 않은 인간들—하나의 커다란 눈, 하나의 커다란 입, 하나의 커다란 배 혹은 하나의 커다란 그 무엇에 불과한 인간들—나는 그들을 거꾸로 된 불구자라고 부른다.

그리하여 내가 나 자신의 고독에서 빠져나와 처음으로 이 다리를 건너갔을 때, 나는 내 눈을 의심했다. 나는 보고 또 보고 나서 마침내 말했다. "저것은 하나의 귀다! 인간만큼 큰 귀다!" 나는 더욱 자세히 살펴보았다. 그런데 실로 그 귀 밑에서 가엾을 정도로 작고 빈약하고 깡마른 무엇이 움직이고 있었다. 그리고 정말로 그 거대한 귀는 작고 메마른 줄기 위에 얹혀 있었다—그런데 그 줄기는 사람이었다! 확대경이 있었다면 질투심에 불타는 조그만 얼굴을 알아볼 수 있었고 교만한 작은 영혼이 줄기에 매달려 있는 것도 볼 수 있었을 것이다. 그러나 그 커다란 귀는 인간일 뿐만 아니라 위대한 인간이며 천재라고 민중은 내게 말해주었다. 그러나 민중이 위대한 인간에 대해 말할 때, 나는 결코 그들의 말을 믿지 않는다. 그리하여 나는 그 커다란 귀가 한 가지만 너무 많이 갖고 있으며 그 밖의 것들은 거의 갖지 못한 거꾸로 된 불구자라는 확신을 갖게 되었다.

꼽추와 꼽추를 자기들의 입이며 대변자로 삼고 있는 자들에게 이렇게 이야기한 후 차라투스트라는 몹시 불쾌한 표정으로 제자들을 돌아보고 말했다.

친구들이여, 진실로 인간 사이를 걸어 다니는 것은 마치 인간의 살조각과 팔다리 사이를 걸어 다니는 것 같구나!

도살장이나 전쟁터를 뒤덮고 있는 것처럼 산산이 부서진 채 널려 있는 인간을 본다는 것은 내게는 무서운 일이다.

내 눈이 현재로부터 과거로 도망칠 때에도 내가 발견하게 되는 것은 항상 똑같다. 인간이 아니라 조각들과 팔다리와 무서운 우연들인 것이다!

지상에서의 현재와 과거—아! 친구들이여—그것이 나의 가장 견디기 어려운 것이다. 만일 내가 앞으로 와야 할 것에 대한 예견자가 아니었다면 나는 어떻게 살아야 할지 모르는 것과 같았을 것이다.

한 사람의 예견자, 한 사람의 욕구자, 한 사람의 창조자, 미래 그 자체와 미래로 향하는 다리, 아, 그리고 이 다리 옆에 있는 한 사람의 불구자. 이 모든 것이 차라투스트라이다.

그대들까지도 자신에게 종종 질문을 던지곤 했다. "우리에게 차라투스트라는 누구인가? 우리는 그를 무엇이라고 불러야 하는가?" 그리고 그대들은 나와 마찬가지로 그대들 자신의 물음을 물음으로 답한다.

그는 약속하는 자인가, 아니면 그것을 이행하는 자인가? 정복자인가,

아니면 세습자인가? 수확물인가, 아니면 쟁기의 날인가? 의사인가, 아니면 회복되어가는 환자인가?

그는 시인인가, 아니면 현실주의자인가? 해방시키는 자인가, 아니면 구속하는 자인가? 선량한 자인가, 아니면 악한 자인가?

나는 인간들 사이를 미래의 조각들 사이에서처럼 걸어 다닌다. 내가 바라보고 있는 미래의.

조각이며, 수수께끼이며, 두려운 우연인 모든 것들을 하나로 짜 맞추는 것이야말로 나의 예술이며 목적이다.

그리고 만일 인간이 시인, 수수께끼를 푸는 자, 우연을 구제하는 존재가 아니라면, 내가 어떻게 인간임을 견딜 수 있겠는가!

과거를 구제하고 '그랬다'를 '그렇게 하려 했다!'로 변화시키는 것, 그것이 비로소 내게는 구원이어야 한다!

의지(Wille), 그것은 해방시키는 자, 기쁨을 가져다주는 자를 일컫는 말이라고 나는 그대들에게 가르쳐왔다, 친구들이여! 그러나 이제 이것 또한 배우라, 의지 자체는 아직도 갇힌 자라는 것을.

의욕(wollen)은 해방시켜준다. 그러나 이 해방시키는 자에게까지도 족쇄를 채우는 것은 무엇인가?

'그랬다'는 의지의 이빨을 떨게 하는 것이고 가장 고독한 슬픔이다. 의지는 이미 행해진 일에 대항할 기력이 없으며, 지난 모든 일들을 바라보는 성난 방관자인 것이다.

의지는 자기가 하고 싶었던 것을 되돌릴 수 없다. 시간과 시간의 욕구를 깨뜨릴 수 없는 것, 그것이 의지의 가장 고독한 슬픔인 것이다.

의욕은 해방시켜준다. 의지는 자신의 고통으로부터 도망치기 위해, 자신의 감옥을 조롱하기 위해 어떤 궁리를 하는가?

아, 갇힌 자들은 바보가 되고 마는 것이다! 갇힌 의지 또한 어리석은 방법으로 자신을 해방시키려 한다.

시간이 거꾸로 흐르지 않는 것, 그것이 의지의 통한이다. '지나간 것'—그것은 의지가 굴릴 수 없는 돌이다.

그리하여 의지는 원한과 불만에 싸여 돌들을 굴리고, 자기처럼 원한과 불만을 느끼지 않는 것에 복수를 한다.

그리하여 해방자인 의지는 가해자가 된다. 그리고 고통을 느낄 수 있는 모든 것에게 복수를 한다. 되돌릴 수 없기에.

시간과 '그랬다'에 대한 의지의 반감, 그것은 바로 **복수** 자체이다.

진실로 우리의 의지 속에는 커다란 어리석음이 도사리고 있다. 그리고 이 어리석음이 정신을 배웠다는 것은 모든 인류에게 저주가 되었다!

친구들이여, **복수**의 정신이야말로 이제까지 인간의 주된 관심사였다. 그리하여 고통이 있는 곳에는 항상 징벌이 있어야 했다.

'징벌'—복수는 자신을 그렇게 부른다. 거짓말로써 양심의 가책을 가장하는 것이다.

의욕하는 자는 그 의욕을 되돌릴 수 없다는 고통을 간직하고 있으며 그 때문에 의욕 그 자체와 모든 삶은 징벌일 수밖에 없는 것이다!

그리하여 정신 위에는 구름이 겹겹이 몰려오고, 마침내 광기가 설교하기에 이르렀다. "모든 것은 사라져간다. 그러므로 모든 것은 사라질 만한 가치가 있다!"

"자기의 자식들을 삼켜버리는 시간의 법칙, 그것이야말로 정의이다." 광기는 이렇게 설교했다.

"사물은 정의와 징벌에 따라 도덕적으로 질서가 잡혀 있다. 오, 모든 사물이 흐른다는 법칙으로부터, '존재'라는 형벌로부터 벗어날 수 있는 곳은 어디에 있는가?" 광기는 이렇게 설교했다.

"영원한 정의가 존재할 때, 구원이 존재할 수 있을까? 아, '그랬다'라는 돌을 멀리 굴려버릴 수가 없다. 모든 형벌도 영원할 수밖에 없는 것이다!" 광기는 이렇게 설교했다.

"어떤 행위도 폐기될 수는 없다. 이미 행해진 행위가 어떻게 징벌에 의해 행해지지 않은 것이 될 수 있겠는가? 현존 또한 영원히 반복되는 행위이며, 죄일 수밖에 없다—그것이 바로 '현존'이라는 형벌의 영원성이다!"

"의지가 마침내 자기 자신을 구원하고 의욕이 무욕이 되지 않는 한—." 그러나 형제들이여, 그대들은 광기의 어리석은 이 노래를 알고 있다!

그대들에게 "의지는 창조자이다"라고 가르치면서 나는 이러한 어리석은 노래를 듣지 못하도록 그대들을 멀리 데리고 간 것이다.

모든 '그랬다'는 조각이며, 수수께끼이며, 무서운 우연이다. —창조적인 의지가 "그러나 나는 그것을 원했다!"라고 말할 때까지는.

창조적인 의지가 "그러나 나는 그것을 원했다! 그리고 앞으로도 원할 것이다!"라고 말할 때까지는.

그러나 의지가 그렇게 말한 적이 있는가? 그러면 언제 그러한 일이 일어날 것인가? 의지가 자신의 어리석음에서 벗어난 적이 있는가?

의지가 자신의 구원자가 되고 기쁨을 주는 자가 된 적이 있는가? 의지가 복수의 정신과 이를 가는 분노를 잊은 적이 있는가?

누가 의지에게 시간과의 화해를 가르친 적이 있으며, 화해 이상의 것을 가르친 적이 있는가?

권력의지로서의 의지는 화해보다 높은 것을 원해야 한다. 그러나 어떻게 그런 일이 일어나겠는가? 누가 의지에게 되돌려 원하는 방법을 가르친 적이 있는가?

그러나 그의 설교가 여기에 이르렀을 때, 차라투스트라는 갑자기 이야기를 중단했다. 그는 마치 극도로 공포에 사로잡힌 사람처럼 보였다.* 그는 공포에 질린 눈으로 제자들을 응시했다. 그의 시선은 화살처럼 제자들의 생각과 심중을 꿰뚫었다. 그러나 잠시 후 그는 다시 큰 소리로 웃고 나서 부드러운 목소리로 말했다.

"침묵을 지키기가 어렵기 때문에 인간들 사이에서 산다는 것은 어려운 일이다. 특히 수다스러운 자에게는."

차라투스트라는 이렇게 말했다. 이야기에 귀를 기울이고 있던 그 꼽추는 잠시 손으로 얼굴을 가렸다. 그러나 차라투스트라의 웃음소리를 듣더니 그는 호기심에 찬 눈으로 올려다보며 천천히 말했다.

"그런데 어찌하여 차라투스트라는 우리에게 자신의 제자들에게 하는 것과 다른 이야기를 하는가?"

차라투스트라가 대답했다. "그것이 어째서 이상한가! 꼽추들에게는 꼽추와 같은 방식으로 이야기를 해야 하는 것이다!"

꼽추는 말했다. "좋소. 제자들과는 당연히 흉금을 털어놓고 이야기해야 할 것이어늘.

그런데 어찌하여 차라투스트라는 자신의 제자들에게 자기 자신에게 하는 말과 다른 이야기를 하는가?"

인간적인 현명함[43]

두려운 것은 꼭대기가 아니라 비탈이다!

시선은 **아래쪽으로** 내닫고 손은 **위쪽을** 움켜잡아야 하는 비탈. 거기에서 마음은 두 갈래의 의지로 인해 현기증을 일으키게 되는 것이다.

아, 친구들이여. 그대들은 내 마음의 두 갈래 의지 또한 알고 있는가?

나의 시선은 꼭대기를 향해 돌진하고, 나의 손은 심연에 매달려 의지

---

* 영겁회귀는 권력의지를 포함한 모든 것을 무화하기 때문에 두려운 사상이다.

43) 초인에 대한 희망이 다시 부풀어오르고 차라투스트라는 초인을 위해 자기가 모멸하고 있는 일상인을 이용하려 한다.

하려 한다. 그것이 나의 비탈이며 나의 위험이다!

나의 의지는 인간에게 매달리고, 나는 사슬로 자신을 인간에게 얽어맨다. 그렇게 하여 나는 초인으로 끌어올려진다. 나의 다른 의지가 나를 초인으로 끌어올리고자 하기 때문이다.

그것을 위해 나는 장님처럼 인간들 사이에서 살아간다. 저들이 누구인지 알지 못한 체하면서. 그것은 나의 손이 확고한 것을 잡는다는 믿음을 완전히 잃어버리는 일이 없도록 하기 위해서이다.

나는 그대 인간들을 알지 못한다. 이 어두움과 위안이 때때로 나를 감싸곤 한다.

나는 성문 앞에 앉아 모든 악한들을 기다리며 묻는다. 누가 나를 속이려 하는가?

나는 속이는 자들을 경계하지 않기 위해 내가 속아 넘어가도록 내버려둔다. 이것이 나의 첫 번째 인간적인 현명함이다.

아, 만일 내가 인간들을 경계한다면 인간들이 어떻게 내 기구(氣球)의 닻이 될 수 있겠는가! 너무나 쉽게 나는 끌려올라가 사라져버릴 것이다!

조심성이 없어야 된다는 섭리가 나의 운명 위에 가로놓여 있다.

인간들 사이에서 목말라 죽고 싶지 않은 자는 어떠한 잔으로도 마실 수 있는 법을 배워야 한다. 그리고 인간들 사이에서 청결함을 유지하고자 하는 자는 더러운 물로도 자신을 씻는 법을 배워야 한다.

그리하여 나는 나 자신을 위로하기 위해 종종 이렇게 말하곤 했다. "좋다 좋아, 옛 마음이여! 그대는 한 가지 불행을 면했다. 그것을 그대의 행운으로 알고 즐기라!"

나는 교만한 자들보다 허영심 많은 자들을 더 용서한다. 이것이 나의 두 번째 인간적인 현명함이다.

상처받은 허영심이야말로 모든 비극의 어머니가 아닌가? 그러나 긍지가 상처받은 곳에서는 반드시 긍지보다 더 훌륭한 그 무엇이 자라난다.

삶이 보기 좋은 것이 되려면 삶의 연극이 훌륭하게 연출되어야 한다. 그러나 그러기 위해서는 훌륭한 배우들이 필요하다.

나는 허영심 강한 자들이 모두 훌륭한 배우라는 것을 알게 되었다. 그들은 연기를 하며, 사람들이 자기들을 잘 구경해주기를 원한다. 그들의 모든 정신은 바로 이것을 원하고 있다.

그들은 연기를 하면서 자신을 만들어간다. 나는 그들 가까이에서 삶을 바라보기를 좋아한다. 그것이 우울증을 고쳐준다.

나는 허영심 강한 자들을 용서한다. 그것은 그들이 나의 우울증을 고쳐주는 의사이며, 나를 연극에 붙들어 매듯이 인간에게 단단히 붙들어 매어주기 때문이다.

더구나 누가 허영심 안에 들어 있을 겸손함의 깊이를 완전히 헤아릴 수 있겠는가! 나는 그 겸손함 때문에 허영심 강한 자를 사랑하고 동정한다.

그는 그대들의 도움으로 자신감을 얻으려 한다. 그는 그대들의 시선을 먹고 살며, 그대들의 손으로부터 오는 칭찬을 받아먹는다.

그대들이 그에게 거짓으로 찬사를 보낼 때, 그는 그대들의 거짓말까지도 믿는다. 왜냐하면 그는 가슴속 깊은 곳에서 "나는 무엇인가!" 하며 한숨 짓기 때문이다.

스스로 유덕함을 알지 못하는 덕이 진정한 덕이라면, 허영심 강한 자야말로 자신의 겸손함을 느끼지 못하고 있는 것이다!

나는 그대들의 두려움이 악한 자들을 보는 나의 기쁨을 망쳐놓도록 내버려두지 않는다. 그것이 나의 세 번째 인간적인 현명함이다.

나는 뜨거운 태양이 품어 기르는 놀라운 것들, 호랑이와 종려나무와 방울뱀을 볼 때 행복하다.

인간 가운데에도 뜨거운 태양이 품어 기르는 훌륭한 종족이 있으며,

또 악인들에게도 놀라운 것들이 많이 있다.

또한 그대들 가장 현명한 자들조차도 내게는 그다지 현명해 보이지 않는 것과 마찬가지로 나는 인간의 사악함 또한 그 평판과 다르다는 것을 알았다.

그리하여 나는 때때로 머리를 저으며 물었다. 그대 방울뱀들이여, 어찌하여 계속해서 딸랑딸랑 소리를 내고 있는가?

진실로 악에 대해서도 미래는 존재한다! 그리고 가장 뜨거운 남국은 아직도 인간에게 발견되지 않았다.

겨우 폭 12피트에 3개월밖에 안 되었는데도 얼마나 많은 것들이 오늘날 최대의 악이라고 불리고 있는가! 그러나 언젠가는 더욱 커다란 용들이 세상에 나타날 것이다.

초인이 자신의 용을, 그에게 어울리는 초룡(Über-Drache)을 지니기 위해서는 앞으로 아주 뜨거운 태양이 습기 찬 원시림 위에서 작열해야 하기 때문이다!

그대들의 살쾡이는 호랑이가 되어야 하며, 그대들의 독두꺼비는 악어가 되어야 한다. 훌륭한 사냥꾼은 멋있는 사냥을 해야 하기 때문이다!

진실로 그대 선하고 의로운 자들이여! 그대들에게는 우스꽝스러운 점들이 많이 있다. 특히 이제까지 '악마'라 불리는 자에 대한 그대들의 두려움이 그렇다!

그대들의 영혼이 위대한 것과는 친숙하지 않으므로 초인이 선의를 표명할 때에도 그대들은 초인을 **두려워할** 것이다!

그대들 현명하고 박식하다는 자들이여, 그대들은 초인이 즐겨 벌거벗은 몸으로 목욕하는 뜨거운 지혜의 태양으로부터 도망치고 말 것이다!

그대들 내가 본 중에서 가장 높은 자들이여! 나는 그대들이 나의 초인을 악마라고 부르리라 추측한다. 이것이 그대들에 대한 나의 의혹이며 나의 은밀한 웃음이다!

아, 나는 이들 가장 높고 가장 훌륭한 자들에게 지쳐버렸다. 나는 그들의 '높이'를 뛰어넘어 초인을 향해 더 높이, 더 멀리, 더 떨어져 가고 싶었다!

이들 가장 훌륭한 자들의 벌거벗은 모습을 보았을 때, 공포가 나를 엄습했다. 그때 나에게 먼 미래 속으로 날아갈 날개가 돋친 것이다.

예술가들이 꿈꾸었던 것보다 더 먼 미래 속으로, 더 남쪽에 있는 남국으로, 신들이 옷 입기를 부끄러워하는 그곳으로!

그러나 그대 나의 이웃이며 친구들이여, 나는 변장하고 있는 **그대들의** 모습을 보고 싶다. 멋지게 차려 입고 허영심에 차서 '선하고 의로운 자들'처럼 뽐내는 모습을.

그리고 나는 나 자신도 변장한 채 그대들 사이에 앉아 있고 싶다. 내가 나마저 그대들과 나 자신을 **분간하지 못하도록.** 실로 이것이 나의 마지막 인간적인 현명함이다.

차라투스트라는 이렇게 말했다.

가장 조용한 시간[44]

친구들이여, 내게 무슨 일이 일어났는가? 그대들은 내가 괴로워하고, 내쫓기고, 마지못해 복종하듯 떠나려 하는 것을 보고 있다. 아, **그대들을** 두고서!

그렇다, 차라투스트라는 다시 한 번 자신의 고독으로 돌아가야 한다.

---

44) 차라투스트라는 친구들과 헤어져 다시 고독으로 돌아가려 한다. 그에게는 영겁회귀사상이 잉태하고 있지만 그것을 아직 말하려 하지 않는다. 그런데 다른 목소리가 그것을 말하려 하기 때문에 내적인 갈등이 일어난다. 결국 차라투스트라는 훗날을 생각하며 고독으로 돌아간다.

그러나 이번에 곰은 마지못해 자기의 동굴 속으로 돌아가는 것이다!

내게 무슨 일이 일어났는가? 누가 이것을 명령했는가? 아, 나의 성난 여주인이 그것을 원하고 있으며, 그녀가 내게 그렇게 하라고 말했다. 내가 그대들에게 그녀의 이름을 말했던가?

어제 저녁쯤 가장 조용한 시간이 내게 말을 걸어왔다. 그 시간이 나의 무서운 여주인 이름이다.

그리하여 이러한 일이 일어난 것이다. 갑자기 떠나는 나에 대해 그대들의 마음이 경직되지 않도록 나는 그대들에게 모든 이야기를 해주어야 한다!

그대들은 잠이 들려는 자를 엄습하는 공포를 아는가?

대지가 무너지고 꿈이 시작되면서 그는 발끝까지 두려움을 느끼는 것이다.

나는 이것을 비유로써 그대들에게 말한다. 어제 가장 조용한 시간에 대지가 무너져갔다. 꿈이 시작된 것이다.

시곗바늘이 움직이고, 내 삶의 시계가 숨쉬기 시작했다. 나는 그렇게 조용함을 느껴본 적이 없다. 그리하여 나의 가슴은 두려움을 느꼈다.

그때 무언가가 내게 소리 없이 말했다. "차라투스트라여, 그대는 알고 있겠지?"

나는 이 속삭임 소리를 듣고 공포에 질려 비명을 질렀다. 내 얼굴에서 핏기가 사라졌다. 그러나 나는 침묵을 지켰다.

그러자 그 무언가가 다시 내게 소리 없이 말했다. "차라투스트라여, 그대는 알고 있다. 그러면서도 그대는 말을 하지 않는 것이다!"

그리하여 마침내 나는 반항적으로 대답했다. "그렇다, 나는 알고 있다. 그러나 나는 말하지 않겠다!"

그러자 그 무언가가 다시 내게 소리 없이 말했다. "말하지 않겠다고? 차라투스트라여, 그것이 정말인가? 그대의 반항심 속에 그대 자신을 숨기지 말라!"

그리하여 나는 어린아이처럼 울고 몸을 떨면서 말했다. "아, 나는 말하고 싶다. 그러나 어떻게 내가 말할 수 있겠는가! 거기서만은 나를 해방시켜다오! 그것은 내 힘으로는 어쩔 수 없는 일이다!"

그러자 그 무언가가 다시 내게 소리 없이 말했다. "차라투스트라여, 그대의 일신 따위가 무슨 문제인가? 말을 하라. 그리고 부서져라!"

그래서 나는 대답했다. "아, 그것이 나의 말이라고? 나는 누구인가? 나는 더 고귀한 자를 기다리고 있다. 나는 아직 부서질 만한 가치도 없다."

그러자 그 무언가가 다시 내게 소리 없이 말했다. "그대의 일신 따위가 무슨 문제인가? 그대는 아직도 충분히 겸손하지 못하다. 겸손은 가장 단단한 껍질을 갖고 있다."

그리하여 나는 대답했다. "지금까지 내 겸손을 둘러싼 껍데기가 견뎌내지 못한 것이 무엇이란 말인가! 나는 내 높이의 기슭에 살고 있다. 내 높이의 정상은 얼마나 높을까? 아직 그것을 내게 말해준 사람은 없다. 그러나 나는 나의 계곡을 잘 알고 있다."

그러자 그 무언가가 다시 내게 소리 없이 말했다. "오, 차라투스트라여. 산을 옮겨야 하는 자는 계곡과 평지도 옮겨야 하는 것이다."

내가 대답했다. "내 말은 아직 산들을 옮긴 적이 없으며, 또 내가 한 말은 인간들에게 이르지 못했다. 나는 분명히 인간들에게 다가가기는 했으나, 아직 그들 속에 이르지는 못한 것이다."

그러자 그 무언가가 다시 소리 없이 말했다. "그대가 그것들에 관해 무엇을 알겠는가! 밤이 가장 조용할 때, 이슬은 풀 위에 내리는 것이다."

내가 대답했다. "내가 나 자신의 길을 발견하고 그 길을 걸어갈 때 사람들은 나를 비웃었다. 그때 사실 내 다리는 떨고 있었다.

그러자 그들은 내게 이렇게 말했다. 당신은 길을 잃어버리더니 이제 걷는 법까지도 잊어버렸소!"

그러자 그 무언가가 다시 내게 소리 없이 말했다. "그들의 비아냥거림이 무에 대단한가! 그대는 복종하는 법을 잊은 사람이다. 이제 그대는 명령을 해야 한다!

모든 사람들이 필요로 하는 자가 누구인지 그대는 아는가? 그것은 위대한 것을 명령하는 자이다.

위대한 것을 수행하기란 어려운 일이다. 그러나 그보다 어려운 일은 위대한 것을 명령하는 일이다.

그대는 권력을 갖고 있으면서도 지배하려 하지 않는다. 이것이 그대의 가장 용서받을 수 없는 점이다."

내가 대답했다. "나는 명령에 익숙한 사자의 목소리를 가지고 있지 않다."

그러자 그 무언가가 다시 내게 속삭이듯 말했다. "폭풍을 일으키는 것은 가장 조용한 말이다. 비둘기의 발로 걸어온 사상들이 세계를 인도한다.

오, 차라투스트라여. 그대는 와야 하는 자의 그림자로서 그대의 길을 가야 한다. 그러면 그대는 명령하게 될 것이며, 또한 명령하면서 앞장서 인도하게 될 것이다."

나는 대답했다. "부끄럽다."

그러자 그 무언가가 다시 내게 소리 없이 말했다. "그대는 더욱더 어린아이가 되어 부끄러움을 없애야 한다.

그대의 내부에는 아직 젊음의 긍지가 있으며, 그대는 늦게 젊은이가 되었다. 그러나 어린아이가 되고자 하는 자는 자신의 젊음까지도 뛰어넘어야 한다."

나는 오랫동안 곰곰이 생각하고는 몸을 떨었다. 그러나 결국 나는 처음에 한 말을 되풀이했다. "나는 하지 않겠다."

그때 나의 주위에서 웃음소리가 들려왔다. 아, 이 웃음소리가 얼마나 나의 내장을 도려내고 나의 심장을 찢었던가!

그리고 그 무언가가 마지막으로 내게 이렇게 말했다. "오, 차라투스트라여. 그대의 열매는 익었으나 그대는 그 열매에 어울릴 만큼 익지 못했다!

그러므로 그대는 다시 고독으로 돌아가야 한다. 그대는 아직 더 성숙해야 하기 때문이다."

그리고 그 무언가는 다시 웃어대고는 사라져버렸다. 그러자 나의 주위는 두 겹의 고요에 휩싸인 듯 조용해졌다. 나는 땅바닥에 누워 있었으며, 온몸에서는 땀이 비 오듯 흘러내렸다.

이제 그대들은 모든 것을 다 들었다. 내가 왜 나의 고독으로 다시 돌아가야 하는지도. 친구들이여, 나는 그대들에게 모든 것을 숨김없이 털어놓았다.

그대들은 또한 이것도 내게서 들었다. 모든 인간 중에서 가장 말이 없는 자가 누구인가를, 그리고 누가 그렇게 되려 하는가를.

아, 친구들이여. 그대들에게 더 들려주어야 할 말이, 그대들에게 더 나누어주어야 할 것이 있지만 어찌하여 나는 그것을 그대들에게 나누어주지 않는 것인가? 나는 인색한 자인가?

이 말을 마쳤을 때, 심한 슬픔과 함께 친구들과 헤어져야 할 때가 되었다는 생각이 차라투스트라를 엄습했다. 그리하여 그는 큰 소리로 울었다. 아무도 그를 위로할 수 없었다. 그날 밤 그는 친구들을 남겨두고 혼자 떠나갔다.

제3부

그대들이 높아지기를 갈망할 때 그대들은 위를 바라본다.
그러나 나는 높이 올라와 있기 때문에 내려다본다.
그대들 중에 누가 웃으면서 동시에 높아질 수 있겠는가?
가장 높은 산에 오르는 자는 모든 비극의 유희나
비극의 진지함을 비웃는 것이다.

• 『차라투스트라는 이렇게 말했다』 제1부 「독서와 저술」에서

방랑자[45]

한밤중에 차라투스트라는 섬의 산마루를 넘어가고 있었다. 이른 새벽에 반대편 해변가에 도착하기 위해서였다. 그는 그곳에서 배를 탈 생각이었다. 그곳에는 외국배들도 곧잘 정박하는 훌륭한 항구가 있었으며, 그 배들은 행복의 섬을 떠나 바다를 건너가려는 많은 사람들을 실어 나르고 있었다. 차라투스트라는 젊은 시절부터 익숙한 많은 고독한 방랑을 생각하며, 그리고 이제까지 자기가 얼마나 많은 산들과 산봉우리에 올랐던가를 생각하며 산을 오르고 있었다.

나는 방랑자이며 산을 오르는 자이다. 그는 마음속으로 말했다. 나는 평지를 좋아하지 않으며, 오랫동안 가만히 앉아 있지 못하는 것 같다.

그리고 운명이 다가오든 어떤 체험을 하게 되든 그 안에는 방랑과 등산이 있을 것이다. 결국 인간은 자기 자신만을 체험할 뿐이다.

내게 우연한 일들이 일어날 수 있었던 때는 이미 지나갔다. 그러니

---

45) 진리를 인식해가는 자의 고통과 외로움, 그리고 그것을 극복해가는 용기가 서술되어 있다.

내게 일어나는 일 중에서 나 자신의 것이 아닌 것이 있을 수 있겠는가.

그것은 되돌아오는 것이며, 마침내 내게로 귀향하는 것이다. 나의 고유한 자아와 오랫동안 타향에서 온갖 사물과 우연 속에 흩어져 있던 나 자신의 것들이.

그리고 나는 한 가지를 더 알고 있다. 이제 나는 나의 마지막 정상 앞에, 오랫동안 미루어왔던 것 앞에 서 있다는 것이다. 아, 나는 나의 가장 험한 길을 올라가지 않으면 안 된다! 아, 나는 나의 가장 외로운 방랑을 시작한 것이다!

그러나 나 같은 부류의 인간은 이러한 시간을 회피하지 않는다, 자신에게 이렇게 말하는 시간을. "이제야 그대는 그대의 위대한 길을 가고 있다! 정상과 심연——그것은 이제 하나로 결합되었다!

그대는 그대의 위대한 길을 가고 있다. 이제까지 그대에게 최후의 위험이었던 것이 이제 최후의 피난처가 되었다!

그대는 그대의 위대한 길을 가고 있다. 그대의 뒤에는 이미 되돌아갈 아무 길도 존재하지 않는다는 것이 이제 그대의 가장 큰 용기가 되지 않으면 안 된다!

그대는 그대의 위대한 길을 가고 있다. 몰래 그대를 뒤따라가는 자가 한 사람이라도 있어서는 안 된다! 그대의 발자국이 그대의 길을 지워버렸고 그 위에 '통행불가'라고 씌어 있다.

그리고 오르는 계단이 없어지면 그대는 그대 자신의 머리를 딛고서라도 기어오르는 법을 알아야 한다. 그렇지 않으면 어떻게 위로 오를 수 있겠는가?

그대 자신의 머리를 딛고 그대 자신의 심장을 뛰어넘어라! 이제 그대의 가장 부드러운 부분이 가장 강한 것이 되어야 한다.

자기 자신을 지나치게 아끼는 자는 그 때문에 결국 병들고 만다. 가혹하게 만드는 것을 찬양할지어다! 나는 버터와 꿀이 흐르는 땅을 찬양하지 않는다!

많은 것을 보기 위해서는 자기 자신으로부터 눈을 돌리는 법도 배워야 한다. 산을 오르는 사람에게는 이러한 가혹함이 필요하다.

그러나 인식하는 자가 자기의 눈에 보이는 것에만 열중한다면, 어떻게 눈에 보이는 이상의 것을 볼 수 있겠는가!

그러나 오, 차라투스트라여. 그대는 모든 사물의 밑바닥과 배경을 보려 했다. 그러므로 그대는 자신을 넘어서 올라가야 한다. 위로, 더욱 위로, 그대의 별들을 **아래로** 내려다볼 수 있을 때까지!

그렇다! 나 자신을 내려다보고, 나아가서는 나의 별들까지도 내려다보는 것, 그것만을 나는 나의 **정상**이라 부르며, 그것만이 내 **최후의 정상**으로 남아 있는 것이다!"

차라투스트라는 올라가면서 자신에게 이렇게 말했고 준엄한 잠언으로 자기 마음을 위로했다. 그의 마음은 일찍이 없었던 상처를 입었기 때문이다. 그가 산꼭대기에 이르렀을 때 보라, 거기에는 다른 바다가 그의 눈앞에 펼쳐져 있었다. 그는 멈춰 서서 오랫동안 말이 없었다. 그러나 이 높은 곳의 밤은 싸늘하고, 맑고, 별들로 빛나고 있었다.

마침내 그는 슬픈 듯이 말했다. 나는 나의 운명을 알고 있다. 좋다! 나는 준비가 되어 있다. 나의 마지막 고독은 이제 시작된 것이다.

아, 내 발밑에 펼쳐진 이 어둡고 서글픈 바다여! 아, 넘쳐나는 밤의 고뇌여! 아, 운명이여, 바다여! 이제 나는 그대들에게로 내려가야 한다!

가장 높은 산을 앞두고, 가장 긴 방랑을 앞두고 나는 지금 서 있다. 그러므로 나는 이전에 내려갔던 것보다 더욱 깊이 내려가야 한다.

내가 전에 내려갔던 것보다 더욱 깊은 고통 속으로, 고통의 가장 어두운 흐름 속까지! 나의 운명은 그것을 원한다. 좋다! 나는 준비가 되어 있다.

가장 높은 산들은 어디로부터 생겨나는가? 이전에 나는 이렇게 물었다. 그때 나는 그것이 바다로부터 생겨난다는 것을 알게 되었다.

그 증거가 산의 바위와 산봉우리의 암벽에 씌어 있다. 가장 높은 것은 가장 깊은 것으로부터 자기의 높이에 이르는 것이다.

차라투스트라는 차가운 산꼭대기에서 이렇게 말했다. 그러나 바다 가까이 왔고 마침내 혼자 낭떠러지 아래 섰을 때, 그는 지쳐 있었으며 전보다 더욱더 동경에 차 있었다.

그는 말했다. 아직도 모든 것이 잠들어 있다. 바다까지도 잠들어 있다. 바다의 눈망울은 졸린 듯이 낯설게 나를 바라본다.

그러나 바다는 따뜻하게 숨쉬고, 그것을 나는 느낀다. 나는 바다가 꿈꾸고 있다는 것도 느낀다. 바다는 딱딱한 베개 위에서 꿈꾸면서 몸을 뒤척이고 있다.

귀를 기울이라! 귀를 기울이라! 바다는 쓰디쓴 추억 때문에 얼마나 신음하고 있는가! 아니면 여러 가지 불길한 징조들 때문일까?

아, 그대 어두운 괴물이여. 나는 그대로 인해 슬픔에 잠겨 있다. 그리고 그대 때문에 나 자신에게까지도 화를 낸다.

아, 나의 손에는 충분한 힘이 없구나! 진정으로 그대를 그대의 악몽에서 구해주고 싶지만!

차라투스트라는 이렇게 말하면서 우수와 괴로움으로 스스로 비웃었다. 그는 말했다. 뭐라고, 차라투스트라여! 바다에게까지 위로의 노래를 불러주려 하는가?

아, 그대 차라투스트라여, 사랑스러운 바보여, 믿음으로 지나치게 행복한 자여! 그대는 항상 모든 두려운 것에 믿음을 가지고 접근했다.

그대는 항상 모든 괴물들을 애무하려 했다. 따뜻한 입김, 앞발에 나 있는 약간의 부드러운 털—그러면 당장에 그대는 그 괴물을 사랑하고 유혹할 준비를 했다.

사랑은 가장 고독한 자의 위험인 것이다. 살아 있기만 한 것이라면 무엇이건 사랑하는 사랑은! 사랑 속에서의 나의 어리석음과 겸손은 참으로 우스꽝스러운 것이다!

차라투스트라는 이렇게 말하고 나서 다시 큰 소리로 웃었다. 그러나 그때 그는 자신이 두고 떠나온 친구들을 생각했다. 그러고는 마치 자기가 그 친구들을 생각함으로써 그들에게 해를 입히기라도 한 듯이 그는 자기가 한 생각들에 대해 자신에게 화를 냈다. 그리고 웃던 자는 갑자기 울음을 터뜨렸다. 분노와 동경으로 차라투스트라는 비통하게 울었다.

환상과 수수께끼[46]

1

차라투스트라가 배를 타고 있다는 소문이 선원들 사이에 퍼졌다. 행복의 섬에서 온 한 사내가 그와 함께 배를 탔기 때문이다. 그러자 배 안은 커다란 호기심과 기대로 술렁였다. 그러나 차라투스트라는 이틀 동안이나 침묵을 지켰으며, 슬픔으로 인해 침울해지고 귀머거리가 되었다. 그리하여 그는 어떠한 시선과 질문에 대해서도 대응하지 않았다. 그러나 이틀째 되는 날 저녁때, 그의 입은 여전히 침묵을 지키고 있었으나 그의 귀는 다시 열렸다. 먼 곳에서 와서 더욱 먼 곳으로 가는 이 배 위에는 귀를 기울일 만한 신기하고 위험스러운 일들이 많았기 때문이다. 차라투스트라는 긴 여행을 하는 자들과 위험 없이 살기를 원하지

---

46) 영겁회귀사상이 수수께끼처럼 묘사되고 있다. 삶에 대한 긍정이 이 사상을 앞지르고 있음을 우리는 주목해야 한다.

않는 모든 자들의 친구였다. 그런데 보라! 그가 귀를 기울이고 있는 동안 그의 혀는 부드러워지고, 마음의 얼음은 녹아 내렸다. 그러자 그는 이렇게 말하기 시작했다.

그대들 용감한 모험자들에게, 그리고 교묘한 돛단배로 무서운 바다에 도전한 모든 자들에게,

그대들 수수께끼에 취한 자들, 황혼을 좋아하는 자들, 피리 소리에 유혹되어 미궁의 계곡 속으로 영혼이 끌려가는 자들에게,

그대들은 겁먹은 손으로 실 한 가닥도 더듬어 찾으려 하지 않기 때문에, 그리고 헤아릴 수 있는 경우에는 추론하기를 싫어하기 때문에,

나는 그대들에게만 내가 본 수수께끼를 이야기하련다. 가장 고독한 자의 환상을.

최근에 나는 시체 빛깔의 황혼 속을 우울한 마음으로 걸은 일이 있다, 우울하고 단호하게 입술을 굳게 다문 채. 나에게는 태양만 지고 만 것이 아니었다.

자갈들을 헤치고 오만하게 올라가는 오솔길, 수풀과 나무도 이미 생기가 없는 거칠고 고독한 산길이 나의 발밑에서 바삭바삭 소리를 냈다.

비웃기라도 하는 듯이 덜거덕거리는 자갈 위를 묵묵히 걷고, 미끄러운 돌들을 단단히 밟으며, 나는 말없이 위를 향해 힘겹게 올라갔다.

위를 향해. —나의 발을 아래로 잡아당겨 심연으로 끌어내리는 악령, 나의 악마이며 숙적인 무거운 정신의 악령을 뿌리치면서.

위를 향해. —반은 난쟁이이고 반은 두더지인, 자신도 절름발이고 남도 절름발이로 만드는 이 악령이 내 등에 올라앉아 나의 귓속에 납, 나의 뇌 속에 납 같은 사상*을 떨구어넣고 있지만.

---

* 허무주의.

악령은 조소하듯 한 음절씩 또박또박 말했다. "오, 차라투스트라여. 그대, 지혜의 돌이여! 그대는 그대 자신을 높이 던져 올렸다. 그러나 던져 올려진 모든 돌은 반드시 떨어지게 마련이다!

오, 차라투스트라여. 그대 지혜의 돌이여, 그대 던져진 돌이여, 그대 별을 파괴하는 자여! 그대는 그대 자신을 이렇게 높이 던져 올렸다. 그러나 던져 올려진 모든 돌은 떨어지게 마련이다!

결국 그대 자신에게 떨어져 그대 자신을 죽일 것이다. 오, 차라투스트라여. 그대는 돌을 멀리 던져 올렸으나 그 돌은 결국 **그대 위에** 떨어질 것이다!"

그 난쟁이는 이렇게 말하고 입다물었다. 그는 한동안 침묵을 지켰다. 그러나 그의 침묵은 나를 짓눌렀다. 이런 상태로 함께 있는 것은 참으로 혼자 있는 것보다 더 고독한 것이!

나는 기어오르고 또 기어올랐다. 나는 꿈꾸었다. 그리고 나는 생각했다. 그러나 모든 것이 나를 짓눌렀다. 나는 심한 고통에 지친 병자, 악몽에 놀라 잠에서 깨어난 병자 같았다.

그러나 나의 내부에는 용기라고 불리는 그 무엇이 있다. 그것은 항상 내 속에 있는 모든 의기소침을 부숴버리곤 했다. 마침내 이 용기가 나에게 멈추어 서서 말하도록 명령했다. "난쟁이여. 그대인가! 아니면 나인가!"

용기는 가장 훌륭한 파괴자이다. **공격적인 용기는.** 모든 공격 속에는 승리의 함성이 있기 때문이다.

인간은 그러나 가장 용감한 동물이다. 인간은 그의 용기로써 모든 동물들을 극복해왔다. 인간은 승리의 함성으로 모든 고통을 극복해왔다. 그러나 인간의 고통이 가장 깊은 고통인 것이다.

용기는 또한 심연에서의 현기증을 파괴한다. 그런데 인간이 서 있는 곳이 심연 아닌 곳이 있는가? 본다는 것 자체가—심연을 보는 것이 아닌가?

용기는 가장 훌륭한 파괴자이다. 용기는 또한 동정을 파괴한다. 그러나 동정이야말로 가장 깊은 심연이다. 인간은 삶을 깊이 통찰하는 것만큼 고통도 깊이 통찰하는 것이다.

그러나 용기는 가장 훌륭한 파괴자이다, 공격적인 용기. 용기는 죽음까지도 파괴한다. "그것이 삶이었더냐? 좋다! 다시 한 번!" 하고 말하면서.

이러한 말속에는 커다란 승리의 함성이 들어 있다. 귀를 가진 자는 들을지어다.

2

나는 말했다. "멈춰라, 난쟁이여. 나인가! 아니면 그대인가! 그러나 우리 둘 중에서는 내가 더 강자이다! 그대는 내 심연의 사상을 모르고 있다! 그 사상을—그대는 견뎌내지 못할 것이다!"

그때 나를 가볍게 만든 일이 일어났다. 난쟁이가 내 어깨로부터 뛰어내렸던 것이다, 그 호기심 많은 난쟁이가! 그리고 그 난쟁이는 내 앞의 돌 위에 웅크리고 앉아 있었다. 우리가 멈춰 선 곳에 출입문 하나가 있었다.

"이 출입문을 보라, 난쟁이여!" 나는 말을 이었다. "이 출입문은 두 개의 얼굴을 갖고 있다. 두 갈래길이 여기서 합쳐지고 있으며, 그 두 갈래길을 끝까지 가본 사람은 아무도 없다.

뒤로 가는 이 긴 오솔길, 그 길은 영원으로 연결되어 있다. 그리고 앞으로 가는 저 긴 오솔길—그 길은 다른 쪽 영원으로 연결되어 있다.

이 두 갈래길은 서로 어긋나 있다. 그들은 정면으로 충돌한다. 그리고 그들은 이 출입문에서 합쳐진다. 이 출입문의 이름이 위에 씌어 있다, '순간'이라고.

그러나 누군가가 한 길을 계속해서 걸어간다고 하자. 점점 더 멀리, 난쟁이여. 그 경우 그대는 이 두 갈래길이 영원히 어긋나리라고 생각하는가?"

난쟁이는 경멸하듯이 중얼거렸다. "모든 직선은 속이고 있다. 모든 진리는 굽어 있고, 시간 자체도 원이다."

나는 화를 내며 말했다. "그대 무거운 정신이여! 너무 가볍게 생각하지 말라! 그렇지 않으면 나는 그대를 지금 그곳에 웅크린 채 내버려두겠다, 절름발이여. 나는 그대를 이곳 높은 곳으로 옮겨왔지 않으냐!"

"이 순간을 보라!" 나는 계속해서 말했다. "순간이라는 이 출입문으로부터 영원한 긴 오솔길이 뒤로 뻗어 있다. 하나의 영원이 우리 뒤에 놓여 있는 것이다.

달릴 수 있는 모든 것들이 이미 이 길을 따라 달려간 것이 틀림없지 않은가? 일어날 수 있는 모든 것들이 이미 일어났으며 행해졌으며 달려간 것이 틀림없지 않은가?

난쟁이여, 모든 것들이 이미 존재한 것이라면 그대는 이 순간을 어떻게 생각하는가? 이 출입문 또한—전부터 이곳에 존재한 것이 틀림없지 않은가?

그리고 이 순간이 미래의 모든 것들을 끌어당길 수 있도록 모든 것들은 서로 굳게 결합되어 있는 것이 아닌가? 따라서—이 순간은 자기 자신 또한 끌고 있는 것이 아닌가?

왜냐하면 달릴 수 있는 모든 것은 이 긴 오솔길을 따라 다시 한 번 앞으로 달리지 않으면 안 되기 때문이다.

그리고 달빛 속을 기어다니는 이 느린 거미와 달빛까지도, 그리고 이 출입문 앞에서 영원한 것들에 대해 속삭이는 그대와 나—우리 모두는 이미 이전에 존재한 것이 아닌가?

그리고 되돌아와 우리 앞에 있는 저 길고 무서운 다른 길을 따라 달려 내려가야 하지 않는가?——우리는 영원히 회귀해야 하는 것이 아닌가?"

나는 이렇게 말했다. 점점 더 작은 소리로 말했다. 나 자신의 사상과 배후 사상이 두려웠기 때문이었다. 그때 나는 갑자기 개 한 마리가 가까이에서 울부짖는 소리를 들었다.

나는 일찍이 개가 저렇게 울부짖는 소리를 들은 적이 있었던가? 나의 생각은 과거로 달음질쳤다. 그렇다! 내가 어린아이였을 때, 매우 아득한 유년 시절에.

그때 나는 개가 저렇게 울부짖는 소리를 들었다. 그리고 나는 그 개가 털을 빳빳이 세우고 머리를 쳐들고 떨고 있는 것 또한 보았다. 그것은 개들조차도 유령의 존재를 믿는 매우 고요한 한밤중의 일이었다.

그 광경은 나의 동정을 불러일으켰다. 그때 보름달이 죽음처럼 조용히 지붕 위로 막 떠올랐다. 불덩이 같은 보름달은 마치 낯선 장소에 떠 있기라도 한 듯이 평평한 지붕 위에 조용히 멈춰 있었다.

그래서 그 개는 두려웠던 것이다. 개들은 도둑과 유령의 존재를 믿기 때문이다. 그런데 그런 울부짖는 소리를 다시 듣게 되자 나는 다시 동정심이 일어났다.

난쟁이는 어디로 가버렸는가? 그리고 출입문은? 거미는? 그리고 모든 속삭임은? 나는 꿈꾸고 있었는가? 나는 깨어 있었는가? 갑자기 나는 험한 낭떠러지 사이에 서 있었다, 적막하기 짝이 없는 달빛 속에 혼자 외롭게.

그러나 그곳에 한 사람이 누워 있었다! 바로 그곳에! 그 개가 털을 빳빳이 세우고 날뛰며 짖어대고 있었다. 그때 내가 다가가는 것을 보자 그 개는 다시 울부짖었다. 그 개는 깨갱거렸다. 일찍이 나는 이렇게 도움을 청해 외치는 소리를 들은 적이 있었던가?

진실로 나는 그때 내가 목격한 것 같은 광경을 일찍이 본 적이 없었다. 나는 한 젊은 목자(牧者)가 몸부림치며, 숨을 헐떡이며, 경련을 일으키며, 일그러뜨린 얼굴을 하고 있는 것을 보았다. 그의 입에는 무겁고 검은 뱀 한 마리가 매달려 있었다.

일찍이 나는 한 얼굴에서 이러한 구역질과 창백한 공포를 본 적이 있었던가? 그는 잠들어 있었던 것일까? 그때 뱀이 그의 목구멍 속으로 기어 들어가 꽉 물고 늘어진 것이다.

나의 손은 그 뱀을 마구 잡아당겼다. 그러나 헛수고였다! 나의 손은 목자의 목구멍에서 뱀을 끌어낼 수 없었다. 그때 나의 내부에서 어떤 목소리가 외쳤다. "물어라! 물어라!

머리를 물어라! 물어라!" 이렇게 나의 내부에서 목소리가 외쳤다. 나의 공포, 나의 증오, 나의 혐오, 나의 동정, 나의 모든 선과 악이 일제히 소리를 합쳐 나의 내부에서 외친 것이다.

그대, 내 주위에 있는 대담한 자들이여! 그대, 모험가들이여. 그리고 교묘한 돛단배로 미지의 바다를 항해하는 자들이여! 그대, 수수께끼를 즐기는 자들이여!

내가 보았던 수수께끼를 풀어다오. 가장 고독한 자의 환상을 설명해다오.

왜냐하면 그것은 환상이었으며 예견이었기 때문이다. 나는 그때 비유의 형태로 무엇을 본 것인가? 그리고 언젠가는 와야만 하는 자는 누구인가?

뱀이 그렇게 목구멍 속으로 기어들어간 목자는 누구인가? 그렇게 가장 무거운 것, 가장 검은 것이 목구멍 속으로 기어들어가게 될 인간은 누구인가?

그 목자는 내가 외친 대로 물어버렸다. 그는 멋지게 물어버린 것이다! 그는 뱀의 머리를 멀리 내뱉어버렸다. 그러고는 벌떡 일어났다.

더 이상 목자가 아니며 인간도 아닌, 변화된 자이며 빛에 둘러싸인 그 자는 큰 소리로 **웃어댔다**! 그처럼 웃어본 자는 이제까지 지상에 아무도 없으리라!

오, 형제들이여, 나는 인간의 웃음소리가 아닌 웃음소리를 들었다. ── 그리고 이제 어떤 갈망이 나를 갉아먹고 있다, 결코 진정되지 않는 동경이.

그와 같은 웃음에 대한 동경이 나를 갉아먹고 있다. 오, 더 이상 살아가는 것을 나는 어떻게 견딜 수 있겠는가! 또한 지금 죽는 것을 나는 어떻게 견딜 수 있겠는가!

차라투스트라는 이렇게 말했다.

원치 않는 행복[47]

차라투스트라는 이러한 수수께끼와 괴로움을 품은 채 항해를 계속했다. 그러나 행복의 섬과 자기 친구들을 떠난 지 나흘 째 되는 날, 그는 자기의 모든 마음의 고통을 극복하게 되었다. 그리하여 그는 강인한 발로 당당하게 다시 자신의 운명 위에 섰다. 차라투스트라는 기쁨에 넘쳐 있는 자신의 마음을 향해 이렇게 말했다.

나는 다시 혼자이다. 나는 맑게 갠 하늘과 넓은 바다와 함께 혼자이기를 원한다. 나의 주위는 다시 오후이다.

내가 이전에 처음 친구들을 만난 것도 오후였고, 두 번째로 친구들을 만난 것도 오후였다. 모든 빛이 더욱 조용해지는 시각이었다.

---

47) 진리를 인식하는 데서 오는 행복은 그 진리를 둘러싼 논쟁을 극복해야 하는 일 때문에 달가운 것만 될 수 없다는 것을 말하면서 진리의 인식은 지식이 중심이 되는 주지주의와 거리가 멀다는 것을 강조한다.

왜냐하면 아직도 하늘과 대지 사이를 떠다니는 모든 행복은 밝은 영혼 속에서 안식처를 찾고 있기 때문이다. 이제 모든 빛은 **행복에 겨워** 더욱 조용해졌다.

오, 내 인생의 오후여! 일찍이 나의 행복도 안식처를 찾기 위해 계곡으로 내려갔으며, 그곳에서 마음을 열어놓는 친절한 영혼들을 발견한 것이다.

오, 내 인생의 오후여! 오직 한 가지를, 내 사상의 나무가 싱싱하게 뿌리를 뻗고 최고의 희망인 이 서광을 내가 얻기 위해 버리지 않은 것이 무엇인가!

일찍이 창조자는 길동무들과 **자기 희망의** 어린아이들을 찾아나섰다. 그러나 보라, 창조자가 먼저 그들을 창조하지 않으면 그들을 찾아낼 수 없다는 사실이 분명해졌으니.

그리하여 나는 나의 어린아이들에게 가기도 하고 또 그들에게서 돌아오기도 하면서 내 과업을 완성하는 도중에 있다. 차라투스트라는 자신의 어린아이들을 위해 자신을 완성해야 하는 것이다.

왜냐하면 인간이 진심으로 사랑하는 것은 오직 자신의 어린아이들과 일뿐이기 때문이다. 그리고 자기 자신에 대해 커다란 사랑이 있는 곳에 잉태의 징후가 있다. 나는 그것을 깨달았다.

나의 정원과 기름진 땅에 자라는 나무들인 나의 어린아이들은 첫 봄을 맞이해 나란히 붙어 바람에 흔들거리며 연두색으로 자라고 있다.

그리고 진실로! 이러한 나무들이 나란히 서 있는 곳, 그곳에 행복의 섬들이 있는 것이다!

그러나 언젠가 나는 그 나무들을 뽑아 따로따로 심으려 한다, 그 나무들이 고독과 도전과 예지를 배울 수 있도록.

그리하여 나무들은 마디지고 뒤틀린 채 유연하면서도 억세게 바닷가에 버티고 서 있어야 한다. 굽힐 줄 모르는 삶의 살아 있는 등대로서.

폭풍이 바다로 몰아치고 산의 주둥이가 물을 들이켜는 곳, 그곳에서 나무들은 **자기 자신을** 시험하고 인식하기 위해 밤과 낮을 지켜 서 있어야 한다.

이 나무들이 나의 종족이며 나의 혈통인지, 불굴의 의지를 갖고 있는지, 이야기할 때에도 과묵한지, 주는 것을 받는 것으로 생각할 만큼 관대한지 확인되고 시험받아야 한다.

그리하여 그 나무는 언젠가 나의 길동무가 되고, 차라투스트라와 함께 창조하고 기뻐하는 자가 되며, 모든 사물을 더욱 완성시키기 위해 나의 의지를 나의 목록표에 기록하는 자가 될 것인가도.

나는 그를 위해, 또 그 같은 자를 위해 나 **자신을** 완성해야 한다. 그러므로 나는 지금 나의 행복을 버리고 온갖 불행에 몸을 내맡기는 것이다—나의 마지막 시험과 인식을 위해.

진실로 내가 가야 할 때가 왔다. 방랑자의 그림자와 가장 긴 기다림과 가장 고요한 시간이 일제히 내게 말하지 않았던가? "가야 할 알맞은 때가 되었다!"

바람이 열쇠 구멍을 통해 내게 불어와 말했다. "오라!" 문이 교활하게 열리며 말했다. "가라!"

그러나 나는 나의 어린아이들에 대한 사랑에 사로잡혀 누워 있었다. 열망이 나에게 그런 올가미를 씌운 것이다. 어린아이들을 위한 희생물이 되어 나 자신을 소멸하겠다는 사랑에 대한 열망이.

열망한다는 것, 그것은 이미 나 자신을 잃어버린다는 의미이다. 나의 어린아이들이여, 나는 너희들을 소유하고 있다! 이 소유에서는 모든 것이 확신이어야 하며 어느 것도 열망의 여지가 남아 있어서는 안 된다.

그러나 사랑의 태양은 나의 머리 위에서 찌는 듯이 내리쬐었으며, 차라투스트라는 자신의 체액 속에서 들끓고 있었다. 그러자 그림자와 의혹이 내 머리 위로 스쳐 날아가버렸다.

나는 추위와 겨울을 열망했다. "오, 추위와 겨울이 다시 나를 갈기갈기 찢어 바드득거리게 해주기를!" 나는 탄식했다. 그러자 내 몸에서 얼음 같은 차가운 안개가 피어올랐다.

나의 과거는 자신의 무덤들을 파헤쳤고, 생매장당한 수많은 고통이 깨어났다──고통은 수의에 감싸인 채 잠들어 있었을 뿐이다.

이와 같이 모든 것이 신호로 나에게 부르짖었다, "때가 되었다!"라는. 그러나 나는 귀를 기울이지 않았다. 나의 심연이 흔들리고 나의 사상이 나를 물어뜯을 때까지.

아, 그대 나의 사상, 심연의 사상이여! 그대의 무덤 파는 소리를 듣고서도 떨지 않을 강한 힘을 나는 언제 얻을 것인가?

그대 심연의 조용한 사상이여! 그대의 무덤 파는 소리를 들으면 나의 심장은 목구멍까지 뛴다! 그대의 침묵조차도 나를 질식시키려 한다!

이제까지 나는 감히 그대에게 **떠올라오**라고 외치지 못했다. 나는 그대를 내 몸에 지니는 것만으로도 충분했다! 이제까지 나는 사자의 마지막 자만과 자유분방함을 감당할 만큼 강한 힘을 가진 적이 없다.

그대의 무게는 항상 내게 두려운 것이었다. 그러나 언젠가 나는 그대를 떠오르게 할 강한 힘과 사자의 목소리를 지니게 될 것이다!

그것을 극복하게 되면 나는 더욱 큰 일도 극복하게 되리라. 그리하여 그 승리가 나의 완성을 보증하게 되리라!

그때가 올 때까지 나는 미지의 바다를 표류할 것이다. 매끄러운 혓바닥을 가진 우연이 나에게 아첨한다. 나는 앞뒤를 살피지만 아직도 끝은 보이지 않는다.

내게 결전의 시간은 아직 오지 않았다. 아니 지금 막 온 것이 아닌가? 진실로 주위에 있는 바다와 삶이 음흉한 아름다움을 띠고 나를 응시하고 있다!

오, 내 인생의 오후여! 오, 해지기 전의 행복이여! 오, 바다 한가운데의 항구여! 오, 불안 속의 평화여! 나는 그대들을 조금도 믿지 않는다!

진실로 나는 그대들의 음흉한 아름다움을 믿지 않는다! 나는 지나치게 부드러운 미소를 믿지 못하는 연인과도 같다.

질투심에 찬 남자가 냉혹하면서도 다정하게 더 없이 사랑하는 사람을 떼어버리듯이—나는 이 행복한 시간을 떼어버린다.

떠나가라, 그대 행복한 시간이여! 그대와 함께 원치 않는 행복이 나에게 찾아왔다! 나는 가장 깊은 고통을 기다리며 이곳에 서 있다. 그대는 때를 잘못 맞추어 찾아왔다!

떠나가라, 그대 행복한 시간이여! 저쪽에 가서 머물러라, 나의 어린 아이들과 함께! 서둘러라, 그리하여 저녁이 되기 전에 나의 행복으로 그들을 축복하라!

이미 저녁이 다가오고 있다. 태양이 넘어가고 있다. 떠나가라, 나의 행복이여!

차라투스트라는 이렇게 말했다. 그리고 그는 밤새 자기의 불행을 기다리고 있었으나 허사였다. 밤은 여전히 밝고 고요했으며, 행복은 점점 그에게 가까이 다가왔다. 그러나 아침에 차라투스트라는 마음속으로 크게 웃고 나서 비웃듯이 말했다. "행복이 나를 쫓아온다. 그것은 내가 여자들을 뒤쫓지 않기 때문이다. 행복은 그러나 여자이다."

해 뜨기 전에[48]

오, 내 머리 위의 하늘이여, 너 순수한 자여! 심오한 자여! 너, 빛의 심연이여! 너를 응시하면서 나는 신성한 욕망에 떨고 있다.

---

48) 밤을 극복한 새벽하늘은 염세주의를 극복한 차라투스트라와 비슷하게 합리적으로 파악될 수 없는 초인의 진리로 감싸여 낙천적이 되어간다는 사실을 묘사하고 있다.

너의 높이로 나 자신을 던져 올리는 것—그것이 나의 깊이이다! 너의 순수함 속으로 나 자신을 감추는 것—그것이 나의 순진함이다.

신은 자신의 아름다움을 감춘다. 그와 마찬가지로 너는 너의 별을 감추고 있다. 너는 말을 하지 않는다. 그렇게 함으로써 너는 너의 지혜를 나에게 알린다.

너는 오늘 격렬한 바다 위로 소리 없이 떠올라 내게로 왔으며, 너의 사랑과 겸손이 격렬한 나의 영혼에 계시를 말해준다.

너는 너의 아름다움 속에 가려진 채 아름다운 모습으로 내게 왔으며, 내게 소리 없이 말했으나 그 지혜는 분명히 드러난다.

오, 내 어찌 네 영혼의 겸손함을 다 헤아리지 못하겠는가! 너는 해도 뜨기 전에 가장 고독한 자인 나를 찾아왔다.

우리는 처음부터 친구였다. 우리는 비애와 두려움과 대지를 공동으로 소유하고 있으며, 태양까지도 우리의 공유물이다.

우리는 너무 많은 것을 알고 있으므로 서로 이야기하지 않는다. 우리는 함께 침묵하고, 미소로써 우리의 지식을 나눈다.

너는 나의 불에 대한 빛이 아닌가? 너는 나의 통찰에 대해 자매 같은 영혼을 갖고 있지 않은가?

우리는 모든 것을 함께 배웠으며, 자신을 넘어 자신에게로 올라가 맑게 웃는 것을 함께 배웠다.

우리의 발아래 강압과 목적과 죄악이 비처럼 흐를 때, 빛나는 눈으로 먼 곳을 내려다보며 맑게 웃는 것을.

내가 홀로 방황할 때, 나의 영혼이 밤마다 미로에서 찾아 헤매던 것은 **무엇이었던가**? 산에 올랐을 때, 산 위에서 내가 찾던 것은 네가 아니고 **누구였던가**?

나의 모든 방랑과 등산은 비상조치에 지나지 않았으며, 궁지에 몰린 자의 일시적인 방편에 불과했다. 나의 의지는 한결같이 **날아가기만** 원하고 있을 뿐이다, 너의 품속으로!

떠도는 구름 이상으로, 너를 더럽히는 모든 것 이상으로 내가 증오한 것이 있는가? 그리하여 나는 나 자신의 증오까지도 증오했다, 그것이 너를 더럽혔기 때문에!

나는 떠도는 구름들을 싫어한다, 이 살금살금 기어다니는 도둑고양이들을. 그들은 너와 내가 함께 나누고 있는 것을 빼앗아간다, 저 엄청나고 무한정한 '예'와 '아멘'이라는 말들을.

우리는 중간에 끼어 있는 자들, 간섭하는 자들, 그리고 구름을 싫어한다. 축복하는 것뿐만 아니라 철저하게 저주하는 것조차도 배우지 못한 이 어중간한 자들을.

맑은 하늘이여, 네가 떠도는 구름으로 더럽혀지는 것을 보느니 나는 차라리 닫힌 하늘 밑의 통 속에 앉아 있으리라, 차라리 하늘 없는 심연 속에 앉아 있으리라!

그리하여 때때로 나는 톱날 같은 번개의 황금 철사로 떠도는 구름을 동여매고 싶었다. 그리고 나는 떠도는 구름의 불룩한 배에 천둥처럼 둥둥 북을 치고 싶었다.

성난 고수로서. 왜냐하면 떠도는 구름들은 내게서 너의 '예'와 '아멘'을 강탈하기 때문이다. 너 내 머리 위의 하늘이여! 너 순수한 자여! 너 빛나는 자여! 너 빛의 심연이여! 떠도는 구름들은 네게서 나의 '예'와 '아멘'을 강탈하기 때문이다.

이 신중하고 의심 많은 도둑고양이의 조용함보다 차라리 나는 소란스러운 우레와 폭풍 같은 저주를 원한다. 그리고 인간들 중에서 내가 가장 미워하는 자는 살금살금 걸어가는 자, 어중간한 자, 의심 많고 머뭇거리기를 잘하는 구름 같은 자들이다.

"축복할 수 없는 자는 저주하는 법을 배워야 한다!" 이 분명한 가르침이 맑은 하늘에서 나에게 떨어졌다. 그것은 별이 되어 캄캄한 밤중에도 나의 하늘에 떠 있다.

너 순수한 자여! 빛나는 자여! 네가 내 주위에 있는 한 나는 축복하는 자, '예'를 말하는 자이다. 너 빛의 심연이여! 그리하여 나는 모든 심연 속으로 '예'라는 축복의 말을 가지고 간다.

이제 나는 축복하는 자, '예'를 말하는 자가 되었다. 그 때문에 나는 오랫동안 싸워왔으며, 나는 격투자였다. 언젠가 두 손이 자유롭게 축복하기 위해.

이것이 내가 주는 축복이다. 모든 사물 위에 그 사물의 하늘로서, 그 둥근 지붕으로서, 울려퍼지는 푸른색의 종과 영원의 보증으로서 걸려 있는 것이다. 그렇게 축복하는 자는 행복하다!

왜냐하면 모든 사물은 영원이라는 샘에서 선과 악을 초월하여 세례를 받기 때문이다. 선과 악 자체는 그러나 중간의 그림자, 축축한 우수, 떠도는 구름에 지나지 않는다.

"모든 사물 위에는 우연이라는 하늘, 순진무구라는 하늘, 뜻밖이라는 하늘, 자유분방이라는 하늘이 걸려 있다." 내가 이렇게 가르칠 때, 그것은 진실로 축복이지 결코 모독이 아니다.

'우연히'(von ohngefähr)—이것이야말로 세계의 가장 오래된 귀족이다. 그것을 나는 모든 사물에게 되돌려주었다. 나는 모든 사물을 목적 아래 예속되지 않도록 구제해준 것이다.

어떤 '영원한 의지'도 사물 위에 그리고 사물을 통하여 작용하고 있지 않다고 내가 가르쳤을 때, 나는 이 자유와 맑은 하늘을 푸른 종처럼 모든 사물 위에 걸어놓은 것이다.

"아무리 해도 가능하지 않는 것이 하나 있으니 그것은 합리성이다!"라고 가르쳤을 때, 나는 그 의지 대신 이 자유분방함과 어리석음을 갖다놓은 것이다.

물론 약간의 이성, 별에서 별로 흩어져 있는 지혜의 씨앗, 이 효모는 모든 사물에 섞여 있다. 어리석음을 위해 지혜가 모든 사물에 섞여 있는 것이다!

물론 얼마간의 지혜는 있을 수 있다. 그러나 나는 일체의 사물에서 행복한 확신을 발견했다. 모든 사물은 오히려 우연이라는 다리로 **춤추기** 좋아한다는 것을.

오, 내 머리 위의 하늘이여. 그대 순수하고 드높은 자여! 영원한 이성의 거미와 거미줄이 존재하지 않는다는 것이 이제 너의 순수함이다.

네가 모든 성스러운 우연을 위한 무도장이라는 것, 네가 성스러운 주사위와 주사위놀이 하는 자들을 위한 신들의 도박장이라는 것이 너의 순수함이다!

그런데 너는 얼굴을 붉히고 있는가? 내가 입 밖에 내지 말아야 할 말을 했는가? 나는 너를 축복하려 했는데 오히려 모독했는가?

아니면 네가 얼굴을 붉힌 것은 우리 둘이 함께 있는 것이 부끄러웠기 때문인가? 이제 낮이 밝아오고 있으니 나더러 떠나가라, 그리고 침묵하라는 말인가?

세계는 깊다. ─낮이 생각한 것보다 더 깊다. 날이 새기 전에 모든 것이 말을 해도 되는 것은 아니다. 그러나 낮이 밝아오고 있다. 이제 작별하기로 하자!

오, 내 머리 위의 하늘이여. 그대 수줍어하는 자여! 작열하는 자여! 오, 해 뜨기 전의 나의 행복이여! 낮이 밝아오고 있다. 작별하기로 하자!

차라투스트라는 이렇게 말했다.

왜소하게 만드는 덕[49]

1

다시 육지에 오르자 차라투스트라는 곧바로 자기의 산과 자기의 동굴로 가지 않고, 많이 돌아다니고 많이 물으며, 여러 가지를 탐색했다. 그는 농담처럼 자신을 비유하며 중얼거렸다. "굽이굽이 돌아서 근원으로 되돌아가는 강을 보라!" 그는 그 사이에 인간들에게 무슨 일이 일어났는지, 인간들이 전보다 위대해졌는지 왜소해졌는지 알고 싶었던 것이다. 그런데 한 줄로 늘어선 새로운 집들을 보고 이상히 여겨 말했다.

"이 집들은 무엇을 의미하는가? 진실로 이 집들은 위대한 영혼의 소유자들이 자신의 위대함을 상징하기 위해 세운 것이 아니다!

아마도 어떤 철부지 아이가 장난감 상자에서 이 집들을 꺼내놓은 것이겠지? 그렇다면 또 다른 아이가 이 집들을 다시 자기 장난감 상자 속에 넣었으면 좋으련만!

그리고 이 거실들과 침실들은. 어른들이 드나들 수 있을까? 이 방들은 비단 인형들을 위해서, 혹은 먹고 먹히기를 좋아하는 도둑고양이들을 위해서 만들어진 것처럼 보인다."

차라투스트라는 멈춰 서서 생각에 잠겼다. 마침내 그는 서글픈 듯이 말했다. "모든 것이 전보다 더 작아졌다!

곳곳에서 나는 전보다 낮은 문들을 본다. 나 같은 자도 아직 그 문을 지나갈 수 있지만—그러나 몸을 굽히지 않으면 안 된다!

오, 내가 더 이상 몸을 굽힐 필요가 없는, 더 이상 소인들 앞에서 몸을 굽힐 필요가 없는 나의 고향으로 언제 돌아갈 수 있을까?" 차라투스트

---

49) 겸손, 친절, 순종 등으로 가득 찬 무사안일주의는 인간을 왜소하게 만들어 위대한 인간의 출현을 방해한다는 내용이 담겨 있다. 위대한 인간은 무신론자여야 한다는 사실도 언급한다.

라는 이렇게 탄식하며 먼 곳을 응시했다.

그러나 같은 날 그는 왜소하게 만드는 덕에 대해 이야기했다.

2

나는 이 군중 속을 가면서 눈을 크게 뜨고 있다. 그들은 내가 그들의 덕을 부러워하지 않는 것을 용서하지 않는다.

그들은 나를 물어뜯는다. 내가 소인들에게는 작은 덕이 필요하다고 말하기 때문이다. 그리고 소인들도 **존재할 필요**가 있다는 것에 대해 내가 거부감을 느꼈기 때문이다!

이곳에서는 나는 낯선 농가에 들어가 암탉들에게조차 마구 쪼이는 수탉 같다. 그러나 나는 이 암탉들을 나쁘게 생각하지 않는다.

모든 사소한 분노에 대해서 그렇듯 나는 암탉들에게 공손하다. 사소한 일에 대해 벌컥 화를 내는 것은 고슴도치에게나 어울리는 지혜로 생각된다.

밤에 불을 에워싸고 둘러앉으면 그들은 나에 대해 이야기한다. 그들은 나에 대해 이야기하지만 아무도 나에 대해 생각하지 않는다!

이것이 내가 배운 새로운 침묵이다. 나에 대한 그들의 소음이 나의 사상을 외투로 가려버리기 때문이다.

그들은 서로서로 떠들어댄다. "이 잿빛 구름은 우리에게 무엇을 하려고 하는가? 그 구름이 우리에게 전염병을 옮기지 않도록 조심하자!"

그리고 최근에는 한 여자가 내게 다가오고 있는 자기 아이를 붙잡으며 소리를 질렀다. "아이들을 데려가라! 저런 눈은 어린아이들의 영혼을 불태워버린다."

내가 말하기 시작하면 그들은 기침한다. 그들은 기침이 태풍을 막아줄 수 있다고 믿는 것이다─그들은 내 행복의 열풍에 대해서는 아무것도 예감하지 못한다!

"우리에게는 차라투스트라의 말을 들을 시간이 없다." 이렇게 그들은 항변한다. 그런데 차라투스트라를 위한 '시간이 없다'에서 그 시간은 대체 무엇이란 말인가?

그리고 행여 그들이 나를 칭찬한다 하더라도 어찌 내가 **그들의 칭찬**을 들으며 잠들 수 있겠는가? 그들의 칭찬은 내게 가시 돋친 허리띠에 지나지 않는다. 풀 때에도 그것은 역시 나를 할퀴어 상처를 낼 것이다.

나는 또한 그들에게서 이런 것도 배웠다. 칭찬하는 자는 보답하는 것처럼 보이지만, 사실은 더 많은 것을 받아내려 한다!

나의 발에게 물어보라, 그들의 칭찬과 유혹의 선율이 마음에 드는가를! 진실로 나의 발은 그런 박자와 가락에 맞춰서 춤추거나 가만히 서 있는 것을 좋아하지 않는다.

그들은 나를 유혹하고 칭찬하여 작은 덕으로 끌어들이고 싶어한다. 그들은 내 발을 설득하여 작은 행복의 박자에 보조를 맞게 하고 싶은 것이다.

나는 군중 속을 가면서 눈을 크게 뜨고 있다. 그들은 더 **작아졌으며** 점점 작아지고 있다. 그것은 **행복과 덕에 대한 그들의 교리** 때문이다.

그들은 덕에 있어서도 겸손하다. 그들은 안일함을 원하기 때문이다. 무사안일과 어울리는 것은 오직 겸손한 덕뿐이다.

또한 그들은 그들 방식대로 걷는 법과 걸어 나가는 법을 배운다. 그것을 나는 그들의 **절뚝거림**이라고 부른다. 그리하여 그들은 바쁘게 가는 자의 방해물이 된다.

그들 중 일부는 앞으로 나아가면서 목을 빳빳이 세운 채 뒤돌아본다. 나는 그런 자들과 맞부딪치기를 좋아한다.

발과 눈은 거짓말해서는 안 되며 서로의 거짓말을 벌해서도 안 된다. 그러나 소인들 사이에는 거짓말이 너무도 많다.

그들의 일부는 의욕하지만 대부분은 다만 의욕될 뿐이다. 그들의 일부는 진짜이지만 대부분은 가짜 배우이다.

그들 중에는 자기도 모르는 사이에 배우가 된 자가 있고 억지로 배우가 된 자도 있다. 진짜는 언제나 드문 법이다, 특히 진짜 배우는.

여기에는 남자다움이 거의 없다. 그래서 그들의 여성들이 남성화되어간다. 왜냐하면 충분하게 남성적인 자만 여자 속의 **여성을 구제할 것**이기 때문이다.

그리고 내가 그들 가운데에서 알게 된 최악의 위선은 명령하는 자들까지도 복종하는 자들의 덕을 가장하는 일이었다.

"나는 봉사한다, 너는 봉사한다, 우리는 봉사한다."—지배하는 자들의 위선까지도 여기서 이렇게 중얼거린다. 슬프다, 제일의 지배자가 제일의 하인에 지나지 않다니!

아, 내 눈의 호기심은 그들의 위선 속에까지도 파고들었다. 그리하여 나는 그들의 파리 같은 행복과 따스한 유리창 가를 윙윙거리는 소리를 잘 헤아리고 있다.

선의가 있는 곳에 그만큼의 나약함이 있다는 것을 나는 안다. 정의와 동정이 있는 곳에는 그만큼의 나약함이 있다는 것을.

그들은 서로서로 모나지 않고 정직하고 친절하다. 마치 모래알과 모래알이 서로서로 모나지 않고 정직하고 친절한 것처럼.

작은 행복을 겸손하게 포용하는 것—그것을 그들은 '순종'이라 부른다! 그러나 동시에 그들은 재빨리 어떤 새로운 작은 행복을 곁눈질한다.

그들은 마음속으로 언제나 한 가지 일을 간절히 바라고 있다, 누구에게도 상처받지 않는 것을. 그리하여 그들은 누구에게나 자진하여 친절을 베푼다.

그러나 그것은 비겁이다. 비록 그것이 '덕'이라고 불리지만.

그리고 이들 소인들이 거칠게 말을 할 때에도. 나는 다만 목쉰 소리를 들을 뿐이다. 바람만 들어와도 그들의 목청은 쉬는 것이다.

그들은 현명하다. 그들의 덕은 현명한 손가락을 갖고 있다. 그러나 그들의 덕은 주먹을 갖고 있지 않다. 그들의 덕이 갖고 있는 손가락들은 구부려 주먹을 쥐는 방법을 알지 못한다.

그들에게 덕이란 사람을 겸손하고 온순하게 만드는 것이다. 그리하여 그들은 늑대를 개로 만들고, 인간을 가장 온순한 가축으로 만든다.

"우리는 의자를 **중간**에 갖다놓았다." 그들의 능글맞은 웃음은 나에게 이렇게 말한다. "배부른 돼지와 죽어가는 용사로부터 멀리 떨어져 그 중간에."

그러나 그것은 **범용**(Mittelmäßigkeit)일 뿐이다. 비록 그것이 중용이라고 불리지만.

3

나는 이런 군중 사이를 걸어가면서 여러 가지 말을 남긴다. 그러나 그들은 그 말을 받아들일 줄도 모르고 간직할 줄도 모른다.

그들은 어찌하여 내가 그들의 쾌락과 악덕을 비난하지 않는가 하고 의아하게 생각한다. 진실로 나는 소매치기들을 조심하라고 경고하기 위해 온 것이 아니다!

그들은 어찌하여 내가 그들의 지혜를 증진시키고 예리하게 하지 않는가 하고 의아하게 생각한다. 마치 그들에게는 석필 소리 같은 목소리를 가진 사이비 현자들이 부족하다는 듯이!

그리고 내가 "흐느끼며 두 손을 합장하고 경배하기 좋아하는 그대들의 마음속에 있는 비겁한 악마들을 저주하라"고 외치면 그들은 "차라투스트라는 무신론자이다"라고 외친다.

순종을 가르치는 그들의 교사들이 특히 그렇게 외친다. 그러나 나는 바로 이러한 교사들의 귀에 대고 이렇게 외치고 싶다. "그렇다! 나는 무신론자인 차라투스트라이다!"

순종을 가르치는 이 교사들! 왜소하고 병들고 부스럼딱지로 덮여 있는 곳이라면 어디에나 이들은 피를 빠는 이처럼 기어든다. 내가 그들을 밟아 죽이지 않는 것은 구역질 나기 때문일 뿐이다.

좋다! 그들의 귀에 들려줄 나의 설교는 이렇다. 나는 무신론자인 차라투스트라이다. 무신론자인 나는 묻는다. "나보다 더 신을 믿지 않는 자는 누구인가? 그의 가르침을 기꺼이 받겠다."

나는 무신론자인 차라투스트라이다. 나는 나와 동등한 자를 어디서 찾아볼 수 있을까? 자신에게 자신의 의지를 부여하며 모든 순종을 거부하는 자들은 모두 나와 동등하다.

나는 무신론자인 차라투스트라이다. 나는 어떤 우연도 모두 나의 솥에 넣어서 삶는다. 그리하여 우연이 그 속에서 잘 삶아졌을 때, 비로소 나는 그것을 나의 음식으로서 환영한다.

실로 많은 우연이 나에게 주인처럼 다가왔다. 그러나 나의 **의지**는 우연에게 더 높은 주인처럼 말했다. 그러자 우연은 애원하며 무릎을 꿇고 말했다.

내게서 머물 곳을 찾고 사랑을 얻고자 애원하면서 "보라, 오 차라투스트라여. 친구만이 친구에게 찾아오는 것을!" 하고 아부하는 목소리로 말하면서.

그러나 아무도 내 **말**을 알아들을 귀를 갖고 있지 않으니 내가 무슨 말을 하겠는가! 그러므로 나는 불어오는 바람에게 이렇게 외치련다.

그대 소인들이여! 그대들은 점점 더 왜소해질 것이다. 그대들은 부서져 사라질 것이다, 그대 안일한 자들이여! 그대들은 곧 멸망할 것이다.

──그대들의 왜소한 덕으로 인해, 그대들의 온갖 체념으로 인해, 그대들의 온갖 바보 같은 복종으로 인해!

너무나 관대하고 너무나 연약하다. 이것이 그대들의 대지 모습이다! 그러나 한 그루의 나무가 **크게** 자라기 위해 그 나무는 단단한 바위 속에 강한 뿌리를 내려야 한다!

하찮은 것이라 하여 그대들이 제쳐놓은 것까지도 인류의 미래라는 옷감으로 짜이며, 그대들의 허무(Nichts)까지도 하나의 거미줄이고, 미래의 피를 빨아먹고 사는 한 마리의 거미인 것이다.

그대들 왜소한 덕을 가진 자들이여. 그대들이 무엇인가 받을 때, 마치 훔치는 것과 흡사한 모습이다. 그러나 악한 사이에서조차도 명예심이라는 것이 있어 이렇게 말한다. "강탈할 수 없을 경우에만 훔쳐내야 한다."

"기다리면 주어진다." ──이것 또한 순종이 가르치는 것 중 하나이다. 그러나 그대 안일한 자들이여, 나는 그대들에게 말한다. 빼앗는 일이 있을 뿐이다. 그러니 그대들은 더욱더 많은 것을 빼앗길 것이다!

아, 그대들이 어중간한 의욕을 다 버리고, 행동할 때나 나태할 때나 항상 단호해지기를!

아, 그대들이 다음과 같은 나의 말을 이해하기를! "항상 그대들이 의욕하는 것을 행하라. 그러나 먼저 의욕할 수 있는 자가 되어라!"

"자기를 사랑하는 것처럼 항상 이웃을 사랑하라. 그러나 먼저 자기 자신을 사랑하는 자가 되어라.

큰사랑으로써 사랑하고 큰 경멸로써 사랑하라!" 신을 믿지 않는 차라투스트라는 이렇게 말한다.

그러나 아무도 내 말을 들을 수 있는 귀를 갖지 못한 이곳에서 내가 무엇을 말할 수 있단 말인가! 여기서 내가 말하기에는 아직 한 시간이 이르다.

이런 민중 속에서 나는 나 자신의 선구자이며, 어둠을 뚫고 울리는 나 자신의 수탉 울음이다.

그러나 그들의 때가 오고 있다! 그리고 나의 때도 오고 있다! 그들은 시시각각으로 더욱 작아지고, 더욱 가난해지고, 더욱 피폐해갈 것이다.

가련한 잡초들이여! 가련한 땅이여!

그리하여 머지않아 그들은 바싹 마른 잡초와 풀밭처럼 내 앞에 나타날 것이다. 참으로 자신에게 지친 나머지 물보다 오히려 불을 갈망할 것이다!

오, 번개가 내려치는 축복받은 시간이여! 오, 정오를 앞둔 은밀함이여! 언젠가 나는 그들을 빠르게 번지는 불로, 불꽃의 혓바닥을 가진 예고자로 만들리라.

언젠가 그들은 불꽃의 혓바닥으로 알게 될 것이다. 오고 있다, 가까웠다, 위대한 정오가!

차라투스트라는 이렇게 말했다.

올리브 동산에서[50]

심술궂은 손님인 겨울이 나의 집에 앉아 있다. 나의 두 손은 그의 친절한 악수로 인해 새파래졌다.

나는 이 심술궂은 손님을 존경하지만 기꺼이 혼자 앉아 있게 놓아둔다. 나는 기꺼이 그에게서 도망친다. 잘 달릴 수만 있다면 그에게서 도망칠 수 있다!

나는 따뜻한 발과 사상으로 바람이 잔잔한 저기 내 올리브 동산의 양지바른 곳으로 달려간다.

그곳에서 나는 나의 냉혹한 손님을 비웃는다. 그러나 나는 아직 그를 좋아한다. 나의 집에서 파리떼를 내쫓고 자잘한 소음들을 없애주기 때

---

50) 미온적인 것보다 차갑고 냉정한 삶을 좋아하는 구도자의 태도가 묘사되고 있다. 차갑고 냉정한 삶을 지나서야 구도자는 따뜻한 진리의 동산에 들어갈 수 있다.

문이다.

그는 한 마리의 모기가 웽웽거리는 것도 용서하지 않으니 하물며 두 마리야! 그는 거리를 쓸쓸하게 만들어 밤엔 달빛도 두려움을 느끼게 된다.

그는 냉혹한 손님이다. 그러나 나는 그를 존경한다. 나는 나약한 자들처럼 배가 불룩한 불의 우상에게 기도하지 않는다.

우상을 경배하느니 이빨을 약간 딱딱거리는 편이 낫다! 나의 천성이 그것을 원한다. 특히 나는 욕정에 가득 차 김을 내뿜고 있는 눅눅한 불의 우상들을 모두 싫어한다.

누구를 사랑할 때, 나는 여름보다 겨울에 더 사랑한다. 이제 겨울이 나의 집에 와 있으므로 나는 나의 적들을 더 잘, 그리고 더 철저하게 비웃는다.

진실로 잠자리에 기어들 때조차도 나의 은밀한 행복은 웃으며 방자해진다. 나의 거짓 꿈까지도 웃고 있다.

나는—기어다니는 자인가? 나는 평생토록 권력자 앞에서 한 번도 기어다닌 적이 없다. 내가 거짓말을 한 적이 있다면 그것은 사랑 때문이다. 그러므로 나는 한겨울의 침대 속에서도 기뻐한다.

호화로운 침대보다도 초라한 침대가 나를 더 따뜻하게 해준다. 나는 나의 가난을 시샘하기 때문이다. 그런데 가난은 겨울에 나에게 가장 성실하다.

나는 하루하루를 악의로 시작한다, 나는 냉수욕을 함으로써 겨울을 비웃어준다. 나의 냉혹한 손님은 그것 때문에 투덜거린다.

나는 촛불로 그를 간지르기를 좋아한다. 마침내 그가 나에게 잿빛 새벽으로부터 하늘을 드러내도록.

말하자면 나는 특히 아침에 악의에 차 있다. 우물가에서 두레박 소리가 들리고 말들이 잿빛 골목길에서 따뜻한 입김을 뿜어대며 울어대는 이른 시각에.

그때 나는 밝게 빛나는 하늘이, 눈처럼 흰 수염을 단 하늘이, 백발노인인 하늘이 내 눈앞에 나타나기를 애타게 기다린다.

자신의 태양까지도 곧잘 감추는 말없는 겨울하늘이 나타나기를!

나는 저 하늘로부터 밝고 빛나는 긴 침묵을 배운 것이 아닐까? 아니면 그가 나에게서 그것을 배운 것일까? 아니면 우리가 각자 그것을 생각해낸 것일까?

모든 훌륭한 사물의 근원은 수천 겹이다. 모든 훌륭하고 자유분방한 것들은 기쁨에 넘쳐 현존 속으로 뛰어든다. 그들이 어찌 이런 도약을 한 번으로 그치겠는가!

긴 침묵은 역시 훌륭하고 자유분방한 것이며 겨울하늘처럼 밝고 둥근 눈을 가진 얼굴로 바라보는 것이다.

겨울하늘처럼 자신의 태양을, 자신의 굽히지 않는 태양의 의지를 숨기는 것. 진실로 나는 그러한 기술과 그러한 겨울의 자유분방함을 잘 배웠다!

나의 침묵은 침묵에 의해 자신을 노출시키지 않는 방법을 배웠는데 그것이야말로 내가 가장 사랑하는 악의이며 기술이다.

큰 소리를 내고 주사위를 던지며 나는 근엄하게 기다리는 자들을 속여넘긴다. 나의 의지와 목적은 모든 엄격한 감시자들로부터 빠져 나오는 것이다.

아무도 나의 마음속과 최후의 의지를 들여다보지 못하도록 나는 나의 빛나는 긴 침묵을 생각해냈다.

나는 많은 현자들을 발견했다. 그들은 아무도 그들의 마음속을 들여다보지 못하도록 얼굴에 휘장을 쓰고 자신의 물을 흐려놓았다.

그러나 그들보다 더 현명하고 의심 많은 호두 까는 자들이 그들에게 찾아와서 그들이 가장 깊숙이 숨겨둔 물고기를 낚아 올렸다!

그러나 밝은 자들, 정직한 자들, 투명한 자들—이런 자들이야말로 가장 현명하게 침묵하는 자들이다. 그들의 마음속은 너무나 깊어 가장 맑은 물도 그것을 드러내지 못한다.

그대 눈처럼 흰 수염을 하고 있는 겨울하늘이여, 그대 나의 머리 위에서 둥근 눈을 한 백발 노인이여! 오, 그대 내 영혼과 그 분방함을 드러내주는 천상적인 비유여!

나는 황금을 삼킨 자처럼 나 자신을 감춰야 하지 않겠는가? —사람들이 나의 영혼을 헤쳐 드러내지 못하도록.

나는 죽마(竹馬)를 타야 하지 않겠는가? 내 주의의 모든 시기심 많은 자들과 중상하기를 좋아하는 자들이 나의 긴 다리를 보지 못하도록.

연기가 자욱하고, 안일하고, 낡아빠지고, 시들고, 슬픔에 잠긴 영혼들—그들의 질투가 어떻게 나의 행복을 참아낼 수 있겠는가.

그러므로 나는 그들에게 내 산봉우리의 얼음과 겨울만 보여줄 뿐 나의 산이 태양의 허리띠를 두르고 있다는 것을 보여주지 않는다!

그들은 내게서 겨울폭풍이 윙윙 불어 닥치는 소리만 들을 뿐 내가 동경에 가득 찬 무겁고 뜨거운 남풍처럼 따뜻한 바다 위를 지나가는 나의 소리를 듣지 못한다.

그들은 나의 재난과 우연들을 측은히 여기기까지 한다. 그러나 나는 이렇게 말한다. "우연이 내게 오도록 내버려두어라. 우연은 어린아이처럼 천진난만하다!"

그들이 어떻게 나의 행복을 참을 수 있겠는가. 만일 내가 여러 가지 재난이나 겨울의 곤궁이나 곰 가죽의 모자나 눈 내리는 하늘로 나의 행복을 감추지 않았더라면.

만일 내가 그들 질투심 많고 중상하기 좋아하는 자들의 동정을 가엾게 여기지 않았더라면!

만일 내가 그들 앞에서 탄식하고, 추위로 몸을 떨며, 침착하게 그들의 동정으로 나 자신을 감싸지 않았더라면!

자신의 겨울과 엄동의 모든 폭풍을 숨기지 않는 것—이것이 내 영혼의 현명한 분방함이며 호의이다. 나의 영혼은 자신의 동상(凍傷)까지도 감추지 않는다.

어떤 사람에게는 고독이 병든 자의 도피이며, 어떤 사람에게는 고독이 병든 자들로부터의 도피이다.

내 주위의 이 가엾은 사팔뜨기 녀석들로 하여금 내가 추위로 인해 이빨을 덜덜 떨고 탄식하는 소리를 듣게 하라! 이렇게 이빨을 떨고 탄식하면서 나는 그들의 따뜻한 방에서 도망쳐 나오는 것이다.

그들로 하여금 나의 동상에 대해 동정하고 나와 함께 탄식하게 하라. "그는 인식의 얼음으로 우리를 **얼어죽게** 할 것이다!" 그들은 이렇게 탄식한다.

그동안 나는 따뜻한 발로 나의 올리브 동산 위를 이리저리 뛰어다닌다. 나는 내 올리브 동산의 양지바른 곳에서 노래 부르며 모든 동정을 비웃는다.

차라투스트라는 이렇게 노래했다.

스쳐 지나가는 것[51]

이와 같이 차라투스트라는 천천히 길을 돌아 많은 민족과 여러 도시를 본 후 자신의 산과 동굴로 되돌아갔다. 보라, 그때 그는 뜻밖에도 큰 도시의 성문에 이르렀다. 여기서 입에 거품을 물고 있는 바보 하나가 두

---

51) 여론이 지배하고 있는 일상세계를 차라투스트라는 무시하면서 지나치려 한다. 차라투스트라는 복수심에서가 아니라 사랑에서 진리를 전하려 한다는 사실이 묘사되어 있다.

손을 벌린 채 차라투스트라를 향해 뛰어나오며 길을 가로막았다. 그는 사람들로부터 '차라투스트라의 원숭이'라 불리는 바보였다. 그는 차라투스트라의 말투와 어법을 어느 정도 배웠으며, 차라투스트라의 지혜의 창고로부터 지혜를 빌려오기를 좋아했기 때문이다. 그 바보는 차라투스트라에게 이렇게 말했다.

"오, 차라투스트라여. 이곳은 큰 도시입니다. 당신은 이곳에서 아무것도 찾지 못할 것이며, 모든 것을 잃을 것입니다.

어찌하여 당신은 이런 진창 속을 지나가려 하시오? 당신의 발을 불쌍히 여기시오! 차라리 입구에 침을 뱉고 돌아가시오!

은둔자의 사상에게는 이곳이 지옥입니다. 이곳에서 모든 위대한 사상은 산 채로 삶겨 자잘하게 요리되어버립니다.

이곳에서 모든 위대한 감정은 부패되어버리고, 보잘것없는 메마른 감정만 요란한 소리를 냅니다!

정신의 도살장과 정신을 요리하는 음식점 냄새가 당신에게는 나지 않습니까? 이 도시가 도살된 정신의 냄새로 가득 차 있지 않습니까?

당신에게는 더러운 넝마처럼 걸려 있는 영혼들이 보이지 않습니까? 사람들은 이 넝마들로 신문을 만들어냅니다!

이곳에서 정신이 어떻게 말장난이 되어버렸는지를 당신은 듣지 못했습니까? 정신은 더러운 언어의 찌꺼기를 토해냅니다! 사람들은 또한 이 언어의 찌꺼기로 신문을 만들어냅니다.

사람들은 서로 뒤쫓아 다니지만 어디로 가는지 알지 못합니다. 그들은 서로 흥분시키지만 그 이유를 알지 못합니다. 그들은 악기를 두드리며 황금을 짤랑거립니다.

그들은 추워서 독주를 마시고 따뜻해지려 합니다. 그들은 열이 올라 얼어붙은 영혼 가까이서 몸을 식히려 합니다. 그들은 모두 쇠약해져 있고 여론에 중독되어 있습니다.

이곳에는 온갖 욕정과 악덕이 활개치고 있습니다. 그러나 이곳에는 덕 있는 자들도 있고 영리하게 사용되는 덕도 많이 있습니다.

글 쓰는 손가락을 지닌, 그리고 앉아 기다리다 엉덩이가 굳어버린 영리한 덕, 재능 있는 덕, 가슴에 작은 별을 달고 있으며 메마르고 빈약한 엉덩이를 가진 딸들의 축복을 받은 덕이.

이곳에는 또한 만군을 다스리는 신에 대한 경건함이 많으며 신심을 갖고 침이라도 핥으려는 아첨과 감언이 수없이 많습니다.

'위로부터' 별과 자비로운 침이 떨어지며, 아직 별을 달지 못한 가슴들은 높은 곳으로 올라가기를 갈망합니다.

달에는 궁정이 있고, 그 궁정에는 어리석은 것들이 있습니다. 그러나 거지 같은 군중과 거지 같은 영리한 덕은 그 궁정에서 오는 모든 것을 향해 기도합니다.

"나는 봉사한다, 너는 봉사한다, 우리는 봉사한다." 모든 영리한 덕은 군주를 우러러보며 이렇게 기도합니다. 공로에 대한 보상으로 좁은 가슴에 별을 달게 되기를 기원하면서!

그러나 달은 여전히 모든 지상적인 것들의 주위를 맴돌고 있으며, 왕 또한 더 없이 지상적인 것들의 주위를 맴돌고 있습니다. 그 지상적인 것은 바로 소매상인들의 황금입니다.

만군을 다스리는 신은 황금덩어리의 신이 아닙니다. 제안을 하는 것은 왕이지만, 결정은 상인들이 내립니다!

오, 차라투스트라여! 당신의 내부에서 반짝이는 강하고 선한 모든 것들을 생각하며 이 상인들의 도시에 침을 뱉고 돌아서시오!

이곳에서 모든 피는 썩고 미지근하며, 거품을 내면서 혈관 속을 흐릅니다. 모든 찌꺼기들이 뒤섞여 거품을 내뿜고 있는 거대한 쓰레기더미인 이 도시에 침을 뱉으시오!

짓눌린 영혼과 좁은 가슴, 사나운 눈초리, 끈적거리는 손가락이 가득

한 이 도시에 침을 뱉으시오.

치근거리는 자들, 뻔뻔스러운 자들, 글과 말로 고함치는 자들, 열에 들뜬 야심가들이 있는 이 도시에.

온갖 썩은 것, 경멸스러운 것, 음탕한 것, 음침한 것, 곪아터진 것, 상처투성이인 것, 음모하는 것이 마구 뒤섞여 있는 이곳에.

이 큰 도시에 침을 뱉고 돌아서시오!"

그러나 이때 차라투스트라는 입에서 거품을 내뿜고 있는 바보의 말을 가로막고 입다물게 했다.

차라투스트라는 외쳤다. "이제 그만 닥쳐라! 나는 그대의 말과 태도에 이미 구역질 났다!

그대는 어찌하여 그대 자신이 개구리와 두꺼비가 되지 않을 수 없을 정도로 오랫동안 늪 속에서 살았는가?

그대가 이처럼 허풍을 떨며 욕설을 퍼붓는 것을 보니 그대의 혈관 속에 썩어서 거품을 내는 늪의 피가 흐르고 있는 것이 아니냐?

그대는 어찌하여 숲속으로 들어가지 않았는가? 그대는 어찌하여 대지를 경작하지 않았는가? 바다는 푸른 섬들로 가득 차 있지 않은가?

나는 그대의 경멸을 경멸한다. 그대는 어찌하여 내게는 경고하면서 자신에게는 경고하지 않았는가?

나의 경멸과 경고의 새는 오직 사랑으로부터 날아올라야 한다. 늪으로부터가 아니다!

그대 입에서 거품을 내뿜는 바보여, 사람들은 그대를 나의 원숭이라 부르고 있다. 그러나 나는 그대를 나의 투덜대는 돼지라고 부른다. 그대는 투덜거리며 불평함으로써 어리석음에 대한 나의 예찬까지도 망쳐 버리고 있다.

그대를 투덜거리게 만든 것은 무엇인가? 그것은 아무도 그대에게 충분히 아첨하지 않았다는 것이다. 그리하여 그대는 이 오물더미 위에 앉아 있었던 것이다. 투덜거릴 구실을 찾기 위해.

또 많은 복수의 구실을 찾기 위해! 그대 허영심 많은 바보여, 그대가 내뿜고 있는 것은 모두 복수이니라. 이제 나는 그대의 정체를 분명히 알아냈다!

그러나 그대의 어리석은 가르침은 그대의 말이 옳을 때조차도 나를 해친다! 차라투스트라의 가르침이 백번 옳을지라도 그대는 나의 가르침을 그릇되게 사용할 것이다!"

차라투스트라는 이렇게 말하고 나서 큰 도시를 바라보았다. 그러고는 한숨을 쉬며 한동안 말이 없었다. 마침내 그는 이렇게 말했다.

이 바보뿐만 아니라 이 큰 도시도 나를 구역질 나게 한다. 이 바보와 이 도시에는 더 좋게 만들어져야 할 것도 없고, 더 나쁘게 만들어져야 할 곳도 없다.

이 큰 도시에 화 있으라! 나는 이 큰 도시를 태워버릴 불기둥을 당장 보고 싶다!

왜냐하면 그런 불기둥은 위대한 정오에 앞서 나타나야 하기 때문이다. 그러나 거기에도 때가 있고 자신의 운명이 있다.

그러나 그대 바보여, 나는 작별로서 그대에게 이러한 가르침을 주리라. 더 이상 사랑할 수 없는 곳은—스쳐 지나가야 한다!

차라투스트라는 이렇게 말하고 나서 바보와 큰 도시를 스쳐 지나갔다.

배신자들[52]

1

아, 얼마 전까지만 해도 이 초원에서 푸르고 아름답게 자라던 것들이 어느새 모두 시들어 잿빛을 띠고 누워 있구나! 이곳에서 나는 얼마나 많은 희망의 꿀을 모아 나의 벌통으로 날랐던가!

저 젊은 가슴들은 이미 늙어버렸구나. 아니 늙어버린 것이 아니다! 지치고, 천해지고, 안일해졌을 뿐이다. 그들은 그것을 가리켜 "우리는 다시 경건해졌다"라고 말한다.

얼마 전까지만 해도 나는 그들이 아침 일찍 용감한 발로 뛰쳐나가는 것을 보았다. 그러나 그들의 인식의 발은 지쳐버렸으며, 이제 그들은 자기들이 아침에 보인 대담성까지도 비방하고 있다!

진실로 그들 중 많은 사람들이 전에는 무도자처럼 다리를 들어올렸고 내 지혜 속의 웃음이 그들에게 눈짓을 했다. 그러자 그들은 생각에 잠겼다. 이제 나는 보았다, 그들이 몸을 굽히고 십자가를 향해 기어가는 것을.

일찍이 그들은 모기떼와 젊은 시인들처럼 빛과 자유의 주위를 날아다녔다. 그러나 나이가 들고 열기가 식자 그들은 어느새 속 검은 자, 음모하는 자, 난롯가에 웅크리고 있는 자가 되어버렸다.

고독이 고래처럼 나를 삼켜버렸기 때문에 그들이 절망한 것일까? 그들의 귀는 나와 나의 나팔 소리 그리고 전령이 부르는 소리를 애타게 기다리며 오랫동안 귀를 기울였으나 허사였던 것일까?

아, 그들 중 오랫동안 참고 견디는 용기와 오만함을 가슴속에 지니고

---

52) 초인의 진리를 두려워하고 다시 경건한 신앙으로 돌아가버린 유약한 인간들을 질책하는 내용이 들어 있다. 동시에 다신론은 일신론으로, 일신론은 무신론으로 넘어가지 않을 수 없는 변화의 진리를 제시한다.

있는 자는 언제나 소수에 지나지 않는다. 그런 사람들에게서는 정신도 참을성이 강하다. 그러나 그 나머지는 비겁하다!

그 나머지는 항상 다수이며, 흔해빠진 자들이며, 잉여인간들이며, 어중이떠중이들이다. 그들은 모두 비겁하다!

나와 같은 부류에 속하는 사람은 내가 겪었던 그런 경험을 하게 될 것이다. 그리하여 그의 최초의 길동무는 틀림없이 시체와 광대일 것이다.

그러나 그의 두 번째 길동무들은 그의 신도라 자칭할 것이다. 그들은 많은 사랑과 많은 어리석음과 많은 풋내기 숭배를 지니고 살아가는 무리들이다.

인간 가운데에 있는 자로서 나와 같은 부류에 속하는 자는 자신의 마음을 이러한 신도들에게 붙여서는 안 된다. 변덕스럽고 비겁한 인간의 본성을 알고 있는 자는 이런 화창한 봄과 형형색색의 초원을 믿어서는 안 된다!

만일 다른 것을 선택할 수 있다면 그들은 다른 것을 선택하려 할 것이다. 이것도 저것도 아닌 얼치기들이 전체를 다 망쳐버린다. 나뭇잎들이 시들어버렸다고 해서 한탄할 것이 무에 있는가!

시들어 떨어지게 내버려두라. 오 차라투스트라여, 한탄하지 말라! 오히려 그들 사이로 살랑거리는 바람을 불어 보내라.

이들 나뭇잎 사이로 바람을 불어 보내라. 오 차라투스트라여, 시들은 것들이 그대로부터 더 빨리 떨어져 나가도록!

2

"우리는 다시 경건해졌다." 이들 배신자들은 이렇게 고백한다. 그리고 그들 중 많은 사람들은 여전히 너무나 비겁해 이런 고백도 하지 못한다.

나는 그들의 눈을 빤히 들여다보면서 그들의 얼굴을 향해, 그들의 붉어진 뺨을 향해 말한다. 그대들은 다시 **기도하는** 자가 되어버렸구나!

기도한다는 것은 부끄러운 일이다! 모든 사람들에게 그런 것은 아니지만 그대와 나 그리고 머릿속에 자신의 양심을 지니고 있는 사람들에게 부끄러운 일이다. 그대에게는 기도한다는 것이 부끄러운 일이다!

그대도 잘 알고 있는 것처럼 두 손을 움켜잡고, 팔짱을 끼고, 더 안락해지고 싶어하는, 그대 속에 있는 비겁한 악마, 이 비겁한 악마가 바로 "신은 존재한다!"고 그대를 설득하는 것이다.

그렇게 되어 그대는 빛 때문에 결코 안식을 얻지 못하는, 빛을 두려워하는 족속이 되었다. 이제 그대는 날마다 그대의 머리를 밤과 안개 속으로 점점 더 깊이 처넣어야 한다!

진실로 그대는 때를 잘 택했다. 바로 지금 밤의 새들이 다시 밖으로 날아가기 때문이다. 빛을 두려워하는 군중의 시간이 다가온 것이다, '축제가 없는' 저녁의 휴식 시간이.

나는 소리와 냄새로 그것을 알 수 있다. 사냥과 행진을 위한 그들의 시간이 온 것이다. 격렬한 사냥의 시간이 아니라 가만히 걸어 다니는 자들과 가만히 기도하는 자들의 유순하고 절름거리고 쿵쿵거리는 사냥의 때가.

감정이 풍부한 위선자들을 향한 사냥의 때가 온 것이다. 이제 온갖 마음의 덫이 다시 놓였다! 내가 장막을 올리자 작은 밤나방 한 마리가 파닥거리며 나왔다.

이 작은 나방은 다른 작은 나방과 함께 그곳에 웅크리고 있었던 것일까? 나는 도처에서 숨어 있는 신도들의 냄새를 맡기 때문이다. 그리고 밀실이 있는 곳마다 새로운 기도꾼들이 있으며, 기도꾼들의 분위기가 감돌고 있다.

그들은 긴 밤마다 함께 앉아 "다시 어린아이처럼 되어 '사랑하는 주님!'을 부르자!"라고 말한다. 경건한 제과업자들에 의해 입과 위장을 상한 채.

혹은 그들은 숨어서 먹이를 기다리는 교활한 십자거미 한 마리를 구경하면서 긴 밤을 보낸다. 이 십자거미는 다른 거미들에게 지혜를 설교하며 이렇게 가르친다. "십자가 밑은 거미줄 치기가 좋은 곳이다!"

혹은 그들은 하루 종일 낚싯대를 손에 들고 늪가에 앉아 있으며, 그러는 자신들이 심오하다고 생각한다. 그러나 물고기가 없는 곳에서 낚시질을 하는 자들에게는 천박하다는 말조차 아깝다!

혹은 그들은 어느 가요시인으로부터 경건하고 즐겁게 하프를 타는 방법을 배운다. 이 가요시인은 젊은 여인들의 가슴을 울리는 가락으로 하프 타기를 좋아한다. 그는 늙은 여인들과 늙은 여인들의 칭찬에 지쳐버렸기 때문이다.

혹은 그들은 어두운 방안에서 자기에게 망령들이 다가오고 그리하여 자기에게서 정신이 떠나가기를 기다리는 박식한 반미치광이로부터 오싹해지는 법을 배운다!

혹은 그들은 우수의 바람에게서 우수의 가락을 배운 늙은 떠돌이 풍악장이에게 귀를 기울인다. 그 풍악장이는 우수 어린 바람처럼 피리를 불며 구슬픈 가락으로 우수를 설교한다.

그들 중 몇몇은 야경꾼까지 되어버렸다. 그들은 뿔나팔 부는 법을 배워 밤마다 돌아다니며 오래전에 잠들어버린 옛 일을 불러일으키려 한다.

나는 어젯밤 정원의 돌담 옆에서 옛 일에 대한 다섯 가지 이야기를 들었다. 그 이야기들은 늙고 우수에 찬, 말라빠진 야경꾼들의 입에서 흘러나온 것이었다.

"그는 아버지인데도 자기 자식들을 잘 돌보지 않는다. 그 점에서는 인간의 아버지들이 더 낫다!"

"그는 너무 늙었다! 이제 그는 자기 자식들을 전혀 돌볼 수 없다." 다른 야경꾼이 이렇게 대답했다.

"도대체 그는 자식이 있기는 한가? 그가 그것을 증명하지 않는다면 누가 그것을 증명할 수 있겠는가! 그가 그것을 철저히 증명하기를 나는 오래전부터 바라고 있었다."

"증명한다고? 마치 그가 전에 뭔가 증명한 적이 있기라도 한 듯한 말투로군! 증명이 그에게는 어려운 일이다. 그는 사람들이 그를 **믿는다는** 사실을 중시한다."

"그렇다, 그렇다! 믿음이 그를 행복하게 만드는 거야, 그에 대한 신앙이. 늙은 사람들이란 모두 그 모양이라니까! 우리 또한 그렇게 되겠지!"

빛을 두려워하는 두 늙은 야경꾼은 이렇게 말을 주고받고는 비통하게 피리를 불었다. 어젯밤 정원의 돌담 옆에서 이러한 일이 일어났던 것이다.

그러나 나의 심장은 우스워 터져버릴 것만 같았으며, 어디로 가야 할지 몰라 횡격막 속으로 기어들었다.

진실로 당나귀가 술 취하는 꼴을 보고, 야경꾼들이 이와 같이 신을 의심하는 소리를 듣고 우스워 질식해 죽는 것, 그것이 나의 죽음이 될 것이다.

그러한 의심을 품는 때도 이미 **오래전에** 지나가버린 것이 아닌가? 누가 그런 늙은, 잠들어 있는, 빛을 두려워하는 자들을 깨울 수 있겠는가!

옛 신들은 이미 오래전에 최후를 맞았다. 진실로 훌륭하고 즐겁고 성스러운 최후를 마쳤다!

그들은 '황혼 속으로' 사라져버린 것이 아니다. 그것은 거짓말이다! 오히려 그 반대이다. 오히려 그들은——웃어대다가 죽은 것이다!

그 일은 가장 무신론적인 말이 어떤 신의 입에서 흘러나왔을 때 일어났다. "오직 하나의 신이 있을 뿐이다! 너희는 내 앞에서 다른 신을 섬겨서는 안 된다!"

분노의 수염을 한, 질투심 많은 그 신은 그런 말을 입 밖에 낼 정도로 제정신이 아니었다.

그때 모든 신들은 깔깔 웃고는 의자에 앉은 채 몸을 흔들며 외쳤다. "신들은 존재하지만 유일신은 존재하지 않는다는 것, 그것이야말로 신다운 일이 아니겠는가?"

귀 있는 자는 들을지어다.

차라투스트라는 그가 사랑하던 '얼룩소'라는 도시에서 이렇게 말했다. 앞으로 이틀 동안만 걸어가면 그는 다시 그의 동굴과 그의 동물들에게 도착할 수 있었다. 귀향이 가까워지자 그의 영혼은 한없이 기뻤다.

귀향[53]

오, 고독이여! 너 나의 **고향**인 고독이여! 나는 거친 타향에서 너무 오랫동안 거칠게 살았기 때문에 눈물 없이는 네게 돌아갈 수 없구나!

이제 어머니들이 꾸짖듯이 나를 손가락질해다오. 어머니들이 미소 짓듯이 내게 미소를 지어다오. 이제 말해다오. "일찍이 폭풍처럼 내게서 떠나간 자는 누구인가?"

그는 떠나면서 외쳤다. 나는 너무 오랫동안 고독과 함께 살아왔기 때문에 침묵하는 법을 잊어버렸다! **그것을** 이제 그대는 분명 배웠겠지?

오, 차라투스트라여, 나는 모든 것을 알고 있다. 그대 고독한 자여, 그

---

53) 인간들과 함께 사는 것이 스스로의 이상에 대해 가장 큰 위험이라는 사실을 깨닫고 고독으로 되돌아가려는 차라투스트라의 결단이 묘사되고 있다.

대는 나와 함께 있을 때보다 군중 속에서 더 **외로운** 자였다는 것을!

외로움(Verlassenheit)은 고독(Einsamkeit)과 다른 것이다. 이제 그대는 **그것을** 배웠다! 군중 속에서 그대는 항상 거칠고 낯선 자가 되리라는 것을.

그들이 그대를 사랑할 때조차도 그대는 거칠고 낯선 자가 되리라는 것을. 그들은 모두로부터 **용서받기를** 바라기 때문에!

그러나 이제 그대는 이곳 그대의 집으로 돌아왔다. 이곳에서 그대는 무슨 말이나 할 수 있으며, 마음속을 모두 털어놓을 수 있다. 이곳에서는 감춰진 감정도, 굳은 감정도 부끄러울 것이 없다.

여기서는 온갖 사물이 사랑으로 그대의 이야기에 귀를 기울이고 그대에게 아첨한다. 그들은 그대의 등에 업히기를 원하기 때문이다. 그대는 이곳에서 모든 비유를 타고 진리로 나아가고 있으니.

이곳에서 그대는 온갖 사물에게 솔직하게 숨김없이 이야기할 수 있다. 진실로 어떤 사람이 온갖 사물과 솔직하게 대화를 나눌 때, 그것은 그들의 귀에 칭찬으로 들리는 것이다!

그러나 외롭다는 것은 이와 다르다. 오, 차라투스트라여. 그대는 기억하는가? 그대가 숲속에서 어디로 가야 할지 갈피를 잡지 못하고 시체 옆에 서 있을 때, 그대의 새가 그대의 머리 위에서 울어대던 일을.

그대가 "나의 동물들이 나를 인도해주기를! 나는 동물들 속에서보다 인간들 속에서 더 위험하다는 것을 깨달았다"라고 말하던 때를. ──그것이 외로움이다!

오, 차라투스트라여. 그대는 기억하는가? 그대가 섬에 앉아 텅 빈 통을 채우는 포도주 샘물이 되어, 목마른 자들에게 주고 또 주고, 따라주고 쏟아주던 때를.

그리하여 마침내 그대는 목마른 채 술 취한 자들 사이에 홀로 앉아 "주는 것보다 받는 것이 더 행복하지 않은가? 그리고 받는 것보다 훔치는 것이 더 행복하지 않은가?"라고 밤마다 탄식하던 일을. ──그것이 외로움이다!

오, 차라투스트라여. 그대는 기억하는가? 그대의 가장 조용한 시간이 찾아와 그대를 그대 자신으로부터 내쫓아버리고는 악마의 목소리로 "말하라, 그리고 부서져라!"라고 속삭이던 때를.

그리하여 가장 조용한 때가 그대로 하여금 그대의 모든 기다림과 침묵을 후회하게 하고, 그대의 겸손한 용기를 꺾어버리던 때를. ──그것이 외로움이다!

오, 고독이여! 너 나의 고향인 고독이여! 너의 목소리는 얼마나 행복하고 다정하게 내게 말하고 있는가!

우리는 서로 묻지 않고, 서로 불평하지도 않는다. 우리는 열린 문들을 통하여 자유롭게 왕래한다.

너와 함께 있으면 모든 것이 열려 있고 환히 밝기 때문이다. 그리하여 시간도 여기서는 한결 가벼운 걸음으로 달음질친다. 시간은 빛 속에서보다 어둠 속에서 더 무겁게 지나가기 때문이다.

이곳에서는 모든 존재의 언어와 언어의 진열장이 나를 위해 활짝 열려 있다. 여기서는 모든 존재가 말이 되기를 원하며, 모든 생성은 내게서 말하기를 배우려 한다.

그러나 저기 저 아래쪽에서는 모든 말이 쓸모없다! 거기서는 잊어버리는 것과 지나쳐버리는 것이 최선의 지혜이다. 그것을──나는 이제야 알게 되었다!

인간들 속의 모든 것을 이해하려 하는 사람은 모든 것에 손을 대야 한다. 그러나 그렇게 하기에는 나의 손이 너무나 깨끗하다.

나는 그들의 입김을 들이마시는 것조차도 좋아하지 않는다. 아, 내가 그들의 소란과 더러운 입김 속에서 그토록 오랫동안 살았다니!

오, 나를 에워싼 행복한 적막이여! 오, 나를 에워싼 순수한 향기여!

오, 이 적막은 깊은 가슴으로부터 얼마나 순수한 호흡을 계속하는가! 오, 이 행복한 적막은 얼마나 열심히 귀를 기울이고 있는가!

그러나 저기—저 아래쪽에서는 모든 것이 말을 하지만 모두 귓가를 스쳐갈 뿐이다. 누군가 종을 울리며 자기의 지혜를 알리더라도 시장상인들은 돈을 쩔렁거리며 그 지혜의 소리를 묵살할 것이다!

그들 사이에서는 모든 것이 말하지만, 아무도 이해할 줄 모른다. 모든 것이 물속으로 떨어지며, 아무것도 깊은 샘 속으로 떨어지지 않는다.

그들 사이에서는 모든 것이 말을 하지만, 아무것도 이루어지지는 않는다. 모든 것이 까악까악 하고 울어대지만 누가 조용히 둥지에 앉아 알을 까려 하는가?

그들 사이에서는 모든 것이 말하지만, 모두 잔소리가 되어버린다. 그리하여 어제까지만 해도 그 시대의 이빨에게는 너무 딱딱한 것이 오늘은 완전히 씹혀 현대인들의 입으로부터 흘러내린다.

그들 사이에서는 모든 것이 말을 하고, 모든 것이 폭로된다. 그리하여 전에는 깊은 영혼을 소유한 자들의 비밀이라고 불리던 것이 오늘은 거리의 나팔수들이나 그 밖의 경박한 자들의 것이 되어버렸다.

오, 인간들이여, 기묘한 자들이여! 어두운 거리의 아우성이여! 이제 그대들이 다시 내 등뒤에 있다. 나의 가장 큰 위험이 내 등뒤에 있다!

용서하고 동정하는 것 속에 항상 나의 가장 큰 위험이 들어 있다. 모든 인간은 용서와 동정을 받기 원하는 것이다.

진리를 감추고 어리석은 손과 심장으로 동정의 작은 거짓말들을 수없이 반복하면서. 그렇게 나는 인간들 사이에서 살아왔다.

나는 가면을 쓰고 그들 사이에 앉아 있었다, 그들을 감당하기 위해 나 자신이 오해받을 각오를 하면서. 그리고 "너 바보여, 너는 인간을 알지 못한다!"라고 나 자신을 설득하면서.

인간들 사이에서 살면 인간을 알 수 없게 된다. 모든 인간들에게는 너무나 많은 앞가림이 있다. 거기서 먼 곳을 바라보고 먼 곳을 갈망하는 눈이 무슨 소용이 있겠는가!

그리하여 그들이 나를 오해했을 때도. 바보인 나는 나 자신보다 오히려 그들을 위로했다. 나 자신에 대한 냉혹함에 익숙하여 그리고 그들을 용서하기 위해 종종 나 자신에게 복수까지 하면서.

독파리떼에게 마구 찔린 채 여러 가지 악의의 물방울로 인해 돌처럼 움푹 패인 모습으로 나는 그들 사이에 앉아서 "모든 왜소한 것들은 자신의 왜소함에 대해 책임이 없다!"라고 스스로 타일렀다.

특히 '선인'으로 자칭하는 자들이야말로 가장 무서운 독파리라는 것을 나는 알게 되었다. 그들은 아주 천연스럽게 남을 쏘아대고 거짓말한다. 그러니 그들이 어떻게 나를 정당하게 대할 수 있겠는가!

선인들 사이에서 사는 자는 동정으로 말미암아 거짓말쟁이가 된다. 자유로운 영혼의 소유자들에게 동정은 탁한 공기를 만들어준다. 선인들의 어리석음은 바다의 깊이를 알 수 없기 때문이다.

나 자신과 나의 부를 감추는 것—**그것을** 나는 저 아래서 배웠다. 모두가 아직 정신이 가난한 자임을 나는 알게 되었기 때문이다. 내가 모든 사람들에 대해 알았다는 것, 그들에게 정신이 어느 정도면 **충분하고** 어느 정도면 너무 **많은가를** 내가 알아내고 냄새 맡았다는 것—그것은 나의 동정이 한 거짓말이었다!

그 완고한 현자들, 나는 그들을 현자라고 불렀을 뿐 완고한 자라고는 부르지 않았다. 그처럼 나는 말을 삼키는 방법을 배웠다. 그 무덤을 파는 자들, 그들을 나는 연구자 혹은 탐구자라고 불렀다. 그처럼 나는 말을 뒤섞는 방법을 배웠다.

무덤을 파는 자들은 많은 병까지 파낸다. 낡은 폐허의 밑바닥에는 악취가 괴어 있다. 그 진창을 휘저어서는 안 된다. 산 위에서 살아야 하는 것이다.

나는 다시 행복한 콧구멍으로 산의 자유를 호흡한다! 마침내 나의 코는 모든 인간의 냄새로부터 구제되었다!

마치 거품을 뿜는 포도주처럼 짜릿한 산들바람이 간지럽히자 나의 영혼은 재채기를 한다. 재채기를 하고는 곧 자신을 향해 환성을 지른다. 건강하기를!

차라투스트라는 이렇게 말했다.

세 가지 악[54]

1

나는 오늘 아침의 마지막 꿈속에서 한 구릉 위에 서 있었다. 세계의 저편인 그곳에서 나는 저울을 손에 들고 세계를 달고 있었다.

오, 아침노을이 너무 빨리 찾아왔구나. 그 질투심 많은 아침노을은 붉게 타올라 나의 잠을 깨웠다! 아침노을은 언제나 타오르는 나의 아침 꿈을 시기한다.

시간을 가진 자라면 측정할 수 있는, 지혜롭게 무게를 다는 자라면 계량을 할 수 있는, 강한 날개를 가진 자라면 날아서 다가갈 수 있는, 신성한 호두 까는 자들이라면 속을 헤아릴 수 있는 세계—내가 꿈속에서 본 세계는 그런 것이었다.

대담한 항해자이며, 반은 배이고 반은 태풍인, 그리고 나비처럼 묵묵하고 매처럼 성급한 나의 꿈, 그것이 오늘 어떻게 세계를 저울질할 시간과 인내심을 갖게 되었을까!

---

54) 육욕(쾌락), 지배욕, 이기심(아욕, 아집) 등 일반적인 도덕에서 악으로 알려진 것들이 사람에 따라 다르게 해석될 수 있으며 건전한 육체와 결부될 때 이것들이 오히려 초인의 덕이 될 수 있다는 내용을 담고 있다.

나의 지혜가 나의 꿈에게 은밀히 말한 것일까? 온갖 '무한의 세계'를 비웃는, 웃으며 깨어 있는 한낮의 지혜가? 이 지혜는 이렇게 말하기 때문이다. "힘(Kraft)*이 있는 곳에서는 수(數)가 주인이다. 수는 더 큰 힘을 갖고 있다."**

나의 꿈은 이 유한한 세계를 얼마나 확실하게 바라보았던가? 새로운 것도 낡은 것도 열망하지 않고, 두려워하지도 간청하지도 않은 채.

마치 탐스러운 사과 하나가, 부드럽고 차가운 벨벳 같은 껍질을 가진 잘 익은 황금빛 사과 하나가 내 손에 주어진 것처럼. 그렇게 세계는 내게 주어졌다.

마치 나무 한 그루가, 가지를 사방으로 뻗은 의지가 강한, 길을 가다가 피로한 자들이 기댈 뿐만 아니라 다리까지도 걸칠 정도로 구부정한 나무 한 그루가 내게 눈짓하는 것처럼. 그렇게 세계는 나의 구릉 위에서 있었다.

마치 부드러운 손이 작은 상자 하나를, 수줍고 공손한 눈을 황홀케 하기 위해 열린 작은 상자 하나를 내게 건네주듯 그렇게 세계는 오늘 내게 주어졌다.

세계는 내게 인간의 사랑이 놀라 도망쳐버릴 정도로 괴이한 것도 아니며, 인간의 지혜를 잠들게 할 정도로 명백한 것도 아닌 인간적으로 훌륭한 것이었다. 많은 사람들이 그토록 사악하다고 말하는 이 세계가!

내가 이처럼 오늘 일찍 일어나 세계를 측량할 수 있었으니 나는 아침 꿈에게 얼마나 감사하고 있는가! 마음을 위로해주는 이 꿈은 인간적인

---

* 여기에 독일어 힘에 해당하는 'Kraft'라는 말이 나온다. 'Kraft'(힘)는 'Macht' (권력)와 구분되는 말로서 물리적 세계의 작동력이다. 그러므로 'Wille zur Macht'를 '힘에의 의지'로 번역하는 것은 적합하지 않다.

** 수가 세계를 포함한 모든 것을 제한하기 때문에 무한한 세계는 존재하지 않는 다는 이성적인 지혜의 충고를 통해 무한한 세계를 동경하던 꿈이 유한한 현세로 눈을 돌리는 과정이 묘사되어 있다.

훌륭한 것으로 내게 나타났다!

그리하여 나는 낮에 이 꿈과 똑같이 행하고 이 꿈의 가장 좋은 점들을 배우고 본받기 위해 이제 세 가지 가장 악한 것을 저울에 올려놓고 인간적으로 정당하게 저울질하려 한다.

축복하는 법을 가르친 자는 또한 저주하는 법도 가르쳤다. 이 세상에서 가장 저주받은 세 가지는 무엇인가? 그 세 가지를 나는 저울 위에 올려놓으려 한다.

육욕(Wollust), 지배욕(Herrschsucht), 이기심(Selbstsucht)—이 세 가지가 이제까지 가장 저주받아 왔으며, 가장 가혹하고도 가장 부당한 평판을 받아왔다—이 세 가지를 나는 인간적으로 정당하게 저울질하려 한다.

자! 여기에는 나의 구릉이 있고, 저기에는 바다가 있다. 저 바다, 내가 사랑하는 충실하고, 늙고, 머리가 백 개 달린 개 같은 모습을 한 괴물이 부스스한 모습으로 아첨하면서 나를 향해 굴러온다.

자! 여기서 나는 파도치는 바다를 내려다보며 저울을 손에 들련다. 그리고 지켜보는 증인 하나를 택하련다. 너 은둔자인 나무여, 진한 향기를 내뿜고, 가지를 넓고 둥글게 뻗은, 내가 사랑하는 너를 증인으로 택하리라!

현재는 어떤 다리를 건너 미래로 가는가? 높은 것으로 하여금 굽혀 낮은 것이 되게 강요하는 것은 무엇인가? 그리고 가장 높은 것에까지 더욱더 높이 성장하기를 명령하는 것은 무엇인가?

이제 저울은 수평을 유지한 채 정지해 있다. 저울 한쪽에 세 가지 무거운 질문을 던져넣자, 다른 한쪽에 세 가지 무거운 대답이 올려진 것이다.

2

육욕. 그것은 참회복을 걸친 모든 육체의 경멸자들에게는 바늘과 가시이며, 모든 배후세계론자들에 의해 '세속적인 것'으로서 저주를 받는다. 왜냐하면 육욕은 모든 혼란과 오류의 스승들을 비웃고 조롱하기 때문이다.

육욕. 그것은 천민에게는 그들이 몸을 태우며 서서히 타오르는 불길이고, 벌레 먹은 모든 재목과 악취를 풍기는 모든 넝마들에게는 항상 불태울 준비가 되어 있는 김 나는 욕정의 난로이다.

육욕. 그것은 자유로운 마음의 소유자들에게는 순결하고 자유로운 것이며, 지상낙원의 행복이며, 모든 미래가 현재에게 보내는 넘치는 감사이다.

육욕. 그것은 시들어버린 자들에게는 달콤한 독이지만, 사자의 의지를 가진 자들에게는 훌륭한 강장제이며, 소중히 보관해둔 포도주 중의 포도주이다.

육욕. 그것은 더 높은 행복과 최고의 희망을 상징하는 커다란 비유이다. 많은 사람들에게는 말하자면 결혼이란 결혼 이상의 것이 약속되어 있는 것이다.

서로서로 남자와 여자 사이보다도 더 생소한 많은 사람들에게. 그런데 남자와 여자가 서로서로 얼마나 **생소한지** 누가 완전히 이해할 수 있겠는가!

육욕. 그러나 나는 내 사상의 주위에 담을 치리라. 그리고 내 언어의 주위에도. 돼지와 몽상가들이 나의 정원으로 침입하지 못하도록!

지배욕. 그것은 마음이 가장 냉혹한 자들의 뜨거운 채찍이며, 가장 잔인한 자들이 자신을 위해 준비한 잔인한 고문이며, 산 채로 화형시키는 음산한 불꽃이다.

지배욕. 그것은 가장 허영심이 강한 민족에게 달라붙어 있는 사악한 파리이며, 모든 불확실한 덕의 조소자이다. 그것은 모든 준마와 모든 오만을 타고 달리는 조소자이다.

지배욕. 그것은 모든 썩은 것과 속이 빈 것을 깨뜨리고 파헤쳐버리는 지진이며, 눈을 번뜩이고 호령하고 꾸짖으면서 회칠한 무덤을 파헤치는 자이며, 설익은 대답 옆에 찍힌 번쩍이는 의문부호이다.

지배욕. 그 눈초리 앞에서 인간은 기어다니고, 몸을 웅크리고, 복종하고, 뱀이나 돼지보다도 더 비열해진다. 그리하여 마침내 인간의 내부로부터 커다란 경멸의 절규가 터져나온다.

지배욕. 그것은 커다란 경멸을 가르치는 엄한 교사이다. 이 교사는 여러 도시와 여러 국가의 면전을 향해 "너는 물러가라!"고 설교한다. 여러 도시와 여러 국가가 스스로 "나는 물러간다!"고 외칠 때까지.

지배욕. 그것은 순결한 자와 고독한 자들에게까지도 유혹하듯이 떠오른다. 그것은 지상의 천국에다 찬란한 기쁨을 매혹적으로 그리는 사랑처럼 붉게 타오르며, 스스로 만족할 만큼 높이 올라간다.

지배욕. 그러나 높은 것이 권력을 탐해 아래로 내려올 때, 누가 그것을 **병적인 욕망**이라 부르겠는가! 진실로 그러한 탐욕과 하강에는 병적인 욕망이 전혀 없다!

고독한 높이가 영원히 외롭거나 스스로 만족하려 하지 않으며, 산봉우리가 골짜기로 내려오려 하고, 높은 곳의 바람이 낮은 곳으로 내려오려 한다.

오, 이런 동경에 줄 수 있는 합당한 세례명과 덕의 이름을 누가 찾아낼 수 있으랴! '선물하는 덕'——일찍이 차라투스트라는 그 이름 붙일 수 없는 것을 이렇게 불렀다.

그리고 그때 그의 가르침은 **이기심**을, 강한 영혼으로부터 솟아나는 건전한 이기심을 복된 것으로 찬양하기도 했다. 실로 그것은 세상에서 처음 있는 일이었다!

강한 영혼으로부터. 이런 영혼에게는 고귀한 육체가 어울리는 것이다. 그 주위의 모든 사물이 거울이 되는, 아름답고 자랑스럽고 참신한 육체가.

유연하고 설득력 있게 춤추는 육체는 비유와 요약을 자기양락적으로 즐기는 영혼이다. 이러한 육체와 영혼의 자기향락이 바로 '덕'이라 불린다.

신성한 숲으로 자기 자신을 보호하듯 그러한 자기향락은 좋은 것과 나쁜 것을 말하면서 스스로 보호한다. 그것은 행복이라는 이름으로 경멸스러운 모든 것들을 배척한다.

그것은 모든 비겁한 것들을 영원히 배척한다. 그것은 말한다. 나쁜 것이란—곧 비겁한 것이다. 자기향락은 항상 걱정하고 탄식하고 불평하는 자와 극히 사소한 이익까지도 긁어 들이는 자들을 경멸한다.

그것은 또한 슬픔에 찬 모든 지혜를 경멸한다. 왜냐하면 실로 어둠 속에서 꽃을 피우는 지혜, 밤의 그늘 같은 지혜도 있으며, 그러한 지혜는 항상 "모든 것이 공허하다!"고 탄식하기 때문이다.

또한 자기향락은 겁 많은 불신을 천박한 것으로 생각하며, 시선과 손 대신에 맹세를 요구하는 모든 자들을 천박한 자로 생각하며, 지나치게 불신에 찬 모든 지혜를 천박한 것으로 생각한다. 그러한 것은 비겁한 영혼의 본질이기 때문이다.

그러나 자기향락은 쉽게 영합하고, 개처럼 벌렁 누워버리는 비천한 자들을 더욱 천박한 자들로 생각한다. 실로 비천하고, 개와 같고, 신앙심 많고, 쉽게 영합하는 지혜도 있는 것이다.

자기향락은 자기 자신을 조금도 지키려 하지 않는 자, 독 있는 침과 악의에 찬 시선을 꿀떡 삼켜버리는 자, 모든 것을 참을 만큼 지나치게 인내심이 강한 자, 모든 것에 만족하는 자들을 몹시 증오하고, 그들에게서 심한 구토를 느낀다. 이러한 것은 노예근성이기 때문이다.

신들과 신들의 발 앞에 굴종하는 것이든, 인간과 인간의 어리석은 생각에 굴종하는 것이든 모든 노예근성에 대해 행복한 이기심은 침을 뱉는다!

나쁜 것. 행복한 이기심은 풀이 죽은 노예적인 모든 것, 자유를 잃고 껌벅거리는 눈, 의기소침한 마음, 넓고 비겁한 입술로 입맞추는 거짓된 인종적인 태도를 나쁜 것이라고 부른다.

사이비 지혜. 행복한 이기심은 노예와 노인과 지친 자들이 떠드는 모든 익살을 그렇게 부른다. 특히 저열하고 광란적인, 지나치게 재치를 부리는 성직자들의 모든 어리석음을!

그러나 사이비 현자들, 모든 성직자들, 세상에 지친 자들, 여자의 영혼과 노예의 영혼을 가진 자들—오, 그들의 농간은 옛날부터 이기심을 얼마나 학대해왔던가!

이기심을 학대하는 것—바로 그것이 덕이었으며, 덕으로 불렸다! '자기를 버리는 것'—세계에 지쳐버린 겁쟁이들과 십자거미들이 그렇게 되기를 원한 것은 어쩌면 당연한 일인지도 모른다!

그러나 이제 그날이, 변화가, 심판의 칼이, 위대한 정오가 그들 모두에게 찾아오리라. 그러면 많은 것들이 분명 밝혀질 것이다!

그리고 자아를 건전하고 신성한 것으로, 이기심을 영예로운 것으로 선언하는 자는 진실로 예언자이며 그는 자기의 심중을 발설한다. "보라, 오고 있다, 가까워지고 있다, 위대한 정오가!"

차라투스트라는 이렇게 말했다.

무거운 정신[55]

1

나의 말재수는 대중의 그것이다. 온순한 토끼 같은 겁쟁이들에게 나의 말은 너무 거칠고 너무 진심으로 들릴 것이다. 그리고 나의 말은 낙지 같은 자들과 펜을 만지는 여우 같은 자들에게 더욱더 이상하게 들릴 것이다.

나의 손은 바보의 손이다. 그러니 모든 테이블과 벽, 그리고 바보가 장식하거나 낙서할 여지가 있는 모든 것들에게 화 있을지어다!

나의 발은 말(馬)의 발이다. 나는 이 발로 그루터기와 돌멩이들을 넘어 종횡으로 벌판을 마구 달린다. 그리고 마구 내달릴 때 나는 기쁨으로 인해 악마에 사로잡힌 듯하다.

나의 위장은 아마도 독수리의 위장 아닌가? 나의 위장은 어린양의 고기를 가장 좋아하기 때문이다. 하지만 그것은 분명 새의 위장이다.

순수한 것들로, 얼마 안 되는 것들로 영양을 섭취하고 날아갈 태세를 취하며 초조해하는 것, 그것이 지금 나의 본성이다. 그 속에 어찌 새의 본성 같은 것이 없겠는가!

그리고 내가 특히 무거운 정신에게 적의를 품고 있다는 것, 그것이야말로 새의 본성이다. 그것은 진실로 불구대천의 적에 대한, 최대의 적에 대한, 숙적에 대한 적의인 것이다! 오, 나의 적의가 날아가보지 않은, 날아다니며 헤매지 않은 곳이 어디 있는가!

나는 그것에 대해 노래 부를 수 있다. 나는 그 노래를 **부르리라.** 비록 텅 빈 집에 나 혼자 남아 그 노래를 나 자신의 귀에 들려줄 수밖에 없더

---

55) '중력의 영'으로도 번역되는 이 말은 삶을 어렵게 만들며 춤추는 진리의 인식자를 방해하는 전통적이고 일상적인 도덕정신을 의미한다. 이에 반해 차라투스트라는 가벼운 비상을 가능하게 하는 윤리적 개인주의를 찬양한다.

라도.

청중이 만원을 이루어야만 비로소 목소리가 부드러워지고, 두 손이 수다스러워지고, 두 눈이 반짝거리고, 가슴이 열리는 가수들이 있다. 그러나 나는 결코 그런 자가 아니다.

2

언젠가 인간에게 나는 법을 가르치는 자는 모든 경계석을 옮겨놓은 것과 같다. 경계석 자체가 창공으로 날아가고 그리하여 그는 대지에게 새로이 세례명을 줄 것이다, '가벼운 것'이라는.

타조는 가장 빠른 말보다도 더 빨리 달린다. 그러나 이 타조조차도 머리를 무거운 대지에 무겁게 처박고 있다. 날지 못하는 인간도 이와 마찬가지이다.

그러한 자들은 대지와 삶이 무겁다고 말한다. 무거운 정신은 그것을 원하는 것이다! 그러나 가벼워지기를 원하고, 새가 되기를 원하는 자는 자기 자신을 사랑해야 한다. 나는 그렇게 가르친다.

물론 병든 자와 병적인 자들의 사랑으로서가 아니다. 그런 자들에서는 자신에 대한 사랑마저도 악취를 풍기기 때문이다!

인간은 온전하고 건강한 사랑으로 자기 자신을 사랑하는 법을 배워야 한다, 자기 자신을 참고 견뎌내며 이리저리 어슬렁거리지 않도록. 나는 그렇게 가르친다.

이러한 어슬렁거림은 스스로에게 '이웃에 대한 사랑'이라는 이름으로 세례를 준다. 이 말은 이제까지 있어온 것 중에서 가장 큰 기만과 위선을 나타내고 있다. 특히 온 세상을 무겁게 눌러온 자들에 의해서.

진실로 자기 자신을 사랑하는 법을 **배우는** 것은 오늘이나 내일을 위한 계명이 아니다. 오히려 그것은 모든 기술 중에서 가장 정교하고 가장 교묘하고 가장 인내심을 필요로 하는 기술이다.

모든 소유물은 말하자면 그 소유자를 위해 잘 숨겨져 있으며, 보물을 묻어둔 모든 굴 중에서도 자신의 굴이 맨 나중에 파헤쳐지게 마련이다. 무거운 정신이 그렇게 만드는 것이다.

요람 속에서부터 우리에게는 무거운 말과 누거운 가지가 수어지는네 이렇게 주어진 지참금이 바로 '선'과 '악'이다. 이 지참금 때문에 인간의 삶이 유지되고 있는 것이다.

그리고 어린아이들이 자신을 사랑하는 일이 없도록 사람들은 어린아이들을 불러 자기들 곁에 오게 한다. 무거운 정신이 그렇게 만드는 것이다.

그리고 우리는 지참금으로 받은 것을 어깨에 메고 성실하게 험한 산을 넘어간다! 그리하여 우리가 땀을 흘릴 때면 사람들은 우리에게 말한다. "그렇다, 삶은 무거운 짐이다!"

그러나 인간에게 무거운 짐은 오직 인간뿐이다! 왜냐하면 인간은 남의 것들을 너무 많이 자기 어깨에 메고 가기 때문이다. 그는 낙타처럼 무릎을 꿇고 짐을 잔뜩 싣게 한다.

경외심을 지니고 있으며 무거운 짐을 견뎌내는 강한 자는 특히 남의 무거운 말과 무거운 가치를 너무 많이 자신의 어깨에 짊어진다. 그리하여 그에게 삶은 사막처럼 보이는 것이다!

그리고 진실로! 자신의 것 중에도 무거운 짐이 많지 않으냐! 또한 인간의 내부에 있는 것들 중 많은 것이 굴 같아 구역질 나고 미끈미끈하여 붙잡기 어렵다.

그리하여 고상한 장식이 달린 고귀한 껍질이 나서야 한다. 그러나 인간은 이 기술도 배워야 한다. 껍질을 갖는 것, 그리고 아름다운 외관과 영리한 맹목을 갖는 것!

많은 껍질이 빈약하고 비참하며 너무도 껍질에 불과하다는 사실이 인간의 많은 것을 또다시 잘못 보게 한다. 감춰진 많은 선의와 힘은 결코 드러나지 않는다. 가장 훌륭한 음식이 미식가를 찾지 못하는 것이다!

여자들, 특히 가장 멋있는 여자들은 이것을 알고 있다. 약간 뚱뚱한 몸매와 약간 홀쭉한 몸매. 오, 얼마나 많은 운명이 이런 사소함에 달려 있는가!

인간은 그 정체를 헤아리기 어려운 존재이며, 스스로 헤아리는 것은 가장 어려운 일이다. 때때로 정신이 영혼에 대해 거짓말한다. 무거운 정신이 그렇게 만드는 것이다.

"이것이 나의 선이며 악이다"라고 말하는 자는 자기 자신을 발견한 자이다. 이렇게 말함으로써 그는 "만인을 위한 선, 만인을 위한 악"이라고 말하는 저 두더지와 난쟁이들의 입을 틀어막는 것이다.

진실로 모든 사물은 선하며 그중에서도 이 세계가 가장 선하다고 말하는 자들을 나는 싫어한다. 나는 이러한 자들을 매사에 만족만 하는 자들이라고 부른다.

모든 것을 맛보는 만족, 그것이 최선의 입맛은 아니다! 나는 '나' '그렇다' '아니다'를 말할 줄 아는 고집 세고 까다로운 혀와 위장을 존경한다.

그러나 무엇이건 씹어서 소화하는 것—그것은 돼지의 방식이다! 언제나 '예' 하고 긍정하는 것—그것은 당나귀나 당나귀의 정신을 가진 자들만 배웠다!

짙은 노랑과 뜨거운 빨강. 나의 취미는 그것을 원한다. 나의 취미는 모든 색깔에 피를 섞는다. 그러나 자기의 집을 회칠하는 자는 회칠된 영혼을 내게 드러내는 것이다.

어떤 자들은 미라를 사랑하고 어떤 자들은 유령을 사랑한다. 그들은 모두 살과 피에 적의를 품는다. 오, 이들은 얼마나 나의 취미에 거슬리는가! 나는 피를 사랑하기 때문이다.

그리고 나는 모든 사람이 토하고 침 뱉는 곳에 살거나 머물기를 원치 않는다. 그것이 이제 나의 취미이다. 나에게는 그런 곳에서 사는 것보다 차라리 도적들이나 위증자들 사이에서 사는 것이 더 낫다. 황금을 입에 물고 있는 자는 아무도 없으니.

그러나 내게 그보다 더 혐오스러운 것은 침이라도 핥는 보는 날랑서리는 자들이다. 그리고 이제까지 내가 발견한 가장 혐오스러운 짐승 같은 인간에게 나는 기생충이라는 세례명을 주었다. 그러한 인간은 남을 사랑하려 하지 않으면서도 남의 사랑에 의해 살기를 원하는 것이다.

사악한 짐승이 되느냐 아니면 사악한 조련사가 되느냐를 택할 수밖에 없는 모든 자들을 나는 가련한 자들이라고 부른다. 나는 이런 자들 가까이에 나의 움막을 짓지 않으리라.

항상 기다리기만 해야 하는 자들을 나는 가련한 자들이라고 부른다. 이들도 나의 취미에 맞지 않는다. 세리와 행상들, 왕들, 토지와 상점을 지키는 자들이 모두 그렇다.

진실로 나 역시 기다리는 법을 배웠다, 철저하게. 그러나 내가 배운 것은 나 자신을 기다리는 법이었다. 그리고 무엇보다도 나는 서는 것, 걷는 것, 달리는 것, 뛰어오르는 것, 기어오르는 것, 그리고 춤추는 것을 배웠다.

그러나 나의 가르침은 이렇다. 언젠가 나는 법을 배우고자 하는 자는 먼저 서는 것, 걷는 것, 달리는 것, 뛰어오르는 것, 기어오르는 것, 춤추는 것을 배워야 한다. 처음부터 날기를 배울 수는 없다!

나는 밧줄 사다리로 많은 창문에 기어오르는 것을 배웠으며, 민첩한 발로 많은 높은 돛대에 기어올랐다. 인식의 높은 돛대 위에 올라앉는 것이 내게는 적지 않은 행복이라 생각했다.

높은 돛대 위에서 마치 작은 불꽃처럼 깜빡거리는 것은. 작은 불꽃이기는 하지만 그래도 표류하는 선원들이나 난파당한 자들에게는 큰 위로가 되는 것이다!

나는 여러 가지 길과 여러 가지 방법으로 나의 진리에 도달했다. 나의 시선이 먼 곳을 바라보는 이 높은 곳으로 내가 기어오른 것은 하나의 사다리에 의한 것이 아니다.

그리고 나는 마지못해 길을 묻곤 했다. 그것은 항상 나의 취미에 맞지 않았다! 오히려 나는 길에게 묻고 길을 찾으려 시도했다.

나의 한 걸음 한 걸음은 모두가 하나의 시도였고 물음이었다. 진실로 우리는 그런 물음에 대답하는 법을 배워야 한다! 그것이—나의 취미이다.

그것은 좋은 취미도 나쁜 취미도 아닌 바로 나의 취미이며, 나는 나의 취미를 더 이상 숨기지도 부끄러워하지도 않는다.

나에게 '길을' 묻는 자들에게 나는 "이것이—이제 나의 길이다. 그대들의 길은 어디 있는가?"라고 대답했다. 말하자면 그 길은 존재하지 않기 때문이다!

차라투스트라는 이렇게 말했다.

낡은 가치표와 새로운 가치표[56]

1

부서진 낡은 가치표와 새로운 가치표에 둘러싸인 채 나는 이곳에 앉아 기다리고 있다. 나의 때는 언제 오려나?

내가 아래로 내려가야 할 때는. 나는 다시 한 번 인간들에게 가기를 원하기 때문이다.

---

56) 낡은 가치를 무너뜨리고 새로운 가치를 정립하려는 초인의 근본사상들이 여기서 다시 한 번 종합된다. '만물유전'과 '변화의 무죄'가 '영겁회귀'와 모순된다는 사실도 암시되고 있다.

나는 지금 기다리고 있다. 나의 때가 왔음을 알리는 신호가 먼저 내게 와야만 하기 때문이다. 비둘기떼를 거느린 웃는 사자가.

그때까지 나는 시간의 여유가 있으니 나 자신에게 이야기하리라. 내게 새로운 것을 말해주는 사람은 하나도 없으니 내가 나 자신에게 이야기하는 것이다.

2

인간들에게 갔을 때 나는 그들이 낡은 망상 위에 앉아 있는 것을 발견했다. 그들은 모두가 인간의 선과 악이 무엇인가를 전부터 알고 있다고 믿었다.

덕에 대해 이야기하는 것이 그들에게는 낡고 권태로운 일처럼 생각되었다. 그리하여 깊이 잠들고 싶을 때 그들은 선'과 '악에 대해 이야기하곤 했다.

무엇이 선이고 무엇이 악인지 창조자 이외에는 **아무도 모른다!** 나는 그들에게 이렇게 가르치면서 그들의 잠을 방해한 것이다.

그러나 창조자란 인간의 목표를 창조하고 대지에 그 의미와 그 미래를 부여하는 자이다. 이 사람이 비로소 선과 악이 무엇인가를 **창조하는** 것이다.

그리고 나는 그들에게 그들의 낡아빠진 강좌와 낡아빠진 망상이 도사리고 있는 자리를 뒤엎으라고 말했다. 나는 그들에게 위대한 도덕군자들, 성자들, 시인들, 구원자들을 비웃어주라고 말했다.

나는 그들에게 음울한 현자들, 그리고 검은 허수아비처럼 생명의 나무 위에 앉아 경고하듯 하는 자들을 비웃어주라고 말했다.

나는 그들의 커다란 무덤 길목에 앉기도 했으며, 심지어 썩은 시체와 독수리 곁에 앉기도 했다. 그리고 나는 그들의 모든 과거와 썩어 사라져가는 영광을 비웃었다.

진실로 나는 참회를 권하는 설교자들처럼, 그리고 바보들처럼 그들의 크고 작은 모든 일들에 대해 분노와 수치를 외쳤다. 그들의 가장 선한 것이 그렇게 보잘것없다니! 그들의 가장 악한 것이 그렇게 보잘것없다니! 이렇게 나는 비웃었다.

진실로 산 위에서 생겨난 거친 지혜인 나의 현명한 동경은 나의 내부로부터 그렇게 외치며 웃었다. 날개를 퍼덕이는 나의 커다란 동경은.

그리고 때때로 이 동경은 나를 앞으로, 위로, 멀리, 그리고 웃음 속으로 끌고 갔다. 그러면 실로 나는 화살이 되어 햇빛에 취한 황홀경으로 몸을 떨며 날아가곤 했다.

꿈에서도 본 적이 없는 먼 미래 속으로, 예술가들이 꿈꾸어왔던 것보다 더 따뜻한 남쪽으로, 신들이 춤추면서 모든 옷들을 부끄럽게 생각하는 곳으로.

내가 비유로 이야기하고 시인들처럼 더듬더듬 말하고 있는데, 진실로 나는 아직도 내가 시인이어야 함을 부끄럽게 생각한다!

그곳에서는 모든 생성이 내게 신들의 춤으로 신들의 분방으로 보였으며, 세계는 해방되어 자유분방하게 자기 자신에게로 되돌아 달음질치는 것처럼 보였다.

많은 신들이 서로 영원히 달음질치면서 다시 서로를 찾는 것처럼 생각되고, 많은 신들이 행복하게 서로 반발하고 다시 귀를 기울이고 재결합하는 것처럼 생각되었다.

그곳에서는 모든 시간이 순간에 대한 행복한 조롱으로 생각되었다. 그곳에서 필연은 자유 그 자체였으며, 자유의 가시를 가지고 행복하게 놀고 있었다.

그곳에서 나는 나의 옛 악마이며 최대의 적인 무거운 정신과 그 영이 창조한 모든 것, 이를테면 강제, 규정, 필연과 결과, 목적과 의지, 선과 악까지도 다시 발견했다.

왜냐하면 춤추며 넘어야 할, 춤추며 건너야 할 무엇이 있어야 하지 않겠는가? 가벼운 자들, 가장 가벼운 자들을 위해 두더지들과 무거운 난쟁이들이 있어야 하지 않겠는가?

3

내가 '초인'이라는 말을 길에서 터득하고 인간은 극복되어야 할 존재라는 것을 알게 된 것도 그곳에서였다.

인간은 다리이며 목적이 아니라는 것, 그리하여 새로운 아침노을에 이르는 길인 자신의 정오와 저녁을 맞아 스스로를 행복하게 찬양한다는 것을 알게 된 것도.

위대한 정오에 대한 차라투스트라의 가르침, 그리고 두 번째의 분홍빛 저녁노을인 양 내가 인간들의 머리 위에 걸어놓은 모든 것을 알게 된 것도.

진실로 나는 그들에게 새로운 밤과 함께 새로운 별들을 보여주었다. 그리고 구름과 낮과 밤 위에 나는 마치 화려한 천막처럼 웃음을 펼쳐놓았다.

나는 인간 내부에 존재하는 파편들과 수수께끼들과 두려운 우연을 하나로 짜맞추는 나의 모든 기술과 노력을 그들에게 가르쳤다.

시인으로서, 수수께끼를 푸는 자로서, 그리고 우연을 구제하는 자로서 나는 그들에게 미래를 창조하라고 가르쳤으며, 과거의 모든 것을 창조를 통해 구제하라고 가르쳤다.

인간의 과거를 구제하고, 의지가 마침내 "나는 그러기를 원했다! 나는 그렇게 원할 것이다"라고 말할 때까지 모든 과거를 개조할 것을.

나는 그것을 구제라고 불렀으며, 이것만 구제라고 부르도록 그들에게 가르쳤다.

이제 나는 나의 구제를 기다리고 있다. 그리하여 마지막으로 내가 그들에게 가게 되기를.

나는 다시 한 번 인간들에게 가고자 한다. 나는 인간들 사이로 내려가 몰락하면서 그들에게 나의 가장 풍요로운 선물을 주고 싶다!

나는 그것을 넘치도록 풍요로운 태양이 가라앉을 때 그 태양으로부터 배웠다. 그때 태양은 무진장한 보고에서 황금을 꺼내 바다 속으로 퍼부었다.

그리하여 가장 가난한 어부까지도 황금으로 된 노를 저었다! 일찍이 나는 이런 광경을 바라보면서 눈물을 금할 수 없었다.

차라투스트라도 태양처럼 지고자 한다. 이제 그는 부서진 낡은 가치표와 반쯤 기재된 새로운 가치표에 둘러싸인 채 이곳에 앉아 기다리고 있다.

4

보라, 여기 새로운 가치표가 있다. 그런데 나와 함께 이 가치표를 골짜기 아래로, 육신의 심장으로 운반해갈 나의 형제들은 어디 있는가?

더 없이 먼 곳에 앉아 있는 자에 대한 나의 크나큰 사랑은 명령한다. 그대의 이웃을 용서하지 말라! 인간은 극복되어야 할 그 무엇이다.

극복에는 여러 가지 길과 방법이 있다. 그러니 그대는 유의하라! 어릿광대만 이렇게 생각한다. 인간은 뛰어넘을 대상이 될 수도 있다!

그대의 이웃들 속에서도 그대 자신을 극복하라. 그리고 그대 스스로 쟁취할 수 있는 권리를 선물로 받아서는 안 된다!

그대가 하는 일을 아무도 그대에게 다시 할 수는 없다. 보라, 되돌려지는 일은 있을 수 없다. 자기 자신에게 명령하지 못하는 자는 복종해야 한다. 많은 사람들이 자기 자신에게 명령할 수는 있지만, 자신에게 복종하기까지는 아직도 부족한 점이 많다!

5

고귀한 영혼을 지닌 자들은 무엇이든 **공짜로** 소유하기를 원치 않는다, 특히 삶을.

천민의 근성을 가진 자는 공짜로 살고자 한다. 그러나 이와 달리 삶을 선물로 부여받은 우리는 그에 대해 가장 잘 **보답**하기 위해 무엇을 주어야 하는가를 항상 생각한다.

"삶이 우리에게 약속한 것을 우리는 삶을 위해 지켜야 한다!"라고 말하는 것은 참으로 고귀한 것이다.

우리는 즐거움이 스스로 나타나지 않는 곳에서 즐기려 해서는 안 된다. 그렇다, 즐기려 **해서는 안 된다**!

말하자면 즐거움과 순결은 가장 부끄러움을 잘 타는 것들이다. 이 둘은 추구의 대상이 되기를 원치 않는다. 우리는 그들을 **소유해야** 한다. 우리가 **추구해야** 하는 것은 오히려 죄와 고통이어야 한다.

6

오, 형제들이여. 가장 먼저 태어난 자가 항상 제물로 바쳐진다. 그런데 우리는 가장 먼저 태어난 자들인 것이다.

우리는 모두 은밀한 제단에서 피를 흘리고, 낡은 우상들의 영예를 위해 불에 탄다.

우리의 가장 좋은 것은 아직 어리다. 그것이 늙은이의 입맛을 돋운다. 우리의 살은 연하고 우리의 가죽은 어린양의 가죽 같다. 그러니 어찌 우리가 우상을 섬기는 늙은 성직자들의 입맛을 돋우지 않을 수 있겠는가!

우리 자신 속에는 아직도 우상을 섬기는 늙은 성직자가 살고 있으며, 이 성직자는 자기의 향연을 위해 우리의 가장 좋은 것을 불에 굽는다. 아, 형제들이여. 어찌 가장 먼저 태어난 자가 제물이 되지 않을 수 있겠는가!

그러나 우리 같은 성품을 가진 자들은 그렇게 되고자 한다. 나는 자신을 지키려 하지 않는 자들을 사랑한다. 나는 몰락해가는 자들을 나의 모든 사랑으로 사랑한다. 그들은 저쪽으로 넘어가기 때문이다.

7

진실해지는 것, 그렇게 할 수 있는 자는 드물다! 그리고 진실할 수 있는 자들도 아직 그것을 원치 않는다! 그러나 선한 자들이 가장 진실해질 수 없는 자들이다.

오, 이 선한 자들! 선한 자들은 결코 진실을 말하지 않는다. 그러한 선은 정신에 대해 일종의 병인 것이다.

이러한 선한 자들은 양보하고 복종한다. 그들의 가슴은 흉내 내고, 그들은 마음으로부터 복종한다. 그러나 복종하는 자는 **자기 자신의 목소리에 귀를 기울이지 않는 법이다!**

하나의 진리가 태어나기 위해서는 선한 자들이 악이라고 부르는 모든 것이 함께 모여야 한다. 오, 형제들이여. 그대들 또한 이러한 진리에 어울릴 정도로 악한가?

대담한 시도, 오랜 불신, 잔혹한 부정, 혐오, 살아 있는 것들 속으로 파고 들어가는 것 ─ 이러한 것들이 함께 모이기란 얼마나 드문 일인가! 그러나 진리는 그러한 씨앗으로부터 태어나는 것이다.

이제까지 모든 인식은 양심의 가책과 더불어 성장해왔다! 부숴버려라, 그대 인식하는 자들이여. 부숴버려라, 낡은 가치표를!

8

물속에 다리가 세워질 때, 흐르는 물위로 다리와 난간이 올라올 때 "모든 것은 흘러가고 있다!"라고 말하는 자를 아무도 믿지 않는다.

오히려 어리석은 자들까지도 그에게 반박한다. "뭐라고?" 어리석은 자들은 말한다. "모든 것이 흘러가고 있다고? 하지만 다리와 난간이 흐름 위에 있지 않은가!"

"강물 위에 있는 모든 것들은 견고하게 고정되어 있다. 만물의 모든 가치와 모든 다리들, 모든 개념들, 그리고 모든 '선'과 '악' 이것들은 모두 견고하게 고정되어 있다!"

강물이라는 짐승을 길들이는 냉혹한 겨울이 오면 가장 재치 있는 자들까지도 불신을 배운다. 그리하여 그때 "만물은 정지되어 있는 것이 아닐까?"라고 말하는 것은 어리석은 자들만 아니다.

"근본적으로 만물은 정지되어 있다." —이것은 바로 겨울의 가르침이며, 불모의 계절에 어울리는 말이며, 겨울잠을 자는 자들과 난롯가에 웅크리고 있는 자들에게 더할 나위 없는 위로의 말이다.

"근본적으로 만물은 정지되어 있다." —그러나 얼음을 녹이는 따뜻한 바람은 이와 반대로 설교한다!

얼음을 녹이는 따뜻한 바람, 그것은 황소이기는 하지만 땅을 가는 황소가 아니라 성난 황소이며 성난 뿔로 얼음을 부수는 파괴자이다! 그리하여 얼음은 다리를 부숴버린다!

오, 형제들이여. 이제 만물은 흘러가고 있지 않은가? 모든 난간과 다리가 물속으로 무너져 내리지 않았는가? 누가 아직도 '선'과 '악'에 매달리려 하겠는가?

"우리에게 아픔이다! 우리에게 축복이다! 얼음을 녹이는 따뜻한 바람이 불어오고 있다!" 이렇게 설교하라 오, 형제들이여. 모든 거리를 돌아다니며!

9

선과 악이라고 불리는 낡은 망상이 있다. 지금까지 이 망상의 수레바퀴는 예언자들과 점성가들 주위를 돌았다.

일찍이 사람들은 예언자들과 점성가들을 믿었다. 그러므로 사람들은 "모든 것은 운명이다. 그대는 하지 않으면 안 되기 때문에 해야 한다!"라고 믿었다.

그후 사람들은 다시 모든 예언자들과 점성가들을 의심하기 시작했다. 그리하여 사람들은 "모든 것이 자유다. 그대가 하고자 하기 때문에 할 수 있다!"라고 믿었다.

오, 형제들이여. 별들과 미래에 관해서는 이제까지 인식이 아니라 망상만 존재해왔다. 그러므로 선악에 관해서도 이제까지 인식이 아니라 망상만 존재해왔다!

10

"도둑질하지 말라! 살인하지 말라!" 일찍이 사람들은 이런 말들을 신성하게 생각해왔다. 사람들은 이러한 말들 앞에 무릎을 꿇고, 머리를 숙이고, 신발을 벗었다.

그러나 나는 그대들에게 묻는다. 일찍이 이러한 신성한 말보다 더 훌륭한 도둑과 살인자가 이 세상 어디 있었던가?

모든 삶 그 자체 속에 도둑질과 살인행위가 있지 않는가? 그리고 그러한 말들이 신성한 것으로 불리면서 진리 그 자체가 살해되지 않았던가?

아니면 모든 삶을 거역하고 부정하는 것이 신성하다고 말하는 것, 그것이 죽음의 설교가 아니었는가? 오, 형제들이여. 부숴버려라 부숴버려라, 낡은 가치표를!

11

지나가버린 모든 것들이 버림받는 것을 볼 때, 나는 그것들을 동정하지 않을 수 없다.

지나간 모든 것이 다가오는 세대의 자비와 정신과 광기에 자리를 내주며 이들을 위한 교량으로 해석되는구나!

교활한 악마인 거대한 폭군 하나가 나타나 자비와 무자비로써 지나가버린 모든 것들을 강요하고 억압하여 마침내 자신의 다리가 되게 하고, 징후가 되게 하고, 전령이 되게 하고, 닭 울음소리가 되게 할지도 모른다.

그러나 또다른 위험이며 또다른 나의 동정은 이렇다. 천한 부류에 속하는 자는 그의 할아버지까지 거슬러 기억하지만 그의 할아버지와 함께 시간은 정지해버리는 것이다.

이와 같이 지나가버린 모든 것들은 버림받는다. 왜냐하면 언젠가는 천민이 주인이 되어 모든 시간이 얕은 물속에 빠져죽게 될지도 모르기 때문이다.

그러므로 오, 형제들이여. 새로운 귀족이 필요하다. 모든 천민과 모든 폭군에 대항하고 새로운 목록에 '고귀한'이라는 말을 새로이 써넣을 귀족이.

새로운 귀족이 존재하기 위해서는 많은, 그리고 온갖 유형의 고귀한 자들이 필요하다! 다시 말하면 내가 전에 비유로 말한 것처럼. "신들은 존재하지만 유일한 신은 존재하지 않는다는 것, 그것이 바로 신성인 것이다!"

12

오, 형제들이여. 나는 그대들을 새로운 귀족으로 임명하고 그 길을 제시한다. 그대들은 미래를 잉태하는 자, 미래를 가꾸는 자, 미래의 씨를 뿌리는 자가 되어야 한다.

진실로 그것은 상인들이 황금으로 살 수 있는 그런 귀족이 아니다. 값이 매겨져 있는 것은 모두가 거의 가치 없는 것이기 때문이다.

그대들이 어디서 왔느냐가 아니라 어디로 가고 있느냐가 앞으로 그대들의 명예가 되게 하라! 자기 자신을 뛰어넘고자 하는 그대들의 의지와 발—그것이 그대들의 새로운 명예가 되게 하라!

진실로 군주를 섬기는 것만으로는 명예가 되지 않는다. 군주가 도대체 무엇이란 말인가! 이미 서 있는 것을 더욱 확고히 세우기 위해 방벽이 되는 것도 명예가 되지 않는다!

그대들의 족속이 궁정에서 기품 있게 자란 것도, 그대들이 마치 붉은 학처럼 화려한 모습으로 오랫동안 얕은 연못 속에 서 있는 법을 배운 것도 그대들의 명예가 되지는 않는다.

왜냐하면 서 있을 수 있다는 것은 조정에서 일하는 신하들에게나 공훈이 되기 때문이다. 앉아도 된다는 것은 사후 세계에서나 누릴 행복에 속한다고 그들은 믿기 때문이다!

그대들의 조상들을 약속한 땅으로 인도한 이른바 성령도 그대들의 명예가 되지 않는다. 나는 그런 땅을 찬미하지 않는다. 모든 나무들 중에서 가장 나쁜 나무인 십자가가 자라는 곳, 그런 땅에는 찬미할 것이 없기 때문이다!

진실로 그 '성령'이 자기의 기사들을 어디로 인도하든 그 행렬의 선두에는 항상 염소들과 거위들, 십자가에 홀려 머리가 돈 자들이 앞장선 것이다!

오, 형제들이여. 그대들의 고귀함은 뒤쪽이 아니라 **앞쪽**을 응시해야 한다! 그대들은 모든 아버지와 조상들의 나라로부터 추방된 자들이어야 한다!

그대들은 자기 **아이들**의 나라를 사랑해야 한다. 이 사랑이 그대들의 새로운 고귀함이 되게 하라. 가장 먼 바다 속에 있는 아직 발견되지 않은 나라에 대한 사랑이! 나는 그대들의 돛에게 그 나라를 찾고 또 찾으라고 명령한다!

그대들이 그대들 조상의 아이들이었다는 사실을 그대 아이들에게 **보상해주어야** 한다. 이렇게 그대들은 과거의 모든 것들을 구제해야 한다! 나는 이 새로운 가치표를 그대들의 머리 위에 걸어놓는다!

13

"무엇 때문에 사는가? 모든 것이 헛되다! 산다는 것—그것은 볏짚을 타작하는 것이다. 산다는 것—그것은 자신을 태우면서도 따뜻해지지 않는 것이다."

아직도 이런 낡아빠진 시시한 말들이 '지혜'로 간주되고 있다. 낡고 곰팡내를 풍기기 **때문에** 이러한 말들은 더욱더 존경을 받는 것이다. 곰팡이까지도 사물을 고귀하게 만드는 것이다.

어린아이들이라면 그렇게 말할 수도 있을 것이다. 불에 덴 적이 있는 어린아이들은 불을 **무서워한다!** 낡은 지혜의 책들 속에는 어린아이 같은 유치함이 많이 들어 있다.

날마다 **볏짚을 타작하는** 자가 타작하는 일을 비방하게 어찌 내버려둘 수 있겠는가! 그런 바보는 입다물게 해야 한다!

이런 자들은 식탁에 앉을 때 아무것도 가지고 오지 않으며, 심지어는 맛있게 먹기 위한 식욕조차도 가지고 오지 않는다. 그럼에도 불구하고 그들은 이제 "모든 것이 헛되다!"라고 비방하는 것이다.

그러나 오, 형제들이여. 잘 먹고 잘 마시는 것, 그것은 실로 헛된 일이 아니다! 부숴버려라 부숴버려라, 결코 즐거워할 줄 모르는 자들의 가치표를!

14

"순수한 자들에게는 모든 것이 순수해 보인다."—사람들은 이렇게 말한다. 그러나 나는 그대들에게 말한다. 돼지들에게는 모든 것이 돼지로 보인다!

그리하여 심장까지도 축 늘어진 광신자들과 위선자들은 "세계 자체가 오물로 가득 찬 괴물이다"라고 설교한다.

그들은 모두가 불결한 정신을 갖고 있기 때문이다. 세계를 배후에서 보지 않으면 휴식과 안정을 얻지 못하는 자들, 곧 배후세계론자들이 특히 그렇다!

귀에 거슬리겠지만 나는 이런 자들에게 정면으로 말한다. 세계는 꽁무니를 갖고 있다는 점에서 인간과 비슷하다—거기까지는 사실이다!

세계에는 많은 오물이 있다. 거기까지는 사실이다! 그러나 그렇다고 해서 세계 자체가 오물로 가득 찬 괴물이라고 말할 수는 없다!

세계의 많은 것들이 악취를 풍긴다는 사실 속에는 지혜가 깃들어 있다. 구역질 자체가 날개를 창조하고 물을 찾아내는 능력을 만들어낸다!

가장 훌륭한 자에서도 구역질 나는 그 무엇이 있다. 그리하여 가장 훌륭한 자들까지도 극복되어야 할 존재인 것이다!

오, 형제들이여. 세계 안에 많은 오물이 있다는 사실 속에 깊은 지혜가 숨어 있다!

15

나는 경건한 배후세계론자들이 그들의 양심을 향해 다음처럼 말하는 것을 들었다. 진실로 악의도 기만도 없이 말하는 것을—그러나 이 말 이상으로 기만과 악의에 찬 것은 세상에 없으리라.

"세계를 있는 그대로 내버려두라! 세계에 대항해 손가락 하나도 까딱하지 말라!"

"사람들을 목졸라 죽이고, 찔러 죽이고, 살가죽을 벗기고, 살을 베어내고자 하는 자를 내버려두어라. 이에 대항해 손가락 하나도 까딱하지 말라! 그렇게 함으로써 그들은 세계를 단념하는 법을 배우게 될 것이다.”

“그리고 그대들 자신의 이성—그것을 그대들 자신이 목졸라 죽여야 한다. 왜냐하면 그것은 이 세계의 이성이기 때문이다. 그렇게 함으로써 그들은 세계와 단절하는 법을 배우게 될 것이다.”

부숴버려라. 오, 형제들이여. 경건하다는 자들의 이 낡은 가치표를 부숴버려라! 세계를 비방하는 자들의 말을 부숴버려라!

16

“많은 것을 배운 자는 격렬한 욕망을 모두 잊는다.” 오늘날 사람들은 어두운 거리에서 서로 이렇게 속삭인다.

“지혜는 사람을 기진맥진하게 만든다, 아무것도 가치가 없다. 그러므로 그대는 욕망을 가져서는 안 된다!” 이런 새로운 가치표가 시장터에 걸려 있는 것을 나는 보았다.

부숴버려라, 형제들이여. 이 **새로운** 가치표를 부숴버려라! 이 가치표를 걸어놓은 것은 세상에 권태를 느끼는 자들, 죽음을 설교하는 자들, 그리고 형리들이다. 보라, 그것은 예속을 권장하는 설교이기 때문이다!

그들은 잘못 배웠으며, 훌륭한 것들은 아예 배우지 못했다. 그들은 모든 것을 너무 일찍 배웠으며 너무 서둘러서 배웠다. 그들은 잘못 **삼켰**다. 그리하여 그들의 위는 망가져버렸다.

그들의 정신은 곧 망가진 위장이며, 이 **망가진 위장**이 죽음을 권하는 것이다! 형제들이여, 진실로 정신이 바로 위장이기 때문이다!

삶은 기쁨이 솟아오르는 샘이다. 그러나 고통의 아버지인 망가진 위장이 입을 여는 자에게 모든 샘이 독으로 변한다.

인식하는 것—그것은 사자의 의욕을 가진 자에게는 **기쁨**이다! 그러나 권태에 사로잡힌 자는 ‘시키는 대로’ 할 뿐이며, 온갖 파도의 노리개인 것이다.

연약한 자들의 본질은 항상 이렇다. 그들은 도중에서 자신을 잃는다. 마침내 그들의 피곤함은 "우리가 무엇 때문에 지금까지 길을 헤매왔을까! 모든 것이 마찬가지인데!"라고 묻는다.

이런 자들의 귀에는 다음처럼 설교하는 것이 기쁘게 들린다. "가치 있는 것은 아무것도 없다! 그대들은 의욕하지 말라!" 그러나 그것은 예속을 강요하는 설교인 것이다.

오, 형제들이여. 차라투스트라는 지쳐버린 모든 자들에게 신선한 바람으로서 불어 닥친다. 그리하여 그는 많은 사람들로 하여금 재채기를 하게 할 것이다!

나의 자유로운 숨결은 벽까지도 관통해 감옥과 감옥에 갇힌 자들의 정신 속으로 스며든다!

의욕은 해방시킨다. 의욕하는 것은 창조하는 것이기 때문이다. 나는 그렇게 가르친다. 그러므로 그대들은 오직 창조하기 위해 배워야 한다!

그대들은 먼저 내게서 배우는 방법을, 그리고 잘 배우는 방법을 배워야 한다! 귀 있는 자는 들을지어다!

17

여기에 작은 배가 있다. 이 배는 저쪽을 건너 어쩌면 광대한 허무에 이르게 될 것이다. 그러나 누가 이 '어쩌면'에 올라타기를 원하겠는가?

그대들 중 아무도 이 죽음의 배를 타려 하지 않을 것이다! 그런데 어찌하여 그대들이 이 세상에 지친 자가 될 수 있겠는가!

이 세상에 지친 자들! 그러나 그대들은 이제까지 대지에 등 돌린 적이 한 번도 없다! 나는 그대들이 여전히 대지를 갈망하고 있으며, 대지에 대한 그대들 자신의 권태조차 사랑하고 있음을 발견했다!

그대들의 입술이 아래로 처져 있는 것은 공연한 일이 아니다. 지상을 향한 작은 염원이 아직도 그대들의 입술 위에 도사리고 있다! 그리고 그대들의 눈 속에는 잊을 수 없는 지상에서의 쾌락이라는 조각구름이 떠돌고 있지 않은가?

지상에는 훌륭한 창조물들이 많이 있다. 그중 어떤 것들은 유용하고, 어떤 것들은 기쁨과 만족을 준다. 그 때문에 대지는 사랑스러운 것이다.

또한 지상에는 여인들의 젖가슴처럼 매우 훌륭한 창조물들이 많이 있으며, 그것들은 유용함과 동시에 기쁨과 만족을 준다.

그러나 그대들, 세상에 지친 자들이여! 그대들, 대지의 게으름뱅이들이여! 그대들은 회초리를 맞아야 한다! 회초리를 맞음으로써 그대들의 다리는 다시 튼튼해져야 한다!

왜냐하면 그대들이 대지에 싫증을 느끼는 병든 자나 지쳐빠진 가련한 자가 아니라면, 그대들은 교활한 게으름뱅이이거나 몰래 돌아다니는 향락의 도둑고양이이기 때문이다. 그대들이 다시 활기차게 뛰어다니려고 하지 않는다면——그대들은 사라져버려야 한다!

인간은 불치의 환자에 대해 의사가 되려고 해서는 안 된다. 이렇게 차라투스트라는 가르친다. ——그러므로 그대들은 사라져버려야 한다!

그러나 끝장을 내기 위해서는 새로운 시구 한 줄을 짓는 것보다 더 많은 **용기**가 필요하다. 모든 의사들과 시인들은 이 사실을 알고 있는 것이다.

18

오, 형제들이여. 권태가 만들어낸 가치표와 나태가 만들어낸 가치표가 있다. 둘 다 비슷한 말을 하지만, 그들은 서로 다르게 들리기를 원한다.

여기 이 시들어가는 자를 보라! 자신의 목적지가 지척에 있는데도 지칠 대로 지쳐 먼지 속에 꼼짝 않고 누워 있다. 이 용감한 자는!

그는 길과 대지와 목표와 자기 자신에 지쳐 하품을 한다. 그는 한 발자국도 앞으로 내디디려 하지 않는다——이 용감한 자는!

이제 태양은 그의 머리 위에서 그를 뜨겁게 내리쬐고, 개들은 그의 땀을 핥고 있다. 그러나 그는 꼼짝 않고 그곳에 누워 시들어가기를 바라고 있다.

자신의 목적지가 지척에 있는데 시들어가기를 바라고 있다니! 진실로 그대들은 그의 머리채를 휘어잡고 천국으로 끌고 가야 할 것이다, 이 영웅을!

그보다 더 좋은 것은 그를 누운 채 그대로 내버려두는 것이다. 속삭이는 서늘한 비와 함께 위안자인 잠이 찾아오도록.

누워 있게 그대로 두어라, 그가 스스로 잠에서 깨어날 때까지. 모든 권태를, 권태가 그에게 가르친 것을 그가 스스로 취소할 때까지!

다만, 형제들이여. 그로부터 개들을 쫓아버려라, 살금살금 기어다니는 저 게으른 자들을. 떼지어 다니는 모든 구더기들을.

떼지어 다니는 '교양 있는' 구더기들을. 그들은 영웅들의 땀을 마음껏 즐기는 것이다!

19

나는 나의 주위에 원을 그려 성역을 만든다. 산이 높아질수록 나와 함께 오르는 자는 점점 더 줄어든다. 나는 더욱더 성스러운 산들로 산맥 하나를 만들어낸다.

그대들이 나와 함께 어디에 오르건 오, 형제들이여. **기생하는** 자가 그대들과 함께 오르지 못하도록 경계하라!

기생하는 자, 그것은 기어다니는 벌레, 아첨하는 벌레로서 그대들의 병든 곳과 상처난 곳들을 파먹고 살찌려 한다.

위로 오르는 영혼들의 지친 부분을 알아내는 것이 그들의 기술이다. 기생하는 자들은 그대들의 비애와 불만 속에, 그대들의 예민한 수치심 속에 혐오스러운 둥지를 튼다.

강한 자의 약한 곳, 고귀한 자의 지나치게 온유한 곳, 기생하는 자들은 그런 곳에 혐오스러운 둥지를 튼다. 기생하는 자들은 위대한 사람이 가지고 있는 하찮은 상처 속에서 사는 것이다.

만물 중에서 가장 높은 부류의 것은 무엇이며, 가장 낮은 부류의 것은 무엇인가? 가장 낮은 부류의 존재는 기생하는 자들이다. 그러나 가장 높은 부류의 존재가 기생하는 자들을 가장 많이 기른다.

가장 긴 사다리를 가지고 있기 때문에 가장 깊은 곳까지 내려갈 수 있는 영혼, 이런 영혼에 어찌 기생하는 자들이 대부분 둥지를 틀지 않겠는가?

자신의 가장 깊은 곳으로 달려 들어가 방황하고 떠돌아다닐 수 있는 더 없이 광활한 영혼, 기쁨으로 인해 스스로 우연 속으로 내던지는 가장 필연적인 영혼.

생성 속으로 뛰어드는 저 지속하는 영혼, 욕망과 동경에 **참여하고자** 하는 저 소유하는 영혼.

가장 넓은 고리 안에서 스스로 도망가고 스스로 뒤따라 잡는 영혼, 어리석음이 가장 감미롭게 말을 거는 가장 지혜로운 영혼.

그 내부에 모든 사물이 흐름과 역류, 밀물과 썰물을 갖는 자기 자신을 가장 사랑하는 영혼. 오, 이 **최고의 영혼**이 어찌 최악의 기생하는 자들을 거느리지 않겠는가?

20

오, 형제들이여. 나는 잔인한가? 그러나 나는 말한다. 떨어지고 있는 것들은 떠밀어버려야 한다!

오늘날의 모든 것—그것은 떨어지고 있으며 퇴락하고 있다. 누가 그것들을 붙잡아주려 하는가! 나는 그것들을 떠밀어버리려 한다!

그대들은 깎아지른 계곡 속으로 돌을 굴리는 기쁨을 아는가? 오늘날의 이 인간들, 그들이 어떻게 나의 계곡 속으로 굴러 떨어지는가를 보라!

나는 더 훌륭한 연주자들의 노래를 예고하는 서곡이다. 오, 형제들이여. 나는 하나의 표본이다! 나의 표본을 따르라!

그리고 나는 법을 배우지 못한 그대들에게 가르쳐주리라, 더욱 **빨리 떨어지는 법을**!

21

나는 용감한 자들을 사랑한다. 그러나 검객이 되는 것만으로는 충분치 않다—**누구와 싸우는 검객이 되어야 할 것인지도 알아야 한다**!

그러므로 때때로 자신을 억제하고 그냥 지나쳐버리는 것이 더 용기있는 일일 수 있다. 더 가치 있는 적을 위해 자신을 아껴두기 위해서이다!

그대들은 증오할 만한 적을 가져야 하며, 경멸스러운 적을 가져서는 안 된다. 그대들은 그대들의 적을 자랑스럽게 여겨야 한다. 나는 이미 그렇게 가르친 적이 있다.

오, 친구들이여. 그대들은 더 가치 있는 적을 위해 그대들 자신을 아껴야 한다. 따라서 그대들은 많은 것을 못 본 체 지나쳐버려야 한다.

특히 그대들의 귀에다 민중과 민족에 대해 떠들어대는 많은 천민을 못 본 체 지나쳐버려야 한다.

그들의 갑론을박에 관여해 그대들의 눈을 흐리게 해서는 안 된다! 거기에는 옳고 그름이 많아 그것을 바라보는 자는 분노를 느끼게 된다.

그 안을 바라보는 것과 그 안에 칼을 대는 것은 매한가지이다. 그러므로 그곳을 떠나 숲속으로 들어가 그대들의 칼을 잠재우라!

그대들은 **그대들의 길을 가라**! 그리고 각 민중과 민족이 그들의 길을 가도록 내버려두어라! 한 가닥 희망의 빛도 더 이상 비치지 않는 참으로 어두운 길을!

장사치들의 황금만 반짝이는 곳에서는 장사치들이 지배하도록 내버려두어라! 왕들의 시대는 이미 지나갔다. 오늘날 민중이라고 자칭하는 자들은 왕을 가질 자격이 없다.

이 민중이 이제 어떻게 장사치처럼 행동하는가를 보라. 그들은 온갖 쓰레기들로부터 아무리 적은 이익이라도 긁어모은다!

그들은 서로 숨어서 노려보며 서로 속여 빼앗는다. 그들은 그것을 **훌륭한 이웃사랑**이라 부른다. 오, 한 민족이 스스로에게 "나는 여러 민족의 **지배자**가 되기를 원한다!"라고 말한 행복한 옛 시대여!

왜냐하면 형제들이여. 최선의 것이 지배해야 하며, 또 최선의 것은 지배하기를 원하기 때문이다! 그러나 이와는 다른 가르침이 전해지고 있는 곳에는──최선의 것이 **결여되어** 있다.

22

만일 **그들**이 빵을 공짜로 얻는다면, 그것은 슬픈 일이다! **그들**은 또 무엇을 더 달라고 외칠 것인가! 생계유지──그것이야말로 그들의 참된 오락인 것이다. 그러므로 삶이 그들에게 힘든 것일 수밖에 없다!

그들은 약탈을 일삼는 맹수들이다. 그들의 '노동'에까지도 약탈이 들어 있고, 그들의 '벌이'에까지도 기만이 들어 있다! 그러므로 삶은 그들에게 힘든 것일 수밖에 없다!

그리하여 그들은 더 훌륭한 맹수가 되어야 하는 것이다! 더 교활하고 더 영리하고 더 인간을 닮은 맹수. 인간은 곧 가장 훌륭한 맹수이기 때문이다.

인간은 이미 모든 짐승들로부터 그들의 미덕을 강탈했다. 삶이 다른 짐승들보다 인간에게 가장 견디기 힘들기 때문이다.

오직 새들만 아직도 인간의 위쪽에 있다. 그러나 인간이 나는 법을 배운다면, 아! **얼마만큼 높이** 인간의 약탈욕은 날아갈 것인가!

23

내가 남자와 여자에게 바라는 것은 전자가 전투에 능하고 후자가 출산에 능하며, 양자가 모두 머리와 발꿈치로 춤추는 데 능해지는 것이다.

그리하여 우리가 **한 번도** 춤추지 않는 날은 헛된 날이 되게 하라! 또한 아무런 웃음도 가져다주지 않는 지혜는 거짓 지혜가 되게 하라!

24

그대들의 결혼이 나쁜 **결합**이 되지 않도록 주의하라! 그대들은 너무 빨리 결합한다. 그 때문에 결혼의 파탄이 뒤따르는 것이다.

그러나 결혼을 왜곡하거나 결혼해서 서로 기만하기보다는 차라리 결혼의 파탄이 더 낫다! 어떤 여자가 내게 말했다. "나는 결혼을 파괴했어요. 그러나 그보다 먼저 결혼이 나를 파괴했어요!"

잘못 결합된 부부는 최악의 복수심으로 가득 찬 자가 된다는 것을 나는 항상 보아왔다. 그들은 자기들이 더 이상 혼자서는 살아갈 수 없다는 사실 때문에 세상에 복수하는 것이다.

그러므로 나는 정직한 자들이 서로 이렇게 말하기를 바란다. "우리는 서로 사랑하고 있다. 우리는 계속해서 서로 사랑하도록 **노력하자**! 아니면 우리의 언약은 실수가 아니었을까?"

"우리가 훌륭한 결혼에 적합한지 어떤지 알 수 있도록 우리에게 일정한 기간과 짧은 결혼생활을 허락해다오! 항상 둘이 함께 지낸다는 것은 엄청난 일이니!"

나는 모든 정직한 자들에게 그렇게 권한다. 만일 내가 이와 다르게 권하거나 말한다면, 초인과 앞으로 오게 될 모든 것들에 대한 나의 사랑은 도대체 무엇이겠는가!

오, 형제들이여. 앞을 향해서뿐만 아니라 **위를 향해서도** 그대들 자신을 번식시키는 데 결혼의 정원이 그대들에게 도움이 되기를!

25

보라! 옛날의 수원(水源)에 대해 잘 알고 있는 자는 마침내 그는 미래의 샘과 새로운 수원들을 찾을 것이다.

오, 형제들이여. 머지않아 **새로운 민족**이 생겨나고, 새로운 샘물이 새로운 골짜기로 세차게 흘러갈 것이다.

말하자면 지진은 많은 샘을 메워버려 사람들이 목말라 죽게 하지만——한편 내부의 힘과 감춰진 것들을 드러내기도 한다.

지진은 새로운 샘을 드러낸다. 옛 민족의 지진 속에서 새로운 샘이 솟아오른다.

그래서 "오라, 여기에 목마른 자들을 위한 샘이, 동경에 가득 찬 자들을 위한 가슴이, 많은 도구를 동원하려는 의지가 있다"라고 외치는 자가 있다면 그의 주위에 하나의 **민족**이 모일 것이다, 다시 말하면 시도하는 자들의 무리가.

누가 명령할 수 있으며, 누가 복종해야 하는가? 그 해답이 여기서 시도되는 것이다! 아, 얼마나 긴 탐구와 충고와 실패와 배움과 새로운 시도가 여기서 이루어지는가!

인간사회, 그것은 하나의 시도이며 기나긴 탐구이다. 나는 그렇게 가르친다. 인간사회는 그러나 명령자를 찾고 있다!

오, 형제들이여! 그것은 하나의 시도인 것이다. **계약이 아니다!** 부숴버려라, 연약한 마음을 가진 자들과 얼치기들의 말을!

26

오, 형제들이여! 인류의 미래에 대한 최대의 위험은 누구에게 있는가? 그것은 선하고 의로운 자들에게 있는 것이 아닌가.

"선이란 무엇이며 의로움이란 무엇인지를 우리는 이미 알고 있으며, 우리는 그것을 소유하고 있다. 아직도 그것을 찾고 있는 자들에게 화 있으라!"라고 말하며 마음속으로 그렇게 느끼고 있는 자들에게!

악인들이 어떠한 해악을 저지른다 하더라도. 선한 자들이 저지르는 해악이야말로 가장 해로운 것이다!

세계를 비방하는 자들이 어떠한 해악을 저지른다 하더라도. 선한 자들이 저지르는 해악이야말로 가장 해로운 것이다.

오, 형제들이여. 일찍이 선하고 의로운 자들의 마음속을 들여다본 어떤 사람이 말했다. "그들은 바리새인들이다." 그러나 사람들은 그의 말을 이해하지 못했다.

선하고 의로운 자들도 그의 말을 이해할 수가 없었다. 그들의 정신이 양심이란 것 속에 갇혀 있었기 때문이다. 선한 자들의 어리석음은 헤아릴 수 없을 정도로 영리하다.

그러나 선한 자들은 바리새인일 수밖에 없다는 것. 그것이 진리이다. 그들에게는 다른 선택의 여지가 없다!

선한 자들은 자신의 덕을 찾아낸 자를 십자가에 못박지 않을 수 없다! 그것이 진실이다!

그러나 자기의 나라. 곧 선하고 의로운 자들의 나라와 마음과 땅을 발견한 두 번째 인간은 물었다. "그들은 누구를 가장 증오하는가?"

그들은 창조자를 가장 증오한다. 가치표와 낡은 가치표를 부숴버리는 자를 가장 증오한다. 이러한 파괴자를—그들은 범죄자라 부른다.

선한 자들은 아무것도 창조할 수 없다. 그들은 항상 종말의 시작인 것이다.

그들은 새로운 가치표에 새로운 가치들을 써넣는 자를 십자가에 못박고, 자기 자신들을 위해 미래를 희생한다. 그들은 전 인류의 미래를 십자가에 못박는다!

선한 자들은—언제나 종말의 시작이었다.

27

오, 형제들이여. 그대들은 이 말 또한 이해했는가? 내가 이전에 '최후의 인간'에 대해 한 말을?

인류 미래의 최대 위험은 그 책임이 누구에게 있는가? 그것은 선하고 의로운 자들에게 있는 것이 아닌가?

부숴버려라, 선하고 의로운 자들을 부숴버려라! 오, 형제들이여. 그대들은 이 말 또한 이해했는가?

28

그대들은 내게서 도망치는가? 그대들은 깜짝 놀랐는가? 그대들은 이 말을 듣고 벌벌 떠는가?

오, 형제들이여. 내가 그대들에게 선한 자들과 선한 자들의 가치표를 부숴버리라고 명령했을 때, 비로소 나는 인류를 배에 태워 거친 바다로 내보낸 것이다.

그리하여 이제 커다란 두려움, 커다란 걱정, 커다란 질병, 커다란 구역질, 커다란 배멀미가 인류에게 다가오고 있다.

선한 자들은 그대들에게 거짓 해안과 거짓 안전을 가르쳤으며, 그대들은 선한 자들의 거짓말 속에서 태어나 그들의 거짓말 속에 갇혀 있었다. 모든 것이 선한 자들에 의해 뒤틀리고 철저하게 왜곡되어왔다.

그러나 '인간'이라는 대지를 발견한 자는 '인간의 미래'라는 대지도 발견했다. 이제 그대들은 항해자, 용감하고 인내심 있는 항해자가 되어야 한다!

오, 친구들이여. 때를 놓치지 말고 똑바로 걸어가라. 똑바로 걸어가는 법을 배우라! 바다에는 폭풍이 일고 있으며, 많은 사람들이 그대들의 도움을 받아 다시 일어서기를 원하고 있다.

바다에는 폭풍이 몰아치고 있다. 모든 것이 바다 가운데에 있다. 자!

가자, 그대들 노련한 선원의 가슴을 가진 자들이여!

조상의 나라가 무엇이란 말이냐! 우리의 키는 그곳 어린아이들의 나라로 항해하고 싶어한다. 그곳을 향해 우리의 크나큰 동경은 바다보다 거칠게 돌진한다!

29

"어찌하여 그토록 단단한가!" 일찍이 숯이 다이아몬드에게 말했다. "우리는 가까운 친척이 아닌가?"

오, 형제들이여. 그대들은 어찌하여 그토록 연약한가? 나는 그대들에게 묻는다. 그대들은—나의 형제가 아닌가?

어찌하여 그대들은 그토록 연약하고, 그토록 고분고분하며, 그토록 쉽게 굴복하는가? 어찌하여 그대들의 가슴속에는 자기부정과 자기억제가 그토록 많은가? 어찌하여 그대들의 시선에는 숙명이 그토록 모습을 보이지 않는가?

그대들이 숙명이 거부하고 단호한 자가 되려 하지 않는다면, 어떻게 그대들은 나와 함께 승리를 쟁취할 수 있겠는가?

그대들의 단단함이 섬광을 발하려 하지 않고, 자르려 하지 않고 조각내려 하지 않는다면, 어떻게 그대들은 장차 나와 함께—창조할 수 있겠는가?

창조자들은 단단하다. 따라서 그대들의 손을 밀랍 위에 찍듯이 천 년의 세월 위에 찍는 것을 그대들의 행복으로 여겨야 한다.

마치 금속 위에 기록하듯 천 년 세월의 의지 위에 기록하는 것을, 금속보다 더 단단하고 금속보다 더 고귀한 천 년 세월의 의지 위에 기록하는 것을. 가장 고귀한 것만이 참으로 단단한 것이다.

오, 형제들이여. 나는 이 새로운 가치표를 그대들의 머리 위에 걸어놓는다. 강인해져라!

30

오, 너 나의 의지여! 곤궁을 뒤바꾸는 자여, 나의 필연이여! 모든 하찮은 승리들로부터 나를 지켜다오!

운명이라 불리는 너 내 영혼의 숙명이여! 나의 내부에 있는 자여! 나의 머리 위에 있는 자여! 위대한 운명을 위해 나를 지켜다오, 나를 아껴다오!

최후의 것을 위해 나의 의지여, 너의 마지막 위대성을 아껴다오, 네가 너의 승리 속에서 냉혹함을 잃지 않도록! 아, 누가 그 승리 앞에 굴복하지 않았던가!

아, 이처럼 황홀한 여명 속에서 눈이 흐려지지 않는 자가 어디 있었던가! 아, 승리 속에서 발이 비틀거리고, 서는 법을 잊지 않은 자가 어디 있었던가!

어느 날 위대한 정오를 맞이하기 위해 나 자신 만반의 준비가 되어 있고 성숙해 있기를. 작열하는 광석처럼, 번개를 품고 있는 먹구름처럼, 부풀어오른 유방처럼 만반의 준비가 되어 있고 성숙해 있기를.

나 자신과 나의 가장 은밀한 의지에 대해 만반의 준비가 되어 있기를. 화살을 갈망하는 활로서, 별을 갈망하는 화살로서.

자신의 정오를 맞이할 만반의 준비가 되어 있는 성숙한 별로서, 모든 것을 섬멸하는 태양의 화살로 인해 작열하고 꿰뚫리며 행복을 느끼는 별로서.

승리 속에서 섬멸할 준비가 되어 있는 태양 그 자체와 냉혹한 태양의 의지로서!

오, 의지의 곤궁을 뒤바꾸는 자여. 너 나의 필연이여! 위대한 승리 하나를 위해 나를 아껴다오!

차라투스트라는 이렇게 말했다.

회복되어가는 자⁵⁷⁾

1

동굴로 돌아온 지 얼마 되지 않은 어느 날 아침, 차라투스트라는 마치 미친 사람처럼 잠자리에서 벌떡 일어나 사나운 소리를 지르고는 어떤 다른 사람이 자기 잠자리에 누워 일어나려 하지 않는 것을 보는 듯한 몸짓을 했다. 차라투스트라의 목소리가 주위에 울려퍼지자 그를 따르는 동물들은 공포에 질린 채 그에게 다가왔으나 차라투스트라의 동굴 주위의 모든 동굴과 은신처로부터 그 밖의 온갖 동물들은 각자 몸에 지닌 발이나 날개의 종류에 따라 날아가기도 하고, 날개를 파닥거리기도 하고, 기어가기도 하고, 껑충껑충 뛰기도 하면서 도망쳐버렸다. 그러자 차라투스트라는 이렇게 말했다.

올라오라, 심오한 사상이여, 나의 심연으로부터! 잠꾸러기 벌레야, 나는 그대의 수탉이며 새벽이다. 일어나라! 일어나라! 나의 목소리가 닭의 울음소리로서 곧 너를 깨울 것이다!

귀의 족쇄를 풀고, 나의 외침 소리에 귀를 기울이라! 나는 네 말을 듣고 싶기 때문이다! 일어나라! 일어나라! 무덤들까지도 귀를 기울이게 하는 천둥소리가 여기 있다!

네 눈에서 잠과 모든 침침함과 어두움을 씻어버려라! 눈으로도 내 말을 들어라. 나의 목소리는 날 때부터 눈먼 자들까지도 고쳐주는 약이다.

한 번 깨어나면 너는 영원히 깨어 있어야만 한다. 증조할머니들을 잠에서 깨웠다가 계속해서 잠자도록 명령하는 것은 나의 방식이 아니다!

---

57) 「구제」 「환상과 수수께끼」에서 암시되었던 영겁회귀사상이 다시 더 명확하게 제시된다. 차라투스트라는 뱀의 머리를 깨무는 비유로 영겁회귀가 지닌 소름 끼치는 환영들을 극복하려 한다.

너는 몸을 뒤척이고, 기지개를 켜고, 투덜거리고 있는가? 일어나라! 일어나라! 투덜거리지 말라, 너는—내게 말해야 한다! 무신론자인 차라투스트라가 너를 부르고 있다!

나의 가장 깊은 심연의 사상이여! 삶의 대변자, 고뇌의 대변자, 순환의 대변자인 나 차라투스트라는 너를 부른다!

기쁘다! 네가 오고 있구나. 너의 말소리가 들린다! 나의 심연이 말을 하고 있구나. 나는 나의 가장 깊은 심연을 햇빛에 드러내놓았다!

기쁘다! 가까이 오너라! 악수를 하자꾸나. 아! 놓아라! 아, 아! 구역질, 구역질, 구역질. 슬프구나!

2

그러나 차라투스트라는 이 말을 마치자마자 쓰러졌고 죽은 사람처럼 오랫동안 그대로 있었다. 그러나 그가 다시 정신 차렸을 때 그의 얼굴은 창백했으며, 누운 채 몸을 떨면서 한동안 음식을 입에 대려 하지 않았다. 그런 상태가 7일 동안 계속되었다.* 그의 동물들은 밤이나 낮이나 그의 곁을 떠나지 않았으며, 독수리만 음식을 갖고 오기 위해 날아갔을 뿐이었다. 독수리는 빼앗아온 것을 모두 차라투스트라의 침상 위에 내려놓았다. 그리하여 마침내 차라투스트라는 노랗고 빨간 딸기, 포도, 장밋빛 사과, 향긋한 냄새를 풍기는 목초와 솔방울 사이에 누워 있었다. 그의 발치에는 독수리가 목동들로부터 빼앗아온 두 마리의 새끼 양이 늘어져 있었다.

7일이 지나자, 마침내 차라투스트라는 침상에서 일어나 장밋빛 사과 하나를 손에 들고 냄새를 맡아보았다. 그 향기가 매우 상쾌했다. 그러

---

* 새로운 사상이 나타나면 기뻐서 춤추어야 하는데 이 사상이 지니는 자기모순 때문에 차라투스트라는 정신을 잃는다.

자 그의 동물들은 그와 이야기할 때가 왔다고 생각했다.

동물들은 말했다. "오, 차라투스트라여. 그대는 7일 동안이나 죽은 듯 눈감고 누워 있었다. 이제 다시 그대의 발로 일어서지 않으려는가?

그대의 동굴에서 나오라. 세계가 정원처럼 그대를 기다리고 있다. 바람은 그대를 갈망하는 짙은 향기를 머금고 있으며, 모든 시냇물은 당신을 따라 흐르고 싶어한다.

그대가 7일 동안 혼자 있었을 때 만물이 그대를 그리워했다. 그대의 동굴 밖으로 나가보라! 만물이 그대의 의사가 되기를 원하고 있다!

쓰고 무겁게 내리누르는 새로운 인식이 그대에게 다가왔는가? 그대는 발효된 반죽처럼 누워 있었으며, 그대의 영혼은 부풀어올라 가장자리에 넘쳐흘렀다."

차라투스트라가 대답했다. 오, 나의 동물들이여. 계속해서 이야기해다오, 그대들의 이야기를 들려다오! 그대들의 이야기는 너무나도 상쾌하구나. 그대들의 이야기를 듣고 있노라면 세계가 마치 정원처럼 보인다.

말과 음악소리가 있다는 것은 얼마나 즐거운 일인가? 말과 음악은 영원히 헤어져 있는 것들 사이에 놓인 무지개이며 환상의 다리가 아닌가?

모든 영혼은 각기 고유한 세계를 갖고 있다. 모든 영혼은 각기 다른 영혼에게 하나의 배후세계이다.

가장 닮은 것들 사이에서 환상이 가장 아름다운 말로 거짓말하지. 가장 좁은 간격은 다리를 놓기에 가장 어렵기 때문이다.

어찌 내게 나의 외면이 있을 수 있겠는가? 그런 외면은 존재하지 않는다! 그러나 음악을 들을 때 우리는 그러한 사실을 잊어버린다. 잊어버린다는 것은 얼마나 즐거운 일인가!

모든 사물에 각각의 이름과 음을 선사한 것은 인간이 사물로부터 원기를 회복하기 위함이 아닌가? 말한다는 것은 아름다운 바보짓이다. 말하면서 인간은 사물을 넘어서 춤추는 것이다.

모든 대화나 음악의 거짓말은 얼마나 사랑스러운가! 우리의 사랑은 음악에 맞춰 아름다운 무지개 위에서 춤춘다.

그러자 동물들이 대답했다. "오, 차라투스트라여. 우리처럼 생각하는 사람에게는 만물이 스스로 춤춘다. 그들은 다가와 손을 내밀고는 큰 소리로 웃어대며 달아난다. 그리고 다시 되돌아온다.

모든 것이 가고 모든 것이 다시 되돌아온다. 존재의 수레바퀴는 영원히 굴러간다. 모든 것이 죽고 모든 것이 또다시 꽃피운다. 존재의 연륜은 영원히 흘러간다.

모든 것이 부서지고 모든 것이 새롭게 이루어진다. 똑같은 존재의 집이 영원히 세워진다. 모든 것이 헤어지고 모든 것이 다시 상봉한다. 존재의 수레바퀴는 영원히 스스로에게 충실하다.

모든 순간에 존재가 시작된다. 모든 '이곳'의 언저리를 '저곳'이라는 공이 굴러간다. 중심은 도처에 있다. 영원의 길은 구부러져 있다."

오, 그대 익살꾼들이여, 손풍금이여! 차라투스트라는 대답하며 다시 미소 지었다. 그대들은 7일 동안 무엇이 이루어져야 했는가를 어찌 그리 잘 알고 있는가?

저 괴물이 나의 목구멍으로 기어들어가 나를 질식시켰다는 것을! 그러나 나는 그 괴물의 머리를 물어뜯어 내뱉어버렸다.

그런데 그대들은 벌써 그것을 손풍금 노래로 만들어버렸는가? 그러나 나는 지금 이곳에 누워 있다, 그 괴물의 머리를 물어뜯어 내뱉느라 지친 채 나 자신의 회복을 위해 아직도 앓으면서.

그런데 그대들은 구경만 하고 있었는가? 오, 나의 동물들이여. 그대들도 역시 잔인한가? 그대들도 인간들처럼 내 크나큰 고통을 구경만 하려 했는가? 인간은 곧 가장 잔인한 동물이다!

인간이 지금까지 이 지상에서 가장 즐긴 것은 비극과 투우와 십자가의 처형이었다. 그리하여 인간이 스스로 지옥을 창조해냈을 때 보라, 그것이 곧 지상천국이었다.

위인이 소리 지르면—소인은 즉시 달려온다. 그의 혀는 탐욕으로 인해 입밖으로 축 늘어져 있다. 그러나 소인은 그것을 '동정'이라 부른다.

소인, 특히 시인은 얼마나 열심히 말로써 삶을 비난하는가! 그들의 말에 귀를 기울여보라. 그러나 모든 비난 속에 숨어 있는 쾌락을 놓쳐서는 안 된다!

삶을 비난하는 자들이 이렇게 눈을 깜빡이면서 삶을 이겨낸다. 삶이라는 오만한 여인은 말한다. "당신이 나를 사랑한다고? 잠깐만 기다려요. 그러나 내게는 당신을 상대할 시간이 없어요."

인간은 자기 자신에 대하여 가장 잔인한 동물이다. 자기 자신을 가리켜 '죄인'이라든가 '십자가를 짊어진 자'라든가 '속죄자'라고 자칭하는 모든 자들을 대할 때 탄식과 비난 속에 숨어 있는 관능적 쾌락을 놓쳐서는 안 된다!

그런데 나 자신은 인간을 비난하는 자가 되고자 하는가? 아, 나의 동물들이여. 지금까지 나는 이것만 배웠다. 인간에게는 최선의 것을 위해 최악의 것이 필요하다는 것을.

모든 최악의 것들은 최선의 힘이며, 최고의 창조자에게는 가장 단단한 돌이라는 것, 그리고 인간은 더욱더 선해져야 하며 또한 더욱더 악해져야 한다는 것을.

인간이 악한 존재라는 것을 아는 것, 그것이 내가 묶여 있었던 고문대는 아니었다. 오히려 나는 일찍이 아무도 외친 적이 없는 것을 외쳤다.

"아, 인간의 최악이라는 것이 그다지도 보잘것없다니! 아, 인간의 최선이라는 것이 그다지도 보잘것없다니!"

인간에 대한 크나큰 혐오, 그것이 나를 질식시키고 나의 목구멍으로 기어들어갔던 것이다. "모든 것은 동일하다. 가치 있는 것은 아무것도 없다. 인식은 질식시킨다"라는 예언자의 예언이.

긴 황혼이 기진맥진해 죽음에 취한 비애가 내 앞에서 절룩거리며 걸어왔다. 그 비애는 하품하며 말했다.

"그대가 혐오스러워하는 인간, 소인이 영원히 회귀한다." 나의 비애는 하품하며 이렇게 말하고는 다리를 질질 끌고 갔다. 나의 비애는 잠을 이룰 수 없었다.

인간의 대지가 내게는 동굴로 변했으며, 그 심장은 움푹 가라앉고 말았다. 살아 있는 모든 것이 내게는 인간의 썩은 송장으로 변했으며, 뼈다귀로 변했으며, 썩어버린 과거로 변했다.

나의 탄식은 인간의 무덤 위에 걸터앉아 자리를 뜰 수 없었다. 나의 탄식과 의문은 밤낮 불평하고 숨막혀 괴로워하며 울부짖었다.

"아, 인간이 영원히 회귀한다! 소인이 영원히 회귀한다!"

나는 가장 위대한 인간과 가장 사소한 인간의 벌거벗은 모습을 본 적이 있다. 그들은 서로 너무도 닮았으며, 더없이 위대하다는 인간조차도 너무나 인간적이었다!

더없이 위대하다는 인간조차도 너무나 왜소하다! 그것이 인간에 대한 나의 혐오였다! 그리고 가장 사소한 인간조차도 영원히 회귀한다는 것, 그것이 모든 현존에 대한 나의 혐오였다!

아, 구역질! 구역질! 구역질! 차라투스트라는 이렇게 말하고 탄식하며 몸서리쳤다. 그는 자신의 병이 생각났기 때문이다. 그러나 그의 동물들은 그가 더 이상 말하지 못하게 말렸다.

그의 동물들은 그에게 이렇게 대답했다. "더 이상 말하지 말라, 회복되어가는 자여! 밖으로 나가라. 바깥세상은 마치 정원처럼 그대를 기다리고 있다.

밖으로 나가 장미꽃과 꿀벌과 비둘기떼에게로 가라! 무엇보다도 노래하는 새들에게로 가라. 그 새들에게서 **노래하는 법**을 배울 수 있도록!

노래하는 것은 곧 회복되어가는 자에게 알맞은 것이다. 건강한 자는 말을 해도 상관없다. 건강한 자도 노래 부르기를 원하지만 회복되어가는 자와는 다른 노래를 원한다."

"오, 익살꾼들이여, 손풍금들이여. 조용히 하라!" 차라투스트라는 이렇게 대답하면서 그의 동물들을 향해 미소 지었다. "그대들은 참으로 잘 알고 있구나, 7일 동안 내가 나 자신을 위해 어떤 위안을 고안해냈는가를!

내가 다시 노래 불러야 한다는 것—나는 나 자신을 위해 그러한 위안과 그러한 회복을 고안해냈다. 그대들은 그것에 대해서도 손풍금 노래를 만들고자 하는가?"

"더 이상 말하지 말라." 그의 동물들은 다시 한 번 그에게 대답했다. "회복되어가는 자여. 그대를 위해 먼저 하프를 준비하라, 새로운 하프를!

왜냐하면 보라 오, 차라투스트라여! 그대의 새로운 노래를 위해서는 새로운 하프가 필요하기 때문이다.

노래하라, 노래가 넘치게 하라. 오, 차라투스트라여. 새로운 노래로 그대의 영혼을 치료하라. 이제까지 어떤 인간의 운명도 아닌 그대의 위대한 운명을 그대가 짊어질 수 있도록!

오, 차라투스트라여. 그대의 동물들은 그대가 어떤 자이며, 어떤 자가 되어야 하는가를 잘 알고 있기 때문이다. 보라, 그대는 **영겁회귀를** 가르치는 자이다—그것이 이제 그대의 운명인 것이다!

그대가 이러한 가르침을 최초로 가르쳐야 한다는 것—이 위대한 운명이 어찌 그대에게 가장 큰 위험이나 병이 아닐 수 있겠는가!

보라, 우리는 그대의 가르침을 알고 있다. 모든 것이 영원히 회귀하며 우리 자신 또한 그렇다. 이제까지 우리는 이미 수없이 존재해왔으며 모든 것이 우리와 함께 그랬다.

그대는 생성의 거대한 연륜이, 거대한 연륜이라는 괴물이 존재한다고 가르친다. 이 연륜은 회전을 마치고 다시 회전하기 위해 모래시계처럼 항상 다시 새로이 되돌아가지 않으면 안 된다.

그리하여 가장 큰 것이나 가장 작은 것이나 연륜은 서로 동일하며 우리 자신도 가장 큰 연륜에서나 가장 작은 연륜에서나 모두 동일하다.

오, 차라투스트라여. 만일 지금 그대가 죽게 된다면. 보라, 우리는 그대가 자신에게 무슨 말을 할는지도 알고 있다. 그러나 그대의 동물들은 그대에게 아직 죽지 말라고 청한다!

그대는 말할 것이다, 전율을 느끼기는커녕 행복에 겨운 나머지 숨을 헐떡이며. 왜냐하면 그대 가장 인내심이 강한 자여, 중력과 억압이 그대에게서 떨어져 나갈 것이기 때문이다!

'이제 나는 죽어 사라진다'라고 그대는 말할 것이다. '그리하여 나는 순식간에 무가 될 것이다. 영혼은 육체와 마찬가지로 죽을 수밖에 없는 것이다.

그러나 나를 얽어매는 모든 원인의 매듭은 회귀할 것이다. 그 매듭은 나를 다시 창조할 것이다! 나 자신이 영겁회귀 원인 가운데 하나이니.

나는 이 태양과 함께, 이 대지와 함께, 이 독수리와 함께, 이 뱀과 함께 회귀할 것이다. 새로운 삶이나 더 훌륭한 삶 또는 이와 비슷한 삶으로가 아니다.

나는 가장 큰 것에서나 가장 작은 것에서나 동일한 지금의 삶으로 영원히 회귀할 것이다. 그리하여 만물의 영겁회귀를 다시 한 번 가르칠 것이다.

다시 한 번 대지와 인간의 위대한 정오에 대해 말하고 다시 한 번 초인을 인간에게 알리기 위해.

나는 나의 말을 했으며, 나의 말과 더불어 부서진다. 나의 영원한 운명은 그것을 원한다. 예언자로서 나는 멸망하는 것이다!

이제 몰락해가는 자가 자기 자신을 축복할 때가 되었다. 이렇게 하여—차라투스트라의 몰락은 **끝맺는다.**'"

동물들은 이렇게 말한 다음 입다물고는 차라투스트라가 자기들에게 무언가 말하기를 기다렸다. 그러나 차라투스트라는 동물들의 침묵을 아랑곳하지 않았다. 오히려 그는 조용히 자리에 누워 마치 잠든 사람처럼 두 눈을 감고 있었다. 잠자고 있지 않으면서도 그는 자신의 영혼과 대화를 나누고 있었던 것이다. 그러나 그의 뱀과 독수리는 그가 그렇게 조용히 있는 것을 보자 그를 에워싼 커다란 고요함에 경의를 표하고 조용히 그곳을 떠났다.

커다란 동경[58]

오, 나의 영혼이여. 나는 네게 '일찍이'와 '옛날에'를 말하듯 '오늘은'을 말하는 법을 가르쳤으며, 모든 '이곳'과 '저곳'과 '그곳'을 초월해 춤추는 법을 가르쳤다.

오, 나의 영혼이여. 나 너를 모든 구석으로부터 너를 구해냈으며 네게서 먼지와 거미들과 어스름한 빛을 떨어냈다.

오, 나의 영혼이여. 나는 네게서 하찮은 수치심과 엉터리 덕을 씻어냈고 너를 설득하여 태양의 눈앞에 발가벗겨 세워놓았다.

나는 '정신'이라는 폭풍을 너의 파도치는 바다 위에 불어놓았다. 나

---

58) 차라투스트라는 음울한 염세주의를 벗어나고 짓누르는 도덕이나 내세신앙에서 해방되어 미래의 경쾌한 노래를 부르는 스스로의 영혼과 대화한다.

는 그곳으로부터 모든 구름들을 날려버렸으며, '죄'라는 교살자까지도 목졸라버렸다.

오, 나의 영혼이여. 나는 네게 폭풍처럼 '아니오'라고 말할 권리를 주었으며, 맑은 하늘이 말하듯이 '예'라고 말할 권리를 주었다. 너는 빛처럼 조용히 서 있다가 어느새 부정하는 폭풍 속을 뚫고 지나가는구나.

오, 나의 영혼이여. 나는 네게 이미 창조된 것과 아직 창조되지 않은 것을 향유할 자유를 되찾아주었다. 그러나 미래의 것들에 대한 쾌락을 너만큼 아는 자가 어디 있겠는가?

오, 나의 영혼이여. 나는 네게 경멸을 가르쳤다. 벌레가 갉아먹듯 다가오는 경멸이 아니라 가장 경멸하면서도 끔찍이 사랑하는 위대하고 사랑스러운 경멸을.

오, 나의 영혼이여. 나는 네게 설득하는 법을 가르쳤다. 바다까지도 설득하여 자기 높이까지 끌어올리는 태양처럼 모든 밑바닥까지 네게 올라오도록 설득하는 법을.

오, 나의 영혼이여. 나는 네게서 모든 복종, 무릎을 꿇는 것, '주인님'하고 말하는 것을 빼앗아버렸다. 나는 너 자신에게 '고난의 전환'과 '운명'이라는 이름을 부여했다.

오, 나의 영혼이여. 나는 네게 새로운 이름과 형형색색의 장난감을 주었다. 나는 너를 '운명' '포괄 중의 포괄' '시간의 탯줄' '하늘빛 종'이라 불렀다.

오, 나의 영혼이여. 나는 너의 대지가 마실 온갖 지혜를 주었다, 모든 새로운 포도주와 한없이 오래된 강한 지혜의 포도주를.

오, 나의 영혼이여. 나는 너의 머리 위에 모든 태양과 모든 밤과 모든 침묵과 모든 동경을 퍼부었다. 그래서 너는 포도나무처럼 자라났다.

오, 나의 영혼이여. 이제 너는 부풀어오른 젖가슴과 갈색의 황금포도송이가 주렁주렁 달린 포도나무처럼 풍족하고 무거운 모습으로 서 있다.

너는 행복으로 짓눌린 채 풍요로움을 기다리며 자신의 기다림을 부끄러워하고 있는 것이다.

오, 나의 영혼이여. 이제 너보다 더 사랑스럽고 포괄적이고 광대한 영혼은 어느 곳에도 존재하지 않는다! 미래와 과거가 네게서처럼 더 밀접하게 결합되어 있는 곳이 어디 있겠는가?

오, 나의 영혼이여. 나는 네게 모든 것을 주었다. 그리하여 나의 두 손은 텅 비어버렸다. 그런데 지금! 너는 미소 지으며 우수에 가득 찬 모습으로 내게 묻고 있다. "우리 가운데 감사해야 할 자는 누구인가?

받는 자가 있다는 사실에 대해 주는 자가 오히려 감사해야 하지 않겠는가? 선물하는 것은 필요에서 나오는 일이 아닌가? 받는 것은—동정을 베푸는 일이 아닌가?"

오, 나의 영혼이여. 나는 너의 우수가 짓는 미소를 이해하고 있다. 너의 넘치는 풍요가 지금 동경의 손길을 내뻗고 있는 것이다!

너의 충만함은 거친 바다 너머를 바라보며 찾고 기다리고 있다. 넘쳐흐르는 동경이 네 눈의 미소 어린 하늘로부터 내려다보고 있는 것이다!

진실로 오, 나의 영혼이여. 너의 미소를 보고 눈물을 흘리지 않는 자가 어디 있겠는가! 천사들까지도 네 미소의 넘치는 호의 때문에 눈물에 젖을 것이다.

너의 호의, 넘치는 너의 호의는 불평하거나 눈물을 흘리려 하지 않는다. 그러나 오, 나의 영혼이여. 너의 미소는 눈물을 동경하고, 너의 떨리는 입술은 흐느낌을 동경하고 있다.

"우는 것은 모두 탄식하는 것이 아닌가? 그리고 탄식하는 것은 모두 원망하는 것이 아닌가?" 이렇게 너는 네 자신에게 말한다. 그리하여 오, 나의 영혼이여. 너는 슬픔을 터뜨리기보다는 차라리 미소 지으려 하는 것이다.

너의 충만함으로 인한, 그리고 포도를 수확하는 자와 그 칼을 기다리는 포도나무의 열망으로 인한 너의 모든 슬픔을 흘러내리는 눈물 속으로 쏟아버리기보다는!

그러나 네가 울려고 하지 않는다면, 네 자줏빛 우수를 눈물로 씻으려 하지 않는다면, 너는 노래 불러야만 할 것이다. 오, 나의 영혼이여! 보라, 내가 미소 짓고 있다, 네게 그렇게 예언한 나 자신이.

너는 노호하는 노래를 불러야만 할 것이다, 모든 바다가 조용해져서 너의 동경에 귀를 기울이게 될 때까지.

동경으로 가득 찬 조용한 바다 위로 황금빛 경이의 조각배가 떠돌 때까지. 그 황금 주위에서 모든 선한 것들과 악한 것들과 경이로운 것들이 뛰놀 때까지.

또한 크고 작은 많은 짐승들과 보랏빛 오솔길을 달릴 수 있는 날렵하고 경이로운 발을 가진 모든 것들이 뛰놀 때까지.

황금빛 경이를 향해, 자유로운 의지의 조각배와 그 주인을 향해. 그런데 그 주인은 다이아몬드로 된 포도 따는 칼을 들고 기다리고 있는 포도 수확자인 것이다.

오, 나의 영혼이여. 너의 위대한 구원자는 미래의 노래만 그 이름을 찾아낼 수 있는 이름 없는 자이다! 그리고 진실로 너의 숨결에서 이미 미래에 부르는 노래의 향기가 풍기고 있다.

너는 이미 달아오르고 있으며 꿈꾸고 있다. 너는 이미 깊숙하며, 울려퍼지는 위안의 샘물을 목마르듯 들이켜고 있다. 너의 우수는 이미 미래에 부르는 노래의 행복 속에서 조용히 쉬고 있다!

오, 나의 영혼이여. 이제 나는 네게 모든 것을 주었다, 최후의 것까지도. 그리하여 나의 손은 너로 인해 텅 비어 있다. 내가 네게 노래 부르라고 말한 것, 보라, 그것이야말로 나의 최후의 것이다!

나는 네게 노래 부르라고 말했다. 자, 이제 말하라, 말하라. 이제 우리

중에서 감사해야 할 자는 누구인가? 그러나 그보다는 나를 위해 노래 불러다오, 노래 불러다오. 오, 나의 영혼이여! 그리하여 내가 감사히 여기게 해다오!

차라투스트라는 이렇게 말했다.

또다른 춤의 노래[59]

1

"오, 삶이여. 얼마 전에 나는 그대의 눈을 들여다보았다. 나는 그대의 밤 눈 속에서 황금이 반짝반짝 빛나는 것을 보았다. 나의 심장은 기쁨으로 인해 멎어버렸다.

나는 어두운 수면 위에서 황금 조각배 한 척이 반짝반짝 빛나는 것을 보았다. 가라앉는 듯 흔들리다가 다시 떠오르는 몹시 흔들리는 황금 조각배 한 척을!

나의 발, 춤추고 싶어 발광하는 나의 발에 그대는 시선을 던졌다, 웃고, 묻고, 녹이는, 흔들흔들한 시선을.

그대는 그대의 작은 손으로 그대의 캐스터네츠를 두 번 울렸을 뿐이다. 그런데 어느새 나의 발은 춤에 열광하여 흔들거렸다.

나의 발꿈치는 들려지고, 나의 발가락 끝은 그대의 말을 이해하려고 귀를 기울였다. 춤추는 자는 귀가 발가락 끝에 달려 있는 것이다!

나는 그대를 향해 펄쩍 뛰었다. 그러자 그대는 몸을 피해 달아나버렸다. 달아나면서 나부끼는 그대 머리카락이 혀를 놀리듯 나를 향해 날름

---

59) 차라투스트라는 남자를 유혹하고 사랑하다가 도망쳐버리는 여자로 비유되는 삶과 대화를 나눈다. 아름다운 문체가 돋보인다.

거렸다!

나는 그대로부터, 그대의 뱀들로부터 펄쩍 뛰며 물러섰다. 그러자 그대는 즉시 걸음을 멈추고 몸을 반쯤 돌려 이쪽을 향해 서 있었다. 그대의 눈은 욕망으로 가득 차 있었다.

그대는 비뚤어진 시선으로 내게 비뚤어진 길을 가르쳐준다. 나의 발은 비뚤어진 길을 가면서 술책을 배운다!

그대가 가까이 있으면 나는 그대를 두려워하고, 그대가 멀리 있으면 나는 그대를 사랑한다. 그대가 도망치면 나는 쫓아가고, 그대가 나를 찾으면 나는 숨어버린다. 나는 괴로워하고 있다. 그러나 그대를 위해 내가 무엇인들 기꺼이 참아내지 않겠는가!

그대의 냉담함은 사람의 마음에 불지르고, 그대의 증오는 사람을 유혹하고, 그대의 도망침은 사람을 속박하고, 그대의 조소는 사람의 마음을 움직인다.

누군들 그대를 미워하지 않을 수 있겠는가, 우리를 묶어놓고 우리를 농락하고 우리를 유혹하고 우리를 찾고 우리를 발견해내는 그대 위대한 여인을! 누군들 그대를 사랑하지 않을 수 있겠는가, 순결하고 성급하고 바람처럼 재빠르고 천진난만한 눈을 가진 그대 죄 많은 여인을!

그대는 지금 나를 어디로 끌고 가는가, 그대 다루기 힘든 장난꾸러기여? 그리고는 그대 또다시 나를 피해 달아난다. 그대 귀여운 심술꾸러기여, 배은망덕한 자여!

나는 춤추며 그대를 따라간다. 나는 그대를 찾아 희미한 그대의 발자국이라도 따라간다. 그대는 어디 있는가? 그대의 손을 내밀어다오! 손가락 하나만이라도!

이곳에는 많은 동굴과 숲이 있다. 우리가 길을 잃게 될지도 모른다! 멈춰라! 걸음을 멈춰라! 올빼미와 박쥐들이 퍼드덕 날아다니는 것을 그대는 보지 못하는가?

그대는 나를 놀릴 작정인가? 그대 올빼미여! 그대 박쥐여! 이곳이 어디인가? 그대는 그렇게 짖어대고 울부짖는 것을 개들에게서 배웠다.

그대는 귀엽게도 작고 하얀 이를 드러내며 나를 위협하고 있다. 그대의 곱슬머리 사이에서 사악한 눈초리가 나를 노려보고 있다!

이것은 무턱대고 추어대는 춤이구나. 나는 사냥꾼이다. 그대는 나의 개가 되겠는가, 아니면 나의 양이 되려는가?

이제 내 곁으로 오라! 그것도 재빨리, 그대 심술꾸러기 도약자여! 이제 위로, 그리고 저쪽으로! 슬프도다! 뛰어오르다가 나 자신이 곤두박질치고 말았다!

오, 그대 오만한 자여. 쓰러져서 동정을 애원하고 있는 나를 보라! 나는 그대와 함께 걷고 싶다, 더 아늑한 오솔길을!

조용하고 화려한 덤불 사이로 나 있는 사랑의 오솔길을! 혹은 금붕어들이 춤추고 헤엄치는 저 호숫가를!

그대는 이제 지쳤는가? 저쪽에 양떼와 저녁노을이 보인다. 목동들이 피리 소리를 들으며 잠자는 것은 아름답지 않은가?

그대는 그토록 지쳤는가? 내가 그대를 메고 가리라. 팔을 늘어뜨리기만 하라! 그대가 목마르다면—나는 마실 것을 갖고 있다. 그러나 그대는 마시려 하지 않는구나!

오, 이 저주받은 민첩하고 유연한 뱀이여, 미끄러운 마녀여! 그대는 어디로 가버렸는가? 내 얼굴에서 그대의 손으로 인해 생긴 두 개의 반점과 붉은 얼룩들이 느껴진다!

나는 항상 양처럼 그대를 위해 온순한 목자 노릇을 하는 데 지쳐버렸다! 그대 마녀여. 내가 이제까지 그대를 위해 노래 불렀다면, 이번에는 그대가 나를 위해 외쳐야만 한다!

내 채찍의 박자에 맞춰 소리 지르며 춤추어야 한다! 내가 채찍을 잊어버리지나 않았는가? 아니다!"

2

그러자 삶은 그녀의 귀여운 두 귀를 막은 채 내게 이렇게 대답했다.

"오, 차라투스트라여! 채찍을 그처럼 무섭게 휘두르지 말아다오! 그대는 알고 있지 않는가, 소음은 사상을 죽인다는 것을. 그런데 지금 매우 아름다운 사상이 내 머리에 떠오르려 하고 있다.

우리는 둘 다 선한 일도 악도 일도 하지 않는 자들이다. 우리는 선악의 피안에서 우리의 섬과 초원을 발견했다. 우리 단둘이서! 그러므로 우리는 서로 사랑해야 한다!

우리가 진심으로 서로를 사랑하지 않는다고 하자. 진심으로 서로를 사랑하지 않는다고 해서 서로를 미워해야만 하는가?

내가 그대를 좋아하며, 때로는 지나치게 좋아한다는 것을 그대는 알고 있다. 그것은 내가 그대의 지혜를 부러워하기 때문이다. 아, 이 미치고 늙은 바보 지혜의 여인이여!

언젠가 그대의 지혜가 그대에게서 떠나버린다면, 아! 그때는 나의 사랑도 즉시 그대를 떠날 것이다."

이렇게 말하고는 삶은 생각에 잠긴 채 자기 자신과 주위를 돌아보고 나서 부드러운 목소리로 말했다. "오, 차라투스트라여. 그대는 내게 그다지 성실하지는 못하다!

지금까지 그대는 말하는 것만큼 나를 사랑하지 않는다. 그대가 머지않아 나를 떠나가려 한다는 것을 나는 알고 있다.

오래된, 무겁고 무거운 소리를 내는 종이 하나 있다. 그 종소리는 밤중에 그대의 동굴에까지 울려퍼진다.

밤중에 이 종이 시간을 알리는 소리를 울리면 그대는 하나에서 열둘까지 치는 동안 생각에 잠긴다.

오, 차라투스트라여. 나는 알고 있다, 그대가 곧 나를 떠날 궁리 한다는 것을!"

나는 더듬거리며 대답했다. "그렇다. 그러나 그대 또한 알고 있구나."
그리고 나는 그녀의 헝클어진, 노란, 바보처럼 보이는 머리카락 사이로
그녀의 귀에다 무엇인가 속삭였다.
"그대는 그것을 알고 있는가? 오, 차라투스트라여. 그것을 아는 사람
은 아무도 없는데."

그리고 우리는 서로를 바라보면서 싸늘한 저녁이 펼쳐지고 있는 초
원을 바라보며 함께 울었다. 그때 삶은 이제까지 어떤 나의 지혜보다도
더욱 사랑스러웠다.

차라투스트라는 이렇게 말했다.

3
하나!
오, 인간이여! 주목하라!
둘!
깊은 한밤은 무엇을 말하는가?
셋!
"나는 잠들어 있었다, 잠들어 있었다—.
넷!
나는 깊은 꿈에서 깨어났다.
다섯!
세계는 깊다,
여섯!

낮이 생각하는 것보다 더 깊다.

일곱!

세계의 고통은 깊다,

여덟!

쾌락은──마음의 고뇌보다 더 깊다.

아홉!

고통은 말한다. 사라져라!

열!

그러나 모든 쾌락은 영원을 원한다.

열하나!

깊고 깊은 영원을!"

열둘!

일곱 개의 봉인[60]

(혹은 예와 아멘의 노래)

1

내가 예언자가 되어 두 바다 사이의 높은 산등성이를 오가며, 과거와 미래 사이를 무거운 구름처럼 돌아다니고,

후덥지근한 저지대와 지쳐서 죽을 수도 살 수도 없는 모든 것에 적의를 품고 있는 저 예언자의 정신으로 충만해 있다면,

'예'라고 말하고 '예'라고 웃는 번개를 잉태한 채 어두운 가슴속에 번개와 구원의 섬광과 예언자적인 번갯불이 될 각오를 하고 있다면,

---

60) 차라투스트라는 영원을 자기의 신부로 상징화하면서 일곱 개의 명제 속에서 자기 인격과 삶의 의미를 요약하려 한다. 결국 낙천적인 삶의 긍정으로 되돌아온다.

그러나 그러한 것들을 잉태하고 있는 자는 행복하다! 진실로 미래의 불을 밝히고자 하는 자는 짙은 폭풍처럼 오랫동안 산 위에 걸려 있어야 하는 것이다!

오, 어찌 내가 영원을 갈망하지 않을 수 있겠는가, 반지 중에서도 결혼반지인—회귀의 고리를!

이제까지 나는 나의 아이를 낳게 하고 싶은 생각이 드는 여자를 본 적이 없다, 내가 사랑하는 이 여자를 제외하고는. 나는 그대를 사랑하기 때문이다. 오, 영원이여!

나는 그대를 사랑하기 때문이다, 오, 영원이여!

2

일찍이 나의 분노가 무덤들을 파헤치고, 경계석들을 옮겨놓고, 낡은 가치표를 부숴 깊은 구렁 속으로 굴려버렸다면,

일찍이 나의 조소가 곰팡내 나는 말들을 멀리 날려버렸다면, 그리하여 내가 십자거미들에게는 빗자루처럼, 낡고 축축한 무덤들에게는 쓸어가는 바람처럼 다가왔다면,

일찍이 내가 세계를 비방한 자들의 기념비 옆에 앉아 낡은 신들이 묻혀 있는 그곳에 앉아 세계를 축복하고, 세계를 사랑하며 즐거워했다면,

왜냐하면 부서진 천장을 통해 하늘이 맑은 눈으로 내려다보고 있기만 하다면, 나는 교회와 신의 무덤들까지도 사랑하기 때문이다. 나는 잡초와 붉은 양귀비꽃처럼 산산이 부서진 교회 위에 올라앉기를 좋아하는 것이다.

오, 어찌 내가 영원을 갈망하지 않을 수 있겠는가! 반지 중에서도 결혼반지를 어찌 갈망하지 않을 수 있겠는가—회귀의 고리를!

이제까지 나는 나의 아이를 낳게 하고 싶은 생각이 드는 여자를 본

적이 없다, 내가 사랑하는 이 여자를 제외하고는. 오, 영원이여. 나는 그대를 사랑하기 때문이다. 오, 영원이여!

나는 그대를 사랑하기 때문이다. 오, 영원이여!

3

일찍이 창조적인 숨결이, 그리고 우연까지도 압박해 별의 윤무를 추게 하는 저 천상적인 필연의 숨결이 내게 찾아왔다면,

일찍이 긴 천둥이 투덜거리면서도 순종하며 뒤따르는 저 창조적인 번개의 웃음을 내가 웃었더라면,

일찍이 내가 신들의 도박장인 대지에서 신들과 주사위놀이를 했다면, 그리하여 대지가 진동하고 파열하고 불길을 내뿜었다면,

왜냐하면 대지는 신들의 도박장이며, 창조적인 새로운 말과 신들의 주사위놀이로 인해 떨고 있기 때문이다.

오, 어찌 내가 영원을 갈망하지 않을 수 있겠는가! 반지 중에서도 결혼반지를 어찌 갈망하지 않을 수 있겠는가—회귀의 고리를!

이제까지 나는 나의 아이를 낳게 하고 싶은 생각이 드는 여자를 본 적이 없다, 내가 사랑하는 이 여자를 제외하고는. 나는 그대를 사랑하기 때문이다. 오, 영원이여!

나는 그대를 사랑하기 때문이다. 오, 영원이여!

4

일찍이 내가 모든 것들이 잘 혼합되어 있는, 거품 나는 양념 혼합물 단지로부터 마음껏 마셨다면,

일찍이 나의 손이 가장 먼 것을 가장 가까운 것에, 불을 정신에, 쾌락을 슬픔에, 가장 악한 것을 가장 선한 것에 결합시켰다면,

나 자신이 혼합물 단지 속의 모든 것이 잘 섞이게 하는 저 구원의 소

금 한 알이라면,

왜냐하면 선과 악을 결합하는 소금이 있기 때문이다. 그리하여 가장 악한 것이라 할지라도 양념이 되고 넘치는 최후의 거품이 될 가치가 있는 것이다.

오, 어찌 내가 영원을 갈망하지 않을 수 있겠는가! 반지 중에서도 결혼반지를 어찌 갈망하지 않을 수 있겠는가—회귀의 고리를!

이제까지 나는 나의 아이를 낳게 하고 싶은 생각이 드는 여자를 본 적이 없다, 내가 사랑하는 이 여자를 제외하고는. 나는 그대를 사랑하기 때문이다. 오, 영원이여!

나는 그대를 사랑하기 때문이다. 오, 영원이여!

5

내가 바다를 사랑하고 바다 같은 모든 것들을 사랑한다면, 그리고 그들이 화를 내며 내게 반박할 때 그들을 지극히 사랑한다면,

아직 발견되지 않은 곳을 향해 항해하는 탐험의 기쁨이 나의 내부에 있다면, 그리하여 나의 기쁨 속에 항해자의 기쁨이 있다면,

만일 일찍이 나의 환희가 "해안은 사라졌다. 이제 내게서 마지막 족쇄가 풀렸다.

나의 주위에서는 무한이 포효하고, 저 멀리에서는 공간과 시간이 나를 위해 반짝이고 있다. 자, 오라! 정든 마음이여!"라고 외쳤다면,

오, 어찌 내가 영원을 갈망하지 않을 수 있겠는가! 반지 중에서도 결혼반지를 어찌 갈망하지 않을 수 있겠는가—회귀의 고리를!

이제까지 나는 나의 아이를 낳게 하고 싶은 생각이 드는 여자를 본 적이 없다, 내가 사랑하는 이 여자를 제외하고는. 나는 그대를 사랑하기 때문이다. 오, 영원이여!

나는 그대를 사랑하기 때문이다. 오, 영원이여!

6

나의 미덕이 춤추는 자의 덕이라면, 그리하여 내가 종종 두 발로 황금과 에메랄드의 황홀 속으로 뛰어든다면,

나의 악의가 장미꽃 언덕과 백합꽃 울타리 사이에서 살고 있는 웃음 짓는 악의라면,

웃음 속에는 온갖 악이 들어 있지만, 악은 자신의 행복으로 인해 신성해지고 사면받기 때문이다.

무거운 모든 것이 가벼워지고, 온 육체가 춤추는 자가 되고, 온 정신이 새가 되는 것, 그것이 나의 알파요 오메가라면. 진실로 그것은 나의 알파요 오메가이다!

오, 어찌 내가 영원을 갈망하지 않을 수 있겠는가! 반지 중에서도 결혼반지를 어찌 갈망하지 않을 수 있겠는가—회귀의 고리를!

이제까지 나는 나의 아이를 낳게 하고 싶은 생각이 드는 여자를 본 적이 없다, 내가 사랑하는 이 여자를 제외하고는. 나는 그대를 사랑하기 때문이다. 오, 영원이여!

나는 그대를 사랑하기 때문이다. 오, 영원이여!

7

일찍이 내가 나 자신의 머리 위에 조용한 하늘을 펼쳐놓고, 나 자신의 날개로 나의 하늘 속으로 날아갔다면,

내가 유희를 하듯 멀리 있는 빛의 심연으로 헤엄쳐 갔다면, 그리하여 새의 지혜가 나의 자유로움에 다가왔다면,

그러나 새의 지혜는 이렇게 말한다. "보라, 위도 없고 아래도 없다! 마음껏 날뛰어라. 밖으로, 뒤로, 그대 가벼운 자여! 노래하라! 더 이상 말하지 말라!

모든 말은 무거운 자들을 위해 만들어진 것이 아닌가? 모든 말이 가

벼운 자들에게는 거짓말이 아닌가? 노래하라! 더 이상 말하지 말라!"

오, 어찌 내가 영원을 갈망하지 않을 수 있겠는가! 반지 중에서도 결혼반지를 어찌 갈망하지 않을 수 있겠는가―회귀의 고리를!

이제까지 나는 나의 아이를 낳게 하고 싶은 생각이 드는 여자를 본 적이 없다, 내가 사랑하는 이 여자를 제외하고는. 나는 그대를 사랑하기 때문이다. 오, 영원이여!

나는 그대를 사랑하기 때문이다. 오, 영원이여!

마지막 제4부

아, 세상에 동정심 많은 자들의 어리석음보다
더 큰 어리석음이 있겠는가? 그리고 세상에 동정심 많은 자들의
어리석음보다 더 큰 괴로움을 주는 것이 어디 있겠는가?
동정을 넘어서지 못하는 모든 사랑하는 자들에게 화 있으라!
일찍이 악마가 내게 이렇게 말했다.
"신조차도 자신의 지옥을 갖고 있다. 그것은 인간들에 대한 사랑이다."
그리고 얼마 전에 나는 악마가 이렇게 말하는 것을 들었다.
"신은 죽었다. 인간들에 대한 동정으로 인해 신은 죽었다."

●『차라투스트라는 이렇게 말했다』 제2부 「동정하는 사람들」에서

꿀 공양[61]

차라투스트라의 영혼 위로 다시 달이 가고 해가 갔다. 그는 그것에 마음을 쓰지 않았다. 그러나 그의 머리는 백발이 되었다. 어느 날 그가 자신의 동굴 앞에 있는 돌 위에 앉아 조용히 먼 곳을 응시하고 있을 때—저 멀리 꾸불꾸불한 심연 너머로 바다가 보였다—그의 동물들은 생각에 잠긴 채 그의 주위를 서성거리다가 마침내 그의 앞에 멈춰 섰다.

그의 동물들이 말했다. "오, 차라투스트라여! 그대는 그대의 행복을 기다리고 있는 것이 아닌가?" 그는 대답했다. "행복이 무슨 소용인가! 나는 이미 오랫동안 행복을 추구하지 않았다. 나는 나의 과업을 추구하고 있다." 그러자 동물들이 말했다. "오, 차라투스트라여. 그대는 마치 훌륭한 것들을 지나치게 많이 소유하고 있는 자처럼 말하고 있다. 그대는 하늘 빛 행복의 호수 위에 누워 있는 것이 아닌가?" 차라투스트라가

---

61) 차라투스트라는 스스로의 진리를 신봉할 인간을 낚으려 한다. 행복이라는 미끼로. 그리고 낚을 수 있다는 낙관에 차 있다.

미소 지으며 대답했다. "익살 광대들이여! 그대들은 훌륭한 비유를 생각해냈구나! 그러나 그대들은 나의 행복은 무거운 것이며, 물결 같은 것이 아니라는 것도 알고 있다. 나의 행복은 나를 짓누르고 있으며, 내게서 떠나려 하지 않으며, 끈적끈적한 역청(瀝青)처럼 붙어 있다."

그러자 그의 동물들은 다시 생각에 잠긴 채 그의 주위를 서성거리다가 다시 한 번 그의 앞에 멈춰 섰다. 동물들이 말했다. "오, 차라투스트라여. 그대의 머리카락은 희고 아마(亞麻)처럼 보이지만 그대 자신은 더욱 창백해지고 더욱 어두워지고 있는데 바로 그 때문인가? 보라, 그대는 역청 속에 앉아 있다!" 차라투스트라는 웃으면서 말했다. "그대들은 무슨 말을 하고 있는가, 나의 동물들이여. 진실로 역청에 대해 말했을 때 나는 험담을 한 것이다. 익어가고 있는 모든 과일에게도 나와 같은 일이 일어나고 있다. 나의 피를 더욱 진하게 만들고, 나의 영혼을 더욱 고요하게 만드는 것은 나의 혈관 속에 들어 있는 꿀이다." "그렇겠지. 오, 차라투스트라여." 동물들은 이렇게 대답하고 그에게 바짝 다가들었다. "그런데 그대는 오늘 높은 산에 오르고 싶지 않은가? 공기가 맑아 오늘은 세상을 전보다 더 잘 볼 수 있다." 그가 대답했다. "좋다, 나의 동물들이여. 그대들의 충고는 훌륭하며 내 마음에 든다. 오늘 나는 높은 산에 오르리라! 그러나 그곳에서 꿀이 내 손에 잡히도록 해다오, 벌집 속에 들어 있는 노랗고 희고 질 좋은, 얼음처럼 신선한 황금빛 꿀이. 나는 거기서 꿀 공양을 하려 하기 때문이다."

차라투스트라는 산꼭대기에 오르자 따라 올라온 동물들을 돌려 보냈다. 그는 홀로 있게 되었다. 그러자 그는 마음속 환히 웃어대고는 주위를 둘러보면서 이렇게 말했다.

내가 공양에 대해, 꿀의 공양에 대해 말한 것은 다만 책략이었을 뿐이며, 실로 유용한 바보짓이었다! 이곳 산꼭대기에서 나는 은둔자의 동굴이나 은둔자의 동물 앞에서보다 더 자유롭게 말할 수 있게 되었다.

공양이라고! 나는 내게 주어지는 것들을 아낌없이 주어버린다, 천 개의 손을 가진 낭비자인 나는. 내가 어찌 그것을 공양이라고 부를 수 있겠는가!

꿀을 요청했을 때 내가 원한 것은 투덜대는 곰들과 이상하게 시무룩하고 사악한 새들까지도 군침을 흘리는 미끼, 달콤한 즙, 그리고 점액이었을 뿐이다.

사냥꾼과 어부들이 필요로 하는 가장 훌륭한 미끼를 원했을 뿐이다. 왜냐하면 세계는 짐승들이 사는 어두운 밀림 같은 곳이어서 거친 사냥꾼들에게는 쾌락의 정원이지만 내게는 오히려 바닥을 알 수 없는 풍요로운 바다처럼 보이기 때문이다.

형형색색의 물고기들과 갑각류로 가득 차 신들까지도 동경해 낚시질하고 그물 던지기를 원하는 바다처럼. 그렇게 세계는 크고 작은 기묘한 것들로 가득 차 있다.

특히 인간의 세계, 인간의 바다는 그렇다. 이제 나는 나의 황금 낚싯대를 그 속으로 던지며 외친다. 열려라, 너 인간의 심연이여!

문을 열고 물고기들과 반짝이는 갑각류들을 내게 던져다오! 나는 오늘 나의 가장 훌륭한 미끼로써 인간이라는 가장 기묘한 물고기를 낚으리라!

나는 나의 행복을 일출과 정오와 일몰 사이로 멀리 그리고 넓게 던지리라, 인간이라는 많은 물고기들이 나의 행복을 잡아당기며 버둥거리는 법을 배우려 하지 않는지 알아보기 위해.

감춰진 날카로운 나의 낚싯바늘들을 물고 나의 높이까지 그들이 올라오지 않을 수 없을 때까지, 심연의 밑바닥에 사는 가장 다채로운 물고기들이 인간을 낚는 모든 어부들 중에서 가장 악의에 찬 어부에게 끌려 올라올 때까지.

나는 원래 처음부터 잡아당기고 끌어당기고 위로 들어올리고 잡아채는 자이며, 일찍이 나 자신에게 "지금의 네가 되어라!"라고 명령한 끌어당기는 자, 훈련시키는 자, 훈계하는 자이기 때문이다.

그러므로 이제 인간들은 내게로 올라와야 한다. 나는 여전히 하강의 때를 알리는 신호를 기다리고 있기 때문이다. 언젠가 내려가야 하겠지만, 아직 나는 스스로 인간들 사이로 내려가지 않으리라.

그러므로 나는 교활하게, 그리고 조소하면서 이곳 높은 산 위에서 기다리고 있는 것이다. 인내심이 없는 자로서도 아니며 인내심이 강한 자로서도 아닌, 오히려 인내심조차도 잊어버린 자로서. 왜냐하면 나는 이미 인내심을 갖고 참고 견디는 자가 아니기 때문이다.

말하자면 운명이 내게 시간을 허락해준 것이다. 나의 운명이 나를 잊은 것이나 아닐까? 아니면 커다란 바위 뒤의 그늘에 앉아 파리나 잡고 있는 것일까?

진실로 나는 나의 운명이 나를 뒤쫓거나 몰아세우지 않는 데 대해 감사한다. 익살을 부리고 장난칠 시간을 준 데 대해 감사한다. 그 덕분에 오늘 나는 물고기를 잡기 위해 이 높은 산으로 올라온 것이다.

일찍이 높은 산 위에서 물고기를 잡은 사람이 있었던가? 비록 내가 이 산 위에서 하고자 하는 일과 하고 있는 일이 어리석은 것이라 할지라도 저 아래서 기다리느라 초조해지고 창백해지고 안색이 노랗게 되는 것보다는 낫다.

기다림으로 몸이 경직되어 분노의 거친 숨을 내뿜는 자가 되기보다는, 산으로부터 불어오는 성스러운 광풍이 되어 골짜기 밑을 향해 "내 말을 들어라, 그렇지 않으면 나는 신의 채찍으로 그대들을 두들기리라!"라고 외치는 성급한 자가 되기보다는.

그렇다고 해서 나는 그처럼 분노에 찬 자들에게 화를 내는 것은 결코 아니다. 그들은 내게 멋진 웃음거리일 뿐이다! 오늘이 아니면 영원히 소리를 낼 수 없는 이들 요란한 큰북들은 얼마나 초조할 것인가!

그러나 우리, 나와 나의 운명은 오늘에게 이야기하는 것도 아니고 앞으로 영원히 오지 않을 날에게 이야기하는 것도 아니다. 우리는 이야기할 인내심과 시간과 시간 이상의 것을 갖고 있다. 왜냐하면 그것은 언젠가는 반드시 올 것이며, 그냥 지나쳐버릴 리 없기 때문이다.

언젠가는 반드시 올 것, 그냥 지나쳐버릴 리 없는 것, 그것은 무엇인가? 그것은 우리의 위대한 하자르(Hazar), 곧 우리의 위대하고 먼 인간왕국, 천 년에 걸친 차라투스트라의 왕국인 것이다.

이 '먼 것'은 얼마나 멀까? 그것은 아무래도 상관없다! 나 그것 때문에 느슨하게 서 있는 것도 아니다. 나는 두 발로 이 발판 위에 확고하게 서 있는 것이다.

이 영원한 발판 위에, 이 견고한 태고의 바위 위에, 가장 높고 가장 견고한 이 태고의 산맥 위에. 모든 바람이 어디에? 어디로부터? 어디로? 하고 물으며 날씨를 가르는 이곳으로 불어온다.

자, 웃어라 웃어라, 나의 밝고 건전한 악의여! 높은 산꼭대기로부터 그대의 반짝이는 조롱의 웃음을 아래로 던져라! 그대의 반짝이는 미끼로 가장 아름다운 인간 물고기를 낚아라!

모든 바다 속에서 내게 속한 것들, 모든 사물 속에서 가장 나의 것인 것들(mein An-und-für mich)—그런 것들을 낚아 올려 이곳 내게 가져다다오. 나는 그것을 기다리고 있다, 모든 어부들 중에서 가장 악의에 찬 어부인 나는.

가거라 가거라, 나의 낚싯바늘이여! 속으로 깊이 가라앉으라, 나의 행복을 위한 미끼여! 그대의 가장 달콤한 이슬을 떨어뜨려라, 내 가슴의 꿀이여! 찌르라 나의 낚싯바늘이여, 모든 우울한 고뇌의 배를!

밖을 보라 밖을 보라, 나의 눈이여! 오, 나의 주위에는 얼마나 많은 바다가 있는가. 밝아오는 인간의 미래들이! 그리고 나의 머리 위에는―

얼마나 아름다운 장밋빛 고요가 깃들어 있는가! 구름 한 점 없이 맑게 갠 침묵이 감도는가!

절박한 외침[62]

이튿날 차라투스트라는 다시 그의 동굴 앞에 있는 바위 위에 앉아 있었다. 한편 동물들은 바깥세계를 돌아다니며 신선한 음식과 신선한 꿀을 동굴로 운반하고 있었다. 차라투스트라가 오래된 꿀을 마지막 한 방울까지 모두 소비해버렸기 때문이다. 그러나 그가 지팡이를 손에 들고 그곳에 앉아 땅 위에 자신의 그림자를 그리며 생각에 잠겨 있을 때, 진실로 그는 자기 자신과 자신의 그림자에 대해 생각하고 있었던 것이 아니었다. 그때 그는 갑자기 깜짝 놀라 몸을 움츠렸다. 그는 자신의 그림자 옆에 있는 또다른 그림자를 보았기 때문이다. 그래서 그는 벌떡 일어나 주위를 둘러보았다. 보라, 그의 옆에는 예언자가 서 있었다. 언젠가 그의 식탁에서 함께 음식을 나누었고 "모든 것은 동일하다, 가치 있는 것은 아무것도 없다. 세계는 의미가 없으며, 인식은 질식시킨다"라고 가르쳤던 위대한 염세주의 예언자가 서 있었다. 그러나 그의 얼굴은 그 사이에 변해 있었다. 그의 눈을 유심히 들여다봤을 때, 차라투스트라의 가슴은 다시 놀랐다. 수많은 나쁜 예언과 잿빛 번개가 이 예언자의 얼굴을 스치고 지나갔기 때문이다.

그 예언자는 차라투스트라의 영혼 속에서 어떤 일이 일어나고 있는지를 간파하고는 씻어 없애버리려는 듯 손으로 자기의 얼굴을 씻어냈다. 차라투스트라도 그와 똑같이 했다. 그러고 나서 두 사람은 조용히

---

62) 염세주의를 신봉하는 다른 예언자와 논쟁하다가 그를 떨쳐버리고 차라투스트라는 초인의 전단계인 '더 높은 인간'을 찾아 나선다.

마음을 가라앉히고 서로를 이미 알고 있다는 듯 악수했다.

차라투스트라가 말했다. "어서 오게, 그대 커다란 권태의 예언자여. 언젠가 그대를 나의 식탁에 초대한 것은 공연한 일이 아니었군. 오늘도 나와 함께 음식을 나누세. 만족해하는 이 늙은이가 그대와 함께 식사하려는 것을 용서하게!" 예언자가 머리를 저으며 대답했다. "만족해하는 늙은이라고? 그러나 그대가 어떤 사람이든, 또한 어떤 사람이 되기를 원하든, 오 차라투스트라여, 그대는 이 산 위에서 너무 오랫동안 머물렀다. 머지않아 그대의 조각배는 더 이상 마른 땅에 앉아 있지 못하게 될 것이다!" "그렇다면 내가 지금 마른 땅에 앉아 있단 말인가?" 차라투스트라는 웃으며 물었다. 예언자가 대답했다. "그대의 산을 에워싸고 파도가 점점 높이 올라오고 있다, 커다란 재앙과 고통의 파도가. 그리하여 그 파도는 곧 그대의 배를 들어올려 그대를 멀리 실어갈 것이다." 그러자 차라투스트라는 입다물고 의아하게 생각했다. 예언자는 계속해서 말했다. "그대는 아직 아무 소리도 듣지 못하는가? 심연으로부터 세차게 흐르는 출렁이는 소리가 들려오지 않는가?" 차라투스트라는 다시 입다물고 귀를 기울였다. 그때 그는 길고 긴 외침 소리를 들었다. 그것은 심연이 서로 주고받는 외침 소리였다. 어떤 심연도 그것을 자신만 간직하고 싶지 않기 때문이다. 그 외침 소리는 그만큼 불길하게 들려왔다.

마침내 차라투스트라가 말했다. "그대, 사악한 예고자여. 저것은 절박한 외침이다, 어떤 검은 바다로부터 울려나오는 인간의 비명이다. 그러나 인간의 고통이 나와 무슨 상관이 있단 말인가! 내게 남아 있는 마지막 죄, 그것이 무엇이라 불리는지 그대는 알고 있겠지?"

"동정이다!" 예언자는 넘쳐흐르는 가슴으로 대답하고는 양손을 높이 들어올렸다. "오, 차라투스트라여. 나는 그대를 최후의 죄로 유혹하기 위해서 왔다!"

이 말이 끝나자마자 외침 소리가 다시 들려왔다. 전보다 더욱 길게, 더욱 비통하게, 더욱 가까이에서. 예언자가 외쳤다. "듣고 있는가? 오, 차라투스트라여. 듣고 있는가? 저 외침 소리는 그대를 위한 것이다, 저 외침 소리는 그대를 부르고 있다. 오라, 오라, 오라, 때가 되었다. 절정의 시간이 다가왔다!"

이 말을 듣자 차라투스트라는 입을 다물었다. 마음이 혼란하고 심하게 흔들렸던 것이다. 마침내 그는 망설이듯 물었다. "나를 부르고 있는 것은 누구인가?"

예언자는 격한 어조로 대답했다. "그가 누구인지 그대는 알고 있지 않은가. 어찌하여 그대는 자신을 숨기는가? 그대를 부르고 있는 것은 더 높은 인간이다!"

"더 높은 인간?" 차라투스트라는 두려움에 떨며 외쳤다. "그는 무엇을 원하고 있는가? 그가 원하는 것은 무엇인가? 더 높은 인간! 그가 이곳에서 무엇을 원하고 있는가?"──차라투스트라는 땀에 흠뻑 젖어 있었다.

그러나 예언자는 차라투스트라의 불안한 물음에 대답하지 않고, 심연 쪽으로 열심히 귀를 기울였다. 심연이 오랫동안 조용했으므로 그는 시선을 돌려 선 채로 떨고 있는 차라투스트라를 보았다.

그는 슬픈 목소리로 말하기 시작했다. "오, 차라투스트라여. 그대는 행복으로 인해 혼란된 사람처럼 거기 서 있는 것이 아니다. 쓰러질 생각이 아니라면 그대는 춤추어야만 할 것이다!

비록 그대가 내 앞에서 춤추며 온갖 재주를 다 부린다 하더라도 '보라, 여기에 최후의 행복한 인간이 춤추고 있다!'고 말할 사람은 아무도 없다.

누군가가 그러한 인간을 찾아 이 높은 곳으로 올라온다 하더라도 헛수고일 것이다. 그 사람은 아마 동굴과 뒷 동굴, 그리고 은둔자들의 은둔처를 찾아내겠지만 행복의 갱과 보물 창고와 새로운 행복의 금맥은 찾아내지 못할 것이다.

행복, 이렇게 묻혀 있는 자들과 은둔자들에게서 어떻게 행복을 찾아낼 수 있겠는가! 최후의 행복을 나는 행복의 섬 위에서, 멀리 잊혀진 바다들 사이에서 찾아야 하지 않겠는가?

그러나 모든 것은 동일하다. 가치 있는 것은 아무것도 없다. 찾는 것은 부질없는 짓이다. 이미 행복의 섬들은 존재하지 않는다!"

예언자는 이렇게 탄식했다. 그러나 그의 탄식 소리가 끝나자 차라투스트라는 마치 깊은 수렁으로부터 밝은 곳으로 나온 사람처럼 쾌활해지고 자신감을 되찾았다. "아니다! 아니다! 세 번 아니다!" 그는 힘찬 목소리로 외치고는 수염을 쓰다듬었다. "그것은 내가 더 잘 알고 있다! 아직도 행복의 섬들은 존재한다! 그 일에 대해서는 입다물라, 그대 한숨짓는 비애의 주머니여!

그 일에 대해서는 함부로 지껄이지 말라, 그대 아침부터 끼어 있는 비구름이여! 나는 이미 그대의 비탄으로 몸이 젖어 벼락을 맞은 개처럼 여기 서 있지 않는가?

이제 나는 몸을 털고 그대에게서 도망치리라, 나의 몸이 다시 마르도록. 그대는 그것을 보고 놀라서는 안 된다! 그대는 나를 무례한 자라고 생각하는가? 그러나 이곳은 나의 왕국이다.

그대가 말하는 더 높은 인간에 관해서라면, 좋다! 내가 곧 저 숲속에서 그를 찾아내리라. 그의 외침이 저쪽에서 들려왔다. 아마도 그는 그곳에서 어떤 사악한 짐승에게 쫓기고 있는 모양이다.

그는 나의 영내에 들어와 있다. 그가 화를 입지 않도록 해야 한다! 진실로 나의 주위에는 사악한 짐승들이 많이 있다."

이렇게 말하며 차라투스트라는 떠나려고 몸을 돌렸다. 그러자 예언자가 말했다. "오, 차라투스트라여. 그대는 무뢰한이로다!

나는 알고 있다. 그대가 나를 떨쳐버리려 한다는 것을! 그대는 차라리 숲속으로 뛰어들어가 사악한 짐승들을 추적하는 편이 더 낫다고 생각하겠지!

그러나 그것이 그대에게 무슨 도움이 되겠는가? 저녁이 되면 그대는 다시 나를 만나려 할 것이며, 나는 그대의 동굴 속에서 통나무처럼 참을성 있게 눌러앉아 그대를 기다릴 것이다!"

"맘대로 하라!" 차라투스트라는 떠나면서 등뒤로 외쳤다. "나의 동굴 속에 있는 것은 무엇이건 나의 것인 동시에 그대의 것이다, 나의 손님이여!

그대가 그곳에서 꿀을 발견하게 되면. 좋다! 그 꿀을 핥아 먹어라, 그대 투덜대는 곰이여. 그리하여 그대의 영혼을 달콤하게 만들라! 저녁에 우리 두 사람 모두 즐거워야 하지 않겠느냐.

이 낮이 끝났음을 기뻐하고 즐거워해야 한다! 그리고 그대 자신은 나의 춤추는 곰이 되어 나의 노래에 맞춰 춤추어야 한다.

그대는 그것을 믿지 못하는가? 그대는 그대의 머리를 좌우로 흔드는가? 좋다! 계속하라, 늙은 곰이여! 그러나 나 또한—예언자이다!"

차라투스트라는 이렇게 말했다.

왕들과의 대화[63]

1

차라투스트라는 자기의 산과 숲을 헤치고 한 시간도 못 갔을 때, 갑

---

63) 민주적인 방식의 통치에 반발하여 도망가는 왕들을 만나 차라투스트라는 귀족주의적이고 군국주의적인 통치의 이상을 설교한다. 그러나 차라투스트라는 평화를 사랑하는 왕들에게 다시 실망한다.

자기 한 이상한 행렬을 보았다. 그가 내려가고 있던 바로 그 길로 왕관을 쓰고 자색 띠를 두른, 홍학처럼 알록달록한 두 명의 왕이 올라오고 있었다. 그들은 짐을 실은 당나귀 한 마리를 앞세우고 올라왔다. "이 왕들은 나의 왕국에서 무엇을 하려는 것일까?" 차라투스트라는 깜짝 놀라 이렇게 중얼거리고는 재빨리 나무 뒤로 몸을 숨겼다. 그러나 왕들이 그의 근처까지 다가왔을 때 그는 혼잣말처럼 나직한 목소리로 말했다. "이상한 일이군! 이상한 일이야! 어찌된 일이야? 왕은 둘인데—당나귀는 한 마리뿐이니!"

그러자 두 왕은 걸음을 멈추고 미소를 짓고는 소리가 들려온 쪽을 바라보았다. 그러고는 서로 얼굴을 마주보았다. 오른쪽 왕이 말했다, "우리나라에도 틀림없이 저렇게 생각하는 사람들이 있겠지, 그러나 그것을 입 밖에 내지 않는다."

왼쪽 왕은 어깨를 으쓱해 보이며 대답했다. "저건 아마도 양치기일 거야. 아니면 나무와 바위 사이에서 지나치게 오랫동안 살아온 은둔자이거나. 사람들과 전혀 교제를 하지 않으면 훌륭한 풍습도 엉망이 되어 버리는 법이거든."

"훌륭한 풍습이라고?" 다른 왕이 언짢아하며 시무룩하게 대답했다. "그렇다면 우리는 무엇을 피해 달아나고 있는가? 그것은 '훌륭한 풍습'을 피해서가 아닌가? 우리의 '상류사회'를 피해서가 아닌가?

진실로 황금으로 위장되고 치장된 천민 사이에서 살기보다는 은둔자와 양치기들 사이에서 사는 편이 낫다. 비록 천민이 스스로를 '상류사회'라고 부를지라도.

비록 천민이 스스로 '귀족'이라고 부를지라도. 그곳에는 모든 것이 거짓되고 부패했으며, 특히 그들의 피가 그렇다. 그것은 오래된 나쁜 질병과, 그보다 더 나쁜 돌팔이 의사들 때문이다.

오늘날 가장 훌륭하고 가장 사랑스러운 자는 거칠고, 교활하고, 고집 세고, 인내심 있는 건강한 농부이다. 그들이야말로 오늘날 가장 고귀한 부류에 속하는 자들이다.

농부가 오늘날 가장 훌륭한 자이다. 그러므로 농부들이 지배자가 되어야 한다! 그러나 지금은 천민의 왕국이 되어버렸다. 나는 더 이상 속아 넘어가지 않으리라. 천민이란 잡동사니에 불과하니까.

천민이라는 잡동사니, 그곳에는 모든 것들이 마구 뒤섞여 있다, 성자와 불량배와 귀족과 유대인, 그리고 노아의 방주에서 나온 온갖 가축들이 뒤섞여 있는 것이다.

훌륭한 풍습이라고! 우리와 함께 있는 모든 것은 거짓이며 부패되어 있다. 이미 존경할 줄 아는 사람은 아무도 없다. 우리는 바로 그런 자들로부터 도망치고 있는 것이다. 그들은 달콤한 입을 가진 치근거리는 개들이다. 그들은 종려나무 잎사귀에 금박을 입히는 자들이다.

왕인 우리마저 가짜가 되어, 낡고 누렇게 바랜 우리 조상의 화려한 옷을 입고, 가장 어리석은 자들, 가장 교활한 자들, 그리고 권력과 교섭하는 모든 자들에게나 어울리는 전시품을 걸치고 다닌다는 사실이 내게 구토를 일으키며 나는 그 구토로 질식할 지경이다!

우리는 제1인자가 아니다. 그러나 우리는 그런 척하지 않으면 안 된다. 마침내 우리는 이런 사기극에 지쳐버렸으며, 구역질을 느끼게 된 것이다.

우리는 지금 천민을 피해 도망치고 있다. 저 호언장담하는 울보들, 글을 쓰는 파리떼, 장사꾼들의 악취, 버둥거리는 공명심, 불쾌한 숨결을 피해. 퉤, 천민 사이에서 살다니!

퉤, 천민 사이에서 제1인자인 체하다니! 아, 구역질! 구역질! 구역질! 이제 우리 왕들이 무슨 소용이 있단 말인가!"

왼쪽 왕이 말했다. "그대의 옛 병이 다시 나타나고 있구나. 그대의 구역질이 다시 나타나고 있다, 불쌍한 나의 형제여. 그러나 누군가가 우리의 말을 엿들을 수도 있다는 것을 그대는 알고 있겠지."

그러자 귀와 눈을 모으고 그들의 이야기를 엿듣던 차라투스트라는 숨어 있던 곳에서 벌떡 일어나 왕들에게 다가가서 말하기 시작했다.

"왕들이여, 그대들의 이야기를 엿듣는 자, 그대들의 이야기를 엿듣기 좋아하는 자는 차라투스트라이다.

내가 차라투스트라이며, 나는 일찍이 '이제 왕들이 무슨 소용이 있단 말인가!'라고 말한 적이 있다. 용서하라, 그러므로 그대들이 서로 '우리 왕들이 무슨 소용이 있단 말인가!'라고 말했을 때 나는 기뻤다.

이곳은 나의 왕국이며 나의 영토이다. 도대체 그대들은 나의 왕국에서 무엇을 찾고 있는가? 아마도 그대들은 걸어오는 도중에 내가 찾고 있는 사람을 **만났을지도** 모른다, 더 높은 인간을!"

이 말을 듣자 왕들은 그들의 가슴을 치며 이구동성으로 말했다. "우리의 정체가 탄로 났구나!

그대는 비수 같은 말로써 우리 심장의 가장 짙은 암흑을 도려내고 있다. 그대는 우리의 고통을 알아챘다. 왜냐하면 보라! 우리는 더 높은 인간을 찾으러 가는 길이기 때문이다.

우리가 왕이기는 하지만, 우리보다 높은 인간을. 우리는 이 당나귀를 그에게 끌고 가고 있다. 가장 높은 인간이 또한 지상의 가장 높은 지배자가 되어야 하기 때문이다.

인간의 운명 중에서 대지의 권력자들이 제1인자가 되지 않는 것보다 더 가혹한 불운은 없다. 그래서 모든 것이 거짓되고 뒤틀리고 괴물처럼 되는 것이다.

더구나 그런 권력자들이 꼴찌의 인간으로 혹은 인간이라기보다는 오히려 가축으로 취급받을 경우에는. 천민의 가치는 점점 높이 올라가 마침내 천민의 덕은 '보라, 오직 나만이 덕이다!'라고 말하게 될 것이다."

"나는 지금 무슨 말을 들었는가?" 차라투스트라가 대답했다. "왕들에게서 이토록 훌륭한 지혜를 듣게 되다니! 나는 매혹되어버렸다. 그리하여 진실로 나는 그것에 대해 시 한 편을 짓고 싶은 충동을 느낀다.

비록 그것이 모든 사람들의 귀에 맞지 않는 시가 된다 하더라도. 나는 이미 오래전부터 긴 귀에 신경을 쓰지 않게 되어버렸다. 좋다! 자!

(이때 당나귀도 말을 하는 일이 일어났다. 당나귀는 분명하게 그리고 악의에 차 '이─아'(I─A) 하고 말했다.)

옛날에 ─기원 원년이라고 생각되지만─

술도 마시지 않고 취한 무당이 말했다.

'슬프다, 잘못되어 가는구나!

타락이다! 타락이다! 일찍이 세상이 이처럼 깊이 가라앉은 적이 없다!

로마는 주저앉아 창녀가 되었고 사창가가 되었고,

로마 황제는 주저앉아 가축이 되었으며, 신조차─유대인이 되고 말았구나!'"

2

왕들은 차라투스트라의 이 시를 듣고 기뻐했다. 오른쪽 왕이 말했다. "오, 차라투스트라여. 우리가 이곳에 와서 그대를 만난 것이 얼마나 다행인지!

그대의 적들이 거울 속에서 비친 그대의 모습을 우리에게 보여준 적이 있는데 거기서 그대는 악마의 찌푸린 얼굴을 하고 비웃으며 내다보고 있었다. 그래서 우리는 그대를 두려워했다.

그러나 그것이 무슨 소용이 있겠는가! 그대는 항상 그대의 말로 우리의 귀와 심장을 찔렀다. 그래서 마침내 우리는 말했다. 그의 외모가 어떻든 무슨 상관이 있는가!

우리는 그의 말에 **귀를 기울이지** 않을 수 없었다. 그는 가르친다. '그대들은 새로운 전쟁을 위한 수단으로서 평화를 사랑해야 한다. 그것도

긴 평화보다는 짧은 평화를!'

'무엇이 선인가? 용감한 것이 선이다. 훌륭한 전쟁은 모든 것을 신성하게 만든다.' ──이처럼 호전적인 말을 한 사람은 일찍이 아무도 없었다.

오, 차라투스트라여. 그러한 말을 듣자 우리의 육신 속에서 조상의 피가 끓어올랐다. 그것은 마치 봄의 전령이 포도주 통에게 말하는 것과도 같았다.

검(劍)들이 붉은 점박이 뱀들처럼 서로 엇갈려 번득일 때, 우리 조상들은 삶을 사랑했다. 그들은 모든 평화의 태양들을 미지근하고 연약한 것으로 여겼으며, 긴 평화는 그들로 하여금 수치를 느끼게 했다.

번쩍이면서도 시들은 검이 벽에 걸려 있는 것을 보고, 우리 조상들은 얼마나 탄식했는가! 그들은 그토록 전쟁을 갈망했다. 말하자면 검은 피를 마시고 싶어하며, 그러한 욕망으로 번쩍이는 것이다."

이와 같이 왕들이 그들의 조상들이 누린 행복에 대해 열심히 이야기하자 차라투스트라에게는 그들의 열성을 비웃고 싶은 심술이 생겨났다. 그의 눈앞에 보이는 것은 분명 늙고 점잖은 얼굴을 한, 평화를 사랑하는 왕들이었기 때문이다. 그러나 그는 자제했다. 그가 말했다. "좋다! 길은 저쪽으로 이어져 차라투스트라의 동굴에 이른다. 오늘은 긴 저녁이 될 것이다! 그러나 지금 절박한 외침이 있어 서둘러 그대들을 떠나라고 소리친다.

왕들이 나의 동굴 속에 앉아서 기다려준다면 그것은 내 동굴의 영예가 될 것이다. 그러니 그대들은 꼭 오랫동안 기다려야만 한다!

됐다! 무슨 문제가 있는 것도 아니고! 궁정에서보다 더 잘 기다리는 법을 배울 수 있는 곳이 어디 있겠는가? 그리고 기다릴 수 있는 것, 그것이 왕들에게 남아 있는 미덕의 전부가 아닌가?"

차라투스트라는 이렇게 말했다.

거머리[64]

그런 후 차라투스트라는 깊은 생각에 잠긴 채 숲과 늪지대를 지나 점점 멀리 점점 깊이 걸어 들어갔다. 그런데 어려운 일에 대해 골똘히 생각하는 사람에게 흔히 있을 수 있는 것처럼 그는 도중에 무심코 어떤 사람을 밟게 되었다. 그러자 보라, 한 마디의 비명과 두 마디의 저주와 스무 마디의 욕설이 한꺼번에 그의 얼굴에 퍼부어졌다. 그는 깜짝 놀라 지팡이를 치켜들고 밟힌 자를 내려쳤다. 그러나 그는 곧 냉정을 되찾았고, 그의 가슴은 방금 저질렀던 스스로의 어리석음을 비웃었다.

"용서해다오." 그는 밟힌 자에게 말했다. 밟힌 자는 화가 나서 몸을 일으켜 세우며 앉았다. "용서해다오, 그리고 무엇보다도 먼저 비유 하나를 들어다오.

먼 것을 꿈꾸며 걸어가던 한 방랑자가 무심코 한적한 길에서 햇볕을 쬐며 누워 있는 개 한 마리에 발이 걸렸고,

그리하여 서로가 혼비백산하여, 펄쩍 뛰어 일어나 불구대천의 원수처럼 서로에게 달려드는 것 같은 일이 우리에게 일어난 것이다.

그러나! 이 개와 이 고독한 자가 서로 붙들고 위로하는 것은 그다지 어려운 일이 아니었다! 그들도 고독한 자이기 때문이다!"

밟힌 자는 아직도 화가 나서 말했다. "그대가 누구이건 그대는 발로 뿐만 아니라 비유로도 나를 건드렸다!

보라, 내가 개란 말인가?" 이렇게 말하면서 앉아 있던 자는 벌떡 일

---

64) 한 부분만 파고드는 과학적인 탐구자에게 차라투스트라는 스스로의 오묘한 진리를 납득시키려 하나 실패하고 만다.

어나 소매를 걷어 올린 그의 팔 하나를 늪에서 들어올렸다. 그는 마치 늪의 사냥감을 기다리고 있는 사람처럼 몸을 숨긴 채 사지를 쭉 펴고 땅바닥에 누워 있었던 것이다.

"그런데 그대는 도대체 무엇을 하고 있는가?" 차라투스트라는 깜짝 놀라 외쳤다. 소매를 걷어 올린 그의 팔에서 많은 피가 흘러내리는 것을 보았기 때문이다. "그대에게 무슨 일이 일어났는가? 가엾은 자여, 사악한 짐승에게 물리기라도 했는가?"

피를 흘리고 있는 자는 소리 내어 웃었지만 아직도 화가 나 있었다. "그게 그대와 무슨 상관인가! 이곳은 나의 집이며 나의 영토이다. 내게 묻고 싶은 자는 물어라. 그러나 무례한 자에게 나는 아무런 대답도 하지 않으리라!" 이렇게 말하고 그는 떠나려 했다.

차라투스트라는 동정적인 어조로 말하고는 그를 꽉 붙잡았다. "그대는 잘못 생각하고 있다. 그대는 잘못 생각하고 있다. 그대가 있는 이곳은 그대의 집이 아니라 나의 왕국이다. 그러므로 나는 어떤 자도 이곳에서 해를 입는 것을 원치 않는다.

그러나 그대는 나를 마음대로 불러도 좋다. 나는 나일 수밖에 없는 그러한 존재이다. 나는 나 자신을 차라투스트라라고 부른다.

보라! 저쪽 위로 오르는 길은 차라투스트라의 동굴로 통한다. 그 동굴은 여기서 그리 멀지 않다. 나의 집에서 그대의 상처를 치료하지 않겠는가?

그대 가엾은 자여, 현세에서 그대는 나쁜 일을 당했다. 그대는 먼저 동물에게 물렸으며, 그 다음에는 인간에게 밟힌 것이다!"

밟힌 자는 차라투스트라의 이름을 듣자 태도가 달라졌다. "도대체 내게 무슨 일이 일어난 것인가!" 그는 외쳤다. "현세에서 나에게 관심을 보이는 자는 차라투스트라라는 이 사람과 피를 빨아먹고 사는 저 한 마리의 동물인 거머리뿐이 아닌가?

거머리를 위해 나는 마치 어부처럼 이 늪가에 누워 있었으며 나의 뻗은 팔은 이미 수십 번 물렸다. 그런데 이제 더 멋진 고슴도치가 나의 피를 빨아먹으려고 하는구나, 차라투스트라가!

오, 행복이여! 오, 경이로움이여! 나를 이 늪으로 끌어들인 이 날이여, 찬양 받을지어다! 가장 훌륭하고 가장 활기찬 살아 있는 흡혈동물이여, 찬양받을지어다! 위대한 양심의 거머리인 차라투스트라여, 찬양받을지어다!"

밟힌 자는 이렇게 말했다. 차라투스트라는 그의 말과 그의 훌륭하고 정중한 태도에 기뻐했다. "그대는 누구인가?" 차라투스트라는 이렇게 묻고 나서 손을 내밀어 그의 손을 잡았다. "우리 사이에는 해명하고 해결해야 할 일들이 많이 남아 있다. 그러나 내게는 이미 밝고 환한 대낮이 오는 것 같다."

상대방이 대답했다. "나는 정신의 양심을 지닌 사람이다. 정신에 있어서 나보다 더 엄격하고 정밀하고 혹독한 자는 거의 없을 것이다. 나를 가르쳤던 차라투스트라를 제외하고는.

많은 것들을 섣불리 아는 것보다는 아무것도 모르는 것이 낫다! 다른 사람들을 따라 현자가 되는 것보다는 자기 혼자의 힘으로 바보가 되는 것이 낫다! 나는—밑바닥까지 나아간다.

그것이 크건 작건 무슨 상관인가? 그것이 늪이건 하늘이건 무슨 상관인가? 손바닥만한 땅이면 내게 충분하다. 그것이 참으로 밑바닥 땅이라면!

손바닥 하나 넓이의 땅, 인간은 그 위에 설 수 있는 것이다. 참으로 성실한 인식의 양심에는 큰 것도 없고 작은 것도 없는 것이다."

"그러고 보니 그대는 거머리의 전문가인 모양이군?" 차라투스트라가 물었다. "양심적인 자여, 그대는 거머리를 철저히 파헤쳐 그 최후의 뿌리까지 밝히려 하는가?"

밟힌 자가 말했다. "오, 차라투스트라여. 그것은 엄청난 일일 것이다. 내가 어찌 그런 일을 해낼 수 있겠는가!

내가 정통해 있고 통달해 있는 것은 거머리의 두뇌이다. 그것이 나의 세계인 것이다!

그것 또한 하나의 세계이다! 그러나 여기서 나의 긍지가 말하는 것을 용서하라. 왜냐하면 이 세계에서는 나와 견줄 만한 자가 없기 때문이다. 내가 '이곳은 나의 집이다'라고 말한 것은 바로 그 때문이다.

나는 얼마나 오랫동안 한 가지 일을, 곧 거머리의 두뇌를 탐구해왔는가, 미끄러져 빠져나가기 쉬운 진리가 더 이상 내게서 빠져나가지 못하도록 하기 위해! 이곳은 나의 왕국이다!

그것을 위해 나는 모든 것들을 내던졌으며, 그것을 위해 나는 다른 모든 것들에 대해 무관심해졌다. 그리하여 나의 인식 바로 곁에는 나의 깜깜한 무지가 웅크리고 있는 것이다.

정신의 양심은 내가 한 가지 일에 대해서만 알고 그 밖의 다른 것들에 대해서는 아무것도 알지 말라고 요구한다. 어중간한 정신을 가진 모두와 공허한 자들, 방황하는 자들, 환영을 쫓는 자들은 나를 구역질나게 한다.

성실함이 끝나는 곳, 그곳에서 나는 장님이며 장님이 되고자 한다. 그러나 내가 알기를 원하는 곳, 그곳에서 나는 정직해지기를, 가혹하고, 엄격하고, 정밀하고, 잔인하고, 냉혹해지기를 원한다.

오, 차라투스트라여. 그대는 일찍이 '정신이란 생명 속으로 파고드는 생명이다'라고 말한 적이 있는데, 그것이 나를 그대에게로 인도하고 유혹했다. 진실로 나는 나 자신의 피로 나 자신의 인식을 증대시켜왔다!"

"눈에 보이니까 확실하다." 차라투스트라가 말을 가로챘다. 그 양심적인 자의 벌거벗은 팔에서 피가 끊임없이 흘러내리고 있었기 때문이다. 그의 팔에는 열 마리의 거머리가 달라붙어 있었다.

"오, 그대 이상한 친구여, 눈에 보이니까 얼마나 많은 것이 확실해지는가? 바로 그대의 모습이 그것을 말해준다! 그대의 엄격한 귓속에 그 모든 것들을 부어넣어서는 안 되겠구나!

자! 우리 여기서 헤어지자! 그러나 나는 그대와 다시 만나기를 바란다. 저쪽 위로 올라가는 길은 나의 동굴로 통한다. 오늘밤 그곳에서 그대를 나의 귀한 손님으로 맞이하고 싶다!

또한 그대를 밟은 데 대해 차라투스트라는 그대의 육신에게 보상해주고 싶다. 그것에 대해 생각해보고 있다. 그러나 지금 절박한 외침이 있어 서둘러 그대를 떠나가라고 소리친다."

차라투스트라는 이렇게 말했다.

마법사[65]

1

차라투스트라가 한 바위를 돌아서 지날 때, 아래쪽 그다지 멀지 않은 곳에서 같은 길을 걸어가고 있는 한 사내를 보았다. 그 사내는 마치 미친 사람처럼 손발을 흔들어대더니 이윽고 배를 죽 깔고 땅바닥에 엎어졌다. "잠깐!" 차라투스트라는 마음속으로 말했다. "저기 엎어져 있는 자는 분명 더 높은 인간이 틀림없다. 고통의 긴박한 외침은 저 자에게서 나온 것임이 분명하다. 저 자를 도울 길이 없는지 알아보리라." 그러나 그가 땅바닥에 엎드려 있는 곳에 달려갔을 때, 차라투스트라는 무표

---

[65] 마법사는 신을 찾으려는 '정신참회자'를 상징한다. 그러나 신은 미지의 상태에 있기 때문에 그를 괴롭힌다. 차라투스트라는 그것이 모두 헛된 일이며 초인을 찾는 것이 인간의 참된 길이라고 암시한다. 마법사는 기독교에 굴복한 바그너를 참시한다.

정한 눈으로 바라보며 몸을 떨고 있는 한 노인을 발견했다. 차라투스트라는 그를 일으켜세우려 무진 애를 썼지만 헛수고였다. 그 불쌍한 노인은 자기 곁에 누가 있다는 것조차도 알지 못하는 것 같았다. 오히려 그는 온 세상 사람들로부터 버림받은 고독한 사람처럼 애처로운 몸짓을 하며 끊임없이 주위를 둘러보았다. 한동안 몸을 떨고 경련을 일으키며 몸부림치더니 마침내 그는 이렇게 탄식하기 시작했다.

아직도 나를 따뜻하게 하는 자는 누구인가, 나를 사랑하는 자는?
　　　뜨거운 손을 다오!
　　　뜨거운 마음의 화로를 다오!
사지를 뻗은 채 몸을 떨고 있는,
사람들이 발을 녹여주는 반쯤 죽은 사람에게—
아! 알 수 없는 열병으로 떨면서,
날카롭고 차디찬 서릿발 화살을 맞아 떨면서,
너에게 쫓기면서, 사상이여!
말로 형언할 수 없는 자, 휘장에 싸인 자, 두려운 자여!
너 구름 뒤에 숨은 사냥꾼이여!
너의 번개 같은 눈초리에 맞아 쓰러졌다,
너 어둠 속에서 나를 노려보는 조소하는 눈동자여.
—나는 이렇게 쓰러져,
몸을 굽히고, 몸을 뒤틀며, 괴로워한다,
영원한 고문 때문에,
너의 화살을 맞은 채, 너 잔인한 사냥꾼이여,
너 미지의—신이여!

더 깊숙이 맞혀라!

다시 한 번 맞혀라!

쏘아라, 이 가슴을 부숴라!

무딘 화살에 의한

이 고문은 무슨 뜻인가?

너 무엇을 노려보는가,

인간의 고통에 싫증도 내지 않고,

악의에 찬 신들의 번개 같은 눈초리로?

너는 죽이려 하지 않고

오직 고문만, 고문만 하려 하는가?

어찌하여 ─나를 고문하는가,

너 악의에 찬 미지의 신이여?─

하하! 너는 살금살금 다가오구나?

이런 한밤중에

너는 무엇을 하려는가? 말하라!

너는 나를 나를 몰아붙이고 있다, 짓누르고 있다─

하! 바짝 다가왔구나!

물러가라! 물러가라!

너는 나의 숨소리를 듣고 있구나,

너는 나의 심장 소리를 엿듣고 있구나,

너 질투심 많은 자여─

도대체 무엇을 질투하는가?

물러가라! 물러가라! 그 사다리는 무엇을 하려는 거냐?

그 사다리를 타고

나의 심장 **속으로**,

나의 가장 은밀한 사상 속으로

들어가려 하느냐?

뻔뻔스러운 자여! 미지의 ─ 도둑이여!
무엇을 훔쳐내려 하는가?
무엇을 엿들으려 하는가?
고문을 하여 무엇을 얻어내려 하는가,
너 고문하는 자여!
너 형리 같은 신이여!
아니면 내가 개처럼
네 앞에서 뒹굴기를 바라는가?
몸을 내맡긴 채, 넋이 나가
꼬리치며 ─ 네게 사랑을 보여주기를 바라는가?

헛된 일이다! 계속해서 찔러라,
잔인하기 짝이 없는 칼이여! 아니다,
나는 개가 아니다 ─ 너의 사냥감일 뿐이다,
잔인하기 짝이 없는 사냥꾼이여!
나는 긍지 높은 너의 포로일 뿐이다.
너, 구름 뒤에 숨어 있는 강도여!
이제 말하라!
숨어서 강탈하는 자여, 내게서 무엇을 원하는가?
너, 번개 속에 숨은 자여! 알 수 없는 자여! 말하라,
너는 무엇을 원하는가, 미지의 ─ 신이여?

뭐라고? 몸값이라고?
몸값으로 얼마를 원하는가?
많이 요구하라 ─ 나의 긍지가 그렇게 권한다!
그리고 간단하게 말하라 ─ 나의 다른 긍지가 그렇게 전한다!

하하!

나를—너는 나를 원하는가?

나를—통째로? ……

하하!

그래서 나를 고문하고 있다, 바보인 네가,

나의 긍지를 깨버리려 하는가?

내게 **사랑**을 다오—아직도 나를 따뜻하게 해주는 자는 누구인가?

아직도 나를 사랑하는 자는 누구인가?—내게 뜨거운 손을 다오,

뜨거운 마음의 화로를 다오.

가장 고독한 자인 내게,

얼음을 다오, 아! 일곱 겹의 얼음을.

얼음은 적들을 동경하라고 가르쳤다,

바로 적들을,

내게 다오, 내맡겨다오,

내게—너를!—

더 없이 잔인한 적이여.

가버렸구나!

스스로 도망가고 말았구나,

나의 마지막 유일한 친구가,

나의 위대한 적이,

나의 알려지지 않는 자가,

나의 교수형 집행인인 신이!

—아니다! 되돌아오라,

너의 온갖 고문을 대동하고!

오, 돌아오라,

모든 고독한 자들 중에서 최후의 사람에게!

내 눈물의 모든 시냇물은

너를 향해 흐르고 있다!

내 심장의 마지막 불길은—

너를 향해 타오르고 있다!

오, 돌아오라,

나의 미지의 신이여! 나의 고통이여! 나의

최후의—행복이여!

2

이렇게 되자 차라투스트라는 더 이상 참을 수 없어 지팡이를 들어올려 탄식하고 있는 자를 힘껏 내리쳤다. "그쳐라!" 그는 분노에 차 웃음 지으며 소리쳤다, "그쳐라, 그대 광대여! 그대 화폐위조자여! 그대 타고난 거짓말쟁이여! 나는 그대를 잘 알고 있다!

내가 그대의 발을 따뜻하게 해주리라, 그대 사악한 마법사여, 그대와 같은 자들을 따뜻하게 해주는 방법을 나는 잘 알고 있다!"

"그만두어라." 노인은 이렇게 말하고 벌떡 일어났다. "그만 때려라. 오, 차라투스트라여! 나는 다만 장난으로 그랬을 뿐이다!

그런 일은 내 기술의 일부분이다. 그대에게 그러한 연기를 해 보인 것은 그대를 시험해보고 싶었기 때문이다! 진실로 그대는 나를 잘 간파했다!

그러나 그대도 자신에 대한 적지 않은 연기를 내게 보여주었다. 그대는 가혹하다, 그대 현명한 차라투스트라여! 그대는 그대의 '진리'로 가혹하게 매질하며, 그대의 곤봉은 나를 강요하여—이 진실을 고백하게 했다!"

차라투스트라는 아직도 화가 나서 얼굴을 찡그리며 대답했다. "아첨하지 말라, 그대 타고난 광대여! 그대는 거짓된 자이다. 어찌하여 그대는—진실에 대해 언급하는가!

그대 공작새 중의 공작새여, 그대 허영의 바다여. 그대는 내 앞에서 무엇을 연출했는가. 그대 사악한 마법사여, 그대가 그러한 모습으로 탄식했을 때 나는 그대가 누구라고 믿어야 하는가?"

노인이 말했다. "내가 정신의 **참회자**를 연출한 것은 바로 그였다. 일찍이 그대 자신이 이런 말을 만들어냈다.

마침내 자기의 정신을 자기 자신에게 대항하게 하는 시인인 동시에 마술사를, 자신의 그릇된 인식과 그릇된 양심으로 얼어붙어 변화된 자를 나는 연출했다.

오, 차라투스트라여. 이것만은 인정하라, 그대가 나의 계략과 거짓말을 간파하기까지는 오랜 시간이 걸렸다는 것을! 그대가 나의 머리를 두 손으로 감싸주었을 때 그대는 나의 고통이 사실이라고 **믿었다**.

나는 그대가 탄식하는 소리를 들었다, '그는 너무도 사랑받지 못했어, 너무도 사랑받지 못했어!'라고. 내가 그대를 그만큼 속인 것을 나의 악의는 내심으로 기뻐했다."

차라투스트라가 엄하게 말했다. "그대는 나보다 더 예민한 자들도 속였으리라. 나는 기만자들을 경계하지 않는다. 나는 조심하는 것과는 상관없이 **지내야만** 한다. 나의 운명은 그러기를 원하는 것이다.

그러나 그대는 기만하지 **않을** 수 없다. 나는 그토록 그대를 잘 알고 있다! 그대는 항상 두 가지, 세 가지, 네 가지, 다섯 가지 의미를 지니고 있어야 한다! 그대가 지금 고백한 것도 내 생각에는 충분한 사실도 아니고 충분한 거짓도 아니다!

그대 사악한 화폐위조자여, 그대가 어찌 달리 행동할 수 있겠는가!

그대는 의사에게 그대 자신을 벌거벗겨 보일 때조차도 그대의 병을 분장할 것이다.

방금 그대가 '나는 다만 장난으로 그렇게 했을 뿐이다!'라고 말했을 때, 그대는 내 앞에서 그대의 거짓말을 다시 위장했다. 그 속에는 진실성도 들어 있었다. 그대는 어느 정도 정신의 참회자인 것이다!

나는 그대를 잘 간파했다. 이제까지 그대는 모든 사람들에게 마법을 걸어왔지만 그대 자신에 대해서는 아무런 기만도 술책도 부리지 못한다. 그대는 그대 자신에 대해서는 마법을 잃은 것이다!

그대는 혐오를 그대의 유일한 진리로 거두어들였다. 그대의 어떠한 말도 이미 진짜가 아니다. 그러나 그대의 입은 진짜이다. 말하자면 그대의 입에 붙어 있는 혐오는 진짜인 것이다."

"도대체 그대는 누구인가!" 늙은 마법사가 오만한 목소리로 외쳤다, "오늘날 살아 있는 자 중 가장 위대한 자인 내게 감히 누가 그렇게 말할 수 있는가?" 그때 그의 눈이 차라투스트라를 향해 푸른 섬광을 내뿜었다. 그러나 그는 곧 태도를 바꾸어 서글픈 듯이 말했다.

"오, 차라투스트라여. 나는 그런 일에 지쳐버렸으며, 나의 연기들은 나를 구역질 나게 한다. 나는 위대하지 않다. 위장한들 무슨 소용이 있겠는가! 그러나 그대는 잘 알고 있지 않은가—나는 위대함을 찾고 있었다!

나는 위대한 사람처럼 보이기를 원했으며, 많은 사람들로 하여금 그렇게 믿게 했다. 그러나 이러한 거짓말도 내게는 힘겨웠다. 나는 이 거짓말에 짓눌려 무너져 내리고 있었다.

오, 차라투스트라여. 나의 모든 것이 거짓이다. 그러나 내가 무너져 내리고 있다는 것—그것은 진실이다!"

차라투스트라가 시선을 옆으로 돌리며 침울하게 말했다. "그것은 그대를 명예롭게 한다. 그대가 위대함을 추구하는 것은 그대를 명예롭게 한다. 그러나 그것은 또한 그대의 정체를 드러내기도 한다. 그대는 위대하지 않다.

그대 사악한 늙은 마법사여. 그대가 그대 자신에게 지쳐 '나는 위대하지 않다'라고 고백한 것, 그것이 내가 그대에게서 존경하는 가장 훌륭하고 가장 정직한 것이다.

그 점에서 나는 그대를 정신의 참회자로서 존경한다. 비록 한순간이었다 할지라도 그 순간만은 그대는—진실했다.

그러나 말하라, 그대는 이곳 나의 숲과 바위들 사이에서 무엇을 찾고 있는가? 그리고 그대가 나의 길을 막고 누워 있었을 때 그대는 내게서 어떤 시험을 하려 했는가?

그대는 내게서 무엇을 시험했는가?"

차라투스트라는 이렇게 말했고 그의 눈은 불꽃을 튀겼다. 늙은 마술사는 잠시 침묵을 지키고 있더니 이윽고 입을 열었다. "내가 그대를 시험했다고? 나는 다만—찾고 있을 뿐이다.

오, 차라투스트라여. 나는 순수한 자, 올바른 자, 단순한 자, 분명한 자, 정직한 인간, 지혜의 그릇, 인식의 성자, 위대한 인간을 찾고 있다!

오, 차라투스트라여. 그대는 모르는가? 나는 차라투스트라를 찾고 있다."

여기서 두 사람 사이에 긴 침묵이 흘렀다. 차라투스트라는 자기 자신 속에 깊이 침잠한 채 눈을 감고 있었다. 그러나 이윽고 그의 이야기 상대로 되돌아온 차라투스트라는 마술사의 손을 움켜잡고 정중하면서도 교활하게 말했다.

"자! 저 위로 향하는 길은 차라투스트라의 동굴로 통한다. 그대는 그곳에서 그대가 찾고자 하는 자를 찾을 수 있을 것이다.

그리고 나의 동물들인 독수리와 뱀에게 조언을 청하라. 그들은 그대가 찾을 수 있도록 도와줄 것이다. 그러나 나의 동굴은 크다.

물론 나 자신은 아직 위대한 인간을 본 적이 없다. 오늘날 가장 예민한 자의 눈이라 할지라도 위대한 것을 보기에는 무디다. 지금은 천민의 왕국인 것이다.

나는 허풍을 떨고 우쭐거리는 자들을 수없이 보아왔다. 그러면 사람들은 '보라, 위대한 인간을!' 하고 외쳤다. 그러나 허풍을 떠는 바람통이 무슨 소용이 있겠는가! 바람은 결국 바람통에서 빠져나가게 마련인 것이다.

지나치게 오랫동안 자신을 부풀려온 개구리는 결국 터져버리고 만다, 그때 바람은 빠져나가게 마련이다. 부풀어오른 것의 배를 찌르는 것, 그것을 나는 멋진 오락이라고 부른다. 들어라, 젊은이들이여!

오늘날은 천민의 것이다. 그런 곳에서 무엇이 위대하고 무엇이 사소한지 누가 알겠는가! 그런 곳에서 누가 위대한 것을 찾아내는 데 성공하겠는가! 바보뿐이다. 바보만 성공하는 것이다.

그대는 위대한 인간을 찾고 있는가? 그대 이상한 바보여, 누가 그대에게 그렇게 하라고 가르쳤는가? 오늘날이 위대한 인간을 찾기에 적당한 때인가? 오, 그대 사악한 탐구자여. 어찌하여 그대는—나를 시험하는가?"

차라투스트라는 이렇게 말하면서 마음의 위안을 얻고는 계속해서 그의 길을 웃으면서 걸어갔다.

실직자[66]

마법사에게서 빠져나온 지 얼마 안 되어 차라투스트라는 그가 가고

---

66) 실직자는 퇴임한 교황을 암시한다. 교황은 아직 신앙심을 잃지 않은 은자를 만나려 숲속에 왔다가 차라투스트라를 만나고 죽은 옛 신이 아니라 새로운 신이 필요하다는 이야기를 듣는다.

있던 길가에 또다시 누군가가 앉아 있는 것을 보았다. 그 자는 검은 옷을 입은 키가 큰 사내였는데 야윈 얼굴을 하고 있었다. 그 자는 차라투스트라를 몹시 불쾌하게 만들었다. 차라투스트라는 마음속으로 중얼거렸다. "아, 저기 고뇌가 위장을 하고 앉아 있구나. 그는 성직자처럼 보이는구나. 저런 자들이 나의 왕국에서 무엇을 원하는 걸까?

어찌된 일인가! 겨우 마법사에게서 빠져나왔는데 또다시 다른 요술쟁이가 나의 길을 가로막다니.

안수로써 재주를 부리는 악마의 우두머리, 신의 은총으로 신비한 기적을 일으키는 자, 기름을 바르고 세계를 비방하는 자, 악마가 나타나 이런 자들을 잡아가버렸으면!

그러나 악마는 있어야 할 곳에는 없다. 그는 언제나 너무 늦게 나타난다. 이 괘씸한 절름발이 난쟁이는!"

차라투스트라는 화가 치밀어 마음속으로 이렇게 저주하고, 어떻게 하면 시선을 돌려버리고 그 검은 옷을 입고 있는 자를 지나칠 수 있을까 생각해보았다. 그러나 보라, 그렇게 되지 않았다. 바로 그 순간에 앉아 있던 사내는 이미 차라투스트라를 보았기 때문이다. 그는 마치 예기치 않은 요행을 만난 사람처럼 벌떡 일어나 차라투스트라에게 다가갔다.

그가 말했다. "방랑자여, 그대가 누구인지 몰라도 길을 잃은 자, 무엇인가 찾고 있는 자를 도와달라. 이곳에서 해를 입기 쉬운 한 늙은이를!

이곳 세계는 내게 낯설고 먼데, 사나운 짐승들의 울부짖는 소리도 들려온다. 게다가 나를 보호해줄 수 있을지도 모르는 사람은 이미 세상을 떠나고 없다.

나는 최후의 경건한 자를 찾고 있었다. 오늘날 세상 사람들이 모두 알고 있는 것에 대해 아무것도 듣지 못한 채 자신의 숲속에서 홀로 지내는 성인이며 은둔자를."

"오늘날 세상 사람들이 모두 알고 있는 것이란 **무엇인가**?" 차라투스트라가 물었다. "그것은 일찍이 세상 사람들 모두가 믿었던 그 늙은 신은 이미 살아 있지 않다는 것인가?"

노인은 슬프게 대답했다. "그렇다, 나는 그 늙은 신을 최후의 순간까지 섬겼다.

그러나 이제 나는 섬길 주인이 없는 실직자이다. 그럼에도 불구하고 나는 자유롭지 못하며, 추억 속에서가 아니면 한순간도 즐겁지 않다.

내가 이 산 속으로 올라온 것은 지난날의 교황이며 교부에게 어울리는 마지막 축제를 한 번 더 벌리기 위해서였다. 내가 마지막 교황임을 알기나 하라!

그러나 이제 그는 죽었다, 가장 경건한 자, 노래 부르고 중얼거리면서 끊임없이 자기의 신을 찬양해왔던 숲속의 성자는.

내가 그의 움막을 발견했을 때, 나는 이미 그를 볼 수 없었다. 움막 속에서 나는 그의 죽음을 슬퍼하여 울부짖고 있는 두 마리의 늑대를 발견했다. 모든 동물이 그를 사랑했기 때문이다. 그래서 나는 그곳을 허겁지겁 도망쳐 나왔다.

그렇다면 내가 이 숲과 산속으로 들어온 것은 헛일이었단 말인가? 그래서 나의 마음은 다른 사람을 찾기로 결심했다. 신을 믿지 않는 모든 자들 중에서 가장 경건한 자, 차라투스트라를 찾기로!

노인은 이렇게 말하고는 자기 앞에 서 있는 자를 날카로운 눈초리로 바라보았다. 그러자 차라투스트라는 늙은 교황의 손을 잡고, 경탄스러운 눈으로 한동안 그 손을 살펴보았다.

이윽고 그가 말했다. "보라, 존경할 만한 자여. 얼마나 아름답고 긴 손인가! 이 손은 항상 축복을 나누어준 자의 손이다. 그런데 그 손은 이제 그대가 찾고 있던 자인 나를, 차라투스트라를 움켜잡고 있다.

나는 신을 믿지 않는 차라투스트라이다. 나는 말한다. 나보다 더 신을 믿지 않는 자가 누구인가? 나는 기꺼이 그의 가르침을 받으리라."

차라투스트라는 이렇게 말하고 자신의 시선으로 늙은 교황의 생각과 숨은 의도를 꿰뚫어보았다. 마침내 교황이 말하기 시작했다.

"신을 가장 사랑하고 가장 많이 소유한 자가 이제는 신을 잃었으며, 그것도 가장 많이 잃어버렸다.

보라, 나야말로 지금 우리 두 사람 중에서 더 신을 믿지 않는 자가 아닌가? 그러나 누가 그러한 일을 기뻐할 수 있겠는가!"

차라투스트라는 깊은 침묵 뒤에 곰곰이 생각하며 물었다. "그대는 신을 마지막 순간까지 섬겼다. 그대는 신이 어떻게 죽었는지 알고 있겠지? 사람들은 동정심이 신을 목졸라 죽였다고 말하는데, 그것이 사실인가?

신은 그 사람이 십자가에 매달리는 것을 보면서 그것을 견디지 못했다는 것이, 인간에 대한 사랑은 신의 지옥이 되었고 마침내 신의 죽음이 되었다는 것이?"

그러나 늙은 교황은 아무런 대답도 하지 않고 부끄러운 듯 고통스럽고 침울한 표정을 지으며 시선을 돌렸다.

"신이 사라지게 내버려두어라." 차라투스트라는 한동안 생각에 잠긴 후 노인의 눈을 똑바로 들여다보면서 말했다.

"신이 지나가게 내버려두어라, 그는 사라졌다. 그런데 이 죽은 신에 대해 좋게만 말하는 것은 그대의 명예가 되겠지만 그가 어떤 자였는가를 그대는 나처럼 잘 알고 있다. 그리고 그가 이상한 길을 걸어온 것도."

쾌활해진 늙은 교황이 말했다(왜냐하면 그는 한쪽 눈이 멀었기 때문이다). "눈 3개 밑에서의 은밀한 이야기이지만, 신에 대해서는 내가 차라투스트라보다 더 잘 알고 있다. 그것은 당연한 일이다.

나의 사랑은 오랫동안 그를 섬겼으며, 나의 의지는 그의 모든 의지에 복종했다. 유능한 하인은 모든 것을 안다. 주인이 자기 자신에게조차 숨기고 있는 많은 것들도.

그는 비밀로 가득 찬 숨겨진 신이었다. 진실로 그는 부정한 방법으로 아들 하나를 얻기까지 했다. 그를 믿는 신앙의 입구에는 간통이 자리잡고 있다.

그를 사랑의 신으로 찬미하는 자는 사랑이 무엇인지조차 충분히 생각해보지 않는 자이다. 이 신은 또한 심판자가 되려고 하지 않았는가? 그러나 진정으로 사랑하는 자는 보답과 징벌을 초월하여 사랑하는 것이다.

동방에서 유래한 이 신은 젊었을 때 혹독했고 복수심에 가득 차 있었으며, 자기 마음에 드는 자들을 기쁘게 해주기 위해 지옥을 만들어냈다.

그러나 마침내 그는 늙고 부드럽고 연약하고 동정심이 많아져 아버지라기보다는 할아버지처럼, 아니 비틀거리는 늙은 할머니처럼 되어버렸다.

그리하여 그는 쭈그러든 채 난롯가에 앉아 자기의 약한 다리를 한탄했고, 세상에 지치고 의지가 약해져 어느 날 자신의 지나친 동정심으로 인해 질식해 죽었다."

차라투스트라가 말을 가로챘다. "늙은 교황이여, 그대는 그것을 그대 자신의 눈으로 보았는가? 분명 그렇게 죽었을지도 모른다. 또한 다르게 죽었을지도 모른다. 신들이 죽을 때, 그들은 항상 여러 종류의 죽음을 맞이하는 것이다.

그러나 좋다! 어쨌든—그는 사라졌다! 그는 나의 귀에도 나의 눈에도 거슬렸다. 이제 나는 뒤에서 그에 대해 더 나쁜 말을 하지 않으리라.

나는 맑은 눈동자로 정직하게 말하는 모든 것들을 사랑한다. 그러나 늙은 성직자여, 그대도 그것을 알고 있지만 신에게는 그대의 본성 같은 어떤 것, 성직자의 본성 같은 어떤 것이 있었다. 신은 다양한 의미를 지니고 있었다.

신은 또한 분명치 못했다. 분노로 씩씩거리는 이 자는 우리가 그의 말을 잘 이해하지 못한다고 얼마나 우리에게 화를 냈는가! 그렇다면 어찌하여 그는 좀더 분명하게 말하지 않았는가?

만일 그것이 우리의 귀가 무딘 탓이라면, 어찌하여 신은 자기 말을 잘 알아들을 수 있는 귀를 우리에게 주지 않았는가? 우리의 귓속에 진흙이 들어 있었기 때문이라고 하지. 좋다! 누가 우리의 귓속에 그 진흙을 집어넣었는가?

신은 미숙한 도공처럼 너무나 많은 불량품을 만들어냈다! 그럼에도 그가 만든 항아리와 피조물들이 마음에 들지 않는다 해서 그것에 복수한 것은 **좋은 취향**에 어긋나는 죄였다.

신앙심 속에도 좋은 취미가 있다. 그 좋은 취미는 마침내 말했다. '신 따위는 없어져라! 신은 없는 편이 낫다, 스스로의 힘으로 운명을 개척해 나가는 편이 낫다, 바보가 되는 편이 낫다, 스스로 신이 되는 편이 낫다!'"

"내가 무슨 말을 듣고 있는가!" 귀를 바싹 기울이고 있던 늙은 교황이 말했다. "오, 차라투스트라여. 그대는 그토록 신앙이 없는 자이면서도 스스로 생각하고 있는 것보다 훨씬 더 경건하다! 그대 내부에 있는 어떤 신이 그대를 그대의 무신론으로 개종시킨 것이다.

그대로 하여금 더 이상 신을 믿지 못하게 하는 것, 그것은 그대의 경건심 자체가 아닌가? 그대의 넘치는 정직함이 또한 그대를 선악의 피안으로 데리고 갈 것이다!

보라, 그대를 위해 남겨져 있는 것이 무엇인가? 그대는 아득한 옛날부터 축복해주는 운명을 부여받은 눈과 손과 입을 갖고 있다. 사람은 손만으로 축복하는 것이 아니다.

비록 그대가 최고의 무신론자가 되려 할지라도 나는 그대 가까이에서 오랜 축복으로부터 나오는 신성함과 행복의 은은한 향기를 맡는다.

그것은 내게 기쁨을 주기도 하고 슬픔을 주기도 한다.

오, 차라투스트라여. 하룻밤만이라도 나를 그대의 손님으로 맞이해 다오! 이제 내가 그대와 함께 있는 것보다 더 행복해질 수 있는 곳은 세상에 없다!"

차라투스트라는 크게 놀라며 말했다. "아멘! 그렇게 되기를! 저 위의 길은 차라투스트라의 동굴로 통한다.

진실로 나는 스스로 그대를 그곳으로 인도하고 싶다. 그대 존경할 만한 자여, 나는 모든 경건한 사람들을 사랑하기 때문이다. 그러나 지금 절박한 외침이 있어 서둘러 그대를 떠나가라고 소리친다.

나는 나의 영내에서 아무도 해 입는 것을 원치 않는다. 나의 동굴은 훌륭한 피난처이다. 그리고 무엇보다도 나는 슬픔에 빠진 모든 사람들을 견고한 대지 위로 옮기고 견고한 다리로 다시 서게 하고 싶다.

그러나 누가 그대의 어깨에서 그대의 우수를 내려줄 수 있겠는가? 그렇게 하기에 나는 너무 약하다. 진실로 우리는 누군가가 그대를 위해 그대의 신을 다시 깨워줄 때까지 오랫동안 기다려야 할지도 모른다.

늙은 신은 이미 살아 있지 않기 때문이다. 그는 완전히 죽었다."

차라투스트라는 이렇게 말했다.

가장 추악한 인간[67]

그러고 나서 차라투스트라의 발은 다시 숲과 산을 지나 달려갔다. 그의 눈은 찾고 또 찾았으나, 그의 눈이 보고 싶어하는 자, 큰 곤경을 당

---

67) '가장 추악한 인간'은 동정에 사로잡힌 신을 살해하고 용감하게 자기 자신의 길을 가려는 사람을 나타낸다. 일반 사람들이 추악하게 생각하는 이 사람 속에서 차라투스트라는 오히려 '더 높은 인간'을 보는 것 같았다.

하여 절박하게 소리 지르는 자는 보이지 않았다. 그러나 그는 달려가면서 마음속으로 기뻐하고 감사했다. "이날은 얼마나 훌륭한 것들을 내게 주었는가, 그토록 시작이 나빴던 데 대한 보상으로! 나는 너무나도 기이한 이야기 상대를 만났으니!

이제 나는 그들의 말을 훌륭한 곡식알처럼 오랫동안 씹으리라. 그것들이 젖처럼 나의 영혼 속으로 흘러들어올 때까지 나의 이빨로 그것들을 잘게 씹어 가루로 만들리라!"

그러나 길이 다시 어떤 바위를 끼고 돌았을 때 갑자기 경치가 바뀌어 차라투스트라는 죽음의 왕국으로 들어서게 되었다. 그곳에는 검붉은 절벽들이 치솟아 있었으며, 풀 한 포기 나무 한 그루 없었으며, 새 소리 하나 들리지 않았다. 그곳은 모든 짐승들이, 심지어 맹수들도 기피하는 계곡이었다. 다만 보기 흉하고 푸른빛을 띤 커다란 뱀들만 늙으면 이곳에 와서 죽음을 맞이했다. 그 때문에 목자들은 이 계곡을 '뱀의 죽음'이라 불렀다.

그러자 차라투스트라는 어두운 추억 속으로 빠져 들어갔다. 언젠가이 계곡에 들어섰던 것같이 생각되었기 때문이다. 많은 무거운 것들이그의 마음을 짓눌렀다. 그러자 그의 발걸음이 점점 느려지더니 마침내멈춰 섰다. 그가 눈을 크게 뜨자 뭔가가 길바닥에 앉아 있는 것이 보였다. 그것은 인간 같은 모양을 하고 있었으나, 인간이라고는 할 수 없는, 말로 표현할 수 없는 어떤 것이었다. 차라투스트라는 그러한 것을 목격했다는 데 대해 갑자기 커다란 수치심을 느꼈다. 그는 그의 흰 머리카락까지 붉히면서 시선을 돌리고는 이 불길한 곳을 떠나려고 발을 뗐다. 그러나 그때 죽은 듯한 황야에서 소리가 났다. 밤중에 막힌 수도관을 지나가는 물소리 같은 그르렁한 소리가 땅에서 들려오더니, 마침내그곳에서 인간의 목소리와 인간의 말소리가 흘러나왔다. 그것은 이렇게 울렸다.

"차라투스트라여! 차라투스트라여! 나의 수수께끼를 풀어보라! 말해보라, 말해보라! 목격자에 대한 복수는 어떻게 해야 하는가?

나는 그대를 유혹하여 다시 오게 했다. 이곳에는 미끄러운 빙판이 있다! 조심하라 조심하라, 그대의 긍지가 이곳에서 발을 부러뜨리지 않도록!

그대는 자신을 지혜롭다고 생각하고 있다, 그대 오만한 차라투스트라여! 그러니 수수께끼를 풀어보라, 그대 야무진 호두까기여. 그 수수께끼는 바로 나다! 그러니 말해보라, 내가 누구인가를!"

차라투스트라가 이 말을 들었을 때, 그의 영혼이 어떻게 되었으리라고 그대들은 생각하는가? **동정심이 그를 엄습한 것이다.** 그리하여 그는 갑자기 쓰러졌다. 마치 오랫동안 수많은 벌목꾼들을 대항해 버텨온 한 그루의 참나무가, 그 나무를 베어 쓰러뜨리려던 자들까지도 두려워할 정도로 육중하게 갑자기 쓰러지듯이. 그러나 그는 곧 일어났고 그의 표정은 굳어 있었다.

"나는 그대를 잘 알고 있다." 그는 무쇠 같은 소리로 말했다. "그대는 **신을 살해한 자이다!** 내 길을 막지 말라.

그대 가장 추악한 인간이여. 그대는 항상 **그대를 본 자를,** 속속들이 그대를 지켜본 자를 견뎌내지 못했다! 그래서 그대는 이 목격자에게 복수를 한 것이다!"

차라투스트라는 이렇게 말하고 그곳을 떠나려 했다. 그러나 말로 표현할 수 없는 그 자는 차라투스트라의 옷자락을 움켜쥐고는 다시 말하려고 그르렁거리는 소리를 내기 시작했다. "그대로 있어라!" 마침내 그가 말했다.

"그대로 있어라! 그냥 가버리지 말라! 나는 그대를 찍어 쓰러뜨린 것이 어떤 도끼였는지 알고 있다. 만세. 오, 차라투스트라여. 그대가 다시 일어서다니!

신을 죽인 자, 신의 살해자가 어떤 심정을 갖고 있는지 그대가 눈치 챘다는 것을 나는 잘 알고 있다. 그대로 있어라! 내 곁에 앉아라, 그것은 부질없는 일이 아닐 것이다.

그대 말고 내가 누구에게 가려 했겠는가? 그대로 있어라, 앉아라! 그러나 나를 쳐다보지 말라! 그렇게 하여 나의 추악함에 경의를 표해다오!

사람들은 나를 뒤쫓는다. 이제 그대는 나의 최후의 피난처이다. 그들은 증오심으로 나를 뒤쫓는 것도 아니고, 그들의 포졸을 시켜 뒤쫓는 것도 아니다. 오, 그런 추적을 나는 비웃고 자랑스럽게 여기고 기뻐했을 것이다!"

이제까지 모든 성공은 제대로 추적을 당한 사람들의 편에 서 있지 않았던가? 추적을 잘하는 자는 **추종하는** 법도 쉽게 배우는 것이다. 추적하는 자는 결국 사람들을 뒤쫓고 있기 때문이다! 그러나 그들의 추적은 **동정** 때문이었다.

내가 도망쳐 나와 그대에게로 도피하는 것은 그들의 동정을 피하기 위한 것이다. 오, 차라투스트라여. 내 최후의 피난처여, 나를 보호해다오. 그대 나의 심정을 헤아릴 수 있는 유일한 자여.

그대는 신을 죽인 자의 심정이 어떠한지를 알고 있다. 그대로 있어라! 만일 그대가 가기를 원한다면 성급한 자여, 내가 걸어온 길로 가지 말라. 그 길은 험하다.

그대는 내가 너무 오랫동안 횡설수설한다고 내게 화를 내고 있는가? 내가 그대에게 충고를 했다고? 그러나 알고 있어라, 나야말로 가장 추악한 인간임을.

가장 크고 가장 무거운 발을 갖고 있다는 것을. 내가 지나가면 길은 험해진다. 나는 모든 길을 밟아 엉망으로 파괴해버린다.

그런데도 그대는 말없이 내 곁을 지나가며 얼굴을 붉혔다. 그것을 나는 똑똑히 보았다. 그것 때문에 나는 그대가 차라투스트라임을 알아보았다.

다른 사람이었더라면 시선과 말로써 먹을 것과 동정을 내게 던졌을 것이다. 그러나 나는 그것을 받을 만한 거지는 아니다. 그대는 그것을 알아챘던 것이다.

그것을 받기에는 나 너무나 **풍족**하다. 커다란 것들과 끔찍한 것들, 가장 추악한 것들, 가장 형언하기 어려운 것들도 충분히 갖고 있다! 오, 차라투스트라여. 그대의 부끄러움이 나를 영광스럽게 했다!

나는 동정하는 자들의 무리에서 간신히 도망쳐 나왔다. 오늘날 '동정은 주제넘은 짓이다'라고 가르치는 유일한 자. 오, 차라투스트라여. 그대를 찾기 위해!

신의 동정이건 인간의 동정이건 동정은 수치심에 역행하는 것이다. 도와주려 하지 않는 것이 도와주려고 달려오는 덕보다 더 고귀한 것이다.

그러나 그것, 곧 동정이 오늘날 모든 소인들에게는 덕 그 자체라고 불린다. 그들은 커다란 불행에 대해, 커다란 추악함에 대해, 커다란 실패에 대해 경외심을 갖고 있지 않다.

마치 한 마리의 개가 양떼들의 등 너머로 멀리 바라보듯이 나는 이러한 모든 자들 너머로 멀리 바라본다. 그들은 왜소하고, 부드러운 털이 있는, 마음씨 좋은, 회색의 무리인 것이다.

마치 한 마리의 백로가 머리를 치켜들고 얕은 연못을 경멸해 그 너머로 멀리 바라보듯이 나는 회색 잔물결과 협소한 의지와 작은 영혼들의 무리들 너머로 멀리 바라본다.

그들에게 너무 오랫동안 권리가 허용되었다, 이 소인배들에게. 그리하여 마침내 이들은 권력까지 누리게 되었다. 이제 그들은 가르치고 있다. '소인배들이 선이라고 부르는 것만 선이다.'

그리하여 소인배 출신인 설교자, 스스로 '나는 진리이다'라고 증언한, 소인배들의 대변자인 저 이상한 성자가 말한 것이 오늘날 '진리'라고 불리고 있는 것이다.

이 뻔뻔한 자는 오랫동안 소인배들의 마음을 부풀게 했다. '나는 진리이다'라고 가르침으로써 적지 않은 잘못을 범한 그자가.

뻔뻔스러운 자 중에서 그보다 더 정중한 대접을 받은 자가 있었던가? 그러나 오, 차라투스트라여. 그대는 그를 모르는 척 지나쳐버리며 말했다. '아니다! 아니다! 세 번 아니다!'

그대는 그의 오류에 대해 경고했고, 최초로 동정에 대해 경고했다. 누구에게나가 아니고, 아무에게도 아니고, 그대 자신과 그대의 부류들에게.

그대는 위대한 인간들이 고통받는 데서 느끼는 수치를 부끄럽게 생각한다. 그대가 '거대한 구름은 동정에서 생겨나는 것이다. 조심하라, 그대 인간들이여!'라고 말할 때 정말 그렇다.

그대가 '모든 창조자들은 강인하며, 모든 위대한 사랑은 동정을 초월해 있다'라고 가르칠 때도 그렇다. 오, 차라투스트라여. 내게는 그대가 날씨의 조짐을 너무나 잘 알고 있는 것처럼 생각된다!

그러나 그대는 그대 자신에게도 그대의 동정을 조심하라고 경고해야 한다! 괴로워하는 많은 자들이, 회의를 품은 많은 자들이, 절망에 빠진 많은 자들이, 물에 빠진 많은 자들이, 얼어 죽어가고 있는 많은 자들이 그대에게 가고 있기 때문이다.

나는 그대에게 경고한다, 나까지도 조심하라고. 그대는 최상의 수수께끼와 최악의 수수께끼를 나로부터 알아냈다. 나 자신과 내가 행한 일들을 알아낸 것이다. 나는 그대를 찍어 쓰러뜨리는 도끼를 알고 있다.

그러나 신은 죽을 수밖에 없었다. 신은 모든 것을 본 눈으로 인간의 깊이와 밑바닥을 보았으며, 인간의 숨겨진 치욕과 추악함을 보았던 것이다.

　신의 동정심은 조금도 부끄러움을 몰랐다. 신은 나의 가장 불결한 구석구석으로 기어들었다. 이 가장 호기심 많고, 지나치게 치근거리고 지나치게 동정심 많은 신은 죽을 수밖에 없었다.

　신은 항상 **나를** 지켜보고 있었다. 나는 이런 목격자에게 복수하고 싶었다. 그렇게 하지 않고서는 나는 더 이상 살고 싶지 않았다.

　모든 것을 보았던, **인간까지도** 보았던 이 신은 죽을 수밖에 없었다! 인간은 이런 목격자가 살아 있다는 것을 **견딜 수 없는 것이다.**"

　가장 추악한 인간은 이렇게 말했다. 그러나 차라투스트라는 자리에서 일어나 떠날 준비를 했다. 그는 내장 속까지 몸이 떨렸기 때문이다.

　차라투스트라가 말했다. "그대, 말로 표현할 수 없는 자여. 그대는 내게 그대의 길을 가지 말라고 경고해주었다. 그에 대한 보답으로 나는 그대에게 나의 길을 권한다. 보라, 저 위에 차라투스트라의 동굴이 있다.

　나의 동굴은 크고 깊으며 수많은 구석들이 있다. 가장 완벽하게 몸을 숨기는 자들도 내 동굴에서는 숨을 곳을 찾을 수 있다.

　그리고 동굴 바로 곁에는 기어다니는 짐승들, 날개를 퍼덕거리는 짐승들, 뛰어다니는 짐승들을 위한 백 개의 구석과 샛길이 있다.

　자기 자신을 추방한 자, 그래서 추방된 자여, 인간과 인간의 동정 사이에서 살고 싶지 않다고? 좋다, 그럼 나처럼 행동하라! 그러면 그대는 또한 내게서 배울 수 있으리라. 오직 행동하는 자만 배울 수 있다.

　먼저 나의 동물들과 이야기를 나누어라! 가장 자만스러운 동물과 가장 영리한 동물, 그들이야말로 우리 두 사람에게는 진정한 충고자일 것이다!"

　이렇게 말하고 차라투스트라는 전보다 더욱 깊은 생각에 잠긴 채 천천히 그의 길을 갔다. 그는 스스로에게 많은 것을 물었으나 쉽사리 대답을 얻을 수 없었기 때문이다.

"인간은 얼마나 가련한가!" 그는 마음속으로 생각했다, "인간은 얼마나 추악하고 투덜거리며 보이지 않는 수치심으로 가득 차 있는가!

사람들은 내게 인간은 자기 자신을 사랑한다고 말한다. 아, 이 자기애는 얼마나 불어나야 하는가! 이 자기애에 얼마나 큰 경멸감이 맞서고 있는가!

저기 저 사람도 자신을 경멸하는 듯 자신을 사랑하고 있다. 그는 크게 사랑하는 자인 동시에 크게 경멸하는 자이다.

이제까지 나는 이 사람보다 더 깊이 자기 자신을 경멸하는 자를 본 적이 없다. 깊이 경멸하는 것도 높이 올라가는 것이다. 슬프다, 이 사람이 내게 외마디 소리를 지른 '보다 높은 인간'이 아니었을까?

나는 위대한 경멸자들을 사랑한다. 그러나 인간은 극복되어야 할 그 무엇이다."

자진해 거지가 된 자[68]

가장 추악한 인간의 곁을 떠났을 때, 차라투스트라는 온몸이 얼어붙는 듯했고 또한 외로움을 느꼈다. 많은 추위와 고독이 그의 마음으로 파고들어 그의 사지가 점점 더 차가워졌다. 그러나 푸른 초원을 지나기도 하고, 전에는 물이 세차게 흘러내렸을 듯한 돌투성이의 황량한 하천 바닥을 지나기도 하고, 오르기도 하고 내려가기도 하면서 앞으로 나아가자, 갑자기 그의 마음은 한결 따뜻해지고 쾌활해졌다.

그는 자신에게 물었다. "내게 무슨 일이 일어난 것일까? 뭔가 따뜻한

---

68) 천민을 위해 부를 버린 산상 설교자의 안일과 평화로움이 차라투스트라의 마음에 들지 않는다. 차라투스트라가 원하는 것은 가난이냐 부유함이냐가 아니라 단호한 권력의지이다.

것이, 살아 있는 것이 나의 기운을 북돋아준다. 그것이 분명 내 가까이에 있다.

이미 나는 한결 덜 외롭다. 알 수 없는 동료들과 형제들이 나의 주위를 둘러싸고 있으며, 그들의 따뜻한 숨결이 나의 영혼을 어루만져주고 있다."

그러나 그가 주위를 살피며 자기의 외로움을 위안해줄 사람들을 찾았을 때 보라, 거기에 있는 것은 언덕 위에 모여 있는 암소들이었다. 가까이 있는 암소들의 냄새가 그의 마음을 따뜻하게 만들었다. 그러나 그 암소들은 어떤 설교자에게 열심히 귀를 기울이고 있는 듯했으며 가까이 다가서는 사람에게는 주의를 기울이지 않았다. 암소들 바로 밑에까지 다가갔을 때 차라투스트라는 암소들의 한가운데에서 들려오는 사람의 목소리를 분명히 들을 수 있었다. 암소들은 모두 설교자 쪽으로 머리를 돌리고 있었다.

차라투스트라는 힘껏 암소들을 헤치며 달려들었다. 누군가가 암소들의 동정으로도 치료하기 어려운 사고를 당한 게 아닌가 걱정되었기 때문이다. 그러나 그는 속은 것이다. 보라, 거기에는 한 사람이 땅바닥에 앉아 동물들에게 자기를 두려워하지 말라고 설득하고 있는 것 같았기 때문이다. 그는 평화를 구가하는 산상의 설교자였는데 그의 눈에서 자비로움 자체가 흘러나오고 있었다. "그대는 이곳에서 무엇을 찾고 있는가?" 차라투스트라가 놀라 소리쳤다.

"내가 이곳에서 무엇을 찾고 있느냐고?" 그가 대답했다. "그대가 찾고 있는 것과 똑같은 것을 찾고 있다, 그대 훼방꾼이여! 나는 지상의 행복을 찾고 있는 것이다.

그러나 그것을 위해 나는 이 암소들에게서 배우려 한다. 잘 알아두어라. 나는 이미 아침 반나절동안 이 암소들에게 이야기했고, 그들은 이제 막 내게 대답하려던 참이었다. 그대는 어찌하여 방해하는가?

만일 우리가 암소들처럼 되지 않는다면 우리는 천국에 들어갈 수 없을 것이다. 우리가 그들에게서 배워야 할 것이 한 가지 있다. 그것은 되새김질하는 것이다.

진실로 어떤 인간이 전 세계를 얻는다 하더라도 한 가지를, 곧 되새김질하는 법을 배우지 못한다면 무슨 소용이 있겠는가! 그는 그의 비탄으로부터 해방될 수 없을 것이다.

그의 커다란 비탄으로부터. 그러나 그 비탄은 오늘날 **역겨움**이라 불린다. 오늘날 가슴과 입과 눈에 구역질이 가득 차 있지 않은 자가 어디 있겠는가? 그대도! 그대도! 그러나 이 암소들을 보라!"

산상의 설교자는 이렇게 말하고 차라투스트라에게 시선을 돌렸다. 그때까지 설교자의 눈길은 사랑스럽게 암소들을 향하고 있었다. 그러나 그때 그의 태도가 돌변했다. "내가 이야기를 나누고 있는 자는 누구인가?" 그는 놀라 외치며 땅에서 펄쩍 뛰어 일어났다.

"이 사람은 구역질을 갖고 있지 않은 사람이다. 이 사람은 커다란 구역질을 극복한 차라투스트라 바로 그 사람이다. 이것은 차라투스트라 자신의 눈이며, 입이며, 가슴이다."

그는 이렇게 말하면서 자기가 이야기하고 있는 상대방의 손에 눈물을 흘리며 입맞추었다. 그러고는 마치 하늘로부터 뜻밖의 값진 선물과 보석을 받은 자처럼 행동했다. 그러나 암소들은 이 광경을 물끄러미 바라보며 이상하게 생각했다.

"나에 대해 이야기하지 말라, 그대 이상스러운 자여, 사랑스러운 자여!" 차라투스트라는 이렇게 말하면서 그의 애정을 저지했다. "먼저 내게 그대 자신에 대해 말하라! 그대는 일찍이 막대한 재산을 버리고 자진해 거지가 된 자가 아닌가.

자신의 재산과 부유한 자들을 부끄럽게 생각해 자신의 풍요함과 마음을 나누어주려고 가난한 자들에게로 달아난 자가 아닌가? 그러나 그들은 그대를 받아들이지 않았다."

자진해 거지가 된 자가 말했다. "그렇다, 그들은 나를 받아들이지 않았다. 그대는 그것을 알고 있구나. 그래서 결국 나는 동물들에게로, 이 암소들에게로 온 것이다."

"그대는 이제 배웠겠지." 차라투스트라가 말을 가로막았다. "올바르게 주는 것이 올바르게 받는 것보다 얼마나 더 어려운가를. 그리고 올바르게 주는 것은 하나의 기술이며 친절을 베푸는 가장 교활한 최고 기술이라는 것을."

"오늘날에는 특히 그렇다." 자진해 거지가 된 자가 대답했다. "오늘날 모든 저열한 것들이 반란을 일으키고 겁을 내면서도 자기네들 방식으로 교만해졌다. 말하자면 천민의 방식으로.

왜냐하면 그대도 아는 것처럼 천민과 노예들의 오랫동안 서서히 진행되어온 엄청나고 사악한 반란이 때를 맞고 있기 때문이다. 이 반란이 점점 커지고 있다!

이제 모든 자선과 옹색한 자비는 비천한 자들을 분개시킨다. 그러므로 넘치도록 부유한 자는 조심해야 한다!

오늘날 배가 불룩한 병처럼 지나치게 가느다란 목에서 물방울을 떨어뜨리는 자들이 있는데 사람들은 오늘날 이러한 병들의 목을 부러뜨리고 싶어한다.

욕정에 찬 탐욕, 사나운 질투, 원한을 품은 복수심, 천민의 긍지. 이 모든 것들이 내 면전으로 뛰어들었다. 가난한 자가 복이 있다는 것은 이미 진리가 아니다. 천국은 암소들 곁에 있는 것이다."

"어찌하여 천국은 부유한 자들 곁에 있지 않은가?" 차라투스트라는 시험하듯 물었다. 그러면서 그는 평화를 구가하는 자에게 다정하게 입김을 내뿜는 암소들을 제지했다.

"어찌하여 그대는 나를 시험하는가?" 그가 대답했다. "그대 자신이 나보다 훨씬 더 잘 알고 있으면서. 오, 차라투스트라여. 무엇이 나를 가장 가난한 자들에게 가게 했는가? 그것은 더 없이 부유한 자들에 대한 역겨움이 아니었던가?

눈은 냉혹하고 생각은 정욕에 가득 차 있는, 온갖 쓰레기 속에서 이익을 긁어모으는, 부의 노예가 된 자들에 대한 역겨움이 아니었던가? 하늘을 향해 악취를 풍기는 이 천민에 대한 역겨움이 아니었던가?

조상이 소매치기이거나 아니면 썩은 고기를 쪼아 먹는 까마귀이거나 아니면 고분고분하고 음탕하고 건망증이 심한 아내들—왜냐하면 그녀들은 모두 창녀들과 다름없기 때문이다—을 데리고 사는 넝마주이인, 이 금박으로 위장된 천민에 대한 구역질이 아니었던가?

위에도 천민, 아래에도 천민! 오늘날 '가난함'은 무엇이며, '부유함'은 무엇인가! 나는 그 구별을 잊어버렸다. 그래서 나는 멀리 더욱 멀리 도망친 것이며, 마침내 이 암소들에게 오게 된 것이다."

평화를 구가하는 자는 이렇게 말했다. 그는 말을 하면서 씩씩거리고 땀을 흘렸다. 그러자 암소들은 다시 의아하게 생각했다. 그러나 차라투스트라는 그가 그토록 격렬하게 말하는 동안 줄곧 미소 지으며 그의 얼굴을 바라보다가 말없이 머리를 저었다.

"산상의 설교자여, 그대가 그렇게 강한 말을 할 때, 그대는 그대 자신을 해치는 것이다. 그대의 입과 눈은 그런 강인함에 어울리지 않는다.

내가 보기에 그대의 위장도 마찬가지이다. 그러한 분노와 증오와 격앙은 그대의 위장에 어울리지 않는다. 그대의 위장은 더 부드러운 것을 원한다. 그대는 육식을 하는 자가 아니다.

오히려 그대는 채식을 하는 자로 보인다. 아마도 그대는 곡식을 잘게 씹어 먹을 것이다. 분명 그대는 육식의 즐거움을 싫어하고 꿀을 좋아할 것이다."

자진해 거지가 된 자는 밝은 마음으로 대답했다. "그대는 나를 잘 간파했다. 나는 꿀을 좋아하며, 곡식을 씹어 먹기도 한다. 나는 좋은 맛을 내고, 숨을 맑게 해주는 것을 찾고 있었기 때문이다.

또한 나는 시간이 오래 걸리는 것, 마음 편한 게으름뱅이들과 건달들에게 어울리는 하루의 일, 하루 종일 씹는 일을 찾고 있었기 때문이다.

분명 이 암소들은 그러한 일에 가장 익숙해 있다. 그들은 되새김과 양지바른 곳에 눕는 법을 생각해냈다. 또한 그들은 마음을 부풀게 하는 모든 무거운 사상들을 멀리한다."

"좋다!" 차라투스트라가 말했다. "그대는 나의 동물들도 만나봐야 한다. 나의 독수리와 나의 뱀을. 오늘날 이 지상에는 그들과 견줄 만한 것이 없다.

보라, 저 길은 나의 동굴로 통한다. 오늘밤 내 동굴의 손님이 되어라. 그리하여 동물들의 행복에 대해 나의 동물들과 이야기를 나누어라.

내가 나의 집으로 돌아갈 때까지. 지금 절박한 외침이 있어 서둘러 그대를 떠나가라고 소리친다. 그대는 나의 동굴에서 새로운 꿀을 발견하게 될 것이다. 벌집 속에 들어 있는 얼음처럼 차가운 황금빛 꿀을. 그것을 먹어라!

이제 어서 그대의 암소들과 작별하라, 그대 이상한 자여, 사랑스러운 자여! 그 이별이 견디기 어렵다 하더라도 그들은 그대의 가장 따뜻한 친구이며 스승이었으니까!"

자진해 거지가 된 자가 대답했다. "내가 더욱 사랑하는 한 사람을 제외하고는 그대야말로 훌륭하며, 암소보다 훨씬 훌륭하다. 오, 차라투스트라여!"

차라투스트라는 화가 나서 외쳤다. "가거라, 사라져라, 그대 사악한 아첨꾼이여! 어찌하여 그대는 그런 칭찬과 아첨의 꿀로 나의 기분을 상하게 하는가?"

"가거라, 내게서 사라져라!" 그는 다시 한 번 외치고는 온순한 거지를 향해 지팡이를 휘둘렀다. 그러자 거지는 재빨리 도망쳐버렸다.

그림자[69]

자진해 거지가 된 자가 도망치고 다시 혼자 있게 되자마자 차라투스트라의 등뒤에서 "그대로 있어라! 차라투스트라여! 잠깐만 기다려라! 나다. 오, 차라투스트라여. 나다, 그대의 그림자이다!"고 외치는 새로운 목소리가 들려왔다. 그러나 차라투스트라는 기다리지 않았다. 그의 산 위에 많은 사람들이 혼잡을 이루고 있어, 그는 갑자기 불쾌감에 사로잡혔기 때문이다. "나의 고독은 어디로 갔는가?" 그가 말했다.

"참으로 어찌할 수가 없구나, 이 산이 사람들로 들끓고 있으니, 이 세계는 이미 나의 왕국이 아니다. 내게는 새로운 산이 필요하다.

나의 그림자가 나를 부르고 있는가? 나의 그림자가 무슨 소용인가! 나를 뒤쫓아보아라! 나는 그로부터 달아나리라."

차라투스트라는 마음속으로 이렇게 말하고 달아났다. 그러자 그의 등뒤에 있던 자들도 그를 뒤쫓았다. 그리하여 세 사람이 앞뒤로 달리게 되었다. 맨 앞에는 자진해 거지가 된 자이고, 다음은 차라투스트라, 세 번째는 그의 그림자였다. 그들이 그렇게 달린 지 얼마 안 되어 차라투스트라는 자기의 어리석음을 깨닫고는 한순간에 모든 불쾌감과 혐오감을 털어버렸다.

그가 말했다. "어찌된 셈이냐! 예로부터 우리 늙은 은둔자들과 성자들에게는 너무나도 우스꽝스러운 일들이 일어나지 않았던가?

진실로 나의 어리석음이 산 속에서 크게 자라났구나! 지금 나는 여섯

---

69) 스스로의 길을 가지 못하고 스승을 추종하는 제자들을 비꼬아 하는 이야기이다. 니체 자신도 한때 쇼펜하우어나 바그너를 추종했다. 그러나 창조자는 자기목적을 갖고 스스로의 길을 가야 한다.

개의 어리석은 늙은 다리들이 앞뒤에서 달리는 소리를 듣고 있다!

그런데 차라투스트라가 그림자 같은 것을 두려워할 필요가 있을까? 어쨌든 그림자가 나보다 더 긴 다리를 갖고 있는 것 같구나."

차라투스트라는 눈과 내장으로 웃으며 이렇게 말하고는 멈춰 서더니 재빨리 돌아섰다. 그러자 보라, 하마터면 그는 자기를 뒤쫓아오는 그림자를 쓰러뜨릴 뻔했다. 그림자는 차라투스트라의 발뒤꿈치에 바짝 붙어 뒤쫓아왔으며, 그만큼 허약하기도 했다. 차라투스트라는 그림자를 자세히 살펴보고는 갑자기 나타난 유령을 본 것처럼 깜짝 놀랐다. 뒤쫓아온 자는 그토록 가냘프고 어둡고 공허하고 지친 모습이었다.

차라투스트라는 사납게 물었다. "그대는 누구인가? 그대는 이곳에서 무엇을 하고 있는가? 또 어찌하여 그대는 나의 그림자라고 자처하는가? 그대는 내 맘에 들지 않는다."

그림자가 대답했다. "용서해다오, 내가 그대의 그림자인 것을. 좋다, 내가 그대 맘에 들지 않는다 해도. 오, 차라투스트라여! 나는 그 점에서 그대와 그대의 훌륭한 취향을 찬미한다.

나는 방랑자이며, 줄곧 그대의 발뒤꿈치를 뒤쫓아왔다. 언제나 나는 목적지도 고향도 없이 항상 떠돌아다닌다. 그러므로 나는 영원히 방랑하는 유대인과 다를 게 없다. 내가 영원하지 않으며 유대인이 아니라는 점을 제외하고는.

뭐라고? 나는 항상 떠돌아다녀야 한다고? 바람에 날려 끊임없이 앞으로 나아가야 한다고? 오, 대지여. 내게는 네가 너무나 둥글구나!

나는 겉이란 겉에는 다 앉아보았고 지쳐버린 먼지처럼 거울 위에서 그리고 유리창 위에서 잠들곤 했다. 모두 내게서 빼앗아갈 뿐 아무것도 주지 않았다. 그래서 나는 야윈 것이다. 나는 거의 그림자와 같다.

그러나 오, 차라투스트라여. 나는 그대를 가장 오랫동안 따라다녔다. 그리고 내가 그대 앞에서 나 자신을 숨기기는 했지만, 그대의 가장 훌륭한 그림자였다. 그대가 앉아 있는 곳이라면 어디에나 나도 앉아 있었다.

나는 겨울 지붕과 눈 위를 걸어 다니기 좋아하는 유령처럼 그대와 함께 가장 멀고 가장 추운 세계를 돌아다녔다.

나는 온갖 금지된 곳, 가장 불길한 곳, 가장 먼 곳에도 그대와 함께 들어갔다. 그리고 내게 덕이 있다면, 그것은 내가 어떠한 금지도 두려워하지 않았다는 것이다.

그대와 함께 나는 마음속으로 존경한 것을 모두 파괴해버렸다. 나는 경계석들과 우상들을 뒤엎어버렸고, 위험스럽기 짝이 없는 소망을 추구했다. 진실로 나는 어떠한 범죄도 한 번은 겪어보았다.

나는 그대와 함께 언어와 가치와 위대한 이름들에 대한 믿음을 잊어버렸다. 악마가 허물을 벗을 때, 그의 이름 또한 떨어져나가는 것이 아닌가? 이름 또한 껍질이기 때문이다. 악마 자체가 아마도 껍질에 불과할 것이다.

'진리란 없다, 모든 것이 허용된다.' 나는 나 자신에게 이렇게 말했다. 나는 더 없이 차가운 물 속에 뛰어들었다, 머리와 가슴으로. 아, 나는 얼마나 종종 붉은 게처럼 발가벗은 채 서 있었던가!

아, 나의 모든 선, 나의 모든 부끄러움, 선한 자들에 대한 나의 모든 믿음은 어디로 가버렸는가! 아, 일찍이 내가 소유한 거짓된 천진난만함, 선한 자들의 천진난만함, 고상한 거짓말의 천진난만함은 어디로 가버렸는가!

진실로 나는 너무도 자주 진리의 발뒤꿈치를 바짝 따라다녔다. 그러자 진리는 내 머리를 걷어찼다. 때때로 나는 거짓말하려 했다. 그리하여, 보라! 그때야 비로소 나는 진리를 붙잡게 되었다.

너무나 많은 것들이 내게 분명해졌다. 이제 아무것도 더 이상 문제가 되지 않는다. 내가 사랑하는 것은 이미 아무것도 살아 있지 않다. 내가 어찌 아직도 나 자신을 사랑할 수 있겠는가?

'내가 원하는 대로 살거나, 아니면 살지 않는 것'. 나는 그것을 원한다. 가장 성스러운 자도 그것을 원한다. 그러나 슬프도다! 어찌 내가 아직도 욕망을 갖고 있는가?

아직도 나는 목적지를 갖고 있는가? 나의 돛단배가 질주해갈 항구를? 좋은 바람을? 아, 자기가 **어디로** 가고 있는지를 아는 자만 알 것이다. 어떤 바람이 자기를 위해 좋은 바람인지를.

내게 남은 것은 무엇인가? 지쳐버린 오만한 가슴, 침착하지 못한 의지, 연약한 날개, 부러진 척추뿐이다.

나의 고향을 향한 이러한 열망. 오, 차라투스트라여. 그대는 이러한 열망이 나의 지병이라는 것을 알고 있다. 그것은 나를 갉아먹고 있다.

'어디 있는가, 나의 고향은?' 나는 그것을 묻고 또 찾고 있다. 나는 그것을 찾아왔지만 찾지 못했다. 오, 어디에나 영원히 있으며 오, 어디에도 영원히 없는 오, 영원한 공허함이여!"

그림자는 이렇게 말했다. 그림자의 말을 듣자 차라투스트라의 얼굴이 길어졌다. "그대는 나의 그림자이다!" 마침내 그는 슬픔에 찬 어조로 말했다.

"그대의 위험은 결코 작은 것이 아니다. 그대 자유로운 정신이여, 방랑자여! 그대는 오늘 불쾌한 낮을 보냈다. 더 불쾌한 저녁을 보내지 않도록 조심하라!

그대처럼 떠도는 자에게는 마침내 감옥조차도 행복한 곳으로 생각되는 것이다. 그대는 일찍이 감옥의 죄수들이 잠자고 있는 모습을 본 적 있는가? 그들은 평화롭게 잠잔다. 그들은 그들의 새로운 안전을 즐기는 것이다.

끝에 가서 그대가 편협한 신앙과 완고하고 엄격한 망상에 사로잡히지 않도록 조심하라! 이제부터 편협하고 완고한 모든 것들이 그대를 유혹하고 시험하려 할 것이기 때문이다.

그대는 그대의 목적지를 잃어버렸다. 슬프도다, 그대는 어찌 그러한 손실을 외면하고 웃어버리려 하는가? 목적지를 잃어버림으로써 그대는 갈 길마저 잃어버린 것이다!

그대 가엾은 떠돌이여, 몰려다니는 자여, 그대 지쳐버린 나비여! 그대는 오늘 저녁 쉴 곳과 집을 원하는가? 그렇다면 나의 동굴로 올라가라!

저 길은 나의 동굴로 통한다. 지금 나는 다시 그대로부터 빨리 달아나고 싶다. 이미 그림자 같은 것이 내 머리 위에 드리워져 있다.

나는 혼자 가고 싶다. 나의 주위가 다시 밝아지도록. 그러기 위해서 나는 나의 다리로 오랫동안 즐겁게 걸어야 한다. 그러나 저녁에는 내 집에서 춤추게 될 것이다!"

차라투스트라는 이렇게 말했다.

정오에[70]

그리하여 차라투스트라는 달리고 또 달렸으나 더 이상 아무도 발견하지 못한 채 혼자 있었다. 수없이 둘러보아도 결국 혼자임을 알아차린 그는 자신의 고독을 즐기고 맛보았으며 좋은 일들을 오랫동안 생각했다. 그러나 정오가 가까워 태양이 차라투스트라의 머리 바로 위에 머물렀을 때, 그는 비비 꼬이고 혹이 나 있는 고목나무 곁을 지나게 되었다. 그 나무는 포도넝쿨의 풍만한 사랑에 휘감긴 채 자신을 숨기고 있었으며, 거기에는 노란 포도송이들이 풍요롭게 방랑자를 향해 매달려 있었

---

70) 진리를 발견한 최고의 순간에 차라투스트라는 행복한 잠을 잔다. 그러나 그것은 한순간이다.

다. 차라투스트라는 조금 갈증을 느끼며 목을 축이기 위해 포도 한 송이를 따고 싶었다. 그러나 그가 포도 한 송이를 따려고 손을 뻗쳤을 때, 그는 훨씬 더 큰 다른 욕망을 느꼈다. 말하자면 정오의 시간에 그 나무 옆에 누워 잠자고 싶었던 것이다.

차라투스트라는 그렇게 했다. 그는 오색찬란한 풀들의 고요함과 은밀함 속에 눕자마자 작은 갈증도 잊어버리고 잠들어버렸다. 왜냐하면 차라투스트라의 잠언대로 '꼭 필요한 것은 여러 가지 일이 아니라 한 가지 일'이었기 때문이다. 그의 눈만은 열려 있었다. 그의 눈은 그 나무와 포도넝쿨의 사랑을 보고 감탄하는 데 싫증을 느끼지 않았다. 그러나 잠들면서 차라투스트라는 마음속으로 이렇게 말했다.

"조용히! 조용히! 세계는 지금 막 완전해지지 않았는가? 내게 무슨 일이 일어났는가?

산들바람이 거울 같은 바다 위에서 몸을 감추고 깃털처럼 가볍게 춤추듯이—그렇게 잠은 내 머리 위에서 춤춘다.

잠은 나의 눈을 눌러 감겨주지 않고, 나의 영혼을 깨어 있게 한다. 잠은 참으로 가볍다! 깃털처럼 가볍다.

잠은 나를 설득한다. 나는 어찌할 수 없다. 잠은 부드러운 손길로 나의 내면을 어루만진다. 잠은 내게 강요한다. 그렇다. 내게 강요하고 있다, 나의 영혼이 늘어지기를.

나의 영혼은 얼마나 지쳐 늘어져버렸는가, 나의 괴이한 영혼은! 제7일째의 저녁이 바로 정오에 나의 영혼을 찾아온 것일까? 나의 영혼은 행복에 넘쳐 무르익은 것들 사이를 너무 오랫동안 방황한 것일까?

나의 영혼은 길게 늘어진다. 길게 길게, 더욱 길게! 나의 영혼은 조용히 누워 있다, 나의 괴이한 영혼은. 나의 영혼은 이미 좋은 것들을 너무나 많이 맛보았기에 지금의 황금빛 비애가 짓누르고 있는 것이다. 그리하여 나의 영혼은 쓴웃음을 짓는다.

자신의 가장 조용한 포구에 들어간 배처럼 나의 영혼은 오랜 항해와 변덕스러운 바다에 지쳐 지금 대지에 몸을 기대고 있다. 대지가 더 믿음직스럽지 않은가?

이처럼 지친 배가 육지에 기대어 정박해 있을 때는 거미가 육지로부터 배를 향해 거미줄 치는 것만으로 충분하다. 그보다 더 강한 밧줄은 필요하지 않을 것이다.

지친 배가 정적이 깃든 포구에서 쉬는 것처럼 나는 지금 가장 가느다란 실로 대지에 묶인 채 성실하게 믿고 기다리면서 대지 가까이에서 쉬고 있다.

오 행복이여! 오 행복이여! 오, 나의 영혼이여. 노래 부르려 하는가? 너는 풀밭에 누워 있다. 그러나 지금은 어떤 목자도 피리를 불지 않는 은밀하고 엄숙한 시간이다.

조심하라! 뜨거운 정오가 벌판에서 잠들어 있다. 노래 부르지 말라! 조용히 하라! 세계는 완전해졌다.

노래 부르지 말라, 너 풀밭의 새여! 오 나의 영혼이여! 속삭이지도 말라! 자, 조용히! 저 늙은 정오가 잠들어 있다, 늙은 정오가 입을 움칠거린다. 그는 지금 한 방울의 행복을 마시고 있는 것이 아닌가.

황금빛 행복의, 황금빛 포도주의 오래된 갈색 음료 한 방울을? 무언가가 그를 스쳐 지나간다. 그의 행복이 웃는다. 그렇게 신은 웃는다. 조용히 하라!

'행복해지는데 작은 것만으로도 충분하다!' 전에 나는 이렇게 말하고 나 자신이 현명하다고 생각했으나 그것은 오만이었다. **그것을 나는 지금 배웠다.** 영리한 바보들이 말을 더 잘 한다.

가장 사소한 것, 가장 조용한 것, 가장 가벼운 것, 도마뱀의 작은 움직임, 호흡 하나, 동작 하나, 눈의 깜박임 ─이런 **사소한 것들이 최고의 행**

복을 만드는 것이다. 조용히 하라!

내게 무슨 일이 일어났는가? 귀를 기울여라! 시간이 날아가버렸는가? 내가 밑으로 떨어지는 것이 아닐까? 귀를 기울여라! 영원의 우물 속으로 이미 떨어져버린 것이 아닐까?

내게 무슨 일이 일어나고 있는가? 조용히 하라! 나의 심장을 찌르는가? 슬프다, 나의 심장을! 오, 부서져라. 부서져버려라, 심장이여. 그런 행복을 맛보았으니, 이렇게 찔렸으니!

뭐라고? 세계는 지금 막 완전해지지 않았는가? 둥글고 완숙해지지 않았는가? 오, 둥근 황금빛 고리여. 어디로 날아가는가? 나는 그 뒤를 따라가리라! 휙 소리와 함께!

조용히 하라." (이때 차라투스트라는 기지개를 켰고 자신이 잠들어 있었다는 것을 깨달았다.)

그는 자신에게 말했다. "일어나라! 그대 잠꾸러기여! 그대 대낮까지 잠자는 자여! 자, 어서 늙은 두 발아! 일어날 시간이 되었다. 일어날 시간이 지났다. 갈 길이 아직 멀다.

이제 충분히 잠잤다. 얼마나 오랫동안 잤을까? 영원의 반쯤! 자, 어서 일어나라, 나의 다정한 심장이여! 그토록 오랫동안 잠잤으니 얼마나 오랫동안 깨어 있을 수 있겠느냐?"

(그러나 그는 다시 잠들어버렸고 그의 영혼은 그에게 반항이라도 하듯 다시 누워버렸다.) "나를 놓아두라! 조용히 하라! 세계는 지금 막 완전해지지 않았는가? 오, 이 둥근 황금빛 공이여!"

차라투스트라가 말했다. "일어나라, 그대 귀여운 도둑이여. 그대 낮을 훔치는 도둑이여! 어찌된 일인가! 아직도 기지개를 켜고, 하품하고, 한숨 지으며 깊은 우물 속으로 떨어지고 있는가?

대체 너는 누구냐! 오, 나의 영혼이여!" (이때 그는 깜짝 놀랐다. 한 줄기의 햇살이 하늘로부터 그의 얼굴에 내리비쳤기 때문이다.)

"오, 머리 위에 있는 하늘이여." 그는 한숨 지으며 이렇게 말하고는 일어나 똑바로 앉았다. "그대는 나를 내려다보고 있는가? 그대는 나의 괴이한 영혼에 귀를 기울이고 있는가?

그대는 지상의 모든 것들 위에 내린 이 이슬방울을 언제 마시려 하는가? 그대는 이 괴이한 영혼을 언제 마시려 하는가.

언제, 영원의 우물이여! 맑고 두려운 정오의 심연이여! 그대는 나의 영혼을 언제 그대 자신 속으로 다시 들이키려 하는가?"

차라투스트라는 이렇게 말하고 알 수 없는 취기에서 깨어나듯 나무 옆 그의 잠자리에서 일어났다. 보라, 그의 태양은 아직도 그의 머리 바로 위에 머물러 있다. 그러므로 차라투스트라가 오랫동안 잠자지 않았다고 추측하는 것도 일리 있는 것이다.

인사[71]

오랫동안의 헛된 탐색과 방황을 끝내고, 차라투스트라가 그의 집인 동굴로 돌아온 것은 오후 늦게였다. 그러나 그가 그의 동굴에서 스무 걸음도 채 떨어지지 않은 곳에 이르러 발을 멈추었을 때 전혀 예기치 않은 일이 일어났다. 그는 다시 커다란 **절박한 외침**을 들었던 것이다. 놀랍게도 그 외침이 이번에는 그의 동굴에서 들려왔다. 그것은 길고도 이상한 외침이 뒤섞여 있어서 멀리서 들으면 마치 한 목구멍에서 나오는 것처럼 들렸다. 그러나 차라투스트라는 그것이 수많은 목소리들로 이루어졌다는 것을 분명히 알아차렸다.

---

71) 지금까지 차라투스트라가 도중에서 만난 사람들이 모두 동굴에 모였다. 그러나 차라투스트라는 이들이 아직 초인의 앞 단계인 '더 높은 인간'이 되지 못하고 '더 높은 인간'을 위한 다리에 불과하다는 사실을 털어놓는다.

차라투스트라는 그의 동굴을 향해 달려갔다. 보라! 이러한 목소리의 소란 뒤에서 그를 기다리고 있는 것은 얼마만한 장관인가! 거기에는 그가 낮에 만났던 자들이 모두 모여 앉아 있었던 것이다. 오른쪽 왕과 왼쪽 왕, 늙은 마법사, 교황, 자진해 거지가 된 자, 그림자, 정신의 양심을 지닌 사람, 슬픔에 찬 예언자, 그리고 당나귀가. 가장 추악한 인간은 머리에 왕관을 쓰고 두 개의 붉은 띠를 두르고 있었다. 모든 추악한 자들이 그렇듯이. 그는 아름답게 꾸미기를 좋아했기 때문이다. 그러나 이 침울한 자들 한복판에 차라투스트라의 독수리가 털을 곤두세운 채 안절부절 못하고 서 있었다. 왜냐하면 독수리는 자신의 긍지가 대답할 수 없는 많은 것들에 대해 대답해야 했기 때문이다. 영리한 뱀은 독수리의 목에 휘감겨 있었다.

차라투스트라는 이 모든 광경을 보고 크게 놀랐다. 그러나 그는 이들 손님들을 친절한 호기심으로 자세히 살펴보고 그들의 영혼을 간파하면서 다시 놀랐다. 그러는 동안 모여 앉아 있던 손님들은 자리에서 일어나 경외심을 갖고 차라투스트라가 말하기를 기다리고 있었다. 그러나 차라투스트라는 이렇게 말했다.

"그대 절망에 빠져 있는 자들이여! 그대 기이한 자들이여! 그러니 내가 들은 것은 **그대들의** 절박한 외침이었는가? 이제 알겠구나, 내가 오늘 헛되이 찾아다녔던 더 **높은** 인간을 어디서 찾아야 하는지를.

바로 나의 동굴 속에 앉아 있다, 더 높은 인간이! 그러나 내가 어찌 놀라겠는가! 나 자신이 꿀과 행복이라는 교활한 미끼로 그를 내게 끌어들인 것이 아닌가?

그러나 절박하게 외치는 자들이여, 그대들은 함께 어울리기에 적당치 않은 것 같다. 그대들은 이곳에 함께 앉아 서로가 서로의 마음을 상하게 하고 있지 않는가? 무엇보다도 먼저 다른 한 사람이 오지 않으면 안 된다.

그대들을 다시 웃도록 만드는 사람이. 선량하고 쾌활한 익살광대가. 무용수이며 바람이며 개구쟁이 같은 자가, 늙은 바보 같은 자가. 그대들은 어떻게 생각하는가?

그대들 절망하고 있는 자들이여. 내가 그대들 손님 앞에서 이렇게 시시한 말을 하는 것을 용서해다오, 정말로 졸렬하게 말하는 것을. 그러나 무엇이 나의 마음을 방자하게 만들고 있는지 그대들은 짐작하지 못할 것이다.

그대들 자신이 그렇게 만들고 있는 것이다. 그대들의 모습이 그렇게 만들고 있는 것이다. 그것에 대해 나를 용서해다오! 절망에 빠져 있는 자를 보고 있으면 누구나 용감해지는 것이다. 절망하고 있는 자에게 용기를 북돋아줄 수 있는 충분한 힘을 갖고 있다고 누구나 생각하는 것이다.

그대들은 내게 그러한 힘을 주었다. 훌륭한 선물이었다, 나의 고귀한 손님들이여! 대단한 선물을! 자, 내가 그대들에게 나의 어떤 것을 준다고 해서 내게 화내지 말라.

이곳은 나의 왕국이며 나의 영토이다. 그러나 오늘 저녁과 오늘밤에 나의 것은 그대들의 것이 될 것이다. 나의 동물들은 그대들에게 봉사할 것이며, 나의 동굴은 그대들의 휴식처가 될 것이다!

나의 집에서는 아무도 절망에 빠지지 않을 것이다. 나의 영역 안에 있는 모든 사람을 나는 야수로부터 보호해준다. 그것이 내가 그들에게 주는 첫 번째 선물이다. 안전이다!

그리고 두 번째 선물은 나의 새끼손가락이다. 그대들은 먼저 나의 새끼손가락을 가져가고 나서 나의 손도 전부 가져가라. 좋다! 또한 마음까지도! 이곳에 온 것을 환영한다. 어서 오라, 나의 손님들이여!"

이렇게 말하고 차라투스트라는 사랑과 악의에 찬 웃음을 지었다. 환영인사가 끝나자 손님들은 다시 한 번 허리를 굽혀 인사하고 경건한 마음으로 침묵을 지켰다. 그러자 오른쪽 왕이 그들을 대표하여 그에게 대답했다.

"오, 차라투스트라여. 그대가 우리에게 손을 내밀며 인사하는 것을 보고 우리는 그대가 차라투스트라라는 것을 알아차렸다. 그대는 우리 앞에서 스스로 낮추었다. 하마터면 그것이 우리의 존경심을 손상시킬 뻔했다.

누가 그대처럼 그런 긍지를 가지고서도 스스로를 낮출 수 있겠는가? 그것은 우리의 자신감을 높여주고, 우리의 눈과 심장에 원기를 회복시켜준다.

이것만을 보기 위해서도 우리는 이보다 더 높은 산에도 올라갔을 것이다. 말하자면 우리는 구경꾼으로 이곳에 왔으니 흐린 눈을 맑게 해주는 그 무엇을 보고 싶다.

보라, 우리의 절박한 외침은 이미 사라져버렸다. 이미 우리의 가슴과 마음은 활짝 열려 기쁨에 넘쳐 있다. 부족한 것이 거의 없다. 우리의 용기는 더 강해질 것이다.

오, 차라투스트라여. 지상에서 자라는 것 중에는 높고 강한 의지보다 더 기쁨을 주는 것은 없다. 그것이야말로 대지의 가장 아름다운 식물인 것이다. 그런 나무 한 그루로 인해 풍경 전체가 생기를 얻는다.

오, 차라투스트라여. 그대처럼 자라고 있는 자를 나는 소나무에 비유한다. 크고, 묵묵하고, 튼튼하고, 홀로 있고, 잘 굽히는 재질을 가진 최고의 소나무, 장엄하지 않은가!

마침내 자기의 영토를 향해 강하고 푸른 가지들을 내뻗으며 바람과 폭풍과 높은 곳에 사는 모든 것들에게 대담한 질문을 던지는,

질문을 던지는 것보다 더욱 대담하게 대답하는, 지배자이며 승리자인 이런 나무를 보기 위해 그 누가 높은 산에 오르려 하지 않겠는가?

오, 차라투스트라여. 우울한 자와 절망에 빠진 자도 그대의 나무에서

원기를 회복하며, 우왕좌왕하는 자들도 그대의 모습을 보고 안정을 얻고 마음의 병을 고친다.

그리하여 진실로 오늘날 많은 눈들이 그대의 산과 그대의 나무에 쏠리고 있다. 커다란 동경이 생겨났고, 사람들은 묻게 되었다. 차라투스트라가 누구냐?

그리하여 일찍이 그대가 그대의 노래와 그대의 꿀을 귓속에 부어주었던 자들, 이를테면 모든 숨어 있는 자들, 홀로 사는 은둔자들, 둘이 사는 은둔자들도 한결같이 마음속으로 말하고 있다.

'차라투스트라는 아직도 살아 있는가? 사는 것은 더 이상 아무런 가치도 없다, 모든 것이 동일하며, 모든 것이 헛되다. 그렇지 않으면 우리는 차라투스트라와 함께 살아야 한다!'

'그렇게 오래전부터 예고하고도 어찌하여 그는 오지 않는 것일까?' 많은 사람들이 이렇게 묻고 있다. '고독이 그를 삼켜버린 것일까? 아니면 우리가 그에게로 가야 하는 것일까?'

이제 고독은 붕괴되고 산산조각 나서 더 이상 시체를 간직할 수 없는 허물어진 무덤처럼 되었다. 곳곳에서 부활한 자들이 눈에 보인다.

오, 차라투스트라여. 이제 파도가 그대의 산을 에워싸고 점점 높이 올라오고 있다. 그대의 높이가 아무리 높다 하더라도 많은 파도가 그대에게 밀어닥칠 것이다. 그대의 배는 그다지 오랫동안 마른 땅에 머물러 있지 않을 것이다.

그리고 절망에 빠진 우리가 지금 그대의 동굴 속으로 들어와 이미 더 이상 절망하고 있지 않다는 것, 그것도 더 훌륭한 자들이 그대를 향해 오고 있다는 표시이며 징후일 뿐이다.

왜냐하면 인간들 중에서 신의 마지막 잔재가 그대를 향해오고 있기 때문이다. 커다란 동경, 커다란 구역질, 커다란 혐오에 사로잡힌 모든 자들이.

다시 희망하기를 배우지 않고서는. 오, 차라투스트라여. 그대로부터 커다란 희망을 배우지 않고서는 살기를 원치 않는 자들이!"

오른쪽 왕은 이렇게 말하고 나서 차라투스트라의 손을 움켜잡고 입 맞추려 했다. 그러나 차라투스트라는 깜짝 놀라 그의 경의를 저지하고 는, 마치 먼 곳으로 도망치듯이 아무 말 없이 황급히 뒷걸음질쳤다. 그 러나 잠시 후 그는 다시 그의 손님들에게 다가서서 맑고 차근한 눈으로 그들을 바라보면서 말했다.

"나의 손님들이여, 그대 더 높은 인간들이여. 나는 그대들에게 독일 식으로 분명하게 말하려 한다. 내가 이 산속에서 기다리고 있었던 것은 그대들이 아니다."

("독일식으로 분명하게라고? 얼마나 터무니없는 말인가!" 왼쪽 왕은 속으로 중얼거렸다. "그는 독일인들을 모르는 게 분명하다, 동방 태생 의 이 현자는!*

그러나 그는 '독일식으로 거칠게'라는 뜻으로 말했을 것이다. 좋다! 오늘날 그것이 가장 나쁜 취미에 속하는 것은 아니니!")

차라투스트라는 말을 계속했다. "진실로 그대들은 모두 더 높은 인간 일지도 모른다. 그러나 내가 보기에 그대들은 그다지 높지도 않고 강하 지도 않다.

다시 말해 내가 보기에는 침묵을 지키고 있지만 언제까지나 침묵을 지키고 있지는 않을 나의 확고부동한 것이 보기에는. 그대들이 내게 속 해 있다 하더라도 그것은 나의 오른팔로서가 아니다.

그대들처럼 병들고 가냘픈 다리로 있는 자는, 그 사실을 알고 있든 아 니면 자기 자신에게 숨기고 있든, 무엇보다도 온정을 바라기 때문이다.

---

* 차라투스트라가 동방에 있는 페르시아의 배화교 교주인 조로아스터와 연관되 기 때문이다.

그러나 나는 팔과 다리를 아끼지 않는다. 나는 나의 전사들을 아끼지 않는다. 그러니 그대들이 어찌 나의 전쟁에 어울릴 수 있겠는가?

그대들과 함께 싸운다면 오히려 나는 모든 승리를 망치게 될 것이다. 그대들 중 대부분이 우렁찬 나의 북소리를 듣기만 해도 기가 죽을 것이다.

그대들은 내가 보기에는 그다지 훌륭하지도 못하며, 그다지 훌륭한 태생도 아니다. 나에게는 나의 가르침을 되비춰줄 맑고 매끄러운 거울이 필요하다. 그대들의 표면 위에서는 나 자신의 모습까지도 일그러진다.

무거운 짐과 수많은 추억들이 그대들의 어깨를 짓누르고 있다. 많은 사악한 난쟁이들이 그대들의 구석구석에 도사리고 있다. 그대들의 내부에도 보이지 않는 천민이 들어 있는 것이다.

비록 그대들이 높은 인간이며 더 높은 종족의 인간이라 하더라도 그대들의 많은 것이 구부러져 있으며 흉한 꼴을 하고 있다. 그대들을 망치질하여 똑바른 모양으로 만들 수 있는 대장장이는 없다.

그대들은 다리에 지나지 않는다. 더 높은 인간들이 그대들을 밟고 건너가기를! 그대들은 층계이다. 그러므로 그대들을 넘어 자신의 높이로 올라가는 자에게 화를 내지 말라!

언젠가는 그대들의 씨앗으로부터 진정한 아들과 완전한 상속인이 자라날지도 모른다. 그러나 그것은 먼 훗날의 일이다. 그대들 자신은 나의 유산과 이름을 물려받을 자가 아니다.

내가 이 산속에서 기다리고 있는 것은 그대들이 아니며, 내가 그대들과 함께 마지막으로 이 길을 내려갈 수도 없다. 그대들은 더 높은 인간들이 나를 향해 오고 있다는 징후로서 내게 왔을 뿐이다.

내가 기다리고 있는 것은 커다란 동경, 커다란 구역질, 커다란 혐오에 사로잡혀 있는 자들이 아니며 그대들이 신의 잔재라고 불렀던 것들도 아니다.

아니다! 아니다! 세 번 아니다! 내가 이곳 산속에서 기다리고 있는 것은 그런 자들이 아닌 **다른 사람들**이며, 그들과 함께 아니라면 나는 이 곳에서 나의 발을 들어올리지 않을 것이다.

더 높고, 더 강하고, 더 당당하고, 더 쾌활한 자들, 육체와 영혼이 당당한 그러한 자들을 나는 기다리고 있는 것이다. **웃는 사자들**이 와야만 하는 것이다!

오, 나의 손님들이여, 그대 이상한 자들이여. 그대들은 나의 아이들에 대해 아무것도 듣지 못했는가, 나의 아이들이 나를 향해오고 있다는 말을?

나의 정원에 대해, 나의 행복한 섬에 대해, 나의 새롭고 아름다운 종족에 대해 이야기해다오. 어찌하여 그대들은 그것들에 대해 이야기하지 않는가?

나의 아이들에 대해 내게 이야기해주는 것, 그러한 선물을 달라고 나는 그대들의 사랑에 호소한다. 그 아이들 때문에 나는 부유하고, 그 아이들 때문에 나는 가난해졌다. 내가 나누어주지 않은 것이 무엇인가.

내가 한 가지를 얻기 위해서 나누어주려고 하지 않은 것이 무엇인가. 이 아이들, 이 살아 있는 식물, 나의 의지와 나의 최고의 희망인 이 생명의 나무들을 얻기 위해!"

차라투스트라는 이렇게 말하고서 갑자기 말을 중단했다. 동경이 그를 엄습했기 때문이었다. 그는 흥분으로 인해 눈감고 입다물었다. 그러자 그의 손님들도 모두 당황하여 침묵을 지킨 채 조용히 서 있었다. 늙은 예언자만 두 손과 몸짓으로 신호를 보내고 있었다.

만찬[72]

이렇게 예언자가 나서서 차라투스트라와 그의 손님들 사이의 인사를 가로막았다. 그는 마치 잠시도 지체할 수 없다는 듯이 앞으로 달려나와 차라투스트라의 손을 잡고 외쳤다. "그러나 차라투스트라여!

한 가지가 다른 것보다 더 필요하다. 그대 자신이 그렇게 말한 적이 있다. 자, 지금 내게는 한 가지 일이 다른 어떠한 일보다 더 필요하다.

알맞은 때에 한 마디 하자면, 그대는 나를 식사에 초대하지 않았는가? 그리고 이곳에는 먼 길을 걸어온 사람들이 많이 있다. 그대는 설마 이 야기로 우리를 대접할 생각은 아니겠지?

그대들도 모두 동사니, 익사니, 질식이니, 그 밖의 육체적인 위험에 대해 너무도 많은 것들을 생각해왔지만 나의 위험인 아사에 대해서는 아무도 생각하지 않았다."

(예언자는 이렇게 말했다. 차라투스트라의 동물들은 이 말을 듣고 겁에 질려 모두 도망쳐버렸다. 그들이 낮에 모아들인 것으로는 이 예언자 한 사람의 배도 채울 수 없으리라는 것을 알았기 때문이다.)

예언자는 말을 계속했다. "목말라 죽는 것도 마찬가지이다. 비록 나는 이곳에서 지혜의 말소리처럼 끊임없이 넘쳐흐르는 물소리를 듣고 있지만 나는 **포도주**를 마시고 싶다!

모두가 차라투스트라처럼 타고날 때부터 물만 마시는 사람은 아니다. 또한 물은 지쳐 늘어져 있는 자에게는 아무런 도움도 되지 못한다. 우리는 포도주를 마셔야 한다. 그것만이 신속한 회복과 건강을 가져다준다!"

예언자가 포도주를 요구하는 기회를 타서 침묵을 지키고 있던 왼쪽 왕도 말문을 열게 되었다. 그는 말했다. "포도주는 우리가 준비했다, 나와 나의 형제인 오른쪽 왕이. 우리에게는 충분한 포도주가 있다. 당나

---

72) 뛰어난 사상가들도 훌륭한 음식을 필요로 하는데 민중이 이들을 잘 부양하지 못한다는 불만이 토로된다.

귀 한 마리에 잔뜩 실어왔다. 그러니 없는 것은 빵뿐이다."

"빵이라고?" 차라투스트라가 웃으며 대답했다. "빵이야말로 은둔자들이 갖고 있지 않은 것이다. 그러나 인간은 빵으로만 사는 것이 아니고 맛좋은 어린 양고기로도 살 수 있다. 내게 어린 양 두 마리가 있다.

어서 이 양들을 잡아 살바이(Salbei) 향료로 맛있는 요리를 만들자. 나는 그렇게 만든 요리를 좋아한다. 그리고 채근류와 과일도 식도락가와 미식가들을 만족시킬 만큼 충분히 있으며 깨뜨려야 하는 호두와 수수께끼들도 많이 있다.

그러니 어서 훌륭한 만찬을 열기로 하자. 그러나 우리와 함께 식사하기를 원하는 자는 일을 거들어야 한다. 왕들도 마찬가지이다. 차라투스트라의 집에서는 왕까지도 요리사가 되어야 한다."

모두가 이 제안에 흔쾌히 동의했다. 그러나 자진해 거지가 된 자만은 고기와 포도주와 향료에 대해 반대의 주장을 했다.

"이제 대식가(Schlemmer)인 차라투스트라의 말을 들어보자!" 그는 빈정거리듯 말했다. "이 같은 향연을 위해 우리가 동굴로, 높은 산으로 왔단 말인가?

이제야 알겠구나. 일찍이 그가 왜 우리에게 '검소한 가난이 찬미될지어다!'라고 가르쳤는가를. 왜 거지들을 몰아내려 했는가를."

차라투스트라가 그에게 대답했다. "마음을 가다듬어라, 나처럼. 그대의 관습을 지키도록 하라, 그대 훌륭한 자여. 그대의 곡식을 씹고 그대의 물을 마시고 그대의 요리를 찬양하라, 그것이 그대를 행복하게 해주기만 한다면!

나는 내게 속하는 자들을 위한 율법일 뿐, 모든 자들을 위한 율법은 아니다. 그러나 내게 속하는 자는 튼튼한 뼈대와 민첩한 발을 갖고 있어야 한다.

전쟁과 축제를 좋아하는 자, 음울하지 않는 자, 몽상에 빠지지 않는 자, 축제를 맞이하듯 가장 어려운 일을 맞이하는 자, 건강하고 건전한 자라야 한다.

최상의 것은 나와 내게 속하는 자들의 몫이다. 사람들이 우리에게 그 것을 주지 않는다면 우리는 그것을 빼앗아야 한다. 가장 훌륭한 음식, 가장 맑은 하늘, 가장 강한 사상들, 가장 아름다운 여인들을!"

차라투스트라는 이렇게 말했다. 그러자 오른쪽 왕이 대꾸했다. "놀라운 일이다! 일찍이 이렇게 영리한 말을 현자의 입에서 들은 적이 있었던가?

진실로 지혜로우면서도 영리한, 그리고 당나귀가 아닌 현자는 지극히 드문 것이다."

오른쪽 왕은 이렇게 말하고는 의아해했다. 그러나 당나귀는 그의 말에 불만에 찬 목소리로 이—아 하고 응답했다. 그러나 이것은 많은 역사책에서 '만찬'이라고 부르는 저 긴 향연의 시작이었다. 그리고 이 향연이 베풀어지는 동안에 나온 이야기는 더 높은 인간에 관한 것뿐이었다.

더 높은 인간[73]

1

처음으로 인간들에게 갔을 때 나는 은둔자의 어리석음을, 큰 어리석음을 저질렀다. 나는 시장 안에 들어섰던 것이다.

그리고 나는 모든 사람들에게 이야기했지만 사실 나는 아무에게도 이야기하지 않는 것과 같았다. 그날 저녁 줄 타는 광대와 시체가 나의

---

73) 초인의 앞 단계로서 창조자의 역할을 하고 있는 '더 높은 인간'이 지녀야 하는 특성과 과제를 제시하고 있다.

길동무였다. 그리고 나 지신도 거의 시체 같았다.

그러나 새로운 아침과 함께 새로운 진리가 내게 찾아왔다. 그리하여 나는 다음같이 말하는 것을 배웠다. "시장과 천민, 천민의 소란, 천민의 긴 귀가 나와 무슨 상관이 있는가!"

더 높은 인간들이여. 내게서 배워라, 시장에는 더 높은 인간을 믿는 자가 아무도 없다는 것을. 만일 그대들이 시장에서 이야기하고자 한다면 좋다, 그렇게 하라! 그러나 천민은 눈을 껌벅거리며 말할 것이다. "우리는 모두가 평등하다."

"더 높은 인간들이여." 이렇게 천민은 눈을 껌벅거린다. "더 높은 인간은 존재하지 않는다. 우리는 모두가 평등하다. 인간은 인간일 뿐이며, 신 앞에서 우리는 모두 평등하다!"

신 앞에서라고! 그러나 이제 신은 죽었다. 우리는 천민 앞에서 평등해지기를 원치 않는다. 그대 더 높은 인간들이여, 시장을 떠나가라!

2

신 앞에서라고! 그러나 이제 신은 죽었다! 더 높은 인간들이여, 신이 그대들의 최대 위험이었다.

신이 무덤 속에 누워 있게 되자 비로소 그대들은 소생했다. 이제야 비로소 위대한 정오가 다가온다. 이제야 비로소 더 높은 인간이 주인이 되는 것이다!

오, 형제들이여. 그대들은 이 말을 이해했는가? 그대들은 두려운가? 그대들의 심장이 현기증을 느끼는가? 이제 지옥이 그대들을 향해 입을 벌리고 있는가? 이제 지옥의 개가 그대들을 향해 짖어대는가?

좋다! 자! 더 높은 인간들이여! 이제야 비로소 인류의 미래라는 산(山)이 진통을 겪고 있다. 신은 죽었다. 이제 우리는 원한다, 초인이 살기를.

3

오늘날 더없이 조심스러워하는 자들은 묻는다. "어떻게 하면 인간은 영원히 보존될 수 있을까?" 그러나 차라투스트라는 유일한 인간이자 최초의 인간으로서 묻는다. "어떻게 하면 인간은 극복될 수 있을까?"

초인이 나의 가슴에 놓여 있다. 인간이 아니라 초인이 나의 유일한 초미의 관심사이다. 가장 가까운 자도, 가장 가난한 자도, 가장 괴로움을 당하고 있는 자도, 가장 선한 자도 내 관심의 대상이 아니다.

오, 형제들이여. 내가 인간을 사랑하는 것은 인간이 하나의 과정이며 몰락이기 때문이다. 그리고 나로 하여금 사랑하게 하고 희망을 갖게 하는 것들이 그대들에게도 많이 있다.

더 높은 인간들이여. 그대들의 경멸은 그 자체가 나로 하여금 희망을 갖게 한다. 말하자면 위대한 경멸자가 위대한 숭배자인 것이다.

그대들이 절망하고 있다는 것, 바로 거기에는 존경할 만한 점이 많이 있다. 그대들은 복종하는 법을 배운 적이 없으며, 잔꾀를 배운 적도 없기 때문이다.

오늘날 소인배들이 주인이 되었다. 그들은 모두 복종, 겸손, 잔꾀, 근면, 신중함 같은 온갖 왜소한 덕에 대해 설교한다.

여성적인 본성을 지닌 것, 노예근성에서 나오는 것, 특히 천민으로 뒤범벅이 된 것, 그것들이 오늘날 모든 인간 운명의 주인이 되려 한다. 오, 구역질! 구역질! 구역질!

그들은 지치지도 않고 되풀이하여 묻는다. "어떻게 하면 인간은 가장 잘, 가장 오랫동안, 가장 유쾌하게 보존될 수 있는가?" 그렇게 하여 그들은 오늘의 주인이 된 것이다.

오, 형제들이여. 이 오늘의 주인행세를 하는 자들을 극복해다오, 이 왜소한 자들을. 그들이 초인의 가장 큰 위험인 것이다!

더 높은 인간들이여. 왜소한 덕을, 잔꾀를, 모래알 같은 신중함을, 개

미처럼 몰려다니는 잡동사니를, 가엾은 안일을, '다수의 행복'을 극복
하라!

복종하기보다는 차라리 절망하라. 진실로 내가 그대들을 사랑하는
것은 그대들이 오늘을 어떻게 살아가야 하는지를 모르기 때문이다.
더 높은 인간들이여! 그렇게 해서 **그대들은** 가장 훌륭하게 살아가는 것
이다!

4

오, 형제들이여. 그대들은 용기를 갖고 있는가? 그대들은 용감한가?
목격자 앞에서의 용기가 아닌, 어떠한 신도 더 이상 보지 못하는 은둔자
의 용기, 독수리의 용기를.

나는 싸늘한 영혼을 지닌 사람들, 당나귀 같은 사람들, 눈먼 사람들,
술 취한 사람들을 용감하다고 말하지 않는다. 용감한 자는 두려움을 알
되 두려움을 **지배하는** 자, 긍지를 갖고 심연을 들여다보는 자이다.

심연을 들여다보되 독수리의 눈으로 들여다보는 자, 독수리의 발톱
으로 심연을 **움켜잡는** 자, 그런 자가 용기 있는 자이다.

5

"인간은 악하다." 모든 최고의 현자들은 나를 위로해주기 위해 내게
그렇게 말했다. 아, 오늘날 그것이 사실이라면! 왜냐하면 악은 인간의
가장 훌륭한 힘이기 때문이다.

"인간은 더 선해져야 하고 또 더 악해져야 한다." 나는 이렇게 가르친
다. 초인의 최선을 위해서는 최악도 필요하다.

소인들의 설교자에게는 인간의 죄로 인해 괴로워하고 그 죄를 짊어
지는 것이 훌륭한 일이었을지 모른다. 그러나 나는 큰 죄를 나의 큰 위
안으로 삼아 즐거워한다.

그러나 이런 말들은 긴 귀에 들려주기 위한 것은 아니다. 모든 말이 누구의 입에나 어울리는 것은 아니다. 이러한 말들은 섬세하고 아득하다. 그것들을 양의 발톱으로 움켜잡으려 해서는 안 된다!

6

더 높은 인간들이여. 그대들은 그대들이 그르쳐놓은 일을 바르게 고쳐놓기 위해 내가 여기에 있다고 생각하는가?

아니면 앞으로 괴로워하는 그대들에게 좀더 편안한 잠자리를 마련해주기 위해서라고 생각하는가? 아니면 그대들 방황하는 자, 길을 잃고 헤매는 자, 길을 잘못 든 자들에게 더 평탄한 새로운 길을 제시해주기 위해서라고 생각하는가?

아니다! 아니다! 세 번 아니다! 그대들 같은 부류의 인간들 중 더욱더 많은 자들이, 더욱더 훌륭한 자들이 멸망해야 한다. 그대들에게는 삶이 더욱더 나빠지고 가혹해져야 하기 때문이다.

그렇게 해야만 인간은 번개에 맞아 파멸되는 높이까지 성장하는 것이다, 번개에 닿을 만큼 높이!

나의 마음과 동경은 드물고 길고 멀리 있는 것을 향해 치닫는다. 그대들의 작고 많고 짧은 고통이 나와 무슨 상관이란 말인가!

그대들은 아직 충분히 괴로워하지 않는다! 그대들은 그대들 자신 때문에 괴로워할 뿐 인간 때문에 괴로워한 적은 없기 때문이다. 그렇지 않다고 말한다면 그대들은 거짓말하는 것이다! 그대들은 아무도 내가 괴로워하는 괴로움을 겪지 못한다.

7

번개가 더 이상 해치지 않는다고 내가 만족하는 것은 아니다. 나는 번개를 빗나가게 할 생각이 없다. 번개가 **나를** 도와 일하게 하는 방법을

402

배우게 하리라.

나의 지혜는 오래전부터 구름처럼 모였다. 나의 지혜는 점점 조용해지고 점점 어두워지고 있다. 언젠가 번개를 낳을 지혜는 모두 그러한 것이다.

나는 오늘날의 인간들을 위한 빛이 되기를 원치 않으며, 또한 빛으로 불리기도 바라지 않는다. 오늘날의 인간들을 나는 눈멀게 하고 싶다. 내지혜의 번개여! 저들의 눈을 파버려라!

8

그대들은 능력이 미치지 못하는 일을 하려고 하지 말라. 자기의 능력이 미치지 못하는 일을 하려는 자들의 주위에는 사악한 속임수가 있게 마련이다.

특히 그들이 위대한 일을 하려고 할 때는 더욱 그렇다! 왜냐하면 그들은 사람들이 위대한 일을 불신하도록 만들기 때문이다. 이 교묘한 화폐 위조자들과 배우들이.

그리하여 그들은 마침내 자기 자신을 속이고 사팔뜨기가 되고 겉만 번지르르한 벌레 먹은 자가 되고 격한 말과 과시를 위한 덕과 번쩍이는 거짓 작품으로 위장하는 것이다.

그대들 자신이 그렇게 되지 않도록 조심하라, 더 높은 인간들이여! 나는 오늘날 정직보다 더 가치 있고 진귀한 것은 없다고 생각한다.

오늘날은 천민의 것이 아닌가? 그러나 천민은 위대함이란 무엇이며 왜소함이란 무엇인지, 올바름이란 무엇이며 정직함이란 무엇인지 알지 못한다. 그들은 자신들도 모르게 비뚤어져 있고 항상 거짓말을 한다.

9

오늘날에는 건전한 불신감을 갖도록 하라, 더 높은 인간들이여. 용감한 자들이여! 솔직한 자들이여! 그리고 그대들의 밑바탕을 드러내지 말라! 오늘날은 천민의 것이기 때문이다.

일찍이 천민이 근거 없이 믿게 된 것을 누가 근거를 제시하며 뒤엎을 수 있겠는가?

시장에서는 사람들이 몸짓으로 설득한다. 그러나 근거를 대면 천민은 불신하게 된다.

그리고 진리가 일단 승리한다 해도 그대들은 불신을 드러내며 묻는다. "얼마나 심한 오류가 진리의 편에서 싸웠겠는가?"

또한 학자들을 경계하라! 그들은 그대들을 미워한다. 그들은 생산을 해내지 못하기 때문이다! 그들은 싸늘하고 메마른 눈을 갖고 있으며 그들의 눈앞에서는 모든 새들이 털을 뽑힌 채 누워 있다.

그들은 거짓말하지 않는 것을 자랑으로 여긴다. 그러나 거짓말할 능력이 없다는 것과 진리를 사랑하고 있다는 것은 전혀 다른 것이다. 그러므로 조심하라!

격정으로부터 자유롭다는 것도 인식한다는 것과는 전혀 다른 것이다! 나는 얼어붙은 영혼의 소유자들을 믿지 않는다. 거짓말할 줄 모르는 자는 진리가 무엇인지 알지 못한다.

10

높이 올라가기를 원한다면 그대들 자신의 다리로 올라가라! 실려 올라가지 말라, 다른 사람들의 등이나 머리에 올라타지 말라!

그런데 그대는 말에 올라타지 않았는가? 이제 그대는 그대의 목표를 향해 재빨리 말을 타고 달리려 하는가? 좋다, 나의 친구여! 그러나 그대의 절뚝거리는 발도 그대와 함께 말에 올라탄 것이 아닌가!

그대가 그대의 목표에 도달했을 때, 그리하여 그대가 그대의 말에서 뛰어내릴 때, 더 높은 인간이여, 그대는 바로 그대의 **높이**에 걸려 넘어질 것이다!

11

그대들 창조하는 자들이여, 그대들 더 높은 인간들이여! 인간은 자기 자신의 아이만을 잉태할 뿐이다.

아무것에도 속아 넘어가지 말고, 아무것에도 현혹되지 말라! 대체 그대들의 이웃이 누구란 말인가? 그대들은 '이웃을 위해' 행동할 수도 있지만 이웃을 위해 창조하지는 않는다!

이 '위하여'라는 말을 잊어버려라, 그대들 창조자들이여. 그대들의 덕이 '위하여'와 '때문에'와 '왜냐하면'과 아무런 관계도 없기를 바란다. 그대들은 이 거짓에 찬 하찮은 말에 귀를 막아야 한다.

이 '이웃을 위해'라는 것은 오직 왜소한 자들의 덕일 뿐이다. 그들은 '유유상종'이라든가 '가는 정 오는 정'이라고 말한다. 왜소한 자들은 그대들의 이기심을 소유할 권리도 능력도 없는 것이다.

그대들 창조자들이여, 그대들의 이기심 속에는 임신한 자의 신중함과 선견지명이 들어 있다! 그대들의 모든 사랑은 아직 아무도 보지 못한 열매를 보호하고 돌보고 기른다.

그대들의 모든 사랑이 있는 곳에, 곧 그대들의 아기에게 그대들의 덕이 모두 있다! 그대들의 작품, 그대들의 의지야말로 **그대들의** '이웃'인 것이다. 거짓된 가치에 현혹되지 말라!

12

그대들 창조자들이여, 그대들 더 높은 인간들이여! 출산해야 하는 자는 병들어 있으며, 이미 출산한 자는 불결하다.

여인들에게 물어보라. 즐거움을 위해 아기를 낳는 것이 아니다. 출산의 고통은 암탉들과 시인들로 하여금 울음소리를 내게 만든다.

창조자들이여, 그대들에게는 불결한 것이 많이 있다. 그대들은 어머니가 되어야 하기 때문이다.

새로운 아기, 오, 그로 인해 얼마나 많은 오물들이 이 세상에 생겨났는가! 비켜라! 아기를 낳은 자는 자기 영혼을 깨끗이 씻어야 한다!

13

자기 능력 이상으로 후덕해지려 하지 말라! 그리고 될법하지 않는 것을 자신에게 요구하지 말라!

그대들 조상의 덕이 남긴 발자국을 따라가라! 그대들 조상의 덕이 그대들과 함께 올라가지 않는다면, 어떻게 그대들이 높이 올라갈 수 있겠는가?

그러나 첫째가 되기를 원하는 자는 꼴찌가 되지 않도록 조심해야 한다! 그리고 조상의 악덕이 있는 곳에서 그대들은 성자인 체해서는 안 된다!

일생을 여자와 독한 포도주와 멧돼지 고기와 함께 보낸 조상을 가진 자가 자기 자신에게 순결을 요구한다면 어떻게 되겠는가?

그것은 어리석은 짓일 것이다! 이런 자가 한 여자 혹은 두 여자 혹은 세 여자의 남편이 된다는 것은 정말로 너무 심한 일이다.

그리고 이런 자가 수도원을 세우고 출입문 위에 '성자로 가는 길'이라고 써 붙인다면 나는 역시 말할 것이다. 쓸데없다! 그것은 또 하나의 어리석은 짓이 아닌가!

그는 자기 자신을 위해 교도소나 피난처를 세운 것이다. 잘되기를! 그러나 나는 그것을 믿지 않는다.

고독 속에서는 사람이 그 속으로 끌어들인 것, 곧 내면의 가축이 자란다. 그리하여 많은 사람들이 고독을 단념하지 않을 수 없게 된다.

일찍이 사막의 성자들보다 더 불결한 것이 이 지상에 있었던가? 그들의 주위에는 악마뿐만 아니라 돼지까지도 마구 돌아다녔던 것이다.

14

더 높은 인간들이여, 그대들이 마치 뛰어오르다가 떨어진 호랑이처럼 겁먹고 부끄러워하며 슬금슬금 옆으로 도망치는 것을 나는 종종 보아왔다. 그대들은 주사위를 잘못 던진 것이다.

그러나 그대들 주사위를 던지는 자들이여, 그것이 어떻단 말인가! 그대들은 도박하고 희롱하는 방법을 규정대로 배운 적이 없지 않은가! 우리가 항상 도박과 희롱을 위해 만들어진 커다란 탁자 위에 앉아 있는 것은 아니지 않은가?

그대들이 시도한 커다란 일이 실패로 밝혀졌다고 해서 그대들이 실패자임을 뜻하는 것일까? 그리고 그대들 자신이 실패했다고 해서 인간이 실패했다는 것일까? 그러나 인간이 실패했다 하더라도, 좋다! 상관없다!

15

높은 종에 속하면 속할수록 성공하기는 그만큼 어렵다. 더 높은 인간들이여, 그대들은 모두 실패자들이 아닌가?

용기를 내라, 그것이 무슨 문제인가! 아직도 가능한 일들이 얼마나 많은가! 마땅한 방식으로 그대들 자신을 비웃는 법을 배워라!

그대들이 실패하여 절반밖에 성공하지 못했다고 하더라도 그것은 조금도 이상한 일이 아니다, 그대 반쯤 파괴된 자들이여! 그대들 내부에서—인간의 미래가 몸부림치고 있지 않은가?

인간의 가장 먼 것, 가장 깊은 것, 별처럼 가장 높은 것, 인간의 거대한 힘—이 모든 것들이 그대들의 항아리 속에서 뒤섞여 거품을 내뿜고 있지 않은가?

많은 항아리가 깨지는 것은 당연한 일이다! 마땅한 방식으로 그대들 자신을 비웃는 법을 배워라. 그대 더 높은 인간들이여. 오, 아직도 가능한 일들이 얼마나 많은가!

그리고 진실로 얼마나 많은 것들이 이미 이루어졌는가! 이 대지에는 작고 훌륭하고 완전한 것, 잘 조화된 것들이 얼마나 많은가!

그대 더 높은 인간들이여! 그대들의 주위에 작고 훌륭하고 완전한 것들을 놓아두어라. 황금빛으로 무르익은 것들은 마음을 치료해준다. 완전한 것들은 희망을 가르쳐준다.

16

이 지상에서 지금까지 가장 큰 죄는 무엇이었던가? 그것은 "화 있을진저, 여기 웃는 자들이여!"* 라고 말한 자의 말이 아니었던가?

그 자신은 이 지상에서 웃을 이유를 찾아내지 못한 것일까? 그렇다면 그것은 그가 잘못 찾았기 때문이다. 어린아이들조차도 웃을 이유를 찾아낼 수 있을 것이다.

그는 충분히 사랑하지 못했다. 그렇지 않다면 그는 우리 웃는 자까지도 사랑했을 것이다! 그러나 그는 우리를 미워하고 조롱했다. 그는 우리가 애통해하며 이를 갈지 않을 수 없도록 만들었다.

사랑하지 않는다고 해서 반드시 저주해야만 하는가? 그것은 내게 나쁜 취미로 보인다. 그러나 그는 그렇게 행동했다, 이 무조건적인 자는. 그는 천민 출신이었던 것이다.

그리고 그는 제대로 사랑을 해보지 못한 것이다. 그렇지 않다면 자기가 사랑받지 못했다고 해서 그렇게 화를 내지는 않았을 것이다. 모든

---

* 「누가복음」 6장 25절 가운데 "화 있을진저, 너희 이제 웃는 자여"라는 말이 나타난다.

위대한 사랑은 사랑만을 원하지 않는다. 위대한 사랑은 그 이상의 것을 원하는 것이다.

이런 무조건적인 자들을 모두 멀리하라! 그들은 가난하고 병든 자들이며, 천민 부류에 속하는 자들이다. 그들은 삶을 비뚤어지게 바라보며, 대지를 사악한 눈으로 바라본다.

이런 모든 무조건적인 자들을 멀리하라! 그들은 무거운 발과 후덥지근한 가슴을 갖고 있다. 그들은 춤추는 법을 알지 못한다. 이런 자들에게 어떻게 대지가 가벼울 수 있겠는가!

17

모든 훌륭한 것들은 몸을 굽힌 채 그의 목표를 향해 접근해간다. 그들은 고양이처럼 등을 구부린 채 다가오는 행복으로 인해 속으로 끙끙거린다. 모든 훌륭한 것들은 웃게 마련이다.

그의 걸음걸이는 그가 **자기 자신의** 길을 가고 있는지 아닌지를 폭로한다. 내가 걷는 모습을 보라! 자기의 목표에 접근하고 있는 자는 춤추게 마련이다.

진실로 나는 입상이 되어 서 있은 적이 없다. 그리고 지금 이곳에서도 딱딱하게, 뻣뻣하게, 돌처럼, 기둥처럼 서 있지는 않다. 나는 빨리 달리기를 좋아한다.

비록 지상에는 늪과 두터운 비애가 있지만, 가벼운 발을 가진 자는 진흙구덩이를 가로질러 달려가기도 하고, 말끔한 얼음 위에서처럼 춤추기도 한다.

그대들의 가슴을 펴라, 형제들이여. 높이! 더 높이! 그리고 두 다리도 잊지 말라! 그대들의 다리를 들어올려라, 훌륭한 무용수들이여. 그보다 더 바람직한 것은 그대들의 머리로 서는 것이다!

18

웃는 자의 면류관, 장미꽃으로 장식된 이 면류관을 나 자신이 나의 머리 위에 올려놓았다. 나 자신이 나의 웃음을 신성하다고 선언했다. 나는 오늘날 그렇게 할 수 있을 만큼 강한 자를 보지 못했다.

춤추는 자인 차라투스트라, 날개로 손짓하는 경쾌한 차라투스트라, 비상할 준비를 마치고 온갖 새들에게 신호하며 날아가는 자, 행복에 겨워 마음이 가벼운 자.

예언자인 차라투스트라, 웃음으로 예언하는 차라투스트라, 성급하지도 않고 무조건적이지도 않은 자, 도약과 가로뛰기를 사랑하는 자인 나 자신이 이 면류관을 나의 머리 위에 올려놓았다!

19

그대들의 가슴을 펴라, 형제들이여. 높이! 더 높이! 두 다리도 잊지 말라! 그대들의 다리를 들어올려라, 그대 훌륭한 무용수들이여. 그보다 더 바람직한 것은 그대들의 머리로 서는 것이다!

행복 속에서도 몸이 무거운 짐승들이 있다. 태어나면서부터 무딘 발을 가진 자들이 있다. 그들은 마치 머리로 서려고 애쓰는 코끼리처럼 이상한 몸짓을 하며 기를 쓴다.

그러나 불행한 바보보다 행복한 바보가 되는 편이 더 낫고, 절룩거리며 걷는 것보다 서툴게 춤추는 편이 더 낫다. 그러므로 내게서 지혜를 배워라. 최악의 사물조차도 두 개의 좋은 면을 갖고 있다는 지혜를.

최악의 사물조차도 춤추는 좋은 다리를 갖고 있다는 지혜를. 배워라, 더 높은 인간들이여. 그대들 자신의 옳은 다리로 서는 법을!

그러므로 비탄의 한숨을 멈추고 천민의 비애를 잊어라! 오, 오늘날 천민의 익살은 내게 얼마나 구슬픈가! 그러나 오늘날은 천민의 것이다.

20

산속 동굴에서 휘몰아치는 바람처럼 행동하라. 바람은 자신의 휘파람 소리에 맞추어 춤추려 한다. 바람의 발자국 아래에서 바다가 몸을 떨며 뛰어오른다.

당나귀들에게 날개를 달아주고 암사자의 젖을 짜주는, 모든 현재와 모든 천민에게 폭풍처럼 불어 닥치는 이 자유분방한 정신을 찬미하라.

바람은 모든 엉겅퀴 머리들과 탐색하는 머리들과 시든 낙엽과 잡초들에게는 적이다. 마치 풀밭 위에서 춤추듯 늪과 고통 위에서 춤추는 이 사납고 훌륭하고 자유분방한 폭풍의 정신을 찬미하라!

바람은 천민이라는 말라빠진 개들과 비애에 찬 열등 종족들을 미워한다. 모든 비관론자들과 궤양 환자들의 눈에 먼지를 불어넣으며 웃는 폭풍, 자유로운 정신 가운데에서도 가장 자유로운 정신인 이 폭풍을 찬미하라!

더 높은 인간들이여. 그대들에게 가장 나쁜 점은 그대들 중 아무도 인간에게 합당한 방식대로 춤추는 법을 배우지 않았다는 것이다. 그대들 자신을 초월해 춤추는 법을. 그대들이 실패한다는 것, 그것이 무슨 문제인가!

아직도 가능한 것들이 얼마나 많은가! 그러므로 그대들 자신을 초월해 웃는 법을 배우라! 그대들의 가슴을 펴라, 훌륭한 무용수들이여, 높이! 더 높이! 그리고 멋있는 웃음을 잊지 말라!

형제들이여, 웃는 자의 이 면류관, 장미꽃으로 장식된 이 면류관을 나는 그대들에게 던진다! 나는 웃음을 신성하다고 선언한다. 그대들 더 높은 인간들이여, 배워라——웃는 법을!

우수의 노래[74]

1

이 설교를 할 때 차라투스트라는 그의 동굴 입구 가까이 서 있었다. 그러나 마지막 말을 한 후 그는 손님들로부터 빠져나와 잠깐 동안 밖으로 몸을 피했다.

그는 외쳤다. "오, 나를 에워싼 맑은 향기여. 오, 나를 에워싼 행복한 정적이여! 그런데 나의 동물들은 어디 있는가? 오라, 오라. 나의 독수리여, 나의 뱀이여!

말해다오, 나의 동물들이여. 여기 있는 더 높은 인간들이 모두 향기로운 냄새를 풍기는 것은 아닌 것 같다! 오, 나를 에워싼 맑은 향기여, 나의 동물들이여. 내가 너희들을 얼마나 사랑하는지 나 이제야 알고 느낀다."

—그리고 나서 차라투스트라는 다시 말했다. "나의 동물들이여. 나는 너희들을 사랑하고 있다!" 그가 이렇게 말하자 독수리와 뱀은 그의 주위로 달려와 그를 올려다보았다. 이들 셋은 그런 상태로 말없이 서서 함께 좋은 공기를 냄새 맡고 마셨다. 이곳의 바깥 공기는 더 높은 인간들 사이의 공기보다 더 상쾌했기 때문이다.

2

그러나 차라투스트라가 그의 동굴을 떠나자마자 늙은 마법사가 자리에서 일어나 교활하게 주위를 둘러보고 나서 말했다. "그는 나가버렸다!

---

[74] 마술사는 진리를 순수한 인식으로서가 아니라 신비적으로 전달하려 하는 차라투스트라는 바보이며 시인일 뿐이라고 노래한다.

그대들 더 높은 인간들이여, 차라투스트라가 그랬던 것처럼 내가 찬양과 아첨의 이름으로 그대들을 간지럽게 해보겠다. 사악한 기만의 영과 마법의 영이 벌써 나를 덮쳤다, 나의 우울한 악마가.

그 악마는 근본에서부터 차라투스트라의 적대자이다. 그러니 그를 용서하라! 지금 그는 그대들 앞에서 마법을 펼치려 한다. 이제 그는 때를 만난 것이다. 그러므로 내가 이 사악한 요정과 싸워도 소용없다.

'자유정신'이니, '성실한 자'니, '정신의 참회자'니, '사슬에서 풀려난 자' 또는 '크게 동경하는 자'라 부르며 자신을 추켜올리는 그대들을,

나처럼 심한 구역질에 시달리고 있는, 늙은 신이 죽은 뒤 강보에 싸인 채 요람에 누워 있는 어떤 새로운 신도 아직 갖지 못한 그대들 모두를 나의 사악한 영과 마법의 악마는 사랑스러워한다.

나는 그대들을 알고 있다, 더 높은 인간들이여. 또한 나는 어쩔 수 없이 사랑하게 되는 이 괴물, 이 차라투스트라도 잘 알고 있다. 그는 때때로 내게 성자의 아름다운 가면처럼 보인다.

그는 나의 사악한 영인 우수의 악마가 좋아하는 이상하고 새로운 가면무도회처럼 보인다. 내가 차라투스트라를 사랑하는 것은 나의 사악한 영 때문이라는 생각이 종종 든다.

그가 이미 나를 엄습해 짓누르고 있다, 이 우수의 영이, 이 황혼의 악마가. 그리고 진실로 그대들 더 높은 인간들이여, 그는 갈망하고 있다.

그대들의 눈을 크게 떠라! 그는 벌거벗은 몸으로 오기를 갈망하고 있다. 그가 남자의 모습을 하고 올 것인지 여자의 모습을 하고 올 것인지 나는 아직 모른다. 그러나 그는 오고 있으며, 나를 짓누르고 있다. 슬프다! 그대들의 오관을 열라!

낮이 저물고 있다. 이제 만물을 향해 저녁이 찾아오고 있다. 가장 좋은 것들을 향해. 자 들어라 그리고 보라, 그대들 더 높은 인간들이여. 이 저녁을 알리는 우수의 영이 어떠한 악마인지를, 남자인지 여자인지를!"

늙은 마법사는 이렇게 말하고 나서 교활하게 주위를 돌아보았다. 그리고 그의 하프를 집어들었다.

3

대기가 맑아져,
포근한 이슬방울들이
보이지도, 들리지도 않게
대지 위에 내릴 때,
— 온갖 다감한 위안자처럼
이슬은 부드러운 신발을 신고 있으니 —
그때 그대는 기억하는가, 기억하는가, 뜨거운 가슴이여,
일찍이 그대 얼마나 목말라했는가를.
노란 풀밭 오솔길로 사악한 저녁 햇살이,
눈부시게 작열하는 심술궂은 햇살이,
검은 나무들을 뚫고 그대 주위를 맴돌 때,
하늘의 눈물과 이슬방울을 향해,
그을리고 지친 채 얼마나 목말라했는가를.

"진리를 구하는 자라고? 그대가?"— 햇살은 이렇게 조롱했다 —
"아니다? 시인일 뿐이다!
교활하고 약탈하며, 살금살금 기어다니는 한 마리의 짐승처럼
거짓말을 해야 하는,
알면서도 짐짓 거짓말을 해야 하는,
먹이를 노리고,
알록달록한 가면을 쓰고,
스스로 가면이며

스스로 먹이가 되는, ─

그런 자가─진리를 구하는 자인가?

아니다! 바보일 뿐이다! 시인일 뿐이다!

화려한 것만을 말하는,

바보의 가면 속에서 화려하게 외쳐대는,

기만적인 언어의 다리 위를 서성거리는,

거짓 하늘과

거짓 대지 사이의

화려한 무지개 위를

이리저리 헤매며 방황하는─

바보일 뿐이다! 시인일 뿐이다!

그런 자가─진리를 구하는 자인가?

조용하고 단단하고 부드럽고 차가운

형상이 된 것도 아니고,

신의 동상이 된 것도 아니고,

신의 문지기로서

신전 앞에 세워진 것도 아니다.

아니다! 그러한 진리의 입상에 적의를 품고,

아무리 거친 곳이라도 신전보다 아늑하게 느끼며,

고양이처럼 방종이 넘쳐,

창문을 뛰쳐나와

재빨리! 우연 속에 몸을 맡기며,

모든 원시림을 샅샅이 뒤지며,

탐욕스러운 갈망으로 냄새 맡으며,

그대는 원시림 속에서

얼룩무늬 맹수들 사이를
사악하고 건강하게, 화려하고 아름답게
뛰어다녀야 한다.
탐욕스러운 입술로,
기쁘게 조롱하며, 기쁘게 지옥이 되고, 기쁘게 피를 찾으며,
먹이를 노리며, 살금살금 속이며 뛰어다녀야 한다.

혹은 독수리처럼
오랫동안, 오랫동안 심연을 들여다보면서,
자신의 심연을 응시하면서. ─
오, 그 심연은 얼마나 아래로,
밑으로, 속으로,
훨씬 더 깊은 심연 속으로 원을 그리며 떨어지는가!
그러고는 갑자기 수직으로,
날개를 치면서
새끼양들에게 덤벼든다,
너무나 배고파 쏜살같이 밑으로 내려간다.
새끼양들을 노리며,
새끼양의 영혼을 가진 모든 자들에게 화를 내며,
양이나 새끼양 같은 눈동자를 가진 모든 것,
곱슬곱슬한 털을 가진 모든 것,
양과 새끼양의 유순함이 깃든
회색의 모든 것에 무척 화를 내며!
이처럼
독수리 같고, 표범 같다
시인의 동경은,

천 개의 가면 뒤에 숨어 있는 그대의 동경은,
그대 바보여! 그대 시인이여!

그대는 인간을
신으로, 그리고 양으로 보았다. ─
그리하여 그대는 인간 내부에 있는 양을 박살내듯
인간 내부에 있는 신을 박살낸다.
그리고 박살내면서 웃는다─

그것이, 그것이 그대의 행복이다!
표범과 독수리의 행복이다!
시인이며 바보인 자의 행복이다!" ─

대기가 맑아질 때,
푸르른 초승달이
자줏빛 노을 속으로
시샘하듯 기어들어간다.
─낮에 적의를 품고
한 발짝 한 발짝 은밀하게 나아가며
매달려 있는 장미의 그물망을 낫질해간다.
그리하여 마침내 그 그물망은
창백한 얼굴로 밤을 향하여 가라앉는다─

일찍이 나도 그렇게 가라앉았다.
진리의 망상에서 벗어나
대낮의 동경에서 벗어나

대낮에 지치고 빛에 병든 채

아래쪽으로 저녁을 향해, 그림자를 향해.

하나의 진리를 위해

불타고 갈증을 느끼면서.

─그대는 기억하는가, 기억하는가, 뜨거운 가슴이여,

그때 그대가 얼마나 갈증을 느꼈는가를? ─

내가 모든 진리로부터

추방되다니,

바보일 뿐이다!

시인일 뿐이다!

과학[75]

마법사는 이렇게 노래 불렀다. 그러자 주위에 있던 사람들은 모두 자기도 모르는 사이에 새처럼 그의 교활하고 우울한 환락의 그물에 걸려들었다. 그러나 정신의 양심을 지닌 사람은 걸려들지 않았다. 그는 재빨리 마술사로부터 하프를 잡아채고 외쳤다. "공기를! 신선한 공기를 들어오게 하라! 차라투스트라를 들어오게 하라! 그대는 이 동굴을 숨막히게 만들고 있으며 독으로 채우고 있다, 그대 사악한 늙은 마법사여!

그대 거짓된 자여, 교활한 자여. 그대는 알 수 없는 욕망과 혼란을 향해 우리를 유혹하고 있다. 슬프도다, 그대 같은 자가 진리에 대해 지껄여대고 야단법석을 떨다니!

이러한 마법사들을 경계하지 않는 모든 자유로운 정신들에게 화 있으

75) 신비적 체험이 아니라 과학적 인식에 의해 진리를 찾으려는 정신의 양심가에게 차라투스트라는 용기가 정신문화를 산출한다고 주장하면서 스스로의 철학도 과학적 인식이 기초되어 있음을 시사한다.

라! 그들의 자유는 끝났다. 그대는 감옥으로 되돌아가라고 가르치고 유혹하는 것이다.

그대 늙어 우수에 빠진 악마여, 그대의 탄식으로부터 유혹의 피리 소리가 들려온다. 그대는 순결을 찬양하면서도 관능적 쾌락으로 유인하는 자들과 똑같다!"

정신의 양심을 지닌 사람은 이렇게 말했다. 그러나 늙은 마법사는 주위를 둘러보고 자신의 승리를 즐거워했다. 그리고 그는 정신의 양심을 지닌 사람으로 인해 생긴 불쾌감을 삼켰다. 그는 점잖은 목소리로 말했다. "조용히 하라! 좋은 노래는 좋은 메아리를 원한다. 좋은 노래가 끝나면 오랫동안 침묵을 지켜야 하는 것이다.

모두 그렇게 하고 있다, 더 높은 인간들은. 그러나 그대는 아마도 나의 노래를 거의 이해하지 못한 것이 아닌가? 그대에게는 마법의 정신이 거의 없는 것 같다."

정신의 양심을 지닌 사람이 대꾸했다. "나를 그대와 구분하면서 결국 그대가 나를 칭찬하고 말았구나. 좋다! 그러나 여기 있는 다른 자들이여, 그게 무슨 꼴인가? 그대들은 모두 음탕한 눈을 하고 앉아 있다.

자유로운 영혼들이여, 그대들의 자유는 어디로 달아났는가! 그대들은 마치 못된 처녀들이 나체로 춤추는 것을 오랫동안 구경한 자들처럼 보인다. 그대들의 영혼조차 춤추고 있구나!

더 높은 인간들이여, 그대들의 내부에는 틀림없이 저 마법사가 말한 사악한 마법의 영과 기만의 영이 상당히 많이 들어 있다. 우리는 이렇게 서로 다를 수밖에 없구나.

진실로 우리는 차라투스트라가 자기의 동굴로 돌아오기 전에 함께 충분히 대화를 나누었으며 충분히 생각도 했다. 그러므로 나는 알고 있다, 우리가 서로 다르다는 것을.

우리는 서로 다른 것을 **찾고** 있다. 이곳 높은 곳에서도, 그대들과 나는. 나는 더 확실한 안전을 찾고 있다. 내가 차라투스트라에게 온 것은 그 때문이다. 그는 여전히 가장 견고한 탑이며 의지이기 때문이다.

모든 것이 비틀거리고, 대지 전체가 흔들리는 오늘날에. 그러나 그대들의 눈초리를 보니 그대들은 더 위험한 불안전을 찾고 있는 것처럼 보인다.

더 많은 두려움, 더 많은 위험, 더 많은 지진을 그대들은 갈망하고 있다. 내게는 거의 이런 생각이 든다, 나의 추측을 용서하라, 그대 더 높은 인간들이여.

그대들은 내가 가장 두려워하는 가장 나쁜 삶, 가장 위험한 삶, 야수들의 삶, 숲과 동굴과 험한 산과 미로를 갈망하고 있다.

그리고 그대들을 가장 기쁘게 해주는 것은 그대들을 위험에서 건져내주는 안내자가 아니라 그대들을 모든 길로부터 빗나가게 하는 유혹자들이다. 그러나 그대들에게 그러한 욕망이 사랑이라 하더라도 내게는 그것이 불가능해 보인다.

두려움, 그것은 인간이 타고난 기본감정이기 때문이다. 모든 것은 두려움에 의해 설명되는 것이다. 원죄와 도덕도. 과학이라 불리는 나의 덕 또한 두려움으로부터 성장한 것이다.

말하자면 야수들에 대한 두려움, 그것은 가장 오랫동안 인간의 마음속에서 길들여져 왔다. 인간이 자신의 내부에 숨긴 채 두려워하고 있는 동물도 야수에 포함된다. ―차라투스트라는 그 동물을 '내면의 가축'이라고 부른다.

오랫동안 간직되어온 이 두려움이 마침내 섬세해지고 신성시되고 정신화되어 오늘날 과학으로 불리고 있다고 나는 생각한다."

정신의 양심을 지닌 사람은 이렇게 말했다. 그러자 때마침 자신의 동굴로 돌아와 이야기의 끝부분을 듣고 그 뜻을 헤아린 차라투스트라는 정신의 양심을 지닌 사람에게 한줌의 장미꽃을 던져주고는 그의 '진리'를 비웃었다. 그는 외쳤다. "뭐라고? 그대는 무슨 말을 했는가? 진실로 그대가 바보이거나 아니면 나 자신이 바보인 것 같구나. 나는 그대의 '진리'를 단번에 뒤엎으리라.

두려움은 우리 인간에게 예외적인 것이기 때문이다. 그러나 **용기와 모험**, 바로 그런 용기가 미지의 것과 시도되지 않은 것에 대한 인간의 전 역사를 만드는 것이라고 나는 생각한다.

인간은 가장 사납고 가장 용감한 동물들의 모든 덕을 시기해왔으며, 그들에게서 이러한 덕을 **빼앗았다**. 그리하여 비로소 인간은—인간이 된 것이다.

이 용기, 독수리의 날개와 뱀의 지혜를 지닌 인간의 이 용기는 마침내 섬세해지고 신성시되고 정신화되었다. 내 생각에, 오늘날 이 용기를 일컬어—"

"차라투스트라다!" 함께 앉아 있던 자들이 모두 이구동성으로 외치고는 큰 웃음을 터뜨렸다. 그러자 마치 무거운 구름 같은 것이 이들로부터 피어올랐다. 마법사까지도 크게 웃고 나서 영리하게 말했다. "그래! 사라졌다. 나의 사악한 영은!

그대들에게 그는 사기꾼이며 기만과 현혹의 영이라고 말했을 때 나는 그대들에게 그를 경계하라고 말한 것이 아닌가?

특히 그가 벌거벗은 자신을 보여줄 때는. 그러나 내가 어찌 그의 간계를 막을 수 있겠는가! 내가 그를 그리고 이 세계를 창조했는가?

자! 다시 즐거운 기분으로 돌아가 유쾌해지자! 차라투스트라가 사나운 눈초리로 노려본다고 하더라도 그를 보라! 그는 내게 화를 내고 있다.

밤이 오기 전에 그는 다시 나를 사랑하고 칭찬하게 될 것이다. 그는 그러한 어리석음을 저지르지 않고서는 오래 살 수가 없는 것이다.

그는 자신의 적을 사랑한다. 그는 이 기술을 내가 만난 어떤 사람보다도 잘 알고 있는 것이다. 그러나 그는 그 대신에 복수한다, 그의 친구들에게!"

늙은 마법사가 이렇게 말하자 더 높은 인간들은 그에게 박수갈채를 보냈다. 그러자 차라투스트라는 주위를 돌면서 마치 모든 사람들에게 무언가 보상하고 사과해야 하는 사람처럼 악의와 사랑에 찬 손길로 그의 친구들과 악수를 나누었다. 그러나 그가 그의 동굴 문 쪽으로 오자 보라, 그는 다시 바깥의 신선한 공기와 그의 동물들이 보고 싶어 견딜 수가 없었다. 그리하여 그는 몰래 밖으로 빠져나가려 했다.

사막의 딸들[76]

1

그때 차라투스트라의 그림자라고 자칭한 방랑자가 말했다. "떠나지 말아다오! 우리와 함께 있어다오. 그렇지 않으면 저 낡고 음침한 고뇌가 다시 우리를 덮칠지도 모른다.

저 늙은 마법사는 이미 자신의 가장 나쁜 것을 우리에게 잘 보여주었다. 보라, 저기 저 선량하고 경건한 교황은 눈물을 글썽이며 다시 우수의 바다에 배를 띄웠다.

저기 저 왕들은 아직도 우리 앞에서 억지로 즐거운 얼굴을 하고 있는지도 모른다. 그들은 오늘날 우리 중 누구보다도 그런 재주가 뛰어나기 때문이다! 그러나 보는 사람이 없다면, 분명코 그들에게도 사악한 유희가 다시 시작될 것이다.

떠도는 구름, 축축한 우수, 뒤덮인 하늘, 도둑맞은 태양, 울부짖는 가

---

76) 과학적 인식과 시적인 상상력을 연결해주는 것이 용기이다. 진리의 근원은 용기이다. 용기는 의심을 벗어나 순진하게 춤추는 데도 있다. 유럽인의 합리정신에 비해 아라비아인들의 직관적인 감성이 더 뛰어남을 암시한다. 여기에 나오는 니체의 시에는 관능적인 요소가 많이 포함되어 있다.

을바람 같은 사악한 유희가,

우리의 울부짖음이나 절박한 외침 같은 사악한 유희가. 오, 차라투스트라여. 우리와 함께 있어다오. 이곳에는 큰 소리로 떠들어대고 싶어하는 감춰진 고통이 많이 있다. 저녁과 구름과 갑갑한 공기가 많이 있다!

그대는 우리에게 강한 자의 음식과 영양 많은 잠언을 먹게 해주었다. 그러니 후식(後食) 때에 연약한 여성적인 정신이 우리를 덮치지 않도록 해다오!

그대만이 그대 주위의 공기를 강하고 맑게 한다! 일찍이 그대의 동굴 속에서 그대와 함께 있을 때처럼 나 지상에서 그렇게 신선한 공기를 마셔본 일이 있었던가?

나는 많은 나라들을 둘러보았으며, 나의 코는 여러 종류의 공기들을 맛보고 음미하는 법을 배워왔다. 그러나 그대와 함께 있으면 나의 후각은 가장 큰 기쁨을 느낀다!

다만 한 가지 예외가 있다, 예외가. 오, 옛 추억에 잠기는 것을 용서하라! 일찍이 내가 사막의 딸들 사이에서 지은 오래된 후식의 노래에 대해 용서하라.

그녀들 주위에도 이곳만큼 좋은, 맑은 동방의 공기가 있었다. 나는 흐리고, 축축하고, 우수에 가득 찬, 낡은 유럽으로부터 가장 멀리 떨어져 있는 그곳에 있었다!

그 당시 나는 그런 동방의 소녀들을, 그리고 한 조각의 구름도 사상도 떠 있지 않은 먼 푸른 하늘나라를 사랑했다.

춤추지 않을 때, 그녀들이 앉아 있는 모습이 얼마나 얌전한지 그대들은 믿으려 하지 않을 것이다. 심오하게, 그러나 아무런 상념도 없이 작은 비밀처럼, 리본이 달린 수수께끼처럼, 후식의 호두처럼.

참으로 화려하고 이국적으로! 그러나 한 조각의 구름도 없이 스스로 풀리는 수수께끼처럼 그렇게 앉아 있었다. 그때 나는 이런 소녀들을 기쁘게 해주기 위해 후식의 찬가를 지었다."

방랑자인 그림자는 이렇게 말했다. 그러고는 누가 대답하기도 전에 그는 재빨리 늙은 마법사의 하프를 잡은 다음 다리를 교차시키고는 조용히 지혜로운 눈으로 주위를 둘러보았다. 그리고 그는 마치 낯선 나라에서 낯선 공기를 맛보는 자처럼 코로 천천히 그리고 시험해 보듯이 공기를 들이마셨다. 그러고 나서 그는 울부짖는 듯한 목소리로 노래하기 시작했다.

2

사막은 자란다. 사막을 숨기고 있는 자에게 화 있으라!

—아! 장엄함이여!
참으로 장엄함이여!
위엄 있는 시작이여!
아프리카풍의 장엄함이여!
사자에게 어울리는
혹은 도덕적인 원숭이에게 어울리는—
—그러나 그대들에게는 아무것도 아니다,
그대 가장 사랑스러운 소녀들이여,
나는 유럽인으로서 처음으로,
야자나무 아래서,
그대들의 발밑에
앉아 있는 것이 허용되었다. 셀라.

참으로 놀랍도다!
나는 지금 이곳에 앉아 있다,

사막 가까이에,

그러나 벌써 사막에서 멀리 떨어져서,

어디에도 사막처럼 황폐되지 않은 채.

이 가장 작은 오아시스가

나를 삼켜버렸기 때문에 ——

——이 오아시스는 바로 하품하면서 벌렸다,

그 사랑스러운 입을,

작은 입들 중에서도 가장 향기로운 입을,

그러자 나는 그 속으로 빠져 들어갔다,

아래로, 그대들 사이로,

그대, 가장 사랑스러운 여자친구들이여! 셀라.

저 고래에게 축복이 있으라, 축복이,

그토록 손님에게 즐거움을 안겨준다면!

——그대들은 이해하는가,

나의 해박한 비유를?

저 고래의 배에게 축복 있으라,

그것이 그토록 사랑스러운

오아시스의 배라면.

그러나 나는 그것을 의심한다,

——나는 모든 나이 든 부인들보다

더 의심이 많은

유럽 태생이기 때문이다.

신이 바로잡아주기를!

아멘!

나는 지금 이곳에 앉아 있다,
이 가장 작은 오아시스에,
갈색으로 달콤하게, 황금빛으로 무르익은
대추야자의 열매처럼,
소녀의 둥근 입을 갈망하면서,
소녀의 얼음처럼 차갑고, 눈처럼 흰,
날카로운 이빨을 더 갈망하면서.
모든 뜨거운 대추야자 열매의 가슴은
이러한 이빨을 갈구하기 때문이다. 셀라.

방금 말한 남국의 열매와
흡사하게, 너무도 흡사하게,
나는 이곳에 누워 있다.
작은 딱정벌레들이 주위에서
냄새를 맡으며 놀고 있다.
나는 더 작고, 더 어리석고, 더 죄 많은
욕망과 생각들 속에
파묻혀 있다.
그대 말없는, 불안에 가득 찬
소녀 암코양이들이여,
두두와 줄라이카여,
나는 그대들에게 둘러싸여 있다.
—여러 가지 감정들을 한 마디로 응축시켜 말한다면,
스핑크스에 둘러싸여 있다.
(이렇게 말하는 죄를
신이 용서하기를!)

나는 가장 신선한 공기를 냄새 맡으며 이곳에 앉아 있다,
실로 낙원의 공기를 냄새 맡으며
맑고 경쾌한 황금빛 줄무늬의 공기를,
달나라에서 내려온 것 같은 좋은 공기를—
그것은 우연 때문일까,
아니면 옛 시인들이 말한 것처럼
방자함 때문일까?
그러나 의심 많은 자인 나는
그런 말을 의심한다,
나는 모든 나이 든 부인들보다
더 의심이 많은
유럽 태생이기 때문이다.
신이 바로잡아주기를!
아멘!

가장 향기로운 공기를 마시면서,
콧구멍을 술잔처럼 부풀린 채,
미래도 추억도 없이
나는 이렇게 이곳에 앉아,
그대, 가장 사랑스러운 소녀들이여,
야자나무를 바라보고 있다.
야자나무가 마치 무희처럼
몸을 굽히고 엉덩이를 흔드는 모습을 바라보고 있다.
—오랫동안 바라보고 있으면 따라하고 싶어진다!
야자나무는 무희처럼, 내가 보기에 무희처럼,
너무나 오랫동안, 위험할 정도로 오랫동안

항상 한쪽 다리로만 서 있었는가?

—그런데 무희는, 내가 보기에 무희처럼,

다른 한쪽 다리를 잊어버린 것일까?

나는 다리를 찾았으나

그것은 헛일이었다,

잃어버린 쌍둥이 보석의 한쪽을,

—다른 한쪽 다리를—

가장 아름답고 우아한,

부채처럼 나부끼며 반짝이는

그녀의 작은 스커트 옆 신성한 곳에서.

그렇다, 그대들이 나를 믿어주려 한다면,

그대 사랑스러운 소녀들이여,

그녀는 한쪽 다리를 잃어버린 것이다!

그것은 사라졌다!

영원히 사라져버린 것이다!

다른 한쪽 다리는!

오, 귀여운 한쪽 다리를 잃다니!

그 다리는 지금 어디서

버림받은 신세를 슬퍼하고 있을까?

저 외로운 다리는?

황갈색 갈기의 성난 사자 같은 괴물 앞에서

두려움에 떨고 있는 것은 아닐까?

아니면 이미

갈가리 물어뜯기고 토막 났는지도 모른다—

가엾어라, 아! 아! 토막 나다니! 셀라.

오, 울지 말라,

연약한 가슴이여!

울지 말라, 그대,

대추야자의 가슴이여! 젖가슴이여!

그대, 감초 같은 마음을 지닌

작은 주머니여!

더 이상 울지 말라,

창백한 두두여!

사내다워라, 줄라이카여! 용기를! 용기를!

―아니면 기운을 북돋아주는 것,

가슴에 원기를 주는 것이

이 자리에는 있어야 하나?

그럴듯한 잠언이?

장엄한 격려의 말이?

하! 일어나거라, 위엄이여!

덕의 위엄이여! 유럽인의 위엄이여!

바람을 내뿜어라, 다시 바람을 내뿜어라,

덕의 풀무여!

하!

다시 한 번 울부짖어라,

도덕적으로 울부짖어라!

도덕적인 사자처럼

사막의 딸들 앞에서 울부짖어라!

―그대 가장 사랑스러운 소녀들이여,

덕의 울부짖음이야말로

그 무엇보다도,

유럽인의 열정이며, 유럽인의 갈망이기 때문이다!

그리고 나는 지금 이곳에 서 있다,

유럽인으로서,

나는 달리 어떻게 할 수가 없다, 신이 도와주기를!

아멘!

사막은 자란다. 사막을 숨기고 있는 자에게 화 있으라!

깨어남[77]

1

방랑자인 그림자의 노래가 끝나자 동굴은 갑자기 큰 소리와 웃음으로 가득 찼다. 모여 있던 손님들이 동시에 저마다 떠들어댔으며, 이러한 흥분상태를 보자 심지어 당나귀까지도 잠자코 있지 못했다. 그러자 손님들에 대한 작은 혐오감과 경멸이 차라투스트라를 덮쳤다. 물론 그들의 쾌활함을 기쁘게 생각한 것은 사실이다. 쾌활함은 그들이 회복되어가는 징후라고 생각되었기 때문이다. 그래서 그는 몰래 밖으로 빠져나와 그의 동물들과 대화를 나누었다.

"그들의 고통은 어디로 사라졌는가?" 이렇게 말하면서 그는 이미 자신의 작은 혐오감에서 벗어나 길게 숨을 들이쉬었다. "그들은 내 집에서 절박한 외침을 잊은 것 같구나!

유감스럽게도 아직 외치는 일 그 자체는 잊지 못했지만." 이때 차라

---

77) 유쾌하게 떠들던 '더 높은 인간'들이 갑자기 조용해진다. 초인의 진리를 이겨내지 못하고 다시 기독교 신앙으로 돌아간 것이다. 차라투스트라는 기독교 교리들이 당나귀에게나 어울리는 허황된 것이라고 비웃는다.

투스트라는 귀를 막고 말았다. 당나귀의 '이—아' 하는 울음소리가 더 높은 인간들의 환호성에 섞여 묘하게 들려왔기 때문이었다.

그는 다시 말하기 시작했다. "저들은 유쾌하구나. 그래서 주인에게 방해가 될지도 모른다는 생각을 하지 않는구나. 그들은 내게서 웃음을 배웠지만, 그들이 배운 것은 나의 웃음이 아니다.

하지만 그것이 어떻단 말인가! 그들은 늙은이들이다. 그들은 그들 방식대로 원기를 회복하고, 그들 방식대로 웃는 것이다. 이제까지 내 귀는 이보다 더 나쁜 소리들에 의해 시달려 왔으면서도 화를 낸 적이 없다.

오늘은 승리의 날이다. 나의 최대의 숙적인 무거운 정신은 이미 비틀 거리며 도망치고 있다! 그토록 불길하고 음침하게 시작된 이 하루가 얼마나 훌륭하게 막을 내리고 있는가!

오늘이 끝나려 한다. 이미 저녁이 되었다. 훌륭한 기사인 저녁이 말을 타고 바다를 건너 우리를 향해 다가오고 있다! 이 행복한 자, 집으로 돌아가는 자는 붉은 안장에 앉아 얼마나 몸을 흔들고 있는가!

하늘은 맑은 눈동자로 그 모습을 내려다보고 있으며, 세계는 깊은 곳에 누워 있다. 오, 그대여. 나를 찾아온 이상한 자들이여. 나와 함께 사는 것만으로도 이미 보람 있는 일이다!"

차라투스트라는 이렇게 말했다. 그때 다시 동굴로부터 더 높은 인간들의 외침과 웃음소리가 들려왔다. 그는 다시 말하기 시작했다.

"그들은 물고 있다. 나의 미끼가 효과를 나타내고 있다. 그들의 적인 무거운 정신이 그들 앞에서도 비틀거리고 있다. 그들은 이미 자기 자신을 비웃는 법을 배우기 시작했다. 내가 잘못 들은 것은 아닐까?

나의 남성적인 음식이, 나의 활력에 넘치는 말이 효과를 나타내고 있다. 진실로 나는 그들에게 배를 부풀리는 야채를 먹이지 않았다! 나는 그들에게 전사의 음식, 정복자의 음식을 먹여주었다. 나는 새로운 욕망들을 일깨워주었다.

그들의 팔과 다리에는 새로운 희망들이 스며들어 있으며, 그들의 가슴은 기지개를 켜고 있다. 그들은 새로운 말들을 찾아내고 있으며, 머지않아 그들의 영혼은 자유분방함을 호흡하게 될 것이다.

분명 그러한 음식은 어린아이들이나 연모에 사로잡힌 늙고 젊은 여자들에게는 적합하지 않을 것이다. 그들의 내장은 다른 방법으로 설득해야 한다. 나는 그들의 선생이나 의사가 아니다.

구역질이 더 높은 인간들로부터 물러나고 있다. 됐다! 그것은 나의 승리이다. 그들은 나의 영토에서 점점 안정을 얻고 있으며, 모든 어리석은 수치심이 그들에게서 사라지고 있다. 그들은 스스로 짐을 벗어버리고 있다.

그들은 마음의 짐을 벗어버리고 있다. 좋은 때가 다시 그들에게 되돌아오고 있다. 그들은 편안한 마음으로 되새김질을 하고 있다. 그들은 감사하는 마음을 갖게 된 것이다.

그들이 감사하는 마음을 갖게 된 것, 그것을 나는 가장 좋은 징후로 간주한다. 그들은 머지않아 축제를 생각해내어 옛날의 기쁨을 기리는 기념비를 세울 것이다.

그들은 회복되어가는 자들이다!" 차라투스트라는 기쁜 듯이 마음속으로 이렇게 중얼거리고는 바깥쪽을 바라보았다. 그러나 그의 동물들은 그의 주위에 몰려와 그의 행복과 그의 침묵에 경의를 표했다.

2

그러나 갑자기 차라투스트라의 귀는 깜짝 놀랐다. 지금까지 소란과 웃음소리로 가득 찼던 동굴이 별안간 죽은 듯이 조용해졌기 때문이다—그러나 그의 코는 마치 불타고 있는 솔방울에서 풍겨 나오는 것과 같은 향기로운 연기와 냄새를 맡았다.

"무슨 일이 일어나고 있는 것일까? 그들은 무엇을 하고 있는 것일까?" 그는 이렇게 자기 자신에게 묻고는 손님들을 몰래 엿보기 위해 살금살금 입구로 다가갔다. 그러나 놀랍고 놀랍도다! 거기서 그는 두 눈으로 무엇을 보아야 했던가!

"그들에게 다시 **신앙심**이 생긴 것이다. 그들은 **기도**하고 있다. 그들은 미쳐버린 것이다." 그는 매우 놀라 이렇게 말했다. 더 높은 인간들—두 왕, 실직한 교황, 사악한 마법사, 자진해 거지가 된 자, 방랑자인 그림자, 늙은 예언자, 정신의 양심을 지닌 사람, 가장 추악한 인간은 모두 어린아이 또는 곧잘 믿는 늙은 여자들처럼 무릎을 꿇고 앉아 당나귀에게 경배를 드리고 있었다. 그러자 바로 그때 가장 추악한 인간은 마치 표현할 수 없는 그 무엇이 그에게서 나오려고 발버둥치기라도 하듯이 그르렁거리고 씩씩거리기 시작했다. 그러나 실제로 그가 말하게 되었을 때, 보라, 그것은 그들이 경배와 분향을 하고 있는 당나귀를 찬양하는 이상하고도 경건한 연도(連禱)였던 것이다. 연도는 이렇게 들려왔다.

아멘! 찬양과 영예와 지혜와 감사와 영광과 권세가 영원히 우리의 신에게 있기를!

그러자 당나귀는 거기에 맞추어 '이—아' 하고 울음소리를 냈다.

그는 우리의 무거운 짐을 짊어지고, 종의 모습을 취했으며, 마음속으로부터 인내하고, '아니다'라는 말은 결코 하지 않는다. 그런데 자기의 신을 사랑하는 자가 그의 신을 구박하고 있는 것이다.

그러자 당나귀는 거기에 맞추어 '이—아' 하고 울음소리를 냈다.

그는 자신이 창조한 세계를 향해 항상 '그렇다'라고 긍정하는 말 이외에는 하지 않는다. 이렇게 하여 그는 그의 세계를 찬미하는 것이다. 말하지 않는 것이 그의 교활함이다. 그리하여 그는 거의 실수를 하지 않는다.

그러자 당나귀는 거기에 맞추어 '이—아' 하고 울음소리를 냈다.

그는 눈에 띄지 않게 세계를 돌아다닌다. 그의 몸 색깔은 회색이고 그 속에 자신의 덕을 숨기고 있다. 그에게는 정신이 있지만, 그는 그것을 감춘다. 그러나 모두가 그의 기다란 귀를 믿는다.

그러자 당나귀는 거기에 맞추어 '이—아' 하고 울음소리를 냈다.

그가 기다란 귀를 갖고 있으면서도 '그렇다'라고 말할 뿐 결코 '아니다'라고 말하지 않는 것, 그것은 감춰진 지혜가 아닌가! 그는 세상을 자신의 형상대로, 말하자면 가능한 한 어리석게 창조한 것이 아닌가?

그러자 당나귀는 거기에 맞추어 '이—아' 하고 울음소리를 냈다.

당신은 똑바른 길과 굽은 길을 가리지 않고 간다. 우리 인간들이 똑바른 것이라고 생각하든 굽은 것이라고 생각하든 당신은 거의 상관없어 한다. 당신의 나라는 선악의 피안에 있다. 천진난만함이 무엇인지 알지 못하는 것, 그것이 당신의 천진난만함이다.

그러자 당나귀는 맞추어 거기에 '이—아' 하고 울음소리를 냈다.

보라, 당신은 아무도 거지들도 왕들도 내쫓지 않는다. 당신은 어린아이들이 당신에게 오는 것을 허락하며, 짓궂은 소년들이 당신을 끌고 다녀도 당신은 순진하게 '이—아'라고 말한다.

그러자 당나귀는 거기에 맞추어 '이—아' 하고 울음소리를 냈다.

당신은 암나귀들과 신선한 무화과 열매를 좋아한다, 당신은 아무 음식이나 잘 먹는다. 배고플 때 당신의 마음은 엉겅퀴에도 끌린다. 거기에 신으로서의 지혜가 담겨 있다.

그러자 당나귀는 거기에 맞추어 '이—아' 하고 울음소리를 냈다.

당나귀 축제⁷⁸⁾

1

연도가 여기에 이르자 차라투스트라는 더 이상 자신을 억제할 수 없어 당나귀 소리보다 훨씬 더 큰 소리로 '이—아' 하고 외치며 미쳐 날뛰는 그의 손님들 한가운데로 뛰어들었다. "그대들은 무슨 짓을 하고 있는가? 그대 인간의 자식들이여." 그는 경배하고 있는 자들을 땅바닥에서 잡아올리며 소리쳤다. "아, 그대들의 모습을 본 것이 차라투스트라가 아닌 다른 사람이었다면.

그들은 모두 판단을 내렸으리라. 이러한 새로운 신앙을 가진 그대들은 가장 사악한 신성 모독자들이거나 아니면 가장 어리석은 늙은 여인들이라고!

그대 늙은 교황이여. 이렇게 당나귀를 신으로 경배하는 일이 어떻게 그대와 어울리는 일이 될 수 있겠는가?"

교황이 대답했다. "오, 차라투스트라여. 용서해다오. 그러나 신에 관한 일이라면 내가 그대보다 훨씬 더 잘 알고 있다. 그것은 나와 어울리는 일이다.

신을 이러한 형상 속에서 숭배하는 것이 보이지 않는 신을 숭배하는 것보다 차라리 낫다! 나의 고상한 친구여, 이 말을 깊이 생각해보라. 그대는 이 말 속에 지혜가 숨어 있음을 곧 알게 되리라.

'신은 영이다'라고 말한 자는 이제까지 지상에서 나타난 가장 큰 발걸음과 도약으로 불신앙을 향해 다가간 자이다. 이러한 말은 지상에서 쉽사리 고쳐지지 않는다!

---

78) 차라투스트라의 손님들은 각각 어리석은 짓을 변호한다. 차라투스트라는 실망하지만 즐거워지려는 욕망이 이들에게 있음을 알고 위로받는다.

아직도 지상에 경배할 것이 남아 있다는 사실을 알고 나의 늙은 마음은 마구 뛰고 있다. 오, 차라투스트라여. 이 신앙심 깊은 늙은 교황의 마음을 용서해다오!"

차라투스트라는 방랑자인 그림자에게 말했다. "그리고 그대는 스스로 자유로운 정신이라고 자칭하며 또 자유로운 정신임을 자부하고 있지 않은가? 그러면서도 그대는 여기서 이러한 우상숭배와 성직자 놀음을 하고 있는가?

진실로 그대는 못된 갈색 소녀들 사이에서 행한 것보다 훨씬 더 나쁜 짓을 저지르고 있구나, 그대 고약한 새 신자여!"

방랑자인 그림자가 대답했다. "아주 나쁘다. 그대의 말이 맞다. 그러나 내가 어찌할 수 있겠는가! 늙은 신이 되살아난 것이다. 오, 차라투스트라여. 그대가 무슨 말을 해도 상관없다.

이 모든 것은 저 가장 추악한 자에게 책임이 있다. 그가 신을 다시 깨운 것이다. 그는 일찍이 자기가 신을 죽였다고 말하지만, 신들의 **죽음**이란 일종의 선입견에 지나지 않는다."

차라투스트라가 말했다. "그리고 그대 못된 늙은 마법사여, 그대는 무슨 짓을 하고 있었는가? 그대가 그러한 당나귀 신을 믿는다면, 이 자유로운 시대에 앞으로 누가 그대를 믿겠는가?

그대가 행한 것은 어리석은 짓이었다. 현명한 자인 그대가 어찌 그렇게 어리석은 짓을 저지를 수 있단 말인가!"

현명한 마법사가 대답했다. "오, 차라투스트라여. 그대의 말이 맞다. 그것은 어리석은 짓이었다. 그것은 내게도 무척 힘든 일이었다."

차라투스트라는 정신의 양심을 지닌 사람에게 말했다. "그리고 그대조차도 손가락을 그대의 코 위에 올려놓고 깊이 생각해보라! 그대의 양심에 가책되는 것이 하나도 없는가? 그대의 정신은 이러한 기도와 이러한 광신자들의 분위기에 어울리기에는 너무도 깨끗하지 않은가?"

정신의 양심을 지닌 사람은 손가락을 코 위에 올려놓으며 대답했다. "그러나 거기에는 무엇인가가 들어 있다. 이 연극에는 나의 양심까지도 즐겁게 해주는 무엇이 들어 있는 것이다.

아마도 내가 신을 믿어서는 안 될지도 모른다. 그러나 내게는 분명 이런 형태의 신이 가장 믿을 만한 가치가 있는 것으로 생각된다.

가장 신앙심 깊은 자들의 증언에 의하면, 신은 영원한 존재라고 한다. 그렇게 많은 시간을 가지고 있는 자는 서둘지 않는다. 가능한 한 천천히 멍청하게 움직인다. 그렇게 해도 이러한 자는 매우 많은 것을 성취할 수 있는 것이다.

그리고 지나치게 많은 정신을 지닌 자는 어리석은 바보짓에 휘말리기 쉬운 법이다. 그대 자신을 잘 생각해보라. 오, 차라투스트라여!

진실로! 그대 자신이 또한 풍요로움과 지혜로 인해 한 마리의 당나귀가 될 수 있는 것이다.

진정한 현자는 가장 꾸불꾸불한 길을 즐겨 가지 않는가? 눈에 보이는 증거(Augenschein)가 그것을 말해준다. 오, 차라투스트라여. 그대라는 눈에 보이는 증거가!"

차라투스트라는 아직도 당나귀를 향해 팔을 들어올린 채 땅바닥에 엎드려 있는 가장 추악한 인간을 돌아보며 말했다. (그는 당나귀에게 마실 포도주를 바치고 있었던 것이다.) "그리고 마지막으로 그대 말하라. 그대 말로 표현할 수 없는 자여, 그대는 무슨 짓을 하고 있는가?

그대 자신도 변한 것처럼 보인다. 그대의 두 눈은 불타고 있으며, 고매함이라는 외투가 그대의 추악함을 가리고 있다. 그대는 무슨 짓을 했는가?

그대가 신을 다시 깨웠다는 저들의 말이 사실인가? 왜 깨웠는가? 신은 당연히 살해되어 사라져버려야 했던 게 아니었던가?

바로 그대 자신이 깨어난 것처럼 보이는구나. 그대는 무슨 짓을 했는가? 어찌하여 그대는 변했는가? 어찌하여 그대는 개종했는가? 말하라, 그대 말로 표현할 수 없는 자여!"

가장 추악한 인간이 대답했다. "오, 차라투스트라여. 그대는 악한이다!

신이 아직까지 살아 있는 것인지, 아니면 다시 살아난 것인지, 아니면 완전히 죽은 것인지 가장 잘 아는 자가 우리 둘 중 누구인가? 나는 그대에게 묻고자 한다.

그러나 나는 한 가지만은 알고 있다. 오, 차라투스트라여. 나는 일찍이 그대에게서 그것을 배웠다. 가장 철저히 죽이고자 하는 자는 웃는다.

'분노에 의해 죽이는 것이 아니라, 웃음에 의해 죽인다.' 그대는 일찍이 그렇게 말했다. 오, 차라투스트라여. 그대 숨어 있는 자여, 그대 화를 내지 않고 파괴하는 자여. 그대 위험한 성자여, 그대는 악한이다!"

2

그러자 차라투스트라는 그런 무례한 대답들에 놀라 그의 동굴 입구까지 펄쩍 물러나 그의 손님들을 돌아보며 큰 소리로 외쳤다!

"오, 바보 같은 잠꾸러기들이여, 익살꾼들이여! 어찌하여 그대들은 내 앞에서 그대들 자신을 위장하고 숨기는가!

그대들의 마음은 얼마나 기쁨과 장난기에 들떠 있는가. 그대들은 마침내 다시 어린아이들처럼 되었으며 경건해졌다.

그대들은 마침내 기도하고 두 손을 움켜잡고 '사랑하는 신이여'라고 말하며 다시 어린아이들처럼 행동했다.

그러나 이제 이 어린아이의 방에서 떠나라. 오늘날 온갖 유치한 일이 벌어지고 있는 나의 동굴에서 나가라. 여기 밖에서 그대들의 달아오른 어린아이 같은 방종과 마음의 소란함을 식혀라!

물론 어린아이처럼 되지 않으면, 그대들은 저 천국에 들어가지 못할 것이지만. (그리고 차라투스트라는 두 손으로 위쪽을 가리켰다.)

그러나 우리는 천국에 들어가기를 조금도 원치 않는다. 우리는 어른이 되었다. 그러므로 우리는 지상의 왕국을 원한다."

3

그리고 나서 차라투스트라는 다시 말하기 시작했다. "오, 새로운 친구들이여." 그는 말했다. "그대 이상한 자들이여, 그대 더 높은 인간들이여. 이제 그대들은 참으로 내 마음에 드는구나.

그대들이 다시 즐거워하게 된 뒤부터! 실로 이제 그대들은 모두 활짝 피어오른 것이다. 나는 그대들 같은 꽃들을 위해 새로운 축제가 필요하다고 생각한다.

어떤 깜찍하고 용감한 바보짓, 어떤 예배와 당나귀 축제, 기쁨에 찬 늙은 차라투스트라라는 바보. 그대들의 영혼을 밝게 해줄 광풍이 등장해야겠다.

그대들 더 높은 인간들이여, 이 밤과 이 당나귀 축제를 잊지 말라! 그대들은 그것을 나의 집에서 생각해냈으며, 나는 그것이 좋은 징조라고 생각한다. 오직 회복되어 가는 자들만 그런 것을 생각해내는 것이다!

그대들이 다시 이 당나귀 축제를 벌인다면, 그대들 자신을 위해 그리고 나를 위해 벌려라! 또한 나를 기억하기 위해!"

차라투스트라는 이렇게 말했다.

취한 노래[79]

1

그러는 동안 그들은 하나씩 하나씩 밖으로, 깊은 생각에 잠겨 있는 듯한 차가운 밤 속으로 나왔다. 차라투스트라 자신은 그러나 가장 추악한 인간의 손을 이끌면서 그에게 밤의 세계와 크고 둥근 달과 그의 동굴 옆에 있는 은빛 폭포를 보여주었다. 마침내 그들은 아무 말 없이 함께 서 있게 되었다. 그들은 모두 노인들이었지만 명랑하고 의연했으며, 자기들이 이 지상에서 이렇게 즐거운 마음을 갖게 된 것을 놀랍게 생각했다. 밤의 신비가 점점 그들의 가슴속 깊이 스며들었다. 차라투스트라는 다시 마음속으로 중얼거렸다. "오, 이제 이들은 참으로 내 마음에 드는구나, 이 더 높은 인간들이!" 그러나 그는 이것을 입 밖에 내지는 않았다. 그는 그들의 행복과 침묵을 존중했기 때문이다.

그러자 그때 그 길고도 놀라운 일이 일어났다. 하루 가운데 가장 놀라운 일. 가장 추악한 인간이 다시 한 번, 그리고 마지막으로 그르렁거리며 헐떡거리기 시작한 것이다. 그리하여 마침내 그가 말을 하게 되었을 때 보라, 그의 입에서 질문이 튀어나왔다. 그 말을 들은 모든 사람들의 마음을 감동시킨 훌륭하고 깊고 명석한 질문이 솔직하게 그리고 거침없이 튀어나온 것이다.

가장 추악한 인간이 말했다. "나의 친구 여러분, 그대들은 어떻게 생각하는가? 이날로 인해 나는 처음으로 나의 전 생애를 살아온 것에 대해 만족스럽게 생각한다.

그러나 내가 이렇게 증언하는 것만으로는 충분하지 않다. 이 지상에

---

79) 니체의 사상이 유명한 노래 속에서 요약된다. 이 노래 속에 삶을 긍정하는 영겁회귀사상이 다시 한 번 암시된다.

서 사는 것은 보람 있는 일이다. 차라투스트라와 함께 지낸 하루가, 단한 번의 축제가 내게 대지를 사랑하도록 가르쳐준 것이다.

'그것이 삶이었더냐?' 나는 죽음에게 말하리라. '좋다! 다시 한 번!'

친구들이여, 그대들은 어떻게 생각하는가? 그대들도 나처럼 죽음에게 말하지 않겠는가? '그것이 삶이었더냐? 차라투스트라를 위해 좋다! 다시 한 번!'"

가장 추악한 인간은 이렇게 말했다. 한밤중이 머지않은 때였다. 그때 무슨 일이 일어났다고 당신은 생각하는가? 그의 질문을 듣자 더 높은 인간들은 갑자기 자신들이 변화하고 회복되었음을 깨달았으며, 또한 누가 자기들에게 이러한 변화와 회복을 안겨주었는지도 깨닫게 되었다. 그러자 그들은 차라투스트라에게 달려가 각기 자기 나름대로 감사하고, 경의를 표하고, 애무하고, 그의 손에 입맞추었다. 어떤 자는 웃기도 하고 어떤 자는 울기도 했다. 늙은 예언자는 기쁨에 겨워 춤추었다. 많은 이야기꾼들이 믿고 있듯이 그 늙은 예언자가 달콤한 포도주에 잔뜩 취해 있었지만, 그도 분명 달콤한 삶에 훨씬 더 많이 취해 있었으며, 모든 권태를 끊어버렸다. 심지어 그 당시에 당나귀가 춤추었다고 말하는 자들도 있다. 가장 추악한 인간이 당나귀에게 포도주를 마시게 한것은 헛된 일이 아니었다. 그것은 사실일지도 모르며, 사실이 아닐지도 모른다. 실제로 그날 밤 당나귀가 춤추지 않았다 하더라도 당나귀의 춤보다 훌륭하고 신기한 일들이 일어났던 것이다. 아무튼 차라투스트라가 즐겨 말하는 것처럼 "그것이 무슨 문제인가!"

2

그러나 가장 추악한 인간으로 인해 이러한 일이 일어났을 때, 차라투스트라는 마치 술에 취한 사람처럼 그대로 서 있었다. 그의 눈은 흐려지고, 그의 혀는 굳어졌으며, 그의 다리는 비틀거렸다. 그때 어떤 생각들이 차라투스트라의 영혼을 스쳐갔는지 누가 알 수 있겠는가? 그러나 그의 영혼은 뒷걸음질치며 그에게서 도망쳐 아득히 먼 곳에 가 있음이 틀림없다. 기록에 있듯이 마치 "두 바다 사이의 높은 산마루 위에서 무거운 구름처럼

과거와 미래 사이를 방황하면서." 그러나 더 높은 인간들이 그의 양팔을 잡고 있는 동안 그는 차츰차츰 정신이 들었으며, 두 손으로 존경과 걱정에 싸여 있는 무리를 제지했다. 그러나 그는 여전히 말이 없었다. 그때 갑자기 그는 머리를 획 돌렸다. 무슨 소리가 들리는 것 같았기 때문이다. 그는 손가락을 입술에 대고 말했다. "온다!"

그러자 갑자기 주위가 조용해지고 은밀해졌다. 골짜기 아래서 종소리가 천천히 울려왔다. 더 높은 인간들처럼 차라투스트라는 그 종소리에 귀를 기울였다. 그리고 그는 두 번째로 손가락을 입술에 대고 다시 말했다. "온다! 온다! 한밤이 다가오고 있다!" 그의 목소리는 변해 있었다. 그러나 그는 여전히 꼼짝도 하지 않았다. 그러자 주위는 더욱 조용해지고 더욱 은밀해졌다. 모두가 귀를 기울였다. 당나귀도, 차라투스트라의 자랑스러운 동물들인 독수리와 뱀도, 차라투스트라의 동굴도, 차가운 달도, 그리고 밤 그 자체도. 그때 차라투스트라는 세 번째로 손가락을 입술에 대고 말했다.

"온다! 온다! 온다! 때가 되었으니 밤으로 산책을 하자!"

3

그대 더 높은 인간들이여, 한밤이 다가오고 있다. 그리하여 저 낡은 종이 나의 귓속에 이야기해주는 것처럼 나는 그대들의 귓속에 무엇인가 이야기해주리라.

은밀하게, 무시무시하게, 진심으로 인간보다 더 많은 체험을 한 저 종이 내게 이야기해주는 대로.

그대들 조상의 고통에 찬 심장 소리를 헤아리려 온 저 종이 내게 이야기해주는 것을. 아! 아! 한밤은 얼마나 탄식하는가? 한밤은 꿈속에서 얼마나 웃는가! 태곳적부터 있어온 깊고 깊은 한밤은!

조용히 하라! 조용히 하라! 그래야만 낮에 들리지 않는 많은 것들을 들을 수 있다. 차가운 대기 속에서 그대들 마음의 온갖 소란이 잠잠해진 지금 그렇다.

무엇인가 말하고 있으며, 지금 그것이 들린다. 지금 그것은 깨어 있는 밤의 영혼 속으로 살금살금 기어든다. 아! 아! 한밤이 얼마나 탄식하는가! 꿈속에서 얼마나 웃는가!

그대들에게는 들리지 않는가? 태곳적부터 있어온 깊고 깊은 한밤이 은밀하게, 무시무시하게, 진심으로 그대들에게 이야기하는 것이.

오, 인간이여! 주목하라!

4

슬프다! 시간은 어디로 달아나버렸는가? 나는 깊은 우물 속에 가라앉은 것이 아닌가? 세계는 잠들어 있다.

아! 아! 개가 짖어대고 있다. 달이 빛나고 있다. 지금 한밤중의 내 마음이 생각하고 있는 것을 그대들에게 이야기하느니 차라리 죽고 싶다, 죽고 싶다.

이제 나는 이미 죽었다. 이제 끝나버린 것이다. 거미여, 어찌하여 너는 내 주위에 거미줄을 치는가? 너는 피를 원하는가? 아! 아! 이슬이 내리고 있다. 때가 온 것이다.

나를 추위에 떨게 하고 꽁꽁 얼게 하는 때가. 때는 묻고 묻고 또 묻는다. "그것을 견딜 만한 가슴을 가진 자가 누구인가?

대지의 지배자가 되어야 할 자는 누구인가? '너희 크고 작은 시냇물이여, 너희는 그렇게 흘러가야 한다!'라고 말할 자는 누구인가?"

때가 다가오고 있다. 오, 인간이여. 그대 더 높은 인간이여, 귀를 기울여라! 이 말은 예민한 귀에, 그대들의 귀에 들려주기 위한 것이다. 깊은 한밤은 무엇을 말하는가?

5

나는 실려가고 있으며 나의 영혼은 춤춘다. 낮의 일이여! 낮의 일이여! 대지의 지배자가 되어야 할 자는 누구인가?

달빛은 싸늘하고 바람은 잠잠하다. 아! 아! 그대들은 이미 충분히 높이 날아 올라갔는가? 그대들은 춤춘다. 그러나 다리는 날개가 아닌 것이다.

그대 훌륭한 무도자들이여. 이제 모든 즐거움은 끝났다. 포도주는 바닥났고, 모든 술잔들은 못쓰게 되어버렸으며, 무덤들은 더듬거리며 말한다.

그대들은 충분히 높이 날아오르지 못했다. 이제 무덤들은 더듬거리며 말한다. "죽은 자들을 구제하라! 어찌하여 밤은 이토록 긴가? 달이 우리를 취하게 하지 않았는가?"

그대 더 높은 인간들이여. 무덤들을 구제하라, 시체들을 깨우라! 아, 어찌하여 벌레는 아직도 파먹어 들어가고 있는가? 다가오고 있다, 때가 다가오고 있다.

종소리가 울리고, 가슴은 아직도 쿵쿵거리며, 나무를 파먹는 벌레, 가슴을 파먹는 벌레는 아직도 파헤치고 있다. 아! 아! 세계는 깊다!

6

감미로운 칠현금이여! 감미로운 칠현금이여! 나는 너의 가락을 사랑한다, 취한 듯 불길한 네 가락을! 아주 오래 전 아주 먼 곳으로부터 너의 가락은 내게 들려왔다, 멀리 떨어진 사랑의 연못으로부터!

너 오래된 종이여, 감미로운 칠현금이여! 온갖 고통이 너의 가슴을 파고들었다. 아버지의 고통이, 할아버지들의 고통이, 조상들의 고통이. 그리하여 네 말소리가 무르익었다.

황금빛 가을과 오후처럼, 은둔자의 마음처럼. 이제 너는 말한다. "세계 그 자체가 무르익었으며, 포도송이는 갈색으로 물들었다.

이제 그들은 죽고 싶어한다. 행복에 겨워 죽고 싶어한다. 그대 더 높은 인간들이여, 그대들은 그 냄새를 맡지 못하는가? 향기가 은밀하게 풍겨 나오고 있다.

영원의 향기와 내음이, 오래된 행복의 황금빛 포도주 향기가, 장밋빛 행복을 머금은 갈색의 향기가.

취한 한밤이 임종을 맞이하는 행복의 향기가. 이 향기는 노래한다. 세계는 깊다. 낮이 생각하는 것보다 더 깊다!

7

나를 건드리지 말라! 나를 건드리지 말라! 네가 건드리기에는 나 너무도 순결하다. 내게 손대지 말라! 나의 세계는 이제 막 완전해지지 않았는가!

너의 손이 닿기에는 나의 피부가 너무나 순결하다. 나를 건드리지 말라, 너 어리석고 거칠고 둔감한 낮이여! 한밤중이 오히려 더 밝지 않은가?

가장 순결한 자들이 대지의 지배자가 되어야 한다. 가장 알려지지 않은 자들, 가장 강한 자들, 낮보다도 더 밝고 깊은 한밤의 영혼을 지닌 자들이.

오, 낮이여. 너는 손을 더듬거리며 나를 찾는가? 너는 손을 뻗어 나의 행복을 찾는가? 네게는 내가 부유하고 고독한 보물구덩이, 황금창고로 보이는가?

오, 세계여. 너는 나를 원하는가? 너에게는 내가 세속적으로 보이는가? 경건하게 보이는가? 신성하게 보이는가? 그러나 낮과 세계여, 너희들은 너무도 서투르다.

좀더 현명한 손을 가져라. 더 깊은 행복을 향해 손을 뻗어라. 더 깊은 불행을 향해 손을 뻗어라. 그 어떤 신을 향해 손을 뻗어라. 나를 향해 손을 뻗지 말라.

너, 이상한 낮이여. 나의 불행과 나의 행복은 깊다. 그러나 나는 신도 아니며, 신의 지옥도 아니다. 세계의 고통은 깊다.

8

신의 고통은 더욱 깊다. 너 이상한 세계여! 신의 고통을 향해 손을 뻗어라. 나를 향해 뻗지 말라! 나는 어떤 자인가? 취한 감미로운 칠현금이다.

아무도 이해하지는 못하지만 그래도 귀머거리들 앞에서 말해야 하는 한밤의 칠현금이며, 불길하게 울리는 종이다. 그대 더 높은 인간들이여. 그대들이 나를 이해하지 못하기 때문이다!

가버렸도다! 가버렸도다! 오, 청춘이여! 오, 정오여! 오, 오후여, 이제 저녁과 밤과 한밤이 오고 있다. 개가 울부짖고 바람이 울부짖는다.

바람은 개가 아닌가? 바람은 킹킹거리며 운다. 바람은 깽깽거리며 소리 친다. 바람은 울부짖는다. 아! 아! 얼마나 탄식하는가! 얼마나 웃어대는가, 얼마나 그르렁거리며 신음하는가, 한밤은!

지금 얼마나 맑은 정신으로 말하고 있는가, 이 취한 여류 시인은! 그녀는 자신의 취함을 마셔버린 것일까? 그녀는 지나치게 긴장한 것일까? 그녀는 되새김질을 하고 있는 것일까?

태곳적부터 있어온 깊은 한밤은 꿈속에서 자신의 고통을 되새김질하고 있다. 자신의 쾌락을 더 많이 되새김질하고 있다. 물론 고통이 깊지만. 쾌락은 마음의 고뇌보다 더 깊다.

9

그대 포도나무여! 어찌하여 그대는 나를 찬미하는가? 나는 그대를
잘라버리지 않았는가! 나는 잔인하며, 그대는 피를 흘리고 있다. 그런
데도 그대는 어찌하여 나의 술 취한 잔인성을 찬미하는가?

"완전해진 것, 모든 무르익은 것은 죽고자 한다!" 그대는 이렇게 말
한다. 포도를 자르는 칼에 축복이 있기를! 그러나 설익은 것들은 모두
살기를 원한다. 슬프다!

슬픔은 말한다. "사라져라! 사라져라, 슬픔이여!" 그러나 모든 괴로
워하는 것들은 살기를 원한다, 무르익어 쾌락과 동경에 충만해지려고.

더욱 먼 것, 더욱 높은 것, 더욱 밝은 것들에 대한 동경으로 충만해지
려고. 모든 괴로워하는 것들은 이렇게 말한다. "나는 상속자들을 원한
다. 나는 어린아이들을 원한다. 나는 자신을 원하지 않는다."

그러나 쾌락은 상속자나 아이들을 원치 않는다. 쾌락은 자기 자신을
원하며, 영원을 원하며, 회귀를 원하며, 모든 것들이 영원히 동일하기
를 원한다.

고통은 말한다. "찢어져라, 피 흘려라, 심장이여! 방황하라, 다리여!
날아라, 날개여! 위로! 더 위로! 고통이여!" 좋다! 됐다! 오, 나의 옛 심
장이여. 고통은 말한다, "사라져라!"

10

더 높은 인간들이여, 그대들은 어떻게 생각하는가? 나는 예언자인가?
꿈꾸는 자인가? 술 취한 자인가? 해몽하는 자인가? 한밤의 종인가?

한 방울의 이슬인가? 영원의 향기인가? 그대들에게는 들리지 않는
가? 그대들에게는 냄새가 나지 않는가? 나의 세계는 이제 막 완전해졌

다. 한밤은 또한 대낮이다.

고통 또한 쾌락이며, 저주 또한 축복이며, 밤 또한 태양이다. 떠나가라. 그렇지 않으면 그대들은 배워야만 할 것이다. 현자 또한 바보라는 것을.

오, 친구들이여. 그대들은 일찍이 쾌락을 향해 '예'라고 말한 적이 있는가? 그렇다면 그대들은 모든 슬픔을 향해서도 '예'라고 말한 것이 된다. 모든 것들은 서로 연결되어 있으며, 서로 얽혀 있으며, 서로 사랑하고 있다.

그대들이 한 번이라도 한순간이 다시 오기를 원한 적이 있다면, 그대들이 "너는 나를 기쁘게 해준다, 행복이여! 찰나여! 순간이여!"라고 말한 적이 있다면, 그대들은 모든 것이 다시 돌아오기를 원한 것이 된다!

모든 것이 새롭고, 모든 것이 영원하고, 모든 것이 서로 연결되어 있고, 모든 것이 서로 얽혀 있고, 모든 것이 서로 사랑하기를 그대들은 원한 것이다. 오, 그대들은 세계를 그렇게 사랑한 것이다.

영원한 자들이여, 그대들은 세계를 영원히 그리고 언제나 사랑한다. 심지어 그대들은 고통을 향해서도 이렇게 말한다. 사라져라, 그러나 다시 돌아오라! 모든 쾌락은 영원을 원하기 때문이다!

11

쾌락은 하나같이 모든 것이 영원하기를 원하며, 꿀을 원하며, 효모를 원하며, 취한 한밤을 원하며, 무덤을 원하며, 무덤가에서 흘리는 눈물의 위안을 원하며, 금빛으로 물든 황혼을 원한다.

쾌락이 원하지 않는 것이 무엇인가! 쾌락은 모든 고통보다 더 목마르고, 더 열망하고, 더 굶주리고, 더 두렵고, 더 은밀하다. 쾌락은 자신을 원하며 자신을 물고 늘어진 자. 쾌락 속에는 순환의 의지가 몸부림치고 있다.

쾌락은 사랑을 원하며, 쾌락은 증오를 원한다. 쾌락은 넘치도록 풍요로우며, 나누어주고, 던져주고, 자기를 받아줄 것을 애걸하며, 받아주는 자에게 감사하며, 증오받기를 좋아한다.

쾌락은 너무나 풍요로워 고통도 갈망하고, 지옥을 갈망하고, 증오도 갈망하고, 치욕도 갈망하고, 불구자도 갈망하고, 세계도 갈망한다. 왜냐하면 이 세계는 그대들이 알고 있는 그런 것이 아니기 때문이다!

더 높은 인간들이여, 억누를 수 없는 행복에 찬 쾌락은 그대들을 동경하며 그대들의 고통을 동경한다. 그대 잘못된 자들이여! 모든 영원한 쾌락은 잘못된 자들도 동경한다.

왜냐하면 모든 쾌락은 자기 자신을 원하기 때문이다, 그러므로 쾌락은 마음의 고뇌 또한 원한다! 오, 행복이여! 오, 고통이여! 오, 찢어져라, 가슴이여! 그대 더 높은 자들이여, 이것을 배워라. 쾌락은 영원을 원한다,

쾌락은 모든 것들이 영원하기를 원하며, **깊고 깊은 영원을 원한다!**

12

이제 그대들은 나의 노래를 배웠는가? 그대들은 나의 노래가 무엇을 뜻하는지 알아냈는가? 좋다! 됐다! 그대 더 높은 인간들이여, 그렇다면 이제 나의 돌림노래를 불러다오!

'다시 한 번'이라는 이름의 노래, '모든 영원 속으로!'라는 뜻의 노래를 이제 그대들 자신이 불러라. 노래하라. 더 높은 인간들이여, 차라투스트라의 돌림노래를!

오, 인간이여! 주목하라!
깊은 한밤은 무엇을 말하는가?
"나는 잠들어 있었다, 잠들어 있었다——
나는 깊은 꿈에서 깨어났다——

세계는 깊다,

낮이 생각하는 것보다 더 깊다.

세계의 고통은 깊다,

쾌락은 마음의 고뇌보다 더 깊다.

고통은 말한다, 사라져라!

그러나 모든 쾌락은 영원을 원한다——

—— 깊고 깊은 영원을!"

신호[80]

그러나 밤이 지나고 아침이 되자 차라투스트라는 잠자리에서 벌떡 일어나 여행 채비를 하고 그의 동굴을 빠져나왔다. 어두컴컴한 산봉우리 뒤에서 솟아오르는 아침 해처럼 강렬하게 이글거리며.

"너 위대한 천체여!" 그는 일찍이 말한 것과 똑같이 말했다. "너 행복에 찬 심오한 눈이여. 네게 만일 너의 햇살을 비춰줄 상대가 없었다면, 너의 행복은 무엇이었겠는가!

그리고 네가 이미 잠을 깨고 솟아올라 나누어주는 동안 그들이 아직도 그들의 방 안에 머물러 있다면, 너의 긍지에 찬 수치심은 얼마나 화나겠는가!

좋다! 나는 깨어났는데도 그들은 아직도 잠들어 있다, 저 더 높은 인간들은! 그들은 나의 진정한 길동무가 아니다! 내가 나의 산속에서 기다리고 있는 것도 그들이 아니다.

나는 나의 일을 향해가려고 한다, 나의 낮을 향해. 그러나 그들은 내

---

80) 동정 때문에 더 높은 인간들을 자신의 동굴로 초대했으나 그것을 후회하며 강인해지는 차라투스트라에게 초인의 진리가 신호처럼 나타나고 있다.

아침의 신호가 무엇인지 이해하지 못한다. 나의 발자국 소리가 그들에게는 결코 기상 신호가 되지 못한다.

그들은 아직도 나의 동굴에 잠들어 있으며, 그들의 꿈은 아직도 나의 취한 노래를 마시고 있다. 그러나 내게 귀를 기울이는 귀, 순종하는 귀가 없다."

태양이 떠올랐을 때 차라투스트라는 마음속으로 이렇게 중얼거렸다. 그때 그는 이상하다는 듯이 위쪽을 쳐다보았다. 머리 위쪽에서 독수리의 날카로운 울음소리를 들었기 때문이다. 그는 위쪽을 향해 외쳤다. "좋다! 참으로 내 마음에 드는구나. 참으로 마땅한 일이다. 내가 깨어나자 나의 동물들도 깨어났다.

나의 독수리는 깨어나 나처럼 태양에게 경의를 표하고 있다. 나의 독수리는 날카로운 발톱으로 새로운 빛살을 잡으려 한다. 너희들은 진정으로 나의 동물들이다. 나는 너희들을 사랑한다.

그러나 아직도 내게는 진정한 나의 인간들이 없다!"

차라투스트라는 이렇게 말했다. 그때 그러나 그는 갑자기 수많은 새들이 자기를 에워싸고 떼지어 날아다니며 날개 치는 소리를 들었다. 그의 머리 주위를 퍼덕거리며 날아다니는 엄청나게 많은 날개들과 새떼들의 소리가 너무도 요란하여 그는 눈감았다. 진실로 그것은 구름처럼 그의 머리 위에 쏟아져 내렸다, 마치 새로운 적의 머리 위에 퍼붓는 화살의 구름처럼. 그러나 보라. 그것은 사랑의 구름, 새로운 친구에게 퍼붓는 사랑의 구름이었다.

"내게 무슨 일이 일어나고 있는가?" 차라투스트라는 놀라 마음속으로 묻고는 그의 동굴 입구 옆에 있는 커다란 바위 위에 천천히 앉았다. 그러나 그가 양손으로 이리저리 위아래로 휘두르며 사랑스러운 새들을 제지하고 있을 때 보라, 그때 더욱 이상한 일이 일어났다. 그는 자기도 모르는 사이에 털이 많은 따뜻한 갈기를 움켜잡았다. 그러자 그와 동시에 그의 앞에서 울부짖는 소리가 울려왔다. 부드럽고 긴 사자의 포효가.

"신호가 왔구나." 차라투스트라가 말했다. 그러자 그의 마음에 변화가 일어났다. 그의 앞쪽이 차츰 밝아지자 누런 힘센 짐승 한 마리가 그의 발밑에 앉아 있었다. 그 짐승은 마치 옛 주인을 다시 만난 개처럼 행동하며, 머리를 그의 무릎에 기댄 채 너무나 좋아서 그를 떠나려 하지 않았다. 그러나 비둘기들도 사랑하는 데 있어 사자 못지않게 열정적이었다. 비둘기가 사자의 코앞을 가로질러 날아갈 때마다 사자는 머리를 흔들며 놀라고 웃었다.

이 모든 일에 대해 차라투스트라는 단지 한마디밖에 말하지 않았다. "나의 아이들이 가까이 왔구나, 나의 아이들이." 그는 완전히 입을 다물었다. 그러나 그의 마음은 풀렸으며 그의 눈에서는 눈물이 흘러내려 그의 손에 떨어졌다. 그는 이미 아무것에도 주의를 기울이지 않았으며, 더 이상 동물들을 제지하지도 않고, 꼼짝도 하지 않고 그대로 앉아 있었다. 그러자 비둘기들은 앞뒤로 날아다니기도 하고, 그의 어깨 위에 앉기도 하고, 그의 백발을 애무하기도 하면서 애정과 기쁨에 싫증을 내지 않았다. 힘센 사자는 차라투스트라의 손에 떨어지는 눈물을 계속해서 핥으며 울부짖었다. 동물들은 이렇게 행동했다.

이 모든 일들은 오랫동안 계속된 것 같기도 하고 잠시 동안 계속된 것 같기도 했다. 왜냐하면 정확하게 말해 이러한 일들을 측정할 시간은 지상에 존재하지 않기 때문이다. 그러는 동안 차라투스트라의 동굴 속에 있는 더 높은 인간들은 잠에서 깨어나고 차라투스트라에게 가서 아침인사를 하기 위해 한 줄로 서 있었다. 잠에서 깨어나자 그들은 이미 차라투스트라가 자기들과 함께 있지 않다는 것을 알았기 때문이다. 그러나 그들이 동굴의 문 쪽으로 나오고 그들의 발자국 소리가 앞서 나아가자 사자는 깜짝 놀라 갑자기 차라투스트라에게서 돌아서더니 사납게 울부짖으며 동굴을 향해 달려갔다. 더 높은 인간들은 사자의 울부짖음을 듣고는 한 목소리로 비명을 지르며 재빨리 동굴 쪽으로 뒤돌아가버렸다.

그러나 차라투스트라는 당황하고 어리둥절한 채 자리에서 일어나 주위를 둘러보았다. 그는 놀란 채 그대로 서서 마음속으로 묻고 정신을 가다듬으며 생각해보았다. 그는 자신이 혼자임을 알았다. 마침내 그는 천천히 입을 열었다. "나는 무슨 소리를 들었는가? 방금 내게 무슨 일이 일어난 것일까?"

곧 기억이 되살아났다. 그는 어제와 오늘 사이에 일어난 모든 일들을 단번에 이해하게 되었다. "그렇다, 여기 이곳에 그 바위가 있다." 그는 이렇게 말하고는 수염을 쓰다듬었다. "나는 어제 아침에 이 바위 위에 앉았다. 그러자 예언자가 내게로 다가왔다. 그리고 나는 방금 내가 들었던 외침을 여기서 처음 들었던 것이다. 절박한 고통의 외침을.

오, 그대 더 높은 인간들이여. 어제 아침 그 늙은 예언자가 내게 예언한 것은 그대들의 고통에 관한 것이었다.

그는 나를 그대들의 고통으로 유혹해 시험하려 했다. 그가 내게 말했다. '오, 차라투스트라여. 나는 그대를 최후의 죄로 유혹하기 위해 왔다.'

'나의 최후의 죄로?' 차라투스트라는 이렇게 외치고는 화가 나서 자신의 말을 비웃었다. '최후의 죄로서 지금까지 내게 남아 있는 것이 도대체 무엇이란 말인가?'

그러고는 차라투스트라는 다시 내면으로 몰두했다. 그는 다시 그 커다란 바위 위에 앉아 생각에 잠겼다. 그는 갑자기 벌떡 일어났다.

'동정이다! 더 높은 인간들에 대한 동정이다!' 그는 이렇게 외쳤다. 그의 얼굴은 청동빛으로 변해 있었다. 좋다! 그것도——이제는 끝났다!

나의 고통과 나의 동정 —— 그것이 뭐란 말인가!

내가 행복을 열망하고 있는가? 내가 열망하는 것은 나의 일(Werk)이다!

좋다! 사자가 왔다. 나의 아이들이 가까이 왔다. 이제 차라투스트라는 완전히 성숙해졌다. 나의 때가 온 것이다.

이제는 나의 아침이다. 나의 낮이 시작되는 것이다. 자, 솟아라 솟아라, 너 위대한 정오여!"

차라투스트라는 이렇게 말하고 나서 그의 동굴을 떠났다. 어두컴컴한 산봉우리 뒤에서 솟아오르는 아침의 태양처럼 불타오르듯 힘차게.

니체 연보

1844	10월 15일, 작센 주 뤼첸 근처 뢰켄 마을에서 목사의 아들로 탄생.
1849	7월 30일, 아버지 돌아가심.
1850	나움부르크로 가족이 이사함.
1858	10월부터 1864년 9월까지 나움부르크 근교 슐포르타 김나지움에 재학.
1864	10월, 본 대학에 입학하여 신학과 고전문헌학을 공부.
1865	10월, 라이프치히 대학으로 옮겨 공부를 계속함. 처음으로 쇼펜하우어의 주저를 알게 됨.
1866	에르빈 로데와 교제를 시작함.
1868	11월 8일, 라이프치히에서 리하르트 바그너와 개인적으로 처음 알게 됨.
1869	2월, 고전문헌학 정외교수로 바젤 대학에 초빙됨.
	5월 17일, 루체른 근교 트립셴의 바그너 집을 처음으로 방문.
	5월 28일, 바젤 대학에서 「호메로스와 고전문헌학」에 관해서 취임강연을 함. 야코프 부르크하르트와의 친교가 시작됨.
1869~71	『비극의 탄생』 집필(1872년 1월에 출판).
1870	3월, 정교수가 됨.
	8월, 독불전쟁에 지원하여 간호병으로 종군. 중병에 걸림.
	10월, 바젤로 돌아옴. 신학자 프란츠 오버베크와 교제가 시작됨.
1872	2~3월, 바젤에서 「교육제도의 미래」 강연(유고로 처음 출간됨).
	4월, 바그너가 트립셴을 떠남.
	5월 22일, 바이로이트의 축제극장 기공식. 바이로이트에서 바그너와 만남.
1873	제1의 『비시대적 고찰: 다비드 슈트라우스. 고백자이며 저술가』, 제2의 『비시대적 고찰: 역사의 장단점에 관해서』(1874년에 출간). 단편(斷

片)『그리스 비극시대의 철학』(유고로 처음 출간됨).

1874 제3의 『비시대적 고찰: 교육자로서의 쇼펜하우어』.

1875~76 제4의 『비시대적 고찰: 바이로이트의 리하르트 바그너』.

1875 10월, 음악가 페터 가스트(본명 하인리히 쾨제리츠)와 처음으로 알게 됨.

1876 8월, 최초의 바이로이트 축제극. 바이로이트에 감.

9월, 심리학자 파울 레와 친교가 시작됨. 병이 깊어짐.

10월, 바젤 대학으로부터 병가를 얻음. 레 및 말비다 폰 마이젠부르크와 함께 소렌토에서 겨울을 지냄.

10~11월, 소렌토에서 바그너와 마지막으로 함께함.

1876~78 『인간적인, 너무나도 인간적인』 제1부.

1878 1월 3일, 바그너가 마지막으로 「파르시팔」을 니체에게 보냄.

5월, 『인간적인, 너무나도 인간적인』을 증정하며 바그너에게 마지막으로 편지를 보냄.

1879 병이 심해짐. 바젤 대학 교수직 사임.

1880 『방랑자와 그의 그림자』, 『인간적인, 너무나도 인간적인』 제2부.

3~6월, 처음으로 베네치아에 머묾.

11월부터 제네바에서의 첫겨울.

1880~81 『서광』.

1881 질스마리아에서 첫여름.

11월 27일, 제네바에서 처음으로 비제의 「카르멘」을 들음.

1881~82 『즐거운 지식』.

1882~88 모든 가치의 변혁을 시도.

1882 3월, 시칠리아 여행.

4~11월, 루 살로메와 교제.

11월부터 라팔로에서 겨울을 보냄.

1883 2월, 라팔로에서 『차라투스트라는 이렇게 말했다』 제1부 집필(1883년 출판).

12월부터 니스에서 첫겨울.

1884 1월, 니스에서 『차라투스트라』 제3부 집필(1884년 출판).

8월, 하인리히 폰 슈타인이 질스마리아로 니체를 방문.

11월부터 다음해 2월까지 망톤과 니스에서 『차라투스트라』 제4부 집필 (1885년 자비출판).

1884~85	『선악의 피안』(1886년 출간).
1886	5~6월, 라이프치히에서 에르빈 로데와 마지막으로 만남.
1887	『도덕 계보학』.
	11월 11일, 에르빈 로데에게 마지막 편지.
1888	4월, 처음으로 투린에 머묾. 게오르크 브란데스가 코펜하겐 대학에서 「독일의 철학자 프리드리히 니체에 관해서」 강의.
	5~8월, 『바그너의 경우』, 『디오니소스 찬가』를 완성.
	8~9월, 『우상의 황혼』 집필(1889년 1월 출간).
	9월, 『반기독교인, 기독교 비판의 시도』(모든 가치의 변혁 제1부).
	10~11월, 『이 사람을 보라』 집필(1908년 출간).
	12월, 『니체 대 바그너』, 『한 심리학자의 공문서』(사후 전집 속에 수록됨).
1889	1월 초순에 투린에서 정신 붕괴.
1897	부활절에 어머니가 돌아가심. 누이동생과 함께 바이마르로 이사.
1900	8월 25일, 바이마르에서 사망.

옮긴이의 말

　세상에 이미 널리 알려진 니체의 주저 『차라트스트라는 이렇게 말했다』를 제대로 번역하기 위해 옮긴이는 세 가지 능력을 지니고 있어야 한다.

　첫째, 독일어에 정통해야 하고, 둘째, 우리말을 잘 구사할 수 있어야 하며, 마지막으로 니체 철학을 잘 알아야 한다. 그러므로 더 완전한 번역을 위해서는 철학, 독문학, 국문학을 전공한 학자들이 함께 모여 공동작업을 하는 것이 이상적이다. 세 가지 면에서 모두 미숙한 역자가 다시 이 책의 번역을 시도했다. 출판사의 요청도 있었지만 이전에 시도한 나의 미숙한 번역을 수정하고 보충해서 좀 더 충실한 번역판을 내보고 싶은 바람도 있었다.

　『차라투스트라는 이렇게 말했다』는 문학적인 성격을 지닌 철학책이다. 다시 말하면 재미있고 쉬운 것 같으면서도 딱딱하고 난해하다. 이 책을 손에 들었던 젊은이들이 쉽게 내려놓는 것은 그리 놀라운 일이 아니다. 니체 자신이 이 책에 '모든 사람을 위한 그리고 누구를 위한 것도 아닌 책'이라는 부제를 달아놓았다. 모든 사람을 위해 쓴 이 책을 옳게 이해하고 받아들일 사람이 거의 없을 것이라는 사실을 저자 자신이 예감한 것이다. 이 책은 그만큼 난해하고 동시에 그 철학내용이 특수하다.

이 책을 번역하면서 역자는 독자들이 책의 내용을 니체 철학과 연관해 잘 이해하도록 하려고 노력했다. 그러므로 어려운 용어나 문장뿐만 아니라 각 절마다 간단한 해설을 붙여 전체적인 이해를 도왔다. 본문을 읽기 전에 먼저 읽어보기를 권한다. 책을 읽었지만 무슨 말인지 도저히 이해하기 어렵다고 생각하는 독자들에게 다소라도 도움을 줄 수 있다면 커다란 보람을 느낄 것이다.

나는 몇 권의 독일어 책을 번역했지만 번역이 끝날 때마다 아쉬움과 미련을 느낀다. 좀더 충실한 번역을 못했기 때문이다. 번역은 창작보다 어렵다는 말을 수없이 되풀이한다. 한 단어에 적합한 우리말을 찾기 위해 수십 번 사전을 뒤질 때는 차라리 번역을 집어치우고 저술하는 편이 훨씬 더 편하겠다는 생각도 했다. 원본의 내용에 충실한 직역과 부드러운 표현을 중시하는 의역 사이에서 갈등을 느끼는 경우도 많았다. 그러나 고전의 이해는 한 나라의 문화발전에 꼭 필요한 것이며 그러므로 어려운 상황일지라도 출판계나 학자들은 고전 번역에 눈을 돌려야 한다. 오늘날 우리의 젊은이들이 셰익스피어나 괴테의 작품에 전혀 관심을 두지 않고 있는데 우리 민족의 문화발전을 위해서 매우 유감스러운 일이다. 우리 모두가 더 많은 관심을 고전에 기울여야 하겠다.

『차라투스트라는 이렇게 말했다』의 번역본이 이미 국내에 10여 종 나와 있다. 옮긴이들이 모두 나름대로 많은 노력을 기울였다. 나도 이들의 번역본에서 도움을 얻었다. 모두에게 감사드린다.

내가 경북대학교 대학원에서 철학을 공부할 때 귀중한 니체전집을 스스럼없이 선물로 준 대구의 서숭덕 학형, 남편이 서거한 후 귀중한 니체연구서들을 고스란히 내게 물려준 북독 올덴부르크 출신 로사

(Rosa) 여사에게 이 자리를 빌려 진심으로 감사드린다.

출판계가 어려운 상황임에도 불구하고 꾸준하게 양서들을 출간하고 있는 한길사에도 감사드린다.

2011년 10월 대전 식장산 아래에서

강대석

지은이 프리드리히 니체

"나는 인간이 아니고 다이너마이트다"라며 인류의 사상을 송두리째 파괴하고
새로운 이상을 제시하려 했던 니체는 독일의 한 작은 마을에서 목사의 아들로 태어나
그리스 문학을 연구한 후 철학으로 넘어간 철학자이자 음악가이며 시인이다.
그는 25살의 나이에 스위스 바젤 대학의 교수가 된 후 그리스 비극을 철학적으로 해석한
처녀작 『비극의 탄생』을 내었다. 계속해서 『비시대적 고찰』『인간적인, 너무나 인간적인』
『서광』『즐거운 지식』 등을 통해 이전의 서구문명과 사상을 비판했다.
그 후 주저라고 할 수 있는 『차라투스트라는 이렇게 말했다』에서는 스스로의 사상을
요약하고 초인이라는 새로운 이상을 제시했다. 그것은 종래의 이성적인 세계관을 거부하고
의지가 중심이 되는 인간과 세계를 옹호하려 한 쇼펜하우어의 철학과 바그너의 예술관을
계승·발전시킨 것이다. 초인은 세계의 근본원리가 권력의지라는 사실을 확신하며
내세나 초월적인 것을 부정하고 현세의 삶을 충실하게 살아가는 강한 인간의 전형이다.
건강 때문에 교수직을 사임하고 날씨가 좋은 이탈리아의 항구도시와 프랑스 남쪽 해안을
전전하던 니체는 강인한 의지를 갖고 "나를 죽이지 못하는 것은 나를 더 강하게 만들 뿐이다"라며
철저하게 자기의 이념을 관철해갔다. 『선악의 피안』『도덕 계보학』『반기독교인』 등
훗날의 저술들은 이러한 이념을 보충해주는 역할을 하고 있다.
니체의 철학에는 매력과 위험이 동시에 포함되어 있다. 즉 이전의 편견을 버리고
자기 자신의 운명을 스스로 만들어가야 된다는 긍정적인 측면과 함께 강자만이
역사의 주도자가 될 수 있다는 귀족주의적이고 군국주의적인 위험한 사고방식이
깃들어 있는 것이다. 비판을 통해서든 옹호를 통해서든 현대사상이나 문학은 결코
니체가 제시한 문제를 비켜갈 수 없는데, 작가 토마스 만과 카뮈, 철학자 하이데거와
야스퍼스가 니체의 철학에 대해 논쟁을 시도한 것은 바로 그러한 이유에서이다.

옮긴이 강대석

강대석(姜大石)은 경북대학교 사범대학 교육과와 같은 대학교 대학원 철학과를 졸업했다.
이후 DAAD(독일학술교류처) 장학생으로 독일 하이델베르크 대학에 2년간 유학했으며
스위스 바젤 대학에서 5년간 수학했다. 조선대학교 독일어과 교수 및 대구효성여자대학교
철학과 교수를 지냈다. 지금은 대전에서 저술활동을 하고 있다. 국제헤겔학회 및
국제포이어바흐학회 회원이다. 주요저서로는 『미학의 기초와 그 이론의 변천』(1984),
『서양근세철학』(1985), 『니체와 현대철학』(1986), 『그리스철학의 이해』(1987),
『현대철학의 이해』(1991), 『새로운 역사철학』(1991), 『김남주 평전』(2004),
『니체 평전』(2005), 『인간의 철학』(2007) 등이 있다. 역서로는 한길사에서 펴낸
루트비히 포이어바흐의 『종교의 본질에 대하여』(2006)와 『기독교의 본질』(2008) 등이 있다.

차라투스트라는 이렇게 말했다

지은이 프리드리히 니체
옮긴이 강대석
펴낸이 김언호

펴낸곳 (주)도서출판 한길사
등록 1976년 12월 24일 제74호
주소 10881 경기도 파주시 광인사길 37
홈페이지 www.hangilsa.co.kr
전자우편 hangilsa@hangilsa.co.kr
전화 031-955-2000~3 **팩스** 031-955-2005

부사장 박관순 **총괄이사** 김서영 **관리이사** 곽명호
영업이사 이경호 **경영이사** 김관영
편집 백은숙 김광연 노유연 김대일 이경진
마케팅 양아람 **관리** 이중환 문주상 이희문 김선희 원선아
디자인 창포 031-955-9933
인쇄 오색프린팅 **제본** 경일제책사

제1판 제1쇄 2011년 11월 20일
제1판 제2쇄 2018년 1월 20일

값 25,000원
ISBN 978-89-356-6417-7 94160

●한길그레이트북스는 계속 간행됩니다.